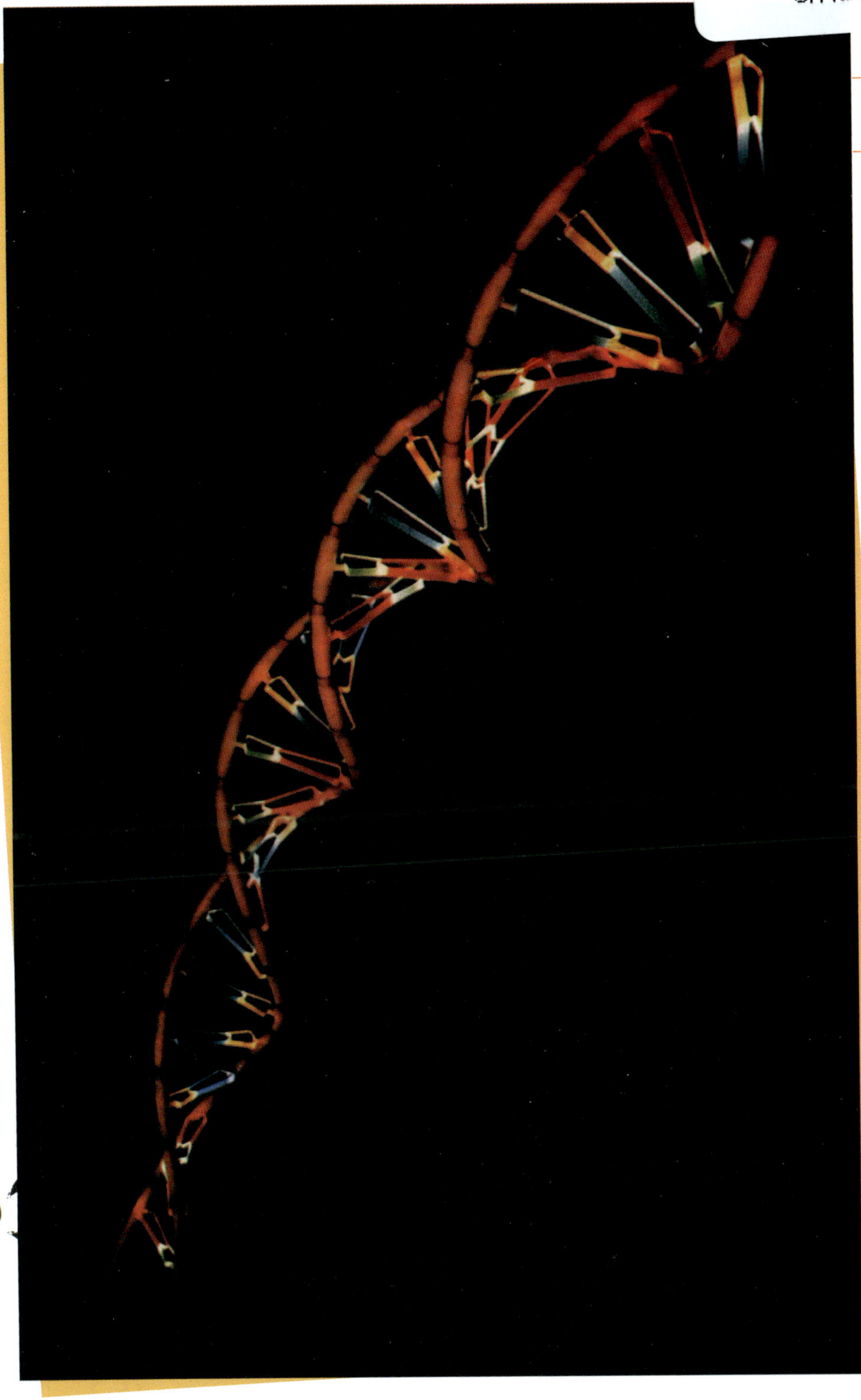

[그림 1]
DNA 구조

[그림 2]
수정 시도과정

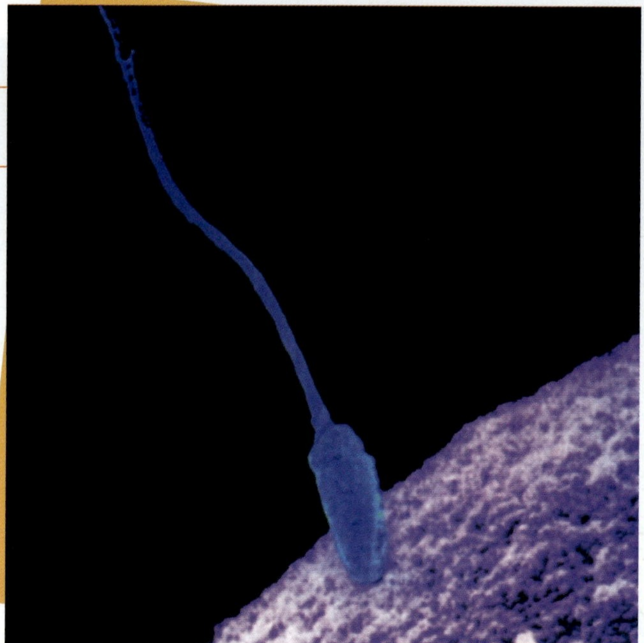

(HD, p.48)

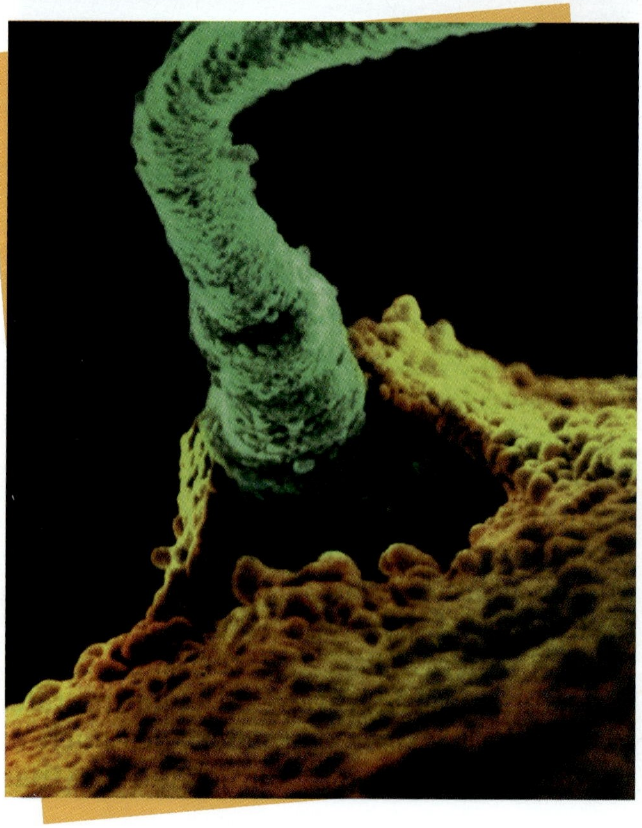

(HD, p.49)

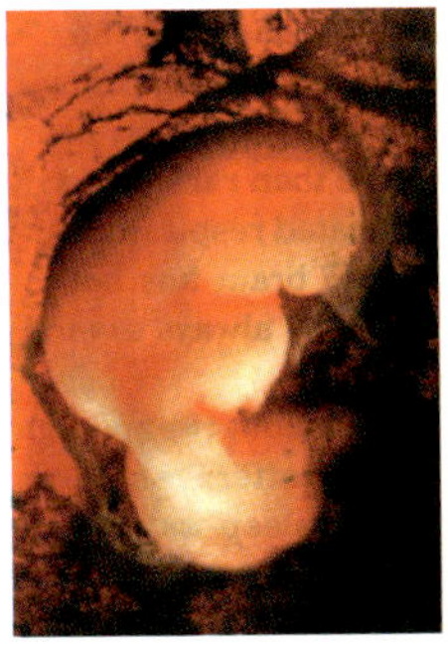

⇧ 임신 4주

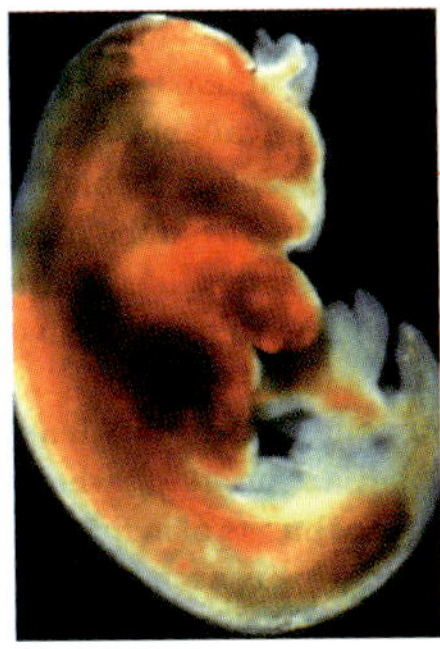

⇧ 임신 5주

[그림 3]
태아의 성장과정

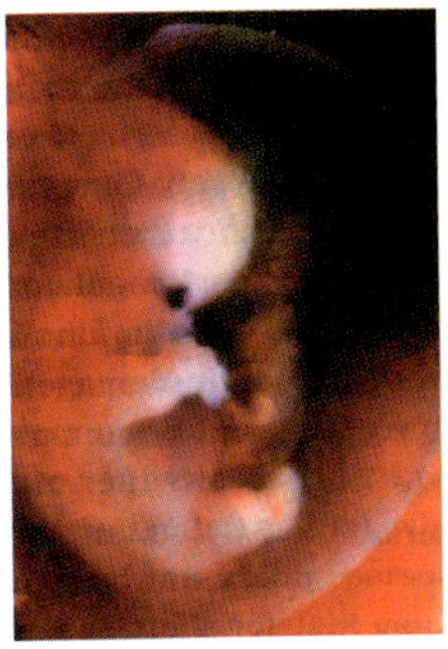

⇧ 임신 7주

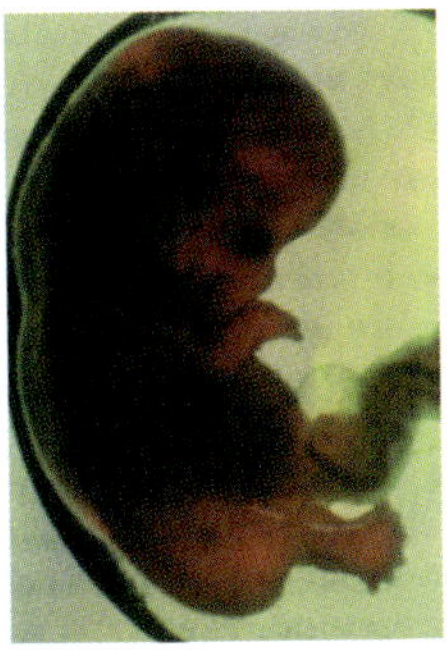

⇧ 임신 8주

(DP, p.99)

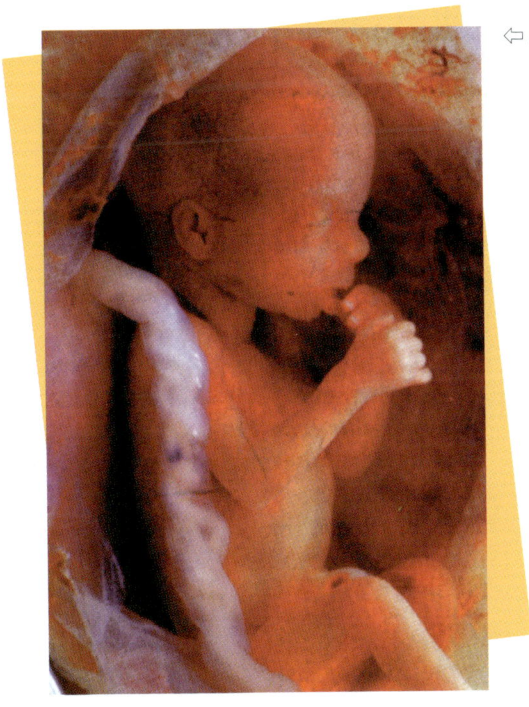

⇦ 4개월된 태아
(DP, p.101)

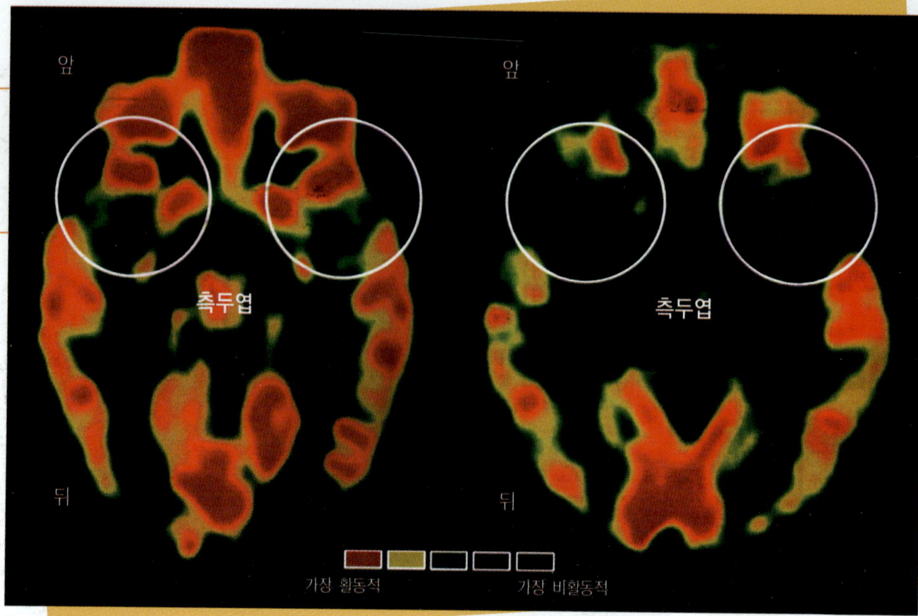

[그림 4]
건강한 유아의 뇌와 학대받은 유아의 뇌

건강한 유아의 뇌

정상적인 유아의 두뇌를 PET 사진에서 보면 활동적인 부분(적색)과 그렇지 못한 부분(청색과 흑색)이 대비된다. 출생시에는 뇌간(중앙)처럼 가장 기본적인 부분만 제기능을 충분히 발휘한다. 측두엽(꼭대기) 같은 부분에서는 유아의 출생 초기경험에 따라 신경회로가 형성된다.

학대받은 유아의 뇌

출생 직후 고아원에 보내진 이 루마니아 아기의 두뇌 PET 사진은 유아시절에 받은 학대의 영향을 선명히 보여준다. 감각기관으로부터의 자극을 수용하고 감정조절 기능을 하는 측두엽(꼭대기)이 거의 활동하지 않는다. 이런 아이들은 정서·인식발달에 문제가 발생한다.

(Newsweek, 1999)

개정판

아동발달과 부모교육

개정판

아동발달과 부모교육

―――― 이경희 지음 ―

(주)교 문 사

개정판을 내면서

지금까지 강원대학교와 또 다른 대학에서 「아동발달과 부모교육」 과목을 수강해준 수강생들에게 진심으로 감사의 인사를 전하고 싶다.

1983년도부터 개설되어온 교양 선택 과목인 이 강의 〈아동발달과 부모교육〉가 재학생들 사이에서 졸업 전에 꼭 수강해야 하는 필수과목으로 전해진다는 이야기를 듣고, 이 강좌가 개설된 그해부터 계속하여 강의해 온 저자로서는 행운이고 행복한 교수라고 생각한다. 이 강의를 통해서 이 강의 수강생들인 많은 남·녀 학생(어떤 해에는 계절수업을 포함하여 년 5,000여 명이 수강했슴)들의 삶에 내가 참여할 수 있었다는 것도 참으로 축복이라고 생각한다. 학기 말에 수강생들이 "어린이에 대한 인식에 많은 변화가 있었다."라는 긍정적인 피드백은 내게 가장 큰 선물이고 보람이었다. 졸업 후에도 그리고 결혼해서도 계속하여 메일을 통해서 근황을 전해주는 수강생들에게 진심으로 감사의 마음을 전하고 싶다.

이번의 개정판에서는 부모역할이 강조되고 있는 시대적인 요구를 반영하여 부모교육 단원을 보강하고 부모교육프로그램 단원을 신설하였으며, 2005년 이후의 연구결과들을 관련단원 내용의〈최신경향〉으로 정리하였다. 그리고 인지와 언어 발달은 목차의 후반부로 그리고 애착과 자아개념, 성격발달, 놀이, 도덕성발달 단원을 앞으로 순서를 정리하였다. 목차의 순서는 이 책의 내용에서 저자가 강조하여 강의하고 싶은 바람을 반영한 것이다.

미국의 지역도서관에 한국 출판물 코너가 신설된 지도 오래되었다. 국내에서는 물론 해외에서도 부모기를 선택한 이들이 이 책의 도움을 받을 수 있기를 희망한다.

철저한 강의준비로 '최우수 강의' 상을 수상하고, 개정판에 유익한 자료를 보내준 윤미현 박사와 수정작업에 많은 도움을 주었던 마음이 따스한 최경애 조교 그리고 김소연 TA에게도 감사의 마음을 전한다.

이 책의 모델이 되었던 저자의 세 자녀 지경, 지윤과 승종이는 그동안 모두 결혼하여 부모가 되었다. 외손녀 가인·정인(Michelle/Rachel), 사위, 영호(Michael)와 승한(Han) 그리고 며느리, 정민에게도 사랑과 감사의 마음을 전하고 싶다.

또 팔순이 지나신 어머니 최 기자. 순자 님과 은사 주정일 선생님께 그리고 생전에 나에게는 취역(炊役, 부엌일)을 금하도록 엄명을 내리셨던 시아버님과 늘 바람으로 왔다가는 남편, 현림(玄林) 남인기(南仁基) 님의 영전(靈前)에 이 책을 바친다.

2010년 7월

강원대학교 연구실에서 저자

차 례

Contents...

Contents...

15 Chapter 언어발달 345

Chapter 1

배우자 선택

1. 이성교제 및 데이트
•
2. 사 랑
•
3. 배우자 선택이론

Chapter 01

배우자 선택

우리는 살아가면서 수많은 결정을 내리게 된다. 그 중 가장 중요한 결정 중의 하나가 배우자 선택이다. 왜냐하면 어떤 배우자를 선택하느냐에 따라 결혼의 성패가 좌우되며 인생의 행·불행이 결정되기 때문이다.

배우자를 선택할 때 여러 가지 요인 중에서 중요하게 생각하는 것은 사람마다 다르다. 특히 사랑은 결혼을 결정하는 중요한 요인 중의 하나로, OECD 국가 중에서 우리나라는 이혼율이 높은 사회에 속한다. 행복한 결혼생활을 추구하면서도 적합치 못한 배우자 선택으로 인해 그 기대를 이루지 못함은 안타까운 일이다.

전통사회에서는 결혼의 주체가 양가 부모에게 있어 부모가 짝을 지어준 사람을 배우자로 여기고 결혼하였으나, 요즈음은 결혼의 주체가 결혼하는 당사자에게 있으므로 배우자를 선택하기 위해 여러 과정을 거친다. 소위 데이트를 통하여 상대방을 탐색하고 서로의 성격 및 취미와 가치, 그리고 태도를 알아가는 동안 사랑의 감정이 생기게 되며 결혼에 이르게 된다. 배우자 선택 기준은 개인이 가지고 있는 가치관에 따라 차이를 보인다.

이 장에서는 먼저 배우자 선택에 관련된 여러 요인들과 배우자 선택보다 선행되는 이성교제 및 데이트에 대해 살펴보고자 한다. 그리고 배우자 선택 시 많은 사람들의 관심인 사랑과 그 이론에 대해서 한 번 신중하게 숙고해 보고, 배우자 선택과 사랑에 관한 이론과 바람직한 결혼생활에 필요한 몇 가지 중요한 특성을 소개하고자 한다.

1. 이성교제 및 데이트

데이트는 사회변화에 따라서 젊은 남녀간에 필요하게 된 이성교제의 한 행동유형으로서, 1920년경 미국에서 등장하였다. 주로 여성해방, 증가된 여가, 젊은이들의 보다 많은 자유, 보다 높아진 실수입, 상품화된 여가 선용, 전화나 자가용의 소유 및 남녀공학 제도의 확장 등으로 인해 도시지역에 있는 대학생들 사이에서 일어나게 되었다.

농경시대처럼 사람들의 이동이 적어서 누구나 서로 잘 아는 사람들이 있는 곳에서는 데이트 같은 것이 필요하지 않았다. 그러나 지역적·사회적 이동이 급격히 증가되면서 각 개인의 출신이나 신분 등을 알 수 없게 되자 데이트라는 교제유형이 출현하게 되었다. 그리하여 데이트는 오늘날 세계 거의 어디서나 행해지고 있으며, 점점 젊은 층으로 확대되고 있다(최신덕, 1981).

결혼이란 특별히 두 사람간의 적응이 필요한데, 서로에게 적응하기 위해서는 상대방에 대해 잘 알 필요가 있다. 상대방을 알기 위해서는 오랜 기간 동안 여러 장소에서, 또 여러 상황에 따라 교제해봄으로써 그 파악이 가능하다. 이러한 만남을 통해 상대방의 인품을 알게 되고 애정을 느끼며, 이 관계가 발전하여 결혼에 이르게 되는 것이다.

1) 데이트의 일반적인 기능

데이트를 통한 이성교제를 어떻게 볼 것인가 그 기능을 객관적인 입장에서 살펴보면 다음과 같다(Adams, 1980).

(1) 레크리에이션의 한 형태

데이트란 남녀 두 사람간의 어떤 계약적 의의도 없으며, 책임이나 의무가 없는 것을 전제로 하는 남녀의 교제를 말한다. 이는 한두 번 데이트를 한다고 해서 꼭 결혼을 약속할 의무가 없으며, 단지 매력 있는 이성과 사귀면서 그와 함께 유쾌한 시간을 보내면 된다. 데이트는 데이트하는 당사자에게 즐거움을 제공하고 즉각적인 기쁨의 근원이 된다.

(2) 사회화의 한 형태

데이트는 이성에 대해 학습할 기회를 제공한다. 남녀가 서로 교제하는 가운데 사회적으로 세련된 태도, 적합한 태도가 어떤 것인지를 배우게 되고, 이성에 대한 신비감이나 지나친 흥분을 제거해준다. 또, 상호작용하는 기술을 발달시키고 역할을 해보고, 자기 자신에 대한 다른 사람의 반응을 관찰함으로써 자기 · 개념을 정의하는 데 도움을 준다.

(3) 자아욕구의 충족

모든 사람들이 마찬가지지만 젊은이들은 이해받기 원하고, 심각한 대화를 나누기 원하며 자신들이 중요한 사람으로 생각되길 바란다. 어떤 젊은이들에게는 성적인 욕구충족도 포함된다.

(4) 지위를 부여하는 수단

이 기능은 많은 나라에서 결혼이 가족이나 친족 단위에 의해 엄격하게 행해지므로 배우자에 의해 자신의 계층이 결정되는 것을 의미한다. 배우자를 선택할 때는 당사자의 선택이 기본적인 것이기는 하나, 가족이나 친족들도 영향력을 행사하므로 젊은이들이 미래의 배우자를 선택할 때도 자신이 태어난 계층의 가치에 따라 영향을 받는다.

(5) 결혼상대자 선택

대부분의 사람은 데이트 결과로 결혼을 하게 된다. 많은 젊은 사람들은 매번 데이트 할 때마다 "내가 이 사람과 결혼하기 원하는가?" 하고 질문하면서 시작하지 않는다. 그러나 데이트하는 동안 이런 질문은 계속된다. 그러므로 배우자 선택은 데이트 과정의 마지막 결과가 된다.

2) 데이트와 갈등

남녀간의 인간관계에는 사랑과 동시에 갈등도 포함된다. 개성이 다른 두 사람이 적응해 가는 과정이기 때문에 다소간의 의견차이나 갈등이 생기게 마련이다. 그러나 갈등은 오랜 기간동안 일어나고, 또 일어나면서 시간이 경과함에 따라 어떤 고정적인 갈등유형으로 나타나기도 한다. 데이트하는 동안에 갈등이 너무 빈번하게 일어날 경우 두 사람의 관계는 고려할 여지가 있다. 왜냐하면 그 갈등은 두 사람의 기본적인 성격 요구가 충족되지 못함으로써, 또는 갈등을 해결할 다양한 자원을 서로에게서 찾아내지 못하므로서 일어나는 위기신호이기 때문이다.

데이트하는 동안 갈등과 화해의 과정을 되풀이하는 사람들은 갈등의 원인을 찾아내지 못했거나 아니면, 서로에게서 갈등을 해결할 자원을 찾아내지 못한 것이라고 볼 수 있다. 이런 관계에서는 결혼을 결정해야할지 의문을 가지게 되는데, 버게스와 월린(Burgess & Wallin, 1953)이 1000쌍의 약혼자를 대상으로 연구한 결과를 보면 이처럼 의문을 가진 사람들의 약혼은 대체로 파혼(破婚)하는 경우가 많았고, 결혼까지 이끌고 간 사람들도 이혼으로 끝나는 경우가 많았다. 그러나 당사자들이 둘 사이의 갈등요소가 무엇인지를 인식하고 이에 대처할 준비가 되어 있거나 다른 점에서 갈등의 요소를 보충할 만한 장점이 있어서 전체적인 관계로 볼 때 극복해 나갈 수 있는 관계만 될 수 있다면 성공적인 결혼을 기대할 수도 있다고 하였다(최신덕, 1981, 재인용).

한편 맥다니엘(McDaniel, 1969)은 이성교제를 통해 중간에 문제가 생겨서 헤어질 위기가 있었으나 계속된 이성교제의 경우 중간에 이런 위기를 경험 해보지 못한 사람들보다 결혼만족도가 유의하게 높은 수준임을 보고한 바 있다. 왜냐하면 결혼한 후에 갈등이 일어날 경우 결혼 전의 갈등해결 경험에 의해 부정적으로 느끼지 않으며, 삶의 한 부분으로 받아들였고 자신들이 불행한 결혼을 하고 있다고도 생각하지 않았기 때문이다(Groner et al., 1985).

이러한 결과들은 이성교제 동안에 서로를 알아가는 과정에서 생기는 갈등은 불가피한 것이며, 두 사람이 갈등해결을 위한 준비가 되어 있지 않을 경우는 헤어지지만 이성교제 동안에 겪는 사소한 갈등은 그 해결방법을 통해서 얻은 교훈을 통하여, 오히려 결혼생활 적응에 도움이 된다는 것을 의미하기도 한다.

또한 이성교제 동안에 두 사람이 상당히 친하여도 두 사람간에는 경쟁심이 있으며, 이것이 지나친 것이 아니라면 오히려 두 사람의 애착관계를 증가시킨다. 물론 경쟁이 지나칠 경우 두 사람의 관계는 계속되기 어려우며 보통 결혼까지 이르지 못한다(Laner, 1986).

미국의 경우, 데이트하는 두 사람간의 갈등이 심화되어 폭력행위까지 등장함을 보여주는 연구가 소개되고 있다. 미국의 고등학생과 대학생들은 이성교제 중 여러 가지 형태의 폭력을 경험하고 폭력의 수준도 다양함을 보여주었다. 그러나 폭력행위가 반드시 두 사람을 헤어지게 하지는 않으며, 폭력을 경험했던 사람들의 39~54%가 신체적 학대를 경험했음에도 불구하고 여전히 그 관계를 유지하고 있음이 보고된 바 있다(Bogal Allbritten, 1985). 교제기간 중에 폭력이 일어날 경우 결혼 후에도 그러할 확률이 높음(Burke, Stets, & Pirog-Good, 1989)에도 불구하고 그 관계가 유지됨은 놀라운 일이다.

2. 사 랑

1) 사랑의 의미

'인생에서 무엇이 가장 중요한가?' 라는 질문을 한다면 아마도 많은 사람들이 사랑이라고 대답할 것이다. 사랑에는 여러 종류가 있겠지만, 사람이 이 세상에 태어나 죽을 때까지 기본적으로 필요로 하는 것이 사랑이다. 그만큼 사랑은 우리의 삶에서 중요한 가치이다. 사랑하는 법을 배우지 않아도 저절로 알게 된다는 말이 있듯이 사람들의 사랑하는 능력은 타고나는 것이다.

그렇다면 '과연 사랑이란 무엇인가?' 이는 동서고금을 통해 끊임없이 던져진 질문이지만, 아직까지도 완전한 해답이 주어지지 않는다. 그러나 이에 답할 수 있는 유일한 말은 '사랑은 무엇이다' 라고 단언할 수 없다는 것이다. '사랑이라는 것은 바로 이것이다' 라고 말할 수 없으며, 사랑을 정의내리는 것은 무의미한 일이라고까지 말할 수 있다.

사랑의 모습은 한 마디로 규정할 수 없고, 사랑을 하는 사람들만큼이나 각인각색(各人各色)이다. 사람들에게 있어서 사랑이란 각자가 사랑이라고 생각하는 바로 그것이 사랑이다. 결국 중요한 것은 각자가 생각하고 있는 사랑의 의미이며, 각자가 표현하는 사랑의 행동이다. 각자의 의식 속에 깊이 자리잡고 있는 그 사람만의 고유한 사랑의 의미를 확인하는 일이 무엇보다도 중요하다(김중술, 1992).

2) 사랑의 속성

사랑의 정의는 사랑을 하는 사람들의 수만큼이나 다양하다는 말이 있다. 그만큼 사랑을 정의하기가 어렵다는 뜻이다. 따라서 사랑의 정의를 내리는 작업은 무의미하다고 느껴질 수 있으므로, 어떠한 특성들을 공통적으로 보이는지를 검토하여 사랑의 속성을 생각해 볼 수 있을 것이다.

사람들의 원형(prototype)을 밝히기 위하여 페르(Fehr, 1988)는 172명의 응답자들에게 사랑의 핵심적인 특성을 평가해주도록 요청한 결과, 12가지 속성들이 사랑의 중심적인 특성으로 거론되었다.

그것들을 순서대로 제시하면 다음과 같다.

① 신뢰감
② 돌보는 것
③ 정직성
④ 우정
⑤ 존중
⑥ 상대방이 잘되도록 마음을 쓰는 것
⑦ 상대방에 대한 관심
⑧ 충실성
⑨ 헌신
⑩ 상대방의 방식을 받아들이는 것
⑪ 지지해 주는 것
⑫ 상대방과 함께 있기를 원하는 것

사랑에 관한 연구들을 검토해보면, 사랑과 관계된 수많은 태도, 감정, 행동 등을 발견하게 된다(Kelly, 1983). 태도와 감정 측면에서, 상대방에 대한 긍정적인 태도와 감정은 사람들을 함께 묶어주게 된다. 루빈(Rubin, 1970, 1973)은 사람들이 일반적으로 사랑이라고 밝히는 네 가지 감정이 있다고 하였으며 사랑의 원형적 특성에 상당히 잘 부합된다.

한편 데이비스(Davis, 1985)는 사랑과 우정을 비교하여, 사랑은 우정과 기본적으로 비슷한 속성을 지니지만, 그 외의 다른 어떤 것을 포함하고 있다고 보았다.

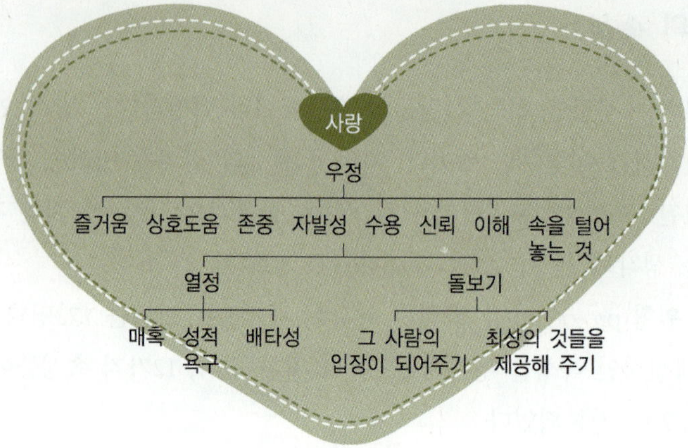

그림 1-1 사랑과 우정

그에 의하면 우정은 사랑의 한 하위영역을 이루고, 사랑은 우정이 지니고 있는 속성 외에 열정이나 돌보는 것과 같은 요소들을 더 포함하는 것이라고 하였다(그림 1-1).

3) 사랑의 유형

사람들의 모습이 다른 만큼 사랑의 모습도 다르다고 한다. 사람들은 모두 자기의 방식대로 사랑을 하고 사랑을 표현하게 된다. 이를 달리 표현하면, 사람들은 사랑하는 방식을 통해 자신의 '인격(人格)'을 드러내게 되는 것이다.

사랑의 종류에는 여러 가지가 있다. 하지만 하나의 유형이 다른 유형보다 우월하다 혹은 열등하다라는 평가를 내릴 수는 없으며 사람들은 단지 자신의 선호에 따라서 사랑을 할 뿐이다. 리(Lee, 1988)는 사람들이 보여주는 사랑의 유형을 색깔로 표현하였다. 보라색을 좋아하는 사람이 녹색을 좋아하는 사람에게 자신이 좋아하는 색깔이 더 우월한 색이라고 주장할 수 없는 것과 마찬가지로, 사랑도 어떤 한 유형이 다른 유형보다 더 가치 있다거나 더 성숙한 것이라고 말할 수 없다. 그것은 단지 '선호(選好)'의 문제인 것이다.

사람들은 살아가는 동안에 오직 한 종류의 사랑만을 하는 것은 아니다. 즉, 살아가면서 인생의 발달단계나 성장의 국면에서 다른 모습의 사랑을 할 수도 있다. 또한 한 시점에서도 사람들이 하는 사랑이 순수한 한 유형에 속하는 것만은 아니고 대개

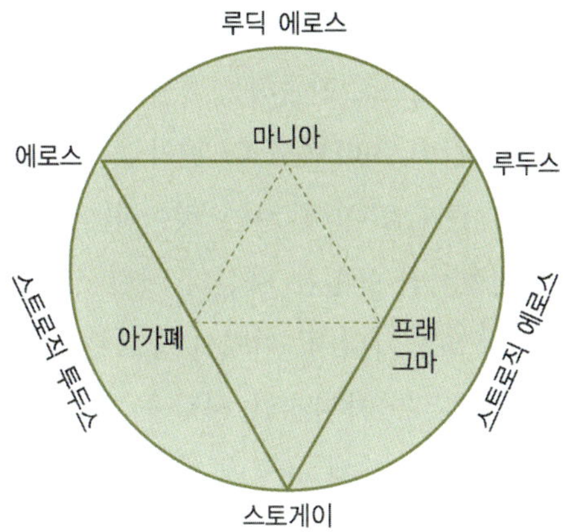

그림 1-2 리가 제시한 '사랑의 색깔'

의 경우에는 여러 종류의 성질들이 혼합된 사랑을 하게 된다(김중술, 1992). 사랑을 색깔에 비유하여 사랑의 '기본색'과 '이차색'이라는 분류틀을 통해 '사랑의 유형'을 제시하면 그림 1-2와 같다.

(1) 사랑의 기본색

① 에로스(eros ; 낭만적·열정적·육체적 사랑)

상대를 보자마자 강한 전류에 감전된 것처럼 열정이 솟아나는 식의 사랑이다. 에로스에 속하는 사랑을 하는 사람들은 사랑이 맹목적이 아니라는 것을 명백하게 증명해준다. 어떤 사람들은 하나 이상의 이상형을 마음에 품고 있지만, 육체적인 사랑을 하는 이들은 어떤 유형의 사람이 자신들을 성적(性的)으로 흥분시키는지 잘 안다. 예컨대, 어떤 사람은 오직 날씬한 사람에게만 끌릴 수도 있지만, 다른 사람은 자신이 좋아하는 속성과 어떤 다른 속성을 기꺼이 상쇄하려 한다. 그래서 그는 그렇게 예쁜 얼굴은 아니지만 금발머리를 가진 이와 머리가 검지만 얼굴이 예쁜 사람에게 같은 비중을 두게 된다. 그러나 이중의 어느 경우이든, 육체적인 사랑을 하는 이들은 항상 육체적인 매력에 끌린다. 왜냐하면 이들은 자신들의 이상형을 찾기 어렵다는 것을 알고 있기 때문이다. 마치 희귀한 보물을 찾는 사람들과 같이 육체적인 사랑을 하는 이들은 자신들이 찾는 이상형과 흡사하다면, 그 누구를 만나든 강한 자극을 받는다.

이 사랑은 '첫눈에 반하는 사랑'이다. 강렬한 육체적 매력은 곧 사라져 버린다고 하며, 이는 실제로 그럴지도 모른다. 그러나 첫눈에 반했던 어떤 연인들이 10년이 지난 후 여전히 서로에게 육체적으로 만족하는 경우도 있다. 대부분의 경우에, 육체적인 사랑을 하는 이들은 시간이 지나면서 더 편안한 동반자 관계로 변해간다. 즉, 에로스와 스토게이가 섞인 관계로 변해 가는 것이다.

에로스적 사랑을 하는 전형적인 유형은 자신의 어린 시절이 행복했다고 생각하며(이것은 반드시 객관적인 사실은 아니며, 여기서 중요한 것은 태도이다), 일을 즐기고, 아주 절실하게 추구하는 것은 아니지만 사랑을 위하여 위험을 감수할 준비도 되어 있다. 그들은 자기들이 어떤 신체 유형에 가장 잘 끌리는지를 분명히 알고 있기 때문에, 그 유형에 가까워 보이는 사랑을 보면(사진에서조차) 첫눈에 반해 버려 크게 흥분을 느낀다. 이들은 사랑하는 대상을 빨리 알게 되기를 간절히 원한다. 그리고 사랑하는 이의 단점과 드러나지 않은 결함을 잘 알고 있고, 사랑하는 사람에 대한 자신의 기쁨을 말로나 접촉을 통해 빈번하게 표현하려 한다. 이들은 대개 배타적인 관계를 원하지만 소유하려 하지 않으며, 경쟁자의 존재에 대해 두려워하지도 않는다. 에로스식 사랑을 하는 이들은 이상적인 연인을 만나서 함께 사는 것이 삶에서 가장 중요하다고 생각한다.

② 루두스(ludus ; 유희적 사랑)

루두스는 '놀이' 또는 '게임'을 뜻하는 라틴어이다. 루두스식 사랑을 하는 사람은 마음속에 그리는 이상형이 없고, 일생 동안 한 대상만을 사랑하기를 거부한다. 이런 사랑을 하는 사람은 방랑자이며, 마치 매년 휴가 때마다 돌아다닌 여러 곳을 회상하듯이, 뒤돌아보아 즐거운 추억이 남는 사랑의 체험들을 수집하는 사람이다.

전형적인 루드스식 사랑을 하는 사람들은 어린 시절이 그저 평범했다고 생각하지만 어른이 되어서는 종종 좌절을 겪는다. 이들은 기꺼이 사랑을 위해 헌신할 생각이 없고, 아직 정착할 준비가 되어 있지 않으며, 특정한 신체유형에 매력을 느끼지도 않기에 언제든지 다른 대상을 찾아 떠날 준비가 되어 있다. 이들은 새로운 짝을 만나면 평범한 삶을 살아가고, 특별한 감흥을 느끼지도 않고, 확실하게 사랑에 빠지는 일도 없다. 또한 미래에 대한 계획을 세우기를 꺼리는데, 이러한 계획이 마치 자신의 계획에 사랑하는 사람을 포함시킬 것인지 아닌지의 문제를 제기하는 것처럼 여기기 때문이다. 루두스식 사랑을 하는 이들은 상대방이 '너무 몰입하는 것'을 피하기 위한 방법으로 파트너를 자주 보는 것도 싫어하며, 파트너가 질투가 많은 것도 사랑의 재미를 망친다고 생각한다. 그들은 여러 명의 파트너들을 똑같이 그리고 동시에 사랑하는 것에 아무런 모순도 느끼지 않는다. 이들에게 성(性)은 헌신을 표현하기 위함이 아니라 재미를 위함이며, 사랑이 삶에서 가장 중요한 것도 아니다.

③ 스토게이(storge ; 우애적 사랑)

이 사랑은 좋은 친구로서의 사랑이다. 스토게이는 '형제 자매나 놀이 친구사이에 시간이 흐르면서 서서히 무르익는 사랑의 감정'을 뜻하는 고대 그리스어 'strogay'에서 왔다. 자기 자신들과 비슷한 다른 사람들과 함께 천천히 성장해 갈 수 있는 농경사회의 전통처럼 참된 사랑의 개념은 '열기도 어리석음도 없는 사랑' 이다. 이들은 조금씩 애정이 싹트게 되면서 서로에게 헌신하게 되어 마침내는 함께 살게 된다. 보통의 사람들이 직장과 가정을 5년 마다 바꾸는 현대의 급박한 사회에서는 이런 우정과 같은 사랑은 성사되기가 쉽지 않다.

에로스나 마니아 같은 열정적인 사랑을 더욱 선호하는 이들에게는 사랑이 아닌 단지 우정이나 연민 같은 스토게이식 사랑은 조금은 어리석게 보인다. 이런 스토게이식 사랑을 하는 이들은 상대의 눈을 바라보느라 많은 시간을 허비하지 않는다. 이들은 서로 편하게 관계를 유지하기 때문에 "사랑해"라는 표현은 서로에게 어색할 뿐이다. 만약 "당신, 나를 사랑해?"라고 묻는다면, "물론 사랑하지, 그런데 왜 그런 질문을 하는 거지?"라고 대답할 것이다. 스토게이식 사랑을 하는 이들은 육체적인 이상형을 생각하지 않지만, 절대 의도적으로 상대를 고르지 않는다. 이들은 사랑을 구하지 않고, 여가 활동을 하면서 우연히 뜻이 통하는 사람을 만나곤 한다.

전형적인 스토게이식 사랑을 하는 사람들은 식구가 많고 격려해주는 가족 안에서 자랐거나 안정되고 우호적인 공동체 안에서 성장한 사람들로 그들은 친구를 좋아하며 삶에 만족한다. 그들은 사랑이 '많은 시간과 활동을 공유하는 특별한 우정' 이라고 생각한다. 특별히 좋아하는 신체 유형이 없고, 애인이 없다는 것에 전전긍긍해하지도 않으며 시간이 흐르면 만날 것이라고 생각한다. 그들은 파트너의 지나친 감정 표출을 꺼려하여 서로의 느낌에 대해서보다는 공유할 수 있는 관심사에 대해 이야기하기를 더 좋아한다. 파트너와의 관계가 무르익음에 따라 서로가 더 강하게 감정표현을 해야 한다는 위협이 있지 않는 한, 서로 평온한 방법으로 소유하게 될 것이다. 이들에게는 배우자와 성관계를 갖기 전에 먼저 친구로서 서로 알아가는 과정이 중요하다. 일단 상호간에 깊은 우정이 확고해지면, 성과 관련된 문제가 밖으로 표현될 수도 있다. 상호간의 사랑은 그 자체가 인생의 목표가 아니라 우정과 가정이라는 보다 큰 목표의 한 측면이다.

(2) 사랑의 이차색

① 마니아(mania ; 광적·소유적 사랑, 중독된 사랑)

상대방을 완전히 소유하고 동시에 나도 상대방에게 소유되어야 한다고 생각하는 사랑이다. 마니아란 의미는 마른 하늘에서 번개가 치듯이 혹은 신들로부터 내려오듯이, 사랑하는 사람을 강타하는 사랑의 종류를 가리키는 고대 그리스말로 원래 완전한 표현은 'theia mania(신으로부터 나오는 광기)' 였다. 마니아식 사랑을 하는 사람은 애인에게 꼼짝없이 사로잡혀 버리고 질투와 소유욕이 강렬하며 사랑받고 있다는 확인이 항상 필요하다. 동시에 이런 사랑을 하는 사람은 자기가 상대를 사랑하는 만큼 상대로부터 사랑받을 수 있다는 보장이 있기 전에는 너무 사랑하게 될까봐 두려워 머뭇거린다. 많은 경우에 이런 사랑을 하는 사람은 상대를 정말로 좋아하지도 않고 평생 동반자로 생각지도 않는다.

마니아의 내재적인 상반성은 두 개의 기본적인 사랑 즉, 에로스와 루두스의 특이한 결합으로 인해 나타난다. 마니아적인 사랑을 하는 사람은 전형적인 에로스에서 찾아볼 수 있는 강렬하면서도 육체적인 자극을 필요로 하는 관계를 원하지만, 에로스식의 사랑을 하는 사람들에 비해 자신감 있게 그리고 거의 자기중심적으로 사람들을 가려내고, 좋아하는 전형적인 유형을 찾아내는 능력이 부족하다. 따라서 마니아식의 사랑을 하는 사람은 자신과 어울리지 않는 배우자를 선택하여 자신의 애인으로서 갖추어야 하지만 실제로는 갖추지 못한 자질을 상대에게서 찾아보려고 한다.

자신감 있게 루두스식 사랑을 하는 사람은 거의 모든 사람과 사랑에 빠질 수 있는 능력을 멋지게 발휘하는데, 받는 사랑에 비해 더 많이 사랑하는 약자의 입장에 처하지 않으려고 관계를 조종하는 마니아식 사랑을 하는 이들은 다분히 루두스식 사랑의 요소를 가지고 있다. 마니아식 사랑은 너무 많은 사랑을 필요로 하기 때문에 냉정하게 처신할 수 없다. 이런 사랑을 하는 사람은 루두스적인 사랑을 하는 사람의 초연함을 지니고 싶어하지만 자기 확신이 부족하다.

많은 경우를 통해서 볼 때, 마니아적인 사랑은 사랑의 자극과 모험을 열렬히 소망하는 젊은이들에서 찾아볼 수 있는 유형이다. 예컨대, 마니아적인 사랑은 또 다른 사람을 얼마나 깊이 있게 그리고 열렬히 사랑할 수 있는지를 깨닫는 데 도움이 된다. 이후에 어떤 다른 사랑의 유형을 선택하는 데 있어서, 이 깨달음은 자존감과 가치 있는 배우자를 사랑하는 능력을 첨가시킬 것이다.

특히 안정된 가정환경을 갖고 있는 어떤 이들은 중년의 나이까지 이 마니아적인 사랑을 체험하지 못할 수도 있다. 예컨대, 아주 편안한 스토게이식 결혼에서 흥미를 잃은 후 갖게 된 강렬한 연애사건에서 마니아를 경험할 수도 있다. 이러한 성인들의 마니아 경험은 종종 십대보다 더 불안하다. 그러나 자기를 드러낼 잠재력이 아직도 있는 것이다. 마니아적 유형의 사랑은, 사랑하고 싶은 그 사람의 절실한 필요에 기인한다. 이런 사랑을 하는 이는 구체적인 대상과 사랑에 빠진 것이 아니라, 사랑 그 자체를 사랑하고 있는 것이다. 이 상황을 치유하기 위해, 마니아적인 사랑을 원치 않는 사람은 상대방이 그토록 절실히 사랑을 필요로 하는 이유들을 찾아보아야 한다. 그 이유로는 친한 친구의 부족, 자신의 일에 대한 깊은 불만, 혼자 살기, 외로움 또는 낮은 자존감 등이 될 수 있다. 그 해결책은 아주 간단할 수도 있으나, 어떤 경우에서는 단지 과감한 수단만이 해결책이 될 수 있다.

전형적인 마니아식 사랑을 하는 사람은 자신의 어린 시절이 불행했다고 생각한다. 성인이 되어서도 대개는 외로워하며, 종종 자신의 일에 만족하지 못한다. 이들은 사랑할 필요를 강하게 느끼면서도, 사랑은 힘겹고 고통스럽다는 생각에 사랑하기를 두려워한다. 어떤 유형을 좋아하는지에 대해서도 확신이 없으며, 때로는 잘 어울리지 않는 특성을 가진 사람을 찾아다닌다. 그들은 자신들이 좋아하지도 않으며, 사랑이 실패한다면 친구로서의 관계도 유지하지 않을 그런 사람과 사랑에 빠지는 것에 스스로 놀라워하기도 한다. 그러나 그들은 파트너를 매일 만나 보려 하며, 서로가 함께 할 미래를 상상해 보기도 한다. 하지만 상대가 약속 시간에 늦거나 약속을 연기시키면 쉽게 화를 낸다. 마니아식 사랑을 하는 이는 종종 분별을 잃은 것처럼 보이며, 그들의 사랑을 증명하기 위해 극단적인 일을 자행하기도 한다. 사랑을 표현하는 것과 대개는 성공하지 않지만 자신을 통제하기 위해 움츠려드는 것이 번갈아 나타난다. 이들은 극도의 질투심을 나타내며, 상대방이 먼저 더 많은 애정과 헌신을 요구한다. 또한 대부분 파트너와의 성관계에서 만족하지도 평온을 얻지도 못하나, 이들 스스로는 관계를 끊지 못해서 항상 상대방이 먼저 관계를 끝내게 만든다. 마니아식 사랑을 하는 사람이 이런 것들을 극복하려면 많은 시간이 걸린다.

② 프래그마(pragma ; 실용적·논리적 사랑)

사랑이란 우선 두 사람이 실제로 얼마나 잘 맞는지에 기초해야 하고, 또 그것을 튼튼히 하는 데 도움이 되어야 한다고 생각하는 사랑이다. 그리스어인 'pragmatic'에 어원을 둔 프래그마는 마니아와는 판이하게 다르다. 프래그마식 사랑은 날마다 쇼핑 목록을 작성하듯 상대에게 원하는 실용적인 자질목록을 다소 의식적으로 작성한다. 이 자질에는 육체적인 특징이 포함되지만, 에로스처럼 상대의 육체적 매력에 특별한 중점을 두지는 않는다. 대신에 프래그마식 사랑을 하는 사람은 잘 어울리는 배우자를 찾는다. 예컨대, 종교, 정치 그리고 사회적 배경이 같은 사람들끼리는 서로가 어울리는 것처럼 일반적으로 인식되어 있다. 프래그마식 사랑을 하는 사람의 쇼핑 목록에는 이러한 몇몇 사회적 척도가 포함되어 있지만, 취미나 좋아하는 운동과 같은 개인적 관심사도 들어 있다.

프래그마식 사랑 유형은 루두스와 스토게이가 결합한 유형이다. 황홀한 로맨스나 가슴 설레는 연애를 추구하는 것이 아니다. 그 사랑은 첫번째로는 쇼핑목록에 오르는 자질들을, 그리고 그 다음에는 이러한 자질들을 가진 것으로 보이는 후보들을 의식적으로 가려 뽑는다. 각 후보들은 면밀하게 그 비중이 검토되어지고 적절하다고 여겨지는 후보가 나타나면, 그가 잘 어울리는 배우자라고 만족스럽게 생각될 때까지 자기가 하는 활동을 같이 하자고 초대를 한다. 프래그마식 사랑을 하는 사람은 친구나 부모와 함께 자신의 선택에 대해 종종 상의한다.

과거에 이러한 프래그마식 이데올로기는 주로 부모들 세대가 애용하던 방법으로 중매결혼이라 불렀다. 현대에도 도시에 사는 많은 사람들이 이런 중매를 원하고 있다. 클럽이나 교회, 야학, 자선단체 또는 정당에 참여하여 이러한 사랑의 후보를 만날 수가 있다.

전형적인 프래그마식 사랑을 하는 사람들은 어린 시절과 현재의 삶에 아무런 차이를 느끼지 못하지만, 성인이 되어서는 노력을 통해 목적을 달성할 수 있으며, 삶에서 성공할 수 있다고 생각한다. 어울리는 상대를 만나는 것이 이들에게는 노력을 기울여 해결해야 할 현실적인 문제이다. 따라서 이들은 가까운 사무실이나 클럽 또는 자신이 몸담고 있는 공동체 내에서 자기 짝을 찾으며, 그 사람이 '실제로 어떤 사람' 인지를 알 수 있는 상황에서 상대를 찾고 싶어한다. 상대를 제대로 알기 전까지는 헌신이나 미래 등에 대해서 말하기를 꺼려한다. 또한 일반적으로 과도한 감정 표출, 특히 질투심 같은 것을 경시하면서도, 상호간에 점점 더 헌신적으로 되거나 서로를 배려해 주는 표시에 대해 아주 만족해한다. 성적(性的) 궁합이 맞는지가 이들에게는 중요하나, 이는 필요하면 개선될 수 있는 좀더 기술적인 문제라고 생각한다. 이들에게 어울리는 짝을 만나는 것은 행복한 삶을 위해 바람직한 것이지만 본질적인 것은 아니다. 이들에게는 그 어떤 상대도 자신의 상식을 희생할 만큼 가치 있지는 않다.

③ 아가페(agape ; 의지적·이타적 사랑)

아무 조건 없이 좋아하고 돌보아주며 용서하고 베풀어주는 자기 희생적 사랑이다. 우리에게 친숙한 이데올로기인 아가페는 기독교에서 추구해온 사랑방식이다. 실제의 경험적 연구에서 이 사랑방식은 성인들이 자기 배우자를 찾는 방식에서 가장 드물게 나타난다. 천사와 같은 마음으로 상대를 찾는 사람은 거의 드물기 때문이다. 아가페는 타인 중심적이며 나를 내어주는 사랑이다. 이런 사랑을 하는 사람은 심지어 사랑하는 감정이 없다 하더라도, 사랑하는 것을 의무로 받아들인다. 따라서 아가페는 마음이 아닌 머리가 더 많은 작용을 하며 감정이 아닌 의지의 표출이다.

우리 사회에서 아가페적 사랑을 가장 훌륭하게 실천하고 있는 이들은 독신을 지키며 사는 이들과 애인이나 동반자가 없는 이들이다.

아가페는 에로스와 스토게이가 결합한 유형이다. 의무적이며 베푸는 아가페식 사랑은 좋은 이웃과 충직한 봉사자, 헌신적인 친구로서의 행위이다. 이는 스토게이식 사랑의 유형을 떠올리게 하지만, 특정한 개인을 대상으로 하기보다는 일반적인 방식을 취한다.

아가페식 사랑을 하는 사람은 사랑하는 대상에게 애정어린 보살핌을 베풀어야할 의무를 강하게 느끼며, 배우자는 그러한 배려를 필요로 하는 사람이어야 한다. 따라서 아가페식 사랑을 하는 사람은 파트너를 단지 보살핌을 필요로 하는 수많은 사람 중의 한 명으로 생각하기 때문에, 그 파트너에게 자신의 시간과 정열을 할애하게 된다. 아가페식 사랑을 하는 사람은 파트너가 자신보다는 다른 누군가와 함께 있는 것이 더 낫고 행복하다고 생각하면, 대상이 비록 사랑의 경쟁자일지라도 그를 위해 기꺼이 그 관계를 단념할 수 있다.

4) 사랑의 주 이론

다음에서 제시하는 사랑에 대한 이론들은 주로 개인적인 상호관계의 관점에서 사랑을 분석한다. 이 이론들의 특징은 주로 사랑에 대한 분석내용을 시각화시켰다는 것이다.

(1) 수레바퀴 이론

리스(Reiss, 1971)는 사랑의 수레바퀴 이론을 주장했는데, 그 후 친구 사이에 그리고 가족 구성원간의 동성애와 비성적(nonerotic, 非性的) 관계를 포함시켜 자신의 이론을 확장하였다(Reiss, 1980). 그에 따르면 사랑의 발달이란 바퀴처럼 또는 순환과정으로서 다음과 같은 네 가지 단계를 거친다고 한다.

① 래포 형성단계

어떠한 요인에서든지 두 사람이 서로 좋아하고 원하게 되는 단계이다. 이 단계를 통해 사람들은 서로간에 마음을 열게 되고 우호적 감정을 느끼는 래포(rapport)를 형성하게 된다. 이러한 래포는 서로가 신뢰하고 존경하는 마음이 있을 때 형성되는데, 래포를 형성하는 능력은 사람에 따라서 다양하다. 다른 사람들과 쉽게 접촉할 수 있는 사람도 있지만, 다른 사람들과 쉽게 친해지기 어려운 사람들도 있다. 일반적으로 래포를 형성시켜 주는 것은 배경 즉, 사회계급, 종교 등의 유사성이다. 그러나 배경이 서로 다른 사람들 사이에서도 래포가 형성될 수 있다.

② 자기노출 단계

두 사람이 자신에 대한 개인적인 정보를 주고받는 단계이다. 최근의 사회심리학자들은 자기노출(self - revelation)의 연구를 많이 해 왔는데, 밝혀진 결과 중의 하나는 일반적으로 사람들이 자기노출을 교환한다는 점이다. 만약 한 사람이 자신의 정보나 느낌을 표출한다면, 다른 사람은 아마도 그 사람에 대해 친밀감과 같은 비슷한 감정 반응을 나타낼 것이다. 이러한 상호간의 자기노출이 계속되면 될수록 친밀한 관계가 상호의존의 관계로 발전하게 된다.

③ 상호의존 단계

이 단계에서 두 사람은 좀더 많은 시간을 함께 보내기를 원하면서 상호의존

(interdependence) 관계로 발전한다. 서로에게 관심과 호의를 보이고, 상호작용 하면서 상대방에게 의존하기 시작하며, 서로의 존재를 필요로 하게 된다. 행동적 상호의존 관계는 감정적 상호의존 관계로 발전하며 네 번째 단계인 개인욕구 충족단계(fulfillment of personality needs)를 유도한다.

④ 개인욕구 충족 단계

모든 사람은 사랑하고 사랑받고자 하며, 이해, 지지 그리고 격려받고자 하는 감정적 욕구를 지니고 있다. 서로의 관계가 발전함에 따라 두 사람은 각각 상대방의 감정적 욕구에 만족한다는 것을 알 수 있다. 이 관계는 좀 더 깊은 자기노출, 상호의존관계 심화 그리고 욕구만족 증대 등으로 진행된다. 리스는 이 단계가 직업상의 역할, 가족역할과 같은 성인의 주요 사회적 역할과 관련되어 있음을 강조한다. 그리고 이러한 개인 욕구가 만족됨에 따라 앞 단계에서 시작되었던 래포 형성이 더 잘 되면서 사랑의 단계는 수레바퀴가 돌아가듯이 계속적으로 진행되는 것이다(그림 1-3).

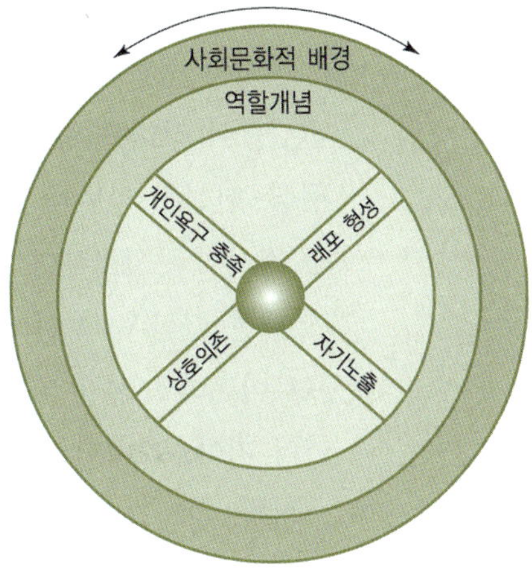

그림 1-3 수레바퀴 이론
출처 : 정현숙 외, 1998

이 이론에 의하면 사랑의 차원은 순환적 효과를 지니는 것으로 상호 매력은 자기노출을, 자기노출은 상호의존을, 상호의존은 개인욕구 충족을 이끌어낸다. 또 사랑 발달의 순환적 성격은 가역적이기도 하기 때문에 특정한 단계에서의 어려움은 사랑의 발달을 거꾸로 회전시켜 애정이 진전되는 것을 멈추게 하기도 한다는 것이다.

사랑의 수레바퀴 이론은 일단 사랑에 빠진 사람이 언제나 사랑에 머물러 있지만은 않다는 것을 시사한다. 사랑을 유지하기 위해서는 자기자신과 사랑하는 사람에 대한 끊임없는 탐색과 노력, 상대방의 인격에서 계속적으로 주목할 것과 독창적인 것을 발견하는 것이 필요한 것이다.

(2) 스턴버그의 삼각이론

스턴버그(Sternberg, 1986)는 사랑은 세 가지 주요한 요소가 있음을 가설적인 삼각모형으로 제시하였는데 그가 말하는 사랑의 삼각이론은 사랑이 하나의 삼각형을 구성하는 세 구성요소(이 요소들은 삼각형의 꼭지점으로 볼 수 있다)의 측면에서 이해될 수 있다.

사랑의 세 가지 요소로 나타나는 삼각형의 변이 같을 때 완전한 사랑이 된다. 사랑의 크기는 이 세 요소의 크기로 결정될 뿐만 아니라, 사랑의 형태도 이 세 요소의 상대적 비율에 따라 여러 다른 형태로 나타나게 된다.

① 사랑의 세 가지 요소

여기서 사랑의 세 가지 요소란 친밀감, 열정 그리고 결심·헌신이다(그림 1-4). 친밀감이 상대를 향한 감정의 따뜻함을, 열정은 그 감정의 정도를 내포하는 반면, 결심·헌신은 의무와 의식과 관련되는 좀 더 냉철한 감정을 의미한다. 친밀감 요소는 정서적 투자로부터 열정요소는 동기적 몰입에서, 그리고 결심·헌신 요소는 관계에 대한 헌신과 그 안에서의 인지적 결정에서부터 도출된 것이다(Sternberg, 1986 : 119). 프로이트의 노선을 따르는 심리학자들은 사랑의 이 세 가지 대조되는 요소들을 연인의 자아, 리비도, 초자아와 연결짓기도 한다(Levinger, 1988).

첫째, 친밀감(intimacy)은 사랑하는 관계에서 나타나는 가깝고 연결되어 있으며, 결합되어 있다는 느낌을 일컫는다. 흔히 사랑하는 사이에서 느끼는 따뜻한 감정 체험이다.

스턴버그와 그래젝(Sternberg & Grajek, 1984)은 가까운 관계에서 친밀감은 다음과 같이 나타난다고 하였다.

- 사랑하는 사람의 행복을 증진시키고자 하는 열망
- 사랑하는 사람과 함께 있을 때 행복을 느끼는 것
- 사랑하는 사람을 존중하는 마음

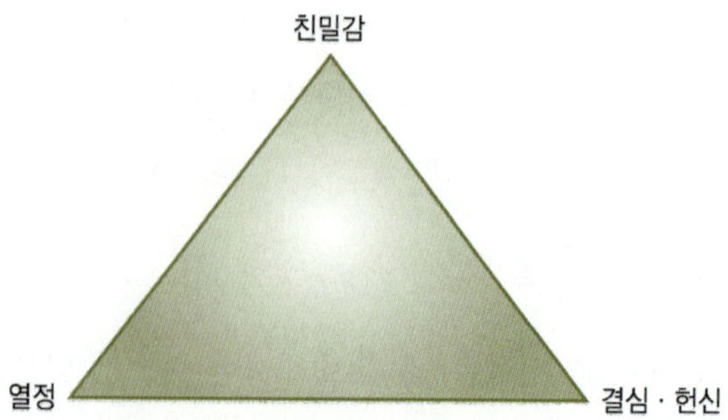

그림 1-4 ➡ 사랑의 세 가지 요소

출처 : Sternberg, R. J.(1986). A triangular of love. Psychological Review, 93 : 119~135.

- 어려울 때 사랑하는 사람에게 기댈 수 있는 것
- 사랑하는 사람과 서로 이해하는 것
- 자신 및 자신의 소유물을 사랑하는 사람과 함께 나누어 갖고 싶은 것
- 사랑하는 사람으로부터 정서적 지지를 받는 것
- 사랑하는 사람에게 정서적 지지를 주는 것
- 사랑하는 사람과 친밀한 의사소통을 하는 것
- 자신의 생활에서 사랑하는 사람의 가치를 높이 평가하는 것

둘째, 열정(passion)은 사랑하는 관계에서 낭만적 감정이 일어나게 하거나, 신체적 매력을 느끼게 하거나, 성적 몰입 등 사랑하는 관계에서 있을 수 있는 일들을 생기게 하는 욕망을 말한다. 대부분의 관계에서 성적 욕구가 열정의 주요부분을 차지하기도 하지만 다른 요구들 즉, 자기존중욕구, 다른 사람과의 친애욕구, 다른 사람들에 대한 지배욕구, 다른 사람에 대한 복종욕구, 자아실현욕구 등도 열정을 불러일으키는 데 기여한다.

셋째, 사랑에서 결심·헌신(commitment) 요소는 인지적 속성으로서 단기적인 것과 장기적인 것의 두 가지 측면으로 구성되어 있다. 단기적인 것은 어떤 사람을 사랑하기로 하는 결심을 말하며, 장기적인 것은 그 사랑을 지속시키겠다는 헌신을 말한다. 사랑의 결심·헌신의 두 측면이 언제나 함께 하는 것은 아니어서, 때로는 사랑하겠다는 결정이 그 사랑을 계속 지키겠다는 헌신을 수반하지 않을 때도 있다. 많은 사람들이 상대를 사랑한다거나 혹은 그와 사랑에 빠졌다는 인정을 하지 않은 상태에서 그 사람과의 사랑에 헌신을 한다. 그러나 헌신 이전에 사랑에 대한 결심이 있는 경우가 더 빈번하다.

5) 사랑의 능력

(1) 사랑과 자존감

어떤 사람이 성숙하고 진실한 사랑을 할 수 있는가? 이에 대해 간단명료한 답을 하기란 쉽지 않지만 사랑할 수 있는 능력은 자기개념과 밀접한 상관이 있음은 많은 학자들에 의해 강조되어 왔다.

라마나와 리드만(Lamana와 Riedmann, 1988)은 구체적으로 자존감을 사랑의 전제조건

으로 여겨왔다. 자존감이 높은 사람은 비교적 자신을 가치있고 유능하며, 성공할 수 있고, 중요한 사람이라고 생각한다. 이들은 또한 자신의 생각이나 느낌을 솔직하게 표현하며, 자신의 경험에 대해 매우 개방적이며, 자신의 결함이나 단점을 수용하고 인정하며, 타인의 비난에 대해 별로 신경 쓰지 않는다. 또한 이들은 타인의 존재를 존중하고 수용하며, 상대방의 욕구를 알아차리고 충족시키는 데 기쁨을 얻는 'I am OK, you are OK(자타긍정)' 의 생활태도를 보인다. 따라서 높은 자존감은 다른 사람을 진정으로 사랑하는 데 필요한 조건이 된다.

그러나 자존감이 낮은 사람은 자신의 가치를 인정하지 않고 열등의식에 빠져 있기 때문에 자신의 생각이나 느낌이 가치 없다고 여긴 나머지 솔직하게 표현하기를 주저하고 방어적이다. 자신을 수용하지 못하는 사람은 상대방을 인정하고 수용하는 것도 어렵기 때문에 상대방을 사랑할 공간을 갖지 못하게 된다. 에리히 프롬이 말했듯이 "자신이 두 발로 설수 없기 때문에 누군가에게 매달린다면, 그것은 사랑의 관계가 아니며, 상대방은 단지 생명의 구원자일 뿐이다."

가족치료학자인 사티르(Satir, 1988) 역시 초기 사랑의 관계가 어떻게 발전하는가를 이해하는 데 있어 가장 결정적인 요인 중의 하나는 스스로에 대해 가지고 있는 가치의식, 즉 자존감이라고 보았다. 자존감이 높을수록 자신이 기대하는 것을 상대방으로부터 계속적이고 구체적으로 받았다는 증거에 의존하는 일은 줄어드는 반면, 자존감이 낮을수록 상대방에게 구체적으로 받았다는 증거에 의존하는 경향이 있다고 하였다.

사티르는 서로 깊이 사랑은 하지만 함께 잘 지내지 못하기 때문에 결혼 생활에 성공할 수 없었던 부부들을 많이 보아왔으며, 이 과정의 성공 여부는 자존감이 낮을 때 어떻게 그것을 높이며, 결혼으로부터 무엇을 기대하며 그리고 그 기대에 대해서 어떻게 의사소통하는가에 좌우된다고 하였다.

자존감이 낮은 사람들은 사랑에 대해서도 다음과 같은 비현실적인 기대를 하는데, 이는 진정한 사랑이라기보다는 일종의 협박이며, 관계를 향상시키기보다는 관계를 질식시킬 수 있다고 경고하고 있다.

"당신이 나를 사랑한다면 나 없이 당신은 아무 일도 하지 않을 것이다."
"당신이 나를 사랑한다면 당신은 내가 말하는 것은 모두 할 것이다."
"당신이 나를 사랑한다면 당신은 내가 원하는 것은 무엇이든 다 할 것이다."

"당신이 나를 사랑한다면 내가 청하지 않아도 당신은 내가 원하는 것이 무엇인지를 다 알아야 한다."

"우리가 진정으로 서로를 사랑한다면 우리는 상대방이 원하는 것을 언제나 알게 될 것이다."

미국의 심리학자인 존 그레이(1995) 또한 자존감이 자기표현과 밀접한 상관이 있고, 진정한 자기표현은 사랑과 상승작용을 하게 된다고 강조하였다. 즉 자신을 사랑하는 사람은 자기표현을 주저하지 않고 자기를 풍부하게 표현하게 되며 결국 스스로 자신을 더욱 사랑하게 된다. 그러나 자신을 사랑하지 않고 본래의 자기 모습을 감추려 한다면 점점 더 자기를 표현하지 못하고 가면을 쓰게 되며, 다른 사람들이 자신의 참된 모습을 사랑하지 못하고 결국 스스로도 자신의 참모습을 사랑하지 못하게 된다. 자신을 사랑하지 못하는 사람은 남의 사랑도 진심으로 받아드리지 못하게 된다고 하였다.

라마와 리드만(1988) 역시 자존감이 높은 사람이 관계 맺는 양식은 자존감이 낮은 사람과 구별된다고 보았다. 즉 자존감이 높은 사람은 상호 의존적인(interdependent) 관계를 맺을 수 있는 반면에 자존감이 낮은 사람은 의존적(dependent)이거나 독자적(independent)인 관계를 맺는다고 보았다. 이러한 세 가지 관계양식은 영어의 알파벳 대문자 모양을 본떠 A형, H형, M형 관계로 구분하였다. A형 관계는 알파벳 A의 모양과 같이 둘을 하나라고 여기면서 두 사람이 서로에게 의존하고 있지만, 각자의 정체성은 부족한 의존적 관계다. 반면 H형 관계는 대문자 H 모양처럼 두 사람이 각자의 정체성을 확고하게 가지면서 자족적이지만 서로 생각이나 감정의 교류나 공유는 이루어지지 않는 독립적 관계를 맺는 경우이다. 한편 M형 관계는 두 사람이 각각 높은 자존감을 가지고 있고, A형처럼 상호 의존하는 부분도 있고, H형처럼 두 사람이 각자 독립적으로 기능하는 부분도 있는 상호 의존하는 관계이다. 결국 M형 관계에 있는 사람들이 자존감도 높고 진정한 의미의 사랑할 능력도 있는 사람이라고 하였다(김용미 외, 2006).

(2) 사랑의 능력과 애착

'사랑을 받아본 사람이 사랑할 줄도 안다.' 는 말이 있다. 이는 사랑할 수 있는 능력은 경험과 학습을 통해 얻어진다는 것이다. 에리히 프롬은 '사랑이란 능력이며 배워서 익혀야 하는 기술'이라 하였으며, 리(Lee, 1993) 또한 사랑은 '자연스럽게 생기는 것이 아니라 학습되는 것'이라고 하였고, 달라이라마(2000)도 다음과 같이 말했다.

> "아이가 자라서 성공할지 못할지는 유년기를 어떤 분위기 속에서 보냈는지에 달려 있다. 사랑과 공감이 넘치는 가정에서 자라는 아이는 더 행복하고 성공적인 인간이 될 것이다. 사랑이 없는 가정에서 자라는 아이는 그 인생 전체를 망칠 위험이 있다. 아이의 발달에 가장 영향을 미치는 것은 부모의 사랑이다."

사랑의 능력을 학습하는 것은 우리가 엄마의 자궁에 있을 때부터 시작되어 출생 후 부모와의 상호작용을 통해서 계속된다. 따라서 어머니가 원하지 않은 임신을 했을 경우 태아나 출생 후의 아이를 소홀히 다룰 수 있고, 이럴 경우 그 아이는 정서적 취약성을 가질 수 있다. 그러나 진실로 원하는 임신이었을 경우, 그 아이는 뱃속에서부터 사랑을 받고 출생 후에도 부모와 만족스런 애착관계를 발달시킬 가능성이 크다(김애순·윤진, 1997).

샤버(Shaver)와 그 동료들(1988)은 영유아기에 발달한 애착관계가 성인기까지 지속되어 사랑의 능력에 나타난다고 하였다. 어린 시절 부모와 안정적인 애착관계를 형성했던 사람들은 성인이 되어서 정서적으로 안정되어 있으며, 다른 사람들과 비교적 쉽게 가까워질 수 있고, 다른 사람에게 의지하기도 하고, 다른 사람들이 자기에게 의지하는 것을 편안히 받아드린다. 또한 이들은 다른 사람에게 버림받을지도 모른다는 걱정을 자주하지 않으며, 긍정적이며, 우호적이며, 행복하고 믿음직한 사랑을 경험하는 경향이 있었다.

불안/저항애착관계에 있던 사람은 다른 사람들이 자신이 원하는 만큼 가까워지지 않는다고 느꼈고, 자기 파트너가 자신을 진정으로 사랑하지 않으며, 떠날지도 모른다는 걱정을 하였다. 그들은 또한 상대방에게 완전히 융합되기를 원하였는데, 그 결과 상대방은 오히려 놀라서 달아나 버리기도 하였다. 이들은 사랑에도 쉽게 빠지고, 질투심이 강하고, 정서적으로 기복이 심한 특징을 보였다.

회피애착관계에 있었던 사람들은 다른 사람과 가까워지는 것을 불편해 하고, 상대방에게 의존하는 것을 불안해하고 두려워한다. 이들은 사랑이 지속될 수 있다는 것을 거의 믿지 않으려 하며, 사람들과의 친밀감을 두려워하고 정서적 기복이 심하고, 질투심을 보였다.

(3) 성숙한 사랑

누구나 진정한 혹은 성숙한 사랑을 원하지만 성숙한 사랑이 무엇인가에 대한 정답은 없을 것이다. 사랑을 기본적으로 성숙한 사랑과 미숙한 사랑 두 가지로 나누어 볼 수 있는데, 연령이나 결혼의 실패 같은 요인이 두 가지 사랑을 구분하는 기준이 될 수는 없다. 예컨대 나이가 먹었다고 해서 더 성숙하다고 단정지을 수는 없으며, 한 사람이 결혼에 실패하였다고 해서 반드시 성숙한 사랑을 배울 수 있는 것은 아니다(솔 고든, 1994).

에리히 프롬(1975)은 『사랑의 기술』에서 성숙한 사랑의 관계에서는 서로가 서로를 보살피고, 존경하며, 책임지려 하고, 이해의 폭을 넓혀간다고 하였다. 성숙한 사랑은 힘이 솟게 하지만 미숙한 사랑은 에너지를 소모시킨다고 하였다. 솔 고든(1994)은 성숙한 사랑의 조건으로 다음과 같은 10가지 항목들을 제시하였다.

① 친숙함 : 즐거울 때나 괴로울 때 서로 돌보고 아끼는 사랑의 관계를 유지할 수 있는 힘
② 유머감각 : 자신과 세상을 향해 기꺼이 웃음 지을 수 있는 마음자세
③ 솔직한 대화 : 열린 마음과 상대방의 얘기를 들을 줄 아는 기술
④ 공통된 사명과 공동 목표 : 도덕적으로나 종교적으로 함께 추구하는 목표
⑤ 평등 : 서로를 존중하고 일이나 육아, 생활방식의 선택 등에서 함께 책임진다는 생각
⑥ 모험감각 : 두 사람의 관계를 늘 신선하게 유지하고, 서로에 대한 애정 표현방법을 새롭고 재미있게 하는 방법을 찾으려는 노력
⑦ 함께 하는 체험 : 두 사람 공동의 임무나 대화, 함께 참여하는 행사, 어떤 문제나 사건에 대한 공통된 생각을 함께 하는 것
⑧ 상대방의 느낌과 마음상태를 존중하기 : 상대방을 위하여 자신의 욕구를 기꺼이 참는 것
⑨ 열정 : 건전한 성생활을 말하며, 섹스에만 한정되는 것은 아님
⑩ 가사일 함께 하기 : 성역할 고정관념에서 벗어나서 가사를 분담하고 자기 몫에 대한 책임 인정

스티븐 코비(1998)는 사랑의 일차법칙으로 상대방을 '거부하기보다 용납하기, 판단하기보다 이해하기, 뒤에서 조종하기보다는 참여하기' 를 들고 있다. 그는 성공적인 사랑 방법은 사랑의 일차법칙을 따르는 것이라고 보고, 사람을 용납한다는 것은 약점을 묵인하고 그들의 의견에 무조건 동의 한다는 것이 아니라 그들의 내면의 가

치를 인정하는 것이라 하였다. 그들 나름대로 생각하고 느끼는 사람임을 인정하고, 자신을 방어하고 보호해야 할 필요를 없애주는 것이다. 그러면 자신을 방어하는 데 힘을 낭비하는 대신, 양심과 대화하면서 자신의 성장 잠재력을 이끌어내는 데 집중할 수 있다.

3. 배우자 선택이론

이성간의 관계가 어떻게 성립되어 유지·발달 또는 해체되는가에 초점을 맞춘 배우자 선택이론들이 1970년대에 새롭게 등장하여 가족학 분야의 이론 정립에 커다란 디딤돌이 되었다. 이 중에서 케코프(Kerkoff)와 데이비스의 여과망 이론(filter theory), 머스틴(Murstein)의 자극-가치-역할이론(stimulus-value-role theory, SVR)과 같은 단계모델(progressive-stage model)이 배우자 선택 과정을 설명하는 주요 관점으로 받아들여졌다. 특별히 머스틴의 SVR이론은 1980년대에도 여전히 인기가 있어서 여러 연구자들에 의해 계속 검증되고 있다.

1) 여과망 이론

여과망 이론(filter theory)을 처음 소개했던 케코프와 데이비스의 연구 이후 우드리(Udry, 1971)는 모든 가능한 데이트 상대와 관계를 시작한 후 한 사람을 선택하여 결혼에 이르기까지 6개의 여과망을 거치게 된다고 하였다. 처음에는 여러 사람과 교제를 하다가 점차 그 대상이 좁혀지고 제한되어 마지막에는 한 사람을 선택하게 된다고 하였다(김명자, 1993, 재인용).

- 근접성의 여과망을 통하여 모든 가능한 대상자 가운데 현실적·지리적으로 쉽게 만날 수 있는 사람들로 그 대상이 제한된다.
- 매력의 여과망을 통해 상호매력을 느끼며 호감을 갖는 사람들로 그 대상은 다시 좁혀진다. 매력을 느끼는 요인은 개인에 따라 다르나 상대방의 행동을 관찰한 결과에 의해 인성, 외모, 능력 등이 포함된다.
- 사회적 배경의 여과망을 통하여 인종, 연령, 종교, 사회계층, 직업, 교육수준 등이 비슷한 커플들로 더욱 범위가 축소된다.

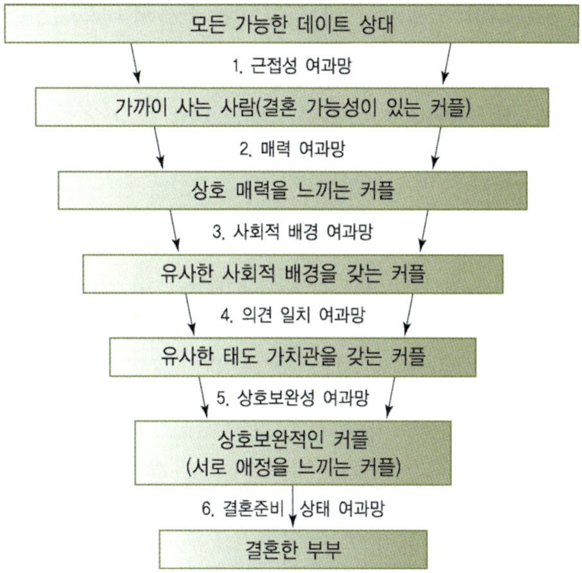

그림 1-5 여과망 이론

출처 : Udry, 1971, p. 212.

- 상호의견 일치의 여과망을 통하여, 인생관, 결혼관 등 주요문제에 대하여 동일한 가치관이나 견해, 태도를 지닌 커플만 남게 된다.
- 상호보완 여과망으로 상호간의 욕구와 필요를 서로 충족시켜 줄 수 있고, 어느 한 편의 단점을 다른 편에서 보완해 줄 수 있을 때 결혼 가능성이 증가된다.
- 결혼준비 상태라는 여과망을 통과함으로써 비로소 결혼에 이르게 된다.

2) 자극-가치-역할 이론

여과망 이론을 보완하여 SVR이론을 제안한 머스틴(1972, 1980)은 배우자 선택과정을 3단계로 설명하고 있다.

① 자극단계(stimulus stage)

여기서 말하는 자극이란 매력에 의한 것을 의미하며 상대방의 신체적·사회적·정신적 속성을 알게 됨으로써 끌리기 시작한다. 즉, 상호작용 전에 관찰가능한 상대방의 자질을 평가하여 매력을 발견하며, 이 매력은 상대방이 소유한 자원과 가능성의 교환에 달려 있다. 각자가 소유하고 있는 자산, 예컨대 외모, 사회성, 지적능력, 명성

(名聲)과 같은 속성에 대한 상대방의 평가를 기초로 하여 이루어진다. 이 자극단계에서는 쌍방이 가지고 있는 자원을 비교하는데, 이 때 상대방으로부터 얼마만큼의 보상을 받느냐에 따라 그 관계가 지속되고 깊어진다(Cate, et al., 1988).

② 가치단계(value stage)

그들은 자신들의 가치가 서로에게 적합할 수 있는가를 평가한다. 인생에 대한 태도, 성역할, 결혼 등에 관한 가치를 비교하여 모순되지 않고 용납할 수 있는가를 살펴본다.

③ 역할단계(role stage)

어떤 사람들은 자극단계 혹은 가치단계를 기초로 결혼하지만 대부분의 사람들은 역할단계로 넘어온다. 그들에게는 가치의 유사성만으로는 충분치 않다. 즉, 역할이 서로에게 적합할 수 있을 것인지 그 여부를 확인하는 것이 필요하다. 여기에서 역할이란 남편으로서 혹은 아내로서 지녀야 할 역할을 말한다. 또한 남편이 아내에게 잘 대해 주는 역할이나, 가족의 경제적 안정을 유지하기 위한 활동적 역할 등 여러 종류의 역할이 있을 것인데 그러한 가능성이 어떠한 것이냐를 보는 것이다. 그러므로 역할관계에서는 자신과 미래의 배우자가 마주하고 기대를 협상하며, 기대를 만족시키도록 타협한다.

세 단계가 성공적으로 이루어지면 일반적으로 결혼에 도달하게 된다. 그러나 어느 단계에서든지 서로에게 맞지 않으면 두 사람의 관계는 그 단계에 머무르거나 종결되며 다음 단계나 결혼으로 진전되지 않는다.

3) 배우자 관계형성(premarital dyadic formation) 모델

루이스(Lewis, 1983) 등은 배우자 선택과정을 6단계 발달이론으로 제시하였는데, 그 내용은 다음과 같다.

① 유사성(Similarity) 단계 : 상대방의 사회적 배경, 가치관, 인성 등이 유사함을 지각한다.
② 래포(rapport) 단계 : 상호 긍정적 평가 또는 호감을 지니며 친밀감을 느낀다.
③ 자기표현(self-disclosure) 단계 : 솔직하고 개방적인 자기표현을 하여 상호 적나라한 관계가 수립된다.
④ 역할수행(role taking) 단계 : 역할수행에 대한 상호 정확한 개념과 능력을 파악한다.

⑤ 역할의 적합성(role fit) 단계 : 상호역할 기대, 필요 역할수행에서의 상호 보완능력, 유사점 등을 파악한다.

⑥ 상호결정(dyadic crystalization) 단계 : 상호간의 역할영역이 결정되고, 한 커플로서의 정체감을 수립하여 당사자는 물론 타인들로부터도 한 커플임을 인정받는다.

4) 교환이론(exchange theory)

인간의 행동을 공리주의에 바탕을 둔 목적 지향적인 것으로 보고, 상호관계에서도 개인이 느끼는 보상감(rewards)을 극대화하고 희생감(costs)을 극소화하여 가장 큰 이익(profit)을 추구한다는 이론이다.

교환이론가들은 배우자 선택과정에서 개인이 느끼는 보상감이 큰 경우에는 긍정적 관계가 형성되어 계속적으로 발전적인 상호관계가 유지되나, 희생감이 큰 경우에는 상호관계가 끝나거나 적어도 발전적 관계가 지체된다고 한다. 이들은 배우자 선택이 결혼시장(marriage market)에서 행해지며, 다른 시장과 마찬가지로 남성, 여성이라는 상품을 중심으로 교환이 이루어진다는 것이다.

이때 교환은 남성 혹은 여성이 지닌 인성, 학력, 가문, 경제력, 미모 등 여러 자원에 의해 이루어지며, 누구나 그러한 자원을 가능한 한 많이 지닌 상대방을 선택하려 한다는 것이다. 이때 남녀가 각기 다른 자원을 교환하는 과정에서 여기에 제공된 자원의 질과 양이 상호평형을 유지할 때 동등한 결합으로 여긴다는 것이다.

그러나 배우자 선택에는 애정, 상호관계 등 두 사람만의 독특한 감정과 상호작용이 작용하는 것이므로 교환이론만으로는 무리가 따른다. 이들 배우자 선택이론은 모두 배우자 선택과정(process-centered)을 강조하고 있는데, 이런 과정에서 배우자 선택은 복합적인 요인에 의해 영향을 받으며, 동질혼이나 상호보완의 필요라는 단순한 원리만으로 설명하기엔 무리가 있다(가족환경연구회, 1996).

Chapter 2

부모기로의 전환

Chapter 02 부모기로의 전환

자녀에 대한 가치는 사회에 따라 다르며 같은 사회에서도 계층에 따라 다르고, 같은 계층이라도 시대에 따라 변화한다. 농경사회에서 고도로 복잡한 산업사회로 바뀌면서 가족구조와 기능에도 많은 변화를 초래하여, 가족 규모가 대가족에서 핵가족으로 변화되었고 가족 구성원간의 정서적 욕구를 충족시키기 위한 상호작용의 역할이 더욱 중시되었으며, 소자녀 가족을 원하는 부모의 가치관도 많이 변화하고 있다. 과거 농경사회에서는 자녀가 경제적인 자산 가치를 지님으로써 생산과 가계수입을 높이고 노후생활을 보장하는 가치로 지각되었으나, 도시화·공업화 및 민주교육에 따른 급격한 사회변화, 핵가족화와 빈번한 직업의 이동으로 인하여 오늘날에는 생활 보장책으로서의 자녀가치나 필요성이 그 의미를 잃어가고 있다. 오히려 현대에 와서는 자녀양육은 경제적인 면에서 부담이 되고 있는 실정이다.

자녀에 대한 가치는 동서양간에 다소 차이를 보일 것으로 예측된다. 왜냐하면 동양에서는 아들에 대한 선호사상이 남아 있고, 이는 가계 계승과 장손의 의미로 이어지기 때문에 도구적인 측면에서 자녀에 대한 가치가 인식되고 있을 것으로 여겨진다. 그럼에도 불구하고 요즈음은 딸 하나만 출산하고도 단산하는 가족들을 쉽게 접할 수 있으므로 이들 가족의 경우는 자녀의 가치를 정서적인 면에서 생각하고 있다고 보아도 무리가 없을 것 같다. 하지만 자녀가 부부에게 미치는 영향은 그렇게 긍정적인 것만은 아니다. 우선 아기 출산으로 인해 발생되는 여러 가지 문제들이 부부에게 당혹감과 어려움을 가져오기도 하며, 아기가 성장해감에 따라 경제적인 부담이나 여러 가지 걱정거리가 발생할 수 있다. 한국 전통사회에서는 '무자식이 상팔자' 라는 속담도 있다.

많은 연구자들이 자녀에 대한 가치와 자녀가 부부에게 미치는 영향에 대해서 관심을 가지고 연구하였고, 자녀출산으로 인해 갖게 되는 만족감과 어려움에 대해 초점을 맞추기도 하였다. 사람들은 자녀를 출산함으로써 아기가 부부간의 교량역할이나 자신의 분신이라는 의미 등을 부여함으로써 긍정적인 가치로 생각한다.

그럼에도 불구하고 자녀가 출생함으로써 전반적으로 결혼만족도가 감소하는 것으로 밝혀졌다. 자녀의 출생이 부모에게 미치는 영향은 각 가정이 갖는 상황변인에 따라 다르며, 자녀양육 준비도, 부부적응도, 임신 계획성 여부, 원하는 자녀수, 교육수준, 성차 등의 변인이 지적되고 있다(양명숙, 1991 ; Dyer, 1963 ; Hobbs & Cole, 1976 ; Russell, 1974 ; Uhlenberg, 1970). 그 중에서도 자녀출산 전의 결혼만족도와 아기의 기질이 자녀출산 후의 결혼만족도에 가장 영향을 미치는 변인으로 밝혀졌다(Belsky & Rovine, 1990 ; Wallace & Gotlib, 1990).

자녀에 대한 의미와 가치는 부모기의 선택 즉, 아기 출산 결정에 영향을 미친다. 어떤 사람들은 신중한 의사결정을 통해 아기를 출산하게 된다. 이렇게 여러 가지 생각 끝에 자녀의 필요성을 인식하고 아기를 출산한 부부들도 아기 출산으로 인한 예기치 못한 여러 가지 일들로 인해 당황한다. 그러나 어떤 부부의 경우는 출산 여부에 대한 의사결정 없이 자녀를 갖게 되는데, 이러한 경우는 아무런 준비 없이 부모가 되므로 이들이 갖게 되는 어려움은 더 클 것으로 예상된다.

또한 이제까지의 연구들은 주로 부모가 됨으로써 겪게 되는 역할전환에 초점을 맞추었으나, 불임부부도 적지 않기 때문에 이들에 대한 비부모기로의 전환에도 관심을 가질 필요가 있다고 본다.

그러므로 이 장에서는 부모가 된다는 것이 귀여운 아기의 탄생 이상의 것이라는 것을 깨달음으로써 예비부모들에게 자녀출산으로 인해 발생되는 여러 가지 어려움을 예상하고 이에 도움이 되고자 한다.

1. 자녀에 대한 가치 및 영향

1) 자녀에 대한 가치 변화

현대사회는 자손이 대를 이어나감으로써 영생한다는 관념과 가부장제(家父長制) 및 장자상속(長子相續)에 의해 아들을 가치 있게 여기는 혈통계승 및 남존여비(男尊女卑)의 가치가 많이 약화되었다(조혜정, 1988).

우리 나라 부부를 대상으로 한 연구(이정숙, 1972 ; 이선희, 1978)를 살펴보면, 자녀를 갖는 중요한 이유로서 가계계승(家系繼承)과 노후의탁(老後依託)을 들고 있지만, 최근의 부부들은 자녀양육의 책임과 부담 때문에 한두 명 자녀를 출산한 후 단산하거나 심지어는 자녀를 출산하지 않으려는 경향까지 있어 무자녀(無子女) 가족이 증가하고 있다.

그러므로 현대 가정은 자녀출산과 양육 주기가 결혼 후 수년 이내에 끝나게 됨으로써 모성역할이 크게 단축되었고 더욱이 가사노동 간소화로 인해 여성들은 결혼생활과 직장생활을 양립하게 되어 가정과 사회참여의 역할을 겸하려는 욕구가 증가하고 있음을 볼 수 있다. 대부분의 취업 여성들은 직업활동이 모성역할에는 부정적인 면이 많지만 부부관계에는 긍정적인 영향을 미친다고 생각하고 있으며, 이들은 자녀양육보다 부부간의 애정관계에서 삶의 보람을 더 느끼고, 결혼생활에 자녀가 필요하다고 생각하면서도 자녀 없이도 인생의 보람을 느낄 수 있다는 긍정적인 태도와 자녀에 대한 노후 의존도가 약한 특징을 보이고 있다(이효재, 1983).

외국의 연구결과도 마찬가지여서 미국의 부모를 대상으로 연구한 호프만과 매니스(Hoffman & Manis, 1979)는 자녀를 가짐으로써 느끼게 되는 만족에 대해 ① 연결과 애정의 일차 집단을 구성, ② 자극과 재미 제공, ③ 자기의 연장, ④ 성인으로서의 지위와 사회화 동일시, ⑤ 성취감과 창의성, ⑥ 도덕성, ⑦ 경제적 유용성의 일곱 가지 가치범주를 발견하였는데 여기에서 볼 수 있듯이 대부분이 심리적 만족에 속하는 것을 알 수 있다. 또한 부모들은 '자녀가 자라면서 희열감을 느낄 수 있다', '무엇인가 가치 있는 일을 해야겠다', '내 자신이 더 좋은 사람으로 느끼게 되었다' 는 등의 정의적 만족감을 보고하기도 하였다. 캘란(Callan, 1980)은 호주에 거주하는 호주인 부모와 남부 유럽인 부모에게 자녀를 가짐으로써 성취하는 욕구가 무엇인지 조사한 결과, 부모가 된다는 것은 성인의 지위를 얻게 해주고 성인 사회로의 접근을 도와주는 것으로 간주하였다. 특별히 여성은 자녀를 통해 인생에 더 많은 목적을 부여하게 되었다고 보고하였다.

2) 자녀의 출생이 결혼만족에 미치는 영향

이와 같이 동서양을 막론하고 현대의 부모들은 자녀에 대한 가치로서 도구적인 가치보다도 정의적인 만족을 중요시하고 있음을 알 수 있다. 그렇다면 자녀에 대한 가치로서 정의적인 만족을 강조하는 현대의 부부들은 과연 자녀출산 후 자신들의 결혼생활에 만족해 하는가? 또 첫 자녀의 출생 이후 결혼생활을 유지해 오는 동안 자녀가 부부의 결혼만족에 미치는 영향은 어떠할까?

듀발(Duvall, 1977)이 설명한 가족 생활 주기(family life cycle)에 따라 결혼만족도의 변화를 살펴봄으로써 자녀가 결혼생활에 미치는 영향을 좀더 자세히 알아보고자 한다. 듀발은 가족 생활 주기를 두 가지의 범주로 고찰하였는데, 첫째, 가족의 확대 단계(expanding family stage)로서 가족의 성립으로부터 자녀가 성장할 때까지의 발달시기를 말하며, 둘째, 가족의 축소 단계(contracting family stage)로 자녀들이 새로운 가정을 맞게 되고, 부모만 가정에 남아 있게 된 때까지를 말한다. 이러한 두 가지 범주는 다시 8단계로 세분화된다. 아동이 출생하여 성숙할 때까지의 각 단계를 구분하기 위하여 첫아이의 발달과정을 사용한다. 이는 가족 구성원의 생활주기가 시작되어 끝날 때까지의 발달을 추적한 것이다. 그 단계와 시기는 표 2-1과 같다.

표 2-1 가족 생활 주기의 단계

단 계	내 용
1	결혼한 부부(자녀 없음)
2	자녀 양육 가정(첫 자녀의 출생~30개월)
3	학령전 아동이 있는 가정(첫 자녀가 30개월~6세)
4	학령기 아동이 있는 가정(첫 자녀가 6~13세)
5	십대의 아동이 있는 가정(첫 자녀가 13~20세)
6	자녀를 결혼시키는 가정(첫 자녀부터 막내까지 가정을 떠나는 단계)
7	중년의 부모(퇴직할 때까지의 텅빈 가정)
8	가족의 노화(은퇴로부터 배우자 사망까지)

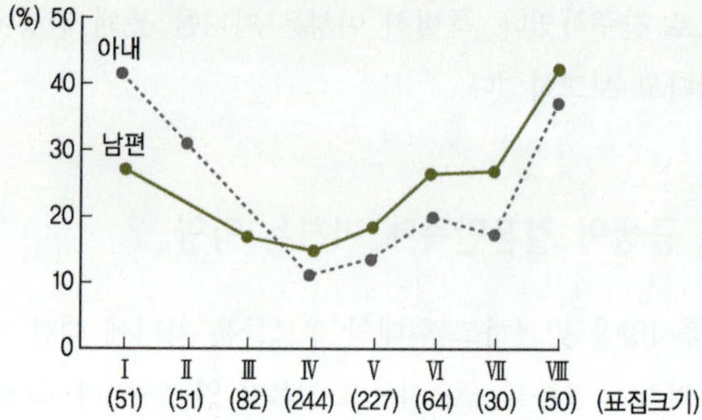

그림 2-1 ➡ 가족 생활 주기에 따른 결혼만족도의 변화
출처 : Rollins & Feldman, 1970

롤린스와 펠드맨(Rollins & Feldman, 1970)의 연구는 가족 생활 주기에 따라 결혼만족도의 발달 경향을 보여 주었다(그림 2-1). 즉, 부부의 만족도는 자녀가 출생한 후 계속 감소하다가 네 번째 단계인 첫 자녀의 학령기 시기 이후부터 나아지기 시작하며, 자녀가 더욱 성장하여 출가할 때 어느 정도 회복하는 U자형을 나타냄을 알 수 있다. 또한, 결혼 초기에는 부인이 남편보다 결혼만족도가 높지만 네 번째 단계 이후부터는 남편의 결혼 만족도가 부인보다 높아지는 것을 볼 수 있다. 그러므로 이 그림에서 우리가 알 수 있는 것은 자녀의 출산 이후 상당한 기간 동안 결혼만족도가 감소하며, 자녀가 반드시 결혼생활의 만족감을 증가시켜 주는 것이 아니라는 사실이다.

2. 부모기 선택

자녀를 출산할 수 있는 가임(可任) 여성들은 그들의 믿음, 가치, 흥미, 동기, 목표와 조화를 이루면서도 그들에게 개인적인 만족감과 성취감을 제공하는 생활방식을 선택하는 데 심각한 갈등을 겪는다. 현대 여성의 대부분은 전통적인 가치, 믿음, 성 역할 고정관념(sex role stereotype)에 의해 양육되어 왔으나, 현대사회의 문화적 가치와 생활방식의 압력으로 인해 전통적인 가치와 생활방식이 변화하는 시대에 살고 있다.

미국사회에서는 1960년대 말부터 여성들이 자녀를 갖지 않는 맞벌이 무자녀 가족

형태[1])를 자연스러운 것으로 받아들이기 시작하고 이에 대한 사회적 태도 또한 많이 변화되었다. 그러나 종전의 사회에서는 자녀를 갖지 않으려는 사람을 바람직하지 못하고 정도(正道)에서 벗어난 특성을 가진 것으로 간주하였다.

1) 부모기와 비부모기의 사회적 의미

비버스(Veevers, 1973)는 미국문화 속에 존재하는 부모기(parenthood)와 비부모기(nonparenthood)의 사회적 의미에 대하여 설명한 바 있다(Bigner, 1985, p.23, 재인용). 부모기와 비부모기의 사회적 의미는 누구나 부모가 되도록 문화적인 압력을 가한다. 비버스는 표 2-2에서와 같이 도덕성, 책임감, 자연스러움, 신체적 성숙, 결혼, 정신위생의 여섯 가지 면에서 부모기와 비부모기에 대한 사회적 의미의 차이를 설명하고 있다.

1970년대에 비버스가 주장했듯이 부모가 되지 않으려고 하는 사람들에 대한 사회적 의미가 1990년대에도 그대로 적용될 것인지에 대해 의문을 제기해 볼 수 있다. 한 가지 지적할 수 있는 것은 자녀로 인해 이혼이 방지되고 결혼생활을 연장시키는 경우가 줄어들고 있다는 사실이다. 미국의 경우 자녀가 있는 많은 사람들이 이혼을 하고, 우리 나라의 경우도 자녀를 가진 부부의 이혼이 늘어가는 것을 볼 때, 이제 동서양을 막론하고 많은 사람들은 자신을 희생하고 자녀 때문에 사랑이 없는 불행한 결혼을 계속 이어가려고 생각하지 않는다.

물론 우리 나라의 경우, 결혼한 부부가 아이를 갖지 않으면 상당히 부자연스러운 것으로 보고 불임부부가 아닌가 하는 생각부터 먼저 하게 되므로 비버스가 주장하는 사회적 의미를 다분히 포함하고 있다고 볼 수 있다. 그러나 이제 여성들은 종전에 비하여 그들의 인생을 계획하고 선택할 자유를 갖게 되었다. 자녀출산 결정은 여성의 시간과 개인적 자원의 지출을 가져온다. 그 결정을 받아들이는 것은 여성의 인생의 방향을 상당히 변경시킨다. 예컨대, 우리 나라의 경우 자녀출산 후 자녀양육 문제를 해결하지 못함으로써 직장을 그만두는 여성이 많다.

우리 나라는 아직 비부모기를 선택하는 사람들이 많지 않지만 미국의 많은 여성들은 자녀가 없는 생활방식으로 인해 사회적·개인적·경제적 이익을 경험한다.

1) DINK(Double Income with No Kids ; 무자녀 맞벌이 가족)

표 2-2 부모기와 비부모기의 사회적 의미의 유형

영 역	부모기의 이상적 형태	비부모기의 이상적 형태
도덕성	도덕적 의무 : 부모가 된다는 것은 도덕성의 실천이다.	종교적 권위를 거부 : 아이를 갖지 않는 것은 비도덕적이다.
책임감	시민의 책임수행 : 부모는 책임감을 이행하는 것으로 나타난다.	책임 회피 : 아기가 없는 것은 무책임이다.
자연성 신체적 성숙	부모가 되는 것은 자연스러운 것 부모가 되는 것은 신체적 성숙을 나타낸다.	비부모는 부자연스러운 것 비부모는 성적 무능력을 나타낸다.
결 혼	결혼의 의미 부여 : 결혼생활의 만족을 나타내고 이혼을 방지한다.	결혼의 의미감소 : 이혼할 기회를 만들고 결혼생활에 불만족을 더해준다
정신위생	정상적인 정신위생 : 사회적 완숙과 개인적인 정서안정을 나타낸다.	비정상적인 정신위생 : 사회적 미완숙과 정서장애를 나타낸다.

그러나 그들 역시 부모로서의 기쁨과 성취감을 상당히 강조하는 종전사회의 인식에 여전히 영향을 받고 있다. 스트레이츠(Straits, 1985)는 중류계층의 여대생들이 자녀출산에 대해 변화된 태도를 갖고 있다고 보고하는 신문잡지와는 반대로 가족과 직업 중 어느 것을 선택할지 갈등을 겪으며, 직업보다는 어머니가 되는 것을 더 선호하는 여전히 전통적인 사고를 가지고 있다고 하였다. 하지만 미국에서는 어머니가 되는 것과 노동에 참여하는 것을 병행할 수 있으므로 우리 나라처럼 자녀출산 후, 여성들이 직장을 그만두지 않으며 오히려 아내가 직업을 가지고 있고 그 직업에 만족해하는 부부들이 첫 자녀를 가장 많이 출산하는 경향이 있었다(White & Kim, 1987). 그러나 직장에서 성공하려면 1명의 자녀를 출산하는 것으로 족하며, 또한 전통적인 성역할을 강조하는 사람들도 1명의 자녀를 출산하는 것은 격려하지만 그 이상은 아니라고 지적하고 있다.

이상에서와 같이 서양은 대부분 자녀를 출산하는 것이 더 당연한 것이라고 생각하고 있지만 최근에는 대안적인 생활방식으로서 자녀를 갖지 않고 결혼생활을 유지하려는 경향이 있다. 물론 자녀를 갖지 않기로 결정한 것이 잘못된 것은 아니다. 단지 자녀출산을 의사결정에 의해 행할 때 그 결과가 자녀를 갖는 것이든 또는 아니든지 간에 그 부부가 책임을 지고 준비할 수 있기 때문에 중요한 것이다. 다시 말해 자녀를 출산할 때 그것을 본인이 의사결정하여 행한 것이라면 자녀에 대한 꿈과 희망, 어려운 점 등 여러 가지를 생각해 보았을 것이고 그럼으로써 보다 더 자녀에 대한 사랑과 책임이 강할 수 있다. 어떤 사람들은 자녀를 출산하면 저절로 부모역할을 할 수 있으리라고 생각한다. 그러나 미리 자녀에 대한 여러 가지를 생각해 본 사람과 막연한 기대나 무계획으로 자녀를 출산한 사람과는 부모역할에서 뚜렷한 차이를 보인다. 그러므로 이러한 면에서 부모기는 선택해야 한다는 것이다. 부모기를 선택하는 것에는 자녀를 출산할 것인지에 대한 여부도 있지만, 출산시기 또한 중요한 변인이 된다.

3. 부모기로의 전환

1) 부모기로의 전환과 위기

부모기로의 전환은 과연 무엇을 의미하는가? 자녀가 아직 태어나지 않은 부부가족에서 부모기로의 전환이 원만하게 이루어지기 위해서, 그리고 부모역할 외의 다른 역할을 함께 수행할 때 어떤 재조정이 일어나야만 하는가? 부모로서의 경험은 특별히 어머니에게 어떤 변화를 갖게 하는가? 이상과 같은 질문에 대답하기 위해서 많은 연구자들이 부모기로의 전환에 대해 연구하였고, 그 어려움과 만족에 대해 연구하였다.

부모기로의 전환은 초기에는 주로 가족 내의 아기의 출생으로 인한 가족체계의 재구조화에 따른 부부관계의 변화에 관심이 있는 가족사회학자에 의해 주로 연구되었으나, 최근에는 부모기로의 전환을 발달심리학과 가족사회학의 접목 지점으로 받아들이는 생애주기(life-span) 발달론자들이 발달적 전환에 흥미를 가지면서 많이 연구되었다. 즉, 개인발달이 가족내의 다른 개인(유아)을 산출하면서 역할이 창조(어머니, 아버지)되고, 가족이 변화(2인 체제 → 3인 체제)됨을 설명하고 있다(Belsky, et al., 1985). 이와 같이 벨스키(Belsky, 1981)는 발달심리학과 가족사회학의 원리간에 다리를 놓아야 할 필요성을 강조하면서 부모-자녀 관계와 부부관계를 더 이상 분리하지 말고, 가족 내의 상호작용에서 2인 체제간의 상호작용이 또 다른 가족성원에게 영향을 미치는 '2차 효과(second-order effect)' 에 대해 연구하도록 충고하였다.

또한 부모기로의 전환은 역할긴장이론으로 설명될 수 있다. 역할긴장이론은 역할

긴장의 개념을 정의하고 역할긴장에 영향을 미치는 요인들을 분석하여 통합한 것으로서, 한 개인이 한 역할에 대해 여러 가지 기대에 따른 역할을 수행하는 데 어려움이 있을 때 생성되는 스트레스를 말한다(Burr, Hill, Nye & Reiss, 1979, p.57). 그러므로 부모역할로의 전환과 같은 새로운 역할획득은 부부에게 역할긴장을 느끼게 한다고 볼 수 있다.

많은 연구들이 역할긴장이론을 지지하고 있으며, 처음 부모가 되는 대부분의 부부들은 많은 역할 때문에 갈등을 느낀다고 보고하고 있다. 마이어(Myers-Walls, 1984)는 어머니가 된 부인들의 다섯 가지 역할을 일(직업), 사교생활(social life), 부부생활, 가사, 자녀양육이라고 규정하고 이 역할들을 수행해 나가는 과정에서 서로 상반되는 기대나 너무 많은 과업들 때문에 적응해 나가기 어려운 면이 있다고 주장하였다.

또한 특별히 역할과 지위가 통합된 사회체계로서 가족을 개념화하려는 사람들의 주된 관심은 가족 내의 자녀 출생으로 인해 가족이 2인 체제에서 3인 체제로 전개되면서 부부가 당면하게 되는 위기에 관한 것이었다.

초기의 연구자들 중에서 어떤 연구자들(Dyer, 1963 ; LeMasters, 1957 ; Wainwright, 1966)은 부모기로의 전환이 심각한 위기를 초래한다고 하였고, 다른 연구자들(Hobbs, 1965 ; Hobbs, 1968 ; Hobbs & cole, 1976)은 '심각한' 위기는 아니나 '약간의' 위기에 처하게 한다고 하였다. 그러나 그 후의 연구자들(이혜란, 1984 ; Hobbs & Cole, 1976 ; Russell, 1974)은 자녀를 가짐으로써 얻는 만족과 긍정적인 결과를 강조하였다.

또한 부모기로의 전환이 반드시 모든 부부의 결혼만족도에 일괄적으로 부정적인 영향을 미치는 것은 아니며, 여러 가지 변인에 따라 영향을 받으므로 각 부부에 따라 개인차를 보인다고 설명하면서 종전의 연구결과를 과대 일반화시킨 것이 아닌가 하는 우려를 나타내기도 하였다(Belsky & Rovine, 1990). 이와 같이 부모기로 전환의 위기 여부에 대한 연구결과들이 반드시 일치하지 않음에도 불구하고, 부부만으로 이루어진 가족에 새로운 아기의 출생은 결혼관계의 변화를 필요로 하는 것이 분명하다.

초기의 거의 모든 연구들은 부부관계의 변화를 종단적으로 연구하지 못하였으며, 주로 부모에게 그들의 인생에서 이미 일어났던 변화를 평가하도록 하는 회고적인 방법을 사용하였다. 그러나 최근의 연구들(Belsky, 1985 ; Belsky, Lang & Rovine, 1985 ; Belsky, et al., 1983 ; Belsky & Rovine, 1990 ; McKim, 1987 : Ventura, 1987)은 자녀를 출산하기 전인 임신 말기에서 자녀출산 후 아기가 1세 정도 될 때까지 다양한 시기에서 종단적으로 연구하였고, 그러므로써 회고적인 방법이 아니라 그때그때마다 겪는 경험에 대한 정보를 구하였다. 또한 면접에 의한 정보수집 뿐 아니라 실제로 가정을 방문하여 부부들의 행동을 관찰함으로써 구체적인 정보를 얻고자 노력하는 등 방법론의 변화를 가져왔다.

부모기로의 전환에 대해 위기 여부를 논하는(1980년대) 연구들은 위기라는 표현보다 '스트레스'나 '문제점'으로 표현하여 부모기로 전환의 어려움을 다소 미약하게 표현하였다. 벤투라(Ventura, 1987)의 연구를 살펴보면, 맞벌이 부부 60쌍을 대상으로 출산 전과 후 9개월 동안에 매일 겪는 스트레스가 무엇인지 질문한 결과, 아기는 부모를 피로하게 하고 좌절스러운 경험을 하게 한다고 하였다. 또한 수유, 아기 달래기, 유아의 떼쓰는 행동은 부모 모두에게 스트레스를 준다고 하였다.

이와 같이 아기로 인한 문제는 맥킴(McKim, 1987)의 연구에서도 잘 나타나 월리스와 고틀리브(Wallace & Gotlib)는 97명의 피험자를 대상으로 출산 전과 출산 후 1개월 및 6개월이 되었을 때 결혼만족도를 측정하였는데, 남편과 아내 모두 출산 전에 비해 출산 후 1개월이 되었을 때 부부간의 결혼만족도가 상승했다가 다시 급격히 하락함을 보여주었다(그림 2-2). 이는 남편과 아내 모두에서 나타난 현상이다.

출산 후 1개월이 되었을 때 결혼만족도가 상승하는 이유는 아기로 인한 흥분과 정의적인 만족감 때문이며, 그 후 급격한 하락은 실제로 아기를 양육하면서 일어나는 여러 가지 어려움 때문으로 생각된다. 이는 임신 말기부터 출산 후 몇 개월까지

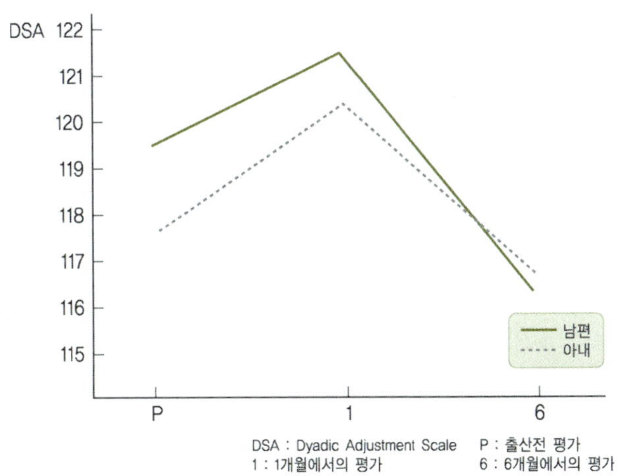

그림 2-2 출산 전, 출산 후 1개월 및 6개월의 평균 결혼만족 점수

결혼만족의 직선적인 감소가 있다는 결과와 다소 다르지만 자녀출산 후가 전보다 결혼만족도가 감소함을 볼 수 있다. 그러므로 이들의 연구결과도 자녀출생 후 결혼 만족도가 떨어진다는 종전의 연구결과와 맥을 같이한다고 볼 수 있다.

우리 나라에서 심층면접을 실시했던 이숙현(1990)은 대다수 부인들이 첫 자녀 출생 이후 부부관계에 있어 별 차이를 못 느끼거나 오히려 좋아졌다고 인식하고 있다고 밝혔는데, 이는 외국의 선행 연구와는 차이를 보인다. 우리 나라의 부인들을 대상으로 연구했으므로 혈연을 강조하는 문화적인 차이인지 아니면 심층면접이라는 연구방법의 차이 때문인지 밝히지 않았으나 이에 대한 후속 연구가 필요하다고 본다.

한편 글렌과 맥라나한(Glenn & McLanahan, 1982)은 자녀가 결혼에 미치는 부정적인 영향은 주로 자녀수와 터울을 효과적으로 조절하지 못한 부부에게서 더 많이 나타났다고 보고하였는데, 만약 자녀의 출산이 계획된 것이고 원하던 것이라면 일반적으로 그 영향이 긍정적임을 제시하였다. 이들은 월드론과 루스(Waldron & Routh, 1981)의 결과와 마찬가지로 남편보다 부인이, 직업이 없는 부인보다 직업이 있는 부인이, 많은 수의 자녀를 원하는 사람보다 적은 수의 자녀를 원하는 사람이, 자녀로 인한 부정적인 영향을 더 많이 받는다는 것을 발견하였다. 비슷한 결과로서 로젠블랫(Rosenblatt, 1974)도 자녀가 부부의 친밀감과 성적 자발성을 감소시키며, 애정, 시간, 관심에 대한 질투와 경쟁의 잠재성을 유발시킨다고 하였다.

이와 같이 대부분의 연구들은 부모기로의 전환에 따른 위기 경험 정도나 부부관계의 변화를 기술하였는데, 벨스키(1985), 로빈(Rovine, 1990)은 부모기로의 전환이 부부관계에 미치는 영향에 관심을 가지면서 특별히 변화의 다양성을 산출하는 개인차에 관심을 기울였다. 임신말기에 부부관계에 대해 일반적으로 높거나 낮은 점수를 받은 사람들이 부모로서 새로운 역할을 맡은 후에도 비슷한 점수를 받았으므로 개인차의 안정성이 존재한다고 믿고 있다.

그러므로 첫 자녀의 출생이 결혼생활에 반드시 부정적인 영향을 미친다는 연구결과들은 다시 검토되어야 하며, 이들의 주장과 같이 부모기로의 전환으로 인해 생겨나는 변화(예 ; 부부관계의 변화)의 개인차를 규명해야 할 것이며, 이러한 개인차를 초래하는 여러 가지 변인에 대해 검토할 때 부모기로의 전환 시 겪게될 어려움을 감소시키는 데 도움을 줄 수 있을 것이다.

2) 부모기로의 전환에 영향을 미치는 가정상황 변인

부모기로의 전환에 따르는 어려움과 만족에 관한 가정상황 변인들은 다양하여 연구자마다 다르고 어머니와 아버지 간에 각각 차이가 있다. 일반적으로 선행연구들이 제시한 가정상황 변인으로서는 자녀에 대한 가치관, 아기의 성별, 아기의 건강, 결혼기간, 임신계획 여부, 자녀수, 부모 외에 아기를 돌보는 사람의 유무, 아기 출생 전후의 결혼만족도, 아버지의 가사 참여도와 자녀양육 준비도, 부모 역할과 관련된 지식, 기술 및 태도, 부모의 교육수준, 부모 성격, 가족 수입, 배우자 연령, 사회적 지원, 성역할 태도 및 이에 대한 기대의 위배정도 등을 들 수 있다.

이 중 아기의 기질이 부모기로의 전환에 미치는 영향에 대해서는 여러 연구자들에 의해 집중적으로 연구되었다(이혜란, 1984 ; Belsky & Rovine, 1990 ; Hobbs, 1965 ; Hobbs & Cole, 1976 ; Russell, 1974 ; Wilkie & Ames, 1986). 홉스(Hobbs, 1965)와 콜(Cole, 1976)은 아기의 건강함을 바랐던 아버지가 그렇지 않은 아버지에 비해 더 높은 위기점수를 받았으나, 어머니의 점수와 유아의 건강 간에는 어떠한 관련도 없었음을 보고하였다. 러셀(Russell, 1974) 또한 민감한 아기(울기, 먹기, 잠자기에 대한 문제, 심각한 병을 가진 아기)를 가진 아버지에게서 더 높은 위기 점수를 발견하였으며, 우리 나라 아동을 대상으로 비슷한 연구를 실시했던 이혜란(1984)도 이와 동일한 결과를 얻었다.

윌키와 에임즈(Wilkie & Ames, 1986)도 아기의 울음은 어머니보다 아버지에게 더 부정적인 영향을 미쳐서 아버지들의 불안을 높이고, 인생 변화에 대해 관심을 갖게 하며, 자신과 아내가 무능력한 것으로 평가하게 한다고 보고한 바 있다.

또한 출산 전의 결혼만족은 부모기로 전환되는 동안에도 꾸준히 유지되어 출산 후까지 결혼만족을 유지시키는 중요한 요인으로 밝혀졌다. 다시 말해 자녀출산 전에 비교적 결혼만족도가 높았던 부부들은 출산 후에도 그들의 감정을 유지한다. 한편, 임신기간 동안에 결혼만족이 낮은 부부들은 아기를 출산함으로써 문제가 해결되거나 관계가 개선되는 것이 아니었고, 더욱이 배우자가 아동양육에 무능력함을 보일 때 결혼생활에 대한 불만감을 증가시킨다(Wallace & Gotlib, 1990).

사회적 지원도 많은 연구자들의 관심이 되었다. 스템프, 터너, 노(Stemp, Turner, Noh, 1986)는 자녀출산 후 심리적인 어려움에 영향을 미치는 사회적 지원에 관심을 갖고, 자녀출산 후 2~6주, 6개월, 1년에 걸쳐 종단적으로 연구하였다. 사회적 지원의 측정으로는 ① 사회적 지원에 대한 지각이나 경험을 측정하는 인지적 경험, ② 부부의 친근감 정도, ③사회적 접촉에 대한 측정으로서 친구, 친척, 이웃간의 접촉빈도를 사용하였다. 그 결과 인지적 경험이나 부부의 친근함은 심리적인 어려움의 변화에 유의하게 영향을 미쳤으나, 사회적 접촉은 심리적인 어려움의 변화에 어떤 영향도 미치지 못하였다. 그러나 게이지와 크리스텐슨(Gage & Christensen, 1991)은 다른 결과를 제시하였는데, 그들은 사회적 지원을 사회적 접촉이나 정서적 지지를 제공하는 친척, 이웃 및 친구의 지원 여부로 간주하여 이러한 사회적 지원이 부모역할에 대한 지식, 기술 및 태도에 도움을 줄 때 부모기로의 전환에 도움을 준다고 보고하였다.

배우자의 성역할에 대한 태도와 가사노동의 분배도 부모기로의 전환에 비교적 일관성 있게 영향을 미치는 변인이다. 벨스키(Belsky, 1985)는 부모기로의 전환에 영향을 미치는 변인으로서 성역할에 대한 기대의 위배정도를 제시하였다. 즉, 남편이 아동양육에 보다 더 참여할 것으로 기대했으나 실제로는 그렇지 않을 때 부부관계가 보다 덜 긍정적이라고 보고하였다. 이와 마찬가지로 맥더미드, 휴스턴, 맥헤일(MacDermid, Huston, McHale, 1990)은 부부가 갖는 성역할 태도와 출산 후의 가사노동 분화가 서로 일치할 때 부부의 애정은 증가되고 갈등은 감소된다고 하였다.

4. 비부모기의 전환

부모기로의 전환과 자발적으로 자녀를 갖지 않는 현상은 많이 연구되었으나, 불임부부에 대한 연구는 실제로 가족사회학자와 심리학자에 의해 무시되어 왔다.

불임부부들의 사회적 및 심리적 차원은 거의 분석되지 않았고, 임상적으로 연구되었는데, 이와 같은 임상적 연구들도 주로 정신과 의사들의 도움을 찾는 사람들을 기초로 하여 자녀를 갖지 못하는 원인으로서 심리적 혼란만을 다루고 있다.

불임부부의 사회·심리적인 반응에 관해서는 별로 알려진 바 없으나, 매튜스(Matthews & Matthews, 1986a, b)는 부모가 되길 원하나 자녀를 가질 수 없는 불임부부에게 초점을 맞추어 연구하였다. 즉, 첫째, 비부모기로의 전환으로서 자녀를 갖지 못하는 부부들이 갖는 정체감(identity)과 역할 재조정에 대하여, 둘째, 불임부부가 자녀를 갖기를 원하는 부부에게 미치는 영향에 대해 설명하였다.

매튜스(1986b)가 제시한 불임부부의 사회 정서적 반응은 자신의 현실을 재구성하여, 자기-개념과 자아정체감을 변형시킨다. 즉, 불임은 자신이 갖고 있던 자아정체감을 손상시키며, 부정적인 영향을 미침으로써 자기 자신을 불명예스럽고 정상에서 일탈된 것으로 여기게 한다. 이들 불임부부들은 예상했던 부모 노릇을 경험할 수 없을 때 역할긴장이 생기며, 이 역할긴장은 대부분의 경우 그들이 원하는 목표가 그들에게 이용 가능한 대안으로(예 ; 입양, 인공수태) 상황을 재조정하게 하기 때문에 다른 역할로 전환하게 될 것이다(Matthews & Matthews, 1986a).

이상과 같이 부모기로의 전환에 대한 연구들을 살펴본 바, 서양의 연구에서는 자녀출산으로 인하여 갈등을 유발할 수 있고, 여러 가지 부부간의 불만족 등 어려움이 보고되나 우리 나라의 경우는 그 반대로 자녀출산으로 인하여 부부가 더 가까워지는 경우도 있으므로 부모기의 선택은 신중을 기하여야 할 것이다. 중요한 것은 부모가 된다는 것은 부부의 고유한 의사결정에 의한 것이며, 부모기를 선택했을 경우에는 만족감뿐 아니라 갈등이 있다는 것을 명심하여 부모가 되었을 때를 예상하고 이에 대한 준비를 해야 할 것이다.

이렇게 부모기로의 전환에 대한 이해를 명확히 할 때 부모가 겪게 되는 여러 가지 상황에 대처하고 적응하는 데 도움이 되리라 생각한다.

5. 부모됨의 준비

부모기를 선택한 부모는 잉태(孕胎) 전부터 부모가 되기 위한 준비를 해야한다. 일반적으로 결혼한 부부라는 부모의 지위는 자녀가 탄생됨에 따라서 자동적으로 이루어진다고 생각하여 아무런 준비 없이 무지하고 위험한 상태에서 부모가 되기도 한다. 부모됨의 준비란 태아 또는 신생아와 유아기 발달적 특징에 대한 지식 등을 이해하는 것 외에도 부모가 되고자 하는 당사자의 신체적·정신적인 준비와 경제적인 준비가 필요하다(Hurlock, 1976).

(1) 신체적 준비(physical well-being) ; 건강

부모가 되기 위한 첫번째의 준비는 신체적 이상이 없는가를 병원에서 검진받아야 한다. 검진결과 건강에 이상이 있다면 건강이 회복될 때까지 부모됨의 시기를 늦추는 것이 현명하며 기형아의 발생을 방지할 수 있다. 또한 부부는 모두 양쪽 가계의 가족질병 유무와 유전적인 질병 유형을 확인해야 한다. 부모가 되기에 적합하지 않은 건강상태는 다음과 같다.

- 체중미달이거나 몸이 너무 허약한 사람
- 과거 또는 현재, 약물이나 알코올중독증일 때
- 흡연, 특히 임신부의 흡연
- 당뇨, 결핵 등 만성 질병을 앓고 있을 때
- 성병 등 기타 병원 검진결과 임신해서는 안 되는 질병이 있을 때

(2) 심리적 준비(psychological preparation) ; 정서적 안정

부모가 되기 위해서는 여러 가지 심리적인 준비가 필요하며, 자기 자신의 성장상태나 문제점 그리고 성격의 장단점 등을 스스로 파악하여 부모됨에 문제가 되거나 장애가 되는 요인들은 개선하는 노력이 필요하다. 부모의 불안정한 정서상태나 비정상적인 성격 문제와 기질적인 요인들은 자녀에게 심리적인 손상을 주어서 문제아 등을 발생시키는 가정환경이 될 수 있는데 다음의 사항들을 검토해 보아야 할 것이다.

- 부모로서의 태도발달(자녀양육을 위해서 사랑, 이해, 관용과 수용의 태도를 학습하고, 자신의 기질적인 문제를 고려한다)
- 부모기의 경험과 지식을 습득한다.
- 자신의 정서상태, 성격, 기질에 문제가 있다고 판단되면 상담 또는 심리치료사 등 전문가에게 치료를 받은 후 부모가 되는 것이 현명하다.

(3) 경제적 준비(financial preparation)

부모기를 선택하여 부모가 되기를 결정한 사람은 자녀가 태아에서부터 출생 후에도 잘 성장하도록 해야 하는 부모로서의 책임감에서 출발해야 한다. 자녀가 신체적·정신적으로 건강하게 잘 성장하기 위해서는 부모 자신의 건강과 정신적인 준비 못지 않게 경제적인 준비가 필요하다.

- 임신확인
- 병원과 주치의 결정
- 아기를 위한 예산(출산과 교육에 관한 지출명세서 작성)

Chapter 3

임신과 태교

1. 태 교
2. 유전과 유전상의 문제점
3. 임 신
4. 태내발달

Chapter 03

임신과 태교

한국 전통사회에서 인간교육에 대한 태도는 대단히 엄격했으며 잉태(孕胎) 에 양친의 자격을 중요하게 보았다. 한 인간을 출산·교육하기 위해서는 잉태하기 전에 여자에게는 어머니로서의 자격이 요구되었고, 남자에게는 아버지로서의 자격이 요구되었다. 한국 전통사회가 가졌던 인간교육은 첫째, 생명의 존엄성 및 태아에게 인격을 부여하여 갓 태어난 아기는 0세가 아니라 곧 1세로 계산하는 전통적인 한국식 연령계산법은 태아를 인격체로 인정했다는 증거이다. 둘째, 인간교육이란 생명 잉태 이전과 잉태 중에 시작되어야 한다는 태교를 중요시하는 교육관이다(유안진, 1989, p.1). 한국 전통사회는 결혼이 당사자의 행복을 위해서 행해지기도 했지만 자녀를 출산하여 종족을 번창시키고 가통을 이어가기 위한 수단으로 생각하여 몇 가지 결혼원칙이 있었다.

첫째 '백리(百里) 밖 결혼, 백리(百里) 안 금혼(禁婚)' 이다. 이 원칙은 지리적·풍토적 특성에서 오는 약체요인(弱體要因), 즉, 열성요인(劣性要因)의 결합으로 인한 발병요인을 방지하고자 하는 대책이었다. 그래서 전통사회에서는 양반일수록 타도혼(他道婚 ; 다른 지방에서 배우자를 찾음)을 하여 이 원칙을 지켰고 천민일수록 군내혼(郡內婚)을 했다(呂重哲, 1979, pp.191~210).

둘째 '동성동본(同姓同本) 금혼(禁婚)' 으로 열성 유전자를 소지한 부계(父系) 동족끼리 결혼하여 열성 유전자가 더욱 강화되는 것을 막기 위함이다. 일본에서는 실명원인(失明原因)의 약 20%에 해당하는 각막색소 변성증은 그 원인이 근친혼(近親婚)인 것으로 밝혀졌다. 일반적으로 족내혼(族內婚)을 하는 사회에서는 근친혼으로 인한 맹아, 농아 등의 출산율이 높다.

셋째 '월삼성(越三姓) 원칙'으로 모계(母系)쪽 동성동본(同姓同本) 혼인을 금(禁)하여 모계 쪽의 열성인자를 피하려고 하였다. 월삼성(越三姓)이란 조부(祖父)가 김해 김씨 부인과 결혼하였다면 부(父)와 자(子)는 김해 김씨와 혼인을 피하고 손자 세대에 가서야 김해 김씨와 혼인할 수 있으며 이는 모계 쪽의 열성인자가 더욱 강화되지 못하도록 하여 건강한 자손을 출산하려는 의도였다(유안진, 1989, p.108).

태교는 '태중의 태아가 전인적(全人的)인 교육을 받아서 신체적·정서적·지적·도덕적인 측면에서 정상적인 인간으로, 나아가서는 인격자로 성장·발달할 수 있도록 부모를 통해 간접적으로 이루어지는 교육'이라고 정의할 수 있다.

1. 태 교

1) 부친태교(父親胎敎)

태교의 첫 단계는 잉태(孕胎) 이전에 부체와 모체의 심신이 정상적이 되도록 관리하는 것이다. 부체와 모체가 신체적으로 건강하고 또한 심리적으로 맑아야 한다는 것은 자녀잉태에 그만큼 공을 들이고 기도하는 마음으로 인간생명을 창조하는 준비가 정성스러워야 하며, 게다가 과학적이어야 한다는 점을 강조하는 뜻으로 해석된다. 특히 불임의 원인이 여자 쪽에 있다고 본 전통사회에서도 잉태에서 남성의 역할을 중요시하였던 것은 육아에서 부성의 역할을 강조한 견해라 할 수 있다.

사주당(師朱堂) 이(李)씨는 『태교신기(胎敎新記)』에 이르기를 "인생에 있어서 성품은 선천적인 것이나 기질은 후천적인 것이니 이 기질을 바로 이끌어 나가는 것은 온전히 부모의 맡은 바 소임이니, 부모된 자로서 이 사명을 안다면 자녀들의 교육을 어찌 소홀히 하리요. 아버지 낳으시고 어머니 길러주심 스승의 가르침이 모두 한가지라. 의술의 뛰어남은 예방에 있듯이 가르치기를 잘 한다는 것은 스승에게 10년을 배우기보다 태중교육 10개월이 더 중요하다."고 하여 자식의 기질이 부모에게 있기 때문에 태교가 중요함을 강조하였다.

부친의 태교는 첫째, 잉태 전 심신의 보전과 수양 및 절제에 관한 내용이며 둘째, 잉태 시에 지켜야 할 마음가짐과 신체적 수련이며, 셋째, 잉태 후에 부친의 금욕(禁慾)을 들었다. 일단 임신이 되면 성교(性交)를 금(禁)할 것을 요구하였다. 왜냐하면

임태 중 성교는 초기에는 자궁의 수축이나 출혈로 인하여 수정란과 자궁벽의 결합이 불충분한 상태에서 유산원인과 직결되고 불결한 세균의 침입 원인도 된다는 점과 임신말기의 성교는 조산(早産)의 위험도 따른다는 것이 현대 의학적 해석이다. 넷째, 부친의 태교는 임부의 태교를 지원하는 것으로 임부에게 심리적 안정감과 용기를 주는 것을 남편의 역할로 보았다. 특히 남편의 협력 없이는 모친의 태교가 불가능하며 남편이란 정자를 제공하는 생리상의 협력자 이외에 태교에서의 역할이 더욱 중요하다고 보았다.

『동의보감』에서 전래되어 오는 부친 태교는 부친의 섭생과 관련지어 ① 기피할 일기(日氣)와 일진(日辰)을 제시한 천기(天忌), ② 잉태장소를 선택하는 지기(地忌), ③ 인기(人忌)라 하여 부친의 심신상태 즉, 과욕상태, 정신이 혼미한 상태, 과식, 허기진 상태, 각종 잔병 중이거나 목욕 직후, 정서적인 흥분상태에서는 잉태(孕胎)를 피하도록 하고 있다(장세인, 1979). 만약 이를 범하면 남자는 백배나 손상하고 여자는 변을 당하게되며 자식을 낳는다 해도 우둔하고 정신이상자가 되고 귀머거리나 수족불구자, 애꾸눈, 언챙이, 장님이 되며 잔병이 많아서 오래 살지 못하거나 불효자가 된다고 경고했다.

이와 같이 부친의 태교는 위의 금기사항을 잘 지키면 복과 덕성과 지혜를 겸한 자식을 얻게되어 가도(家道)가 날로 높아간다고 하며 부친 태교는 태아의 지적·도덕적·신체적·정서적 발달에 크게 영향을 주고 가문의 흥망에도 영향을 미친다고 보았다.

최근 서양에서도 부친태교에 대한 관심이 높아지고 있는데 스마트(Smart & Smart, 1973, p.29)는 성숙(成熟)한 남편은 아내가 느끼는 출산 고통에 대한 공포증과 아기가 정상인지에 대한 불안감, 그리고 모성(母性)으로서의 능력 등에 대해 불안감을 느끼는 아내를 이해하고 동정하고 격려하여 자신감을 갖도록 지원해주어야 하며, 성생활의 절제에 있어서 협력 등의 노력을 하는 남편의 역할이 곧 태교라고 하였다.

2) 모친태교(母親胎教)

(1) 태교에 관한 우리 나라의 문헌

한국 전통사회가 잉태와 육아를 남녀의 공동소관으로 생각하여 부친의 태교를 강조했지만 가장 무거운 비중은 역시 모친에게 두었다. 자녀 잉태와 양육은 부부 모두에게 중대하고 소중한 일이지만 특히 어머니의 역할을 더욱더 중요하게 생각하였다. 여자의 역할은 그 어머니로서 어질 것을 아내로서의 도리보다 앞세웠다(賢母良妻).

사주당 이씨는 『태교신기』에서 "의술의 뛰어남은 예방에 있듯이, 가르치기를 잘한다는 것은 스승에게 10년을 배우기보다 태중교육 10개월이 더 중요하다."고 하여 태교를 강조하였다. 태교가 중요한 까닭은 자식의 기질은 부모로부터 물려받음인데, 이것은 태중 10개월 동안에 이루어지는 것으로서 태어난 후 스승에게 10년 수학하는 것보다 더 중요하다고 보았다.

전래된 중국의 태교기록을 보면 한국 전통사회의 도덕생활 지침이었던 『소학(小學)』 입교편에 태교에 관하여 논하였다. 『소학(小學)』은 남송(南宋)의 유학자 주자의 저서로서 각 경전에서 선현(先賢)들의 업적과 언행을 기록하여 소년을 교육하도록 편찬한 것이다. 소학(小學) 입교편(入敎篇)의 열녀전(列女傳)에 기록된 태교를 보면 다음과 같다.

"옛날에 부인이 잉태하면 잠잘 때 몸을 기울게 하지 않으며, 앉을 때에 한쪽으로 치우치게 앉지 아니하며, 설 때에는 한쪽 발에 의지하지 아니하며, 맛이 이상한 것은 먹지 아니하며, 음식 썬 것이 반듯하지 않으면 먹지 아니하며, 자리가 바르지 않으면 앉지 아니하며, 눈으로는 좋지 못한 빛을 보지 아니하며, 귀로는 바르지 않은 소리를 듣지 아니 하고, 밤에는 소경으로 하여금 시를 낭송케 하며, 바른 일을 이야기하였다. 이렇게 하여 아기를 낳으면 형체와 얼굴 모양이 단정하여 재주가 남보다 뛰어났다고 한다."

(列女傳 曰 古者 婦人 妊者 寢不側 坐不邊 立不蹕 不食邪味 割不正不食 席不正不坐 目不視邪色 耳不聽淫聲 夜則令瞽 誦詩道正事 如此則生子 形容端正 才過人矣, 열여전 왈 고자 부인 임자 침불측 좌불변 입불필 부식사미 할부정부식 석부정부좌 목불시사색 이불청음성 야측영고 통시도정사 여차즉생자 형용단정 재과인의)

중국에서 태교를 잘한 분은 문왕(文王)의 어머니 태임(太任)으로 알려져 있다. 전통 한국사회에서는 율곡의 어머니 신(申)씨가 태임의 덕을 사모하여 자신의 호를 사임당(師任堂)이라고 하였으며, 훌륭한 태교를 하여 이율곡(李栗谷) 같은 훌륭한 분을 낳은 것으로 전해지고 있다.

(2) 삼태도와 칠태도

한국전통사회에서 전래되는 태교는 문헌기록 이외에도 삼태도(三胎道)와 칠태도(七胎道)가 있으며 이것은 부인이 잉태를 하면 지켜야 할 일곱 가지 도리로서 일반 가정에서는 삼태도를 지켰으며, 상류가정에서는 칠태도라 하여 네 가지를 더 지켰다. 그러나 계층에 상관없이 임부가 지킬 수만 있다면 일곱 가지 태도를 실천할수록 좋지만, 그 당시의 가정 생활으로 볼 때 일반적으로 지킬 수 있는 임부의 실천사항을 세 가지로 규정하고, 더 많은 것을 실천할 수 있는 사대부 집안 등 상류가정에는 네 가지를 더 하여 칠태도를 지키도록 한 것으로 생각된다.

임부가 지켜야 할 삼태도와 칠태도는 남도지방에서 근대까지 실천되었는데, 그 내용은 다음과 같다(이규태, 1979, pp.39～40).

제1도(第一道)–다섯 가지의 금기사항

① 산월(産月 ; 출산달)에 머리를 감아선 안된다.[2)]

② 높은 마루나 바위나 건물 위에 올라가서는 안된다.

③ 술을 먹으면 안된다.

④ 무거운 짐을 지거나 험한 산길, 위태로운 냇물을 건너서는 안된다.

⑤ 밥을 먹을 때는 색다른 이미(異味)기 있는 것은 먹지 않아야 한다.

제2도(第二道)–임부는 말이 많거나, 웃거나, 놀라거나, 겁을 먹거나, 곡(哭)을 하거나, 울어서는 안된다. 이를 태교칠불의(胎敎七不宜)라 하여, 항상 입 속으로 중얼거려서 명심토록 한다.

제3도(第三道)–태살(胎殺)의 장소를 기피하는 기태살소방(忌胎殺所方)으로 임신 첫 달에는 마루, 둘째 달에는 창과 문, 셋째 달에는 문턱, 넷째 달에는 부뚜막, 다섯째 달에는 평상, 여섯째 달에는 곳간, 일곱째 달은 학돌, 여덟째 달은 칙간, 아홉째 달은 문방이다.

제4도(第四道)–임부는 조용히 앉아 아름다운 말만 들으며, 성현(聖賢)의 명귀(名句)를 외우며, 시를 읽거나 붓글씨를 쓰며, 예악(禮樂)을 들어야 한다. 또, 삼불(三不)이라 하여 임부가 하지 않아야 하는 세 가지는 나쁜 말을 듣지 말며, 나쁜 일을 보지 말고, 나쁜 생각을 품지 말아야 한다고 하였다.

---

2) 삼태도와 칠태도를 처음으로 실시하였던 당시의 우리 나라의 일반적인 가정생활상을 생각해보면 이러한 금기사항들을 이해할 수 있을 것이다. 그 당시의 전통적인 한옥(韓屋)구조에서 머리를 감거나 세수를 할 때는 땅바닥에 세숫대야를 놓고 허리를 구부린 자세로 긴 머리를 감으려면 보통 사람은 물론 임부에게는 대단히 불편한 자세이며 또 산월에는 이러한 자세를 취하기조차 어려우므로 특히 산월에는 머리 감는 것을 금하였다고 생각한다(저자주해).

第5도(第五道)-임부는 가로눕지 말며, 기대어 앉지 말며, 한발을 기우뚱 굽혀서 있어도 안된다. 다만 아기를 잉태한 달수가 짝수 달에 한하여 왼쪽으로 가로눕는 것이 허락된다.

第6도(第六道)-아기를 잉태한지 석달이 되면 아이의 기품(氣稟)이 형성되므로 기품이 높은 서상(犀象),[3] 난봉(鸞鳳),[4] 주옥(珠玉),[5] 종고(鐘鼓),[6] 명향(名香)[7] 등을 가까이 두고 완상(玩賞)하며, 몸에 지니고 얼굴을 쬐이도록 한다.

第7도(第七道)-성태(成胎) 후에는 금욕(禁慾)한다. 특히 산월에 행음(行淫)하면 아기가 병들거나 일찍 죽는다.

이상의 내용은 전통사회의 가옥구조에서 유산의 위험이 있다고 생각하는 곳과 전통사회다운 주술적·상징적 발상에서 임부의 언어, 행동, 정서, 과로 등을 고려한 것으로 이해하여야 할 것이다. 예컨대, 곡이나 우는 것을 금한 것은 임부의 정서적 긴장과 흥분이 태아에게 해로운 것을 고려한 것이며, 기품 좋은 물건을 지니는 것도 그 물건이 갖는 상징적 의미가 태아에게 투사하리라는 발상에서 나온 것이라고 해석된다. 임산부가 어떤 사람을 미워하면 태어날 아기가 그 미워하는 사람을 닮는다고 하여, 임신기간 동안에는 다른 사람에 대하여 나쁜 감정을 갖지 않도록 하여 임신부로 하여금 마음의 평정을 갖도록 하였다.

3) 태교내용

(1) 임부가 삼가해야 할 행동

- 사람을 해치는 일
- 산 것을 죽일 뜻을 품는 일
- 간사하고 남을 속이는 일
- 탐내거나 부당한 욕심을 내는 일
- 도둑질
- 시기하고 증오하는 일
- 모진 소리, 몹쓸 말
- 화내는 것

3) 훌륭한 분의 동상
4) 하늘나라에 산다는 아름다운 새의 종류
5) 빛깔이 고운 보석(옥)
6) 아름다운 소리가 나는 종과 북
7) 향기가 좋은 향

• 말할 때 손짓하기
• 웃을 때 잇몸을 보이며 크게 웃는 일
• 희롱하는 말
• 소, 말, 개 등을 꾸짖는 일
• 타인을 헐뜯는 일
• 수다떠는 일
• 문구멍으로 내다보는 일
• 곁눈질하기
• 입을 비죽거리기
• 손가락질하기
• 발길질하기

(2) 근신할 일

• 부부가 함께 자지 말 것
• 옷을 너무 덥게 입지 말 것
• 너무 배부르게 먹지 말 것
• 잠과 눕기를 많이 하지 말고 때때로 걸을 것
• 차거나 더러운 데 앉지 말 것
• 독하거나 몹쓸 냄새를 맡지 말 것
• 밤에 문밖에 나가지 말 것
• 비바람 중에 외출을 삼갈 것
• 산과 들에 가지 말 것
• 우물과 옛 무덤을 엿보지 말 것
• 높은 곳과 깊은 곳에 가지 말 것
• 무거운 것을 들지 말 것
• 침과 뜸을 망령되이 쓰지 말 것
• 약을 함부로 먹지 말 것
• 서서 땅의 것을 집지 말 것
• 높은 곳에 있는 것을 내리지 말 것
• 몸을 기울여 앉지 말 것
• 칼로 베지 말 것
• 바늘로 손을 상하게 하지 말 것

• 급히 뛰거나 걷지 말 것
• 모로 눕거나 엎드리지 말 것

(3) 임부가 먹지 말아야 할 음식

• 비뚤어진 모양의 과일
• 썩어서 떨어진 과일
• 벌레 먹은 것
• 날 채소
• 냄새가 나쁜 것
• 빛깔이 나쁜 것
• 설익은 것

(4) 임부가 먹으면 좋은 음식

• 잉어-자식이 단정하게 된다.
• 소의 콩팥과 보리밥-자식이 슬기롭고 힘세게 된다(유안진, 1989).

4) 태몽(胎夢)의 역할

한국 전통사회에서는 그 집안의 부인이 잉태를 하게 될 경우, 어떠한 형태로든지 꿈을 꾸게 되는데, 이것을 태몽이라고 하며 태몽은 태아의 성별과 운명을 예언했다. 태몽은 주로 임신 중에 꾸게되지만 잉태 이전에 꾸기도 하고 간혹 출산 후에 꾸기도 한다. 태몽은 반드시 임신한 당사자만 꾸는 것이 아니라 남편이나 시부모, 또는 친정부모 등 어른들이 태몽을 꾸기도 한다. 태몽은 새로 태어날 아기의 성별과 운명을 예언하는 것 외에 남편이나 가족들에게 그 집안에 임신부의 존재를 알려주는 계기가 되어서, 가족들이 태아와 임신부를 돌보게 하는 역할을 한다고 생각한다. 우리나라 전통사회에서의 임산부와 태아에 대한 관심은 특별했다. 아마도 부인의 지위에서 가장 극진한 보살핌과 대접을 받는 시기가 임신기간이라고 할 수 있다. 임신부는 먹고 싶은 것이 있을 때는 그 음식을 먹어야 생김새가 반듯한 아기가 태어난다고 믿었으며, 그래서 임신기간 동안에는 평상시의 고부간의 관계를 초월하여, 시어머니는 임신한 며느리가 먹고 싶어하는 음식은 가능하면 만들어 주거나 구해서 임부로 하여금 먹게 하였다.

5) 해산음식

한국 전통사회에서는 산월이 가까워 오면 가족들은 임신부가 출산 후에 식사할 식품으로 미역과 해산미를 정성스럽게 준비해 두었다. 출산 후에 임산부가 먹는 음식인 해산음식은 그 사회문화에 따라서 다른데 같은 동양권에서도 중국은 해산 후에 닭고기를 먹는다고 하며, 한국은 주로 미역국을 삼칠(三七)[8)]까지 먹었다. 미역은 무기질이 풍부하고 영양가도 높지만, 지혈(止血)을 촉진시키고 소화가 잘 되어 산모의 신진대사를 도우며, 유즙분비를 촉진하므로 해산식품으로 전해 내려오고 있다.

2. 유전과 유전상의 문제점

1) 유전인자

정자와 난자는 각기 수많은 유전정보를 가지고 있으며 유전적 정보를 유전인자(gene)라고 부르며 염색체 속에 배열되어 있다. 이 유전인자는 DNA(deoxyribonucleic acid)라고 하는 복잡한 분자들로 구성되어 있으며 1953년 슨(Watson)과 크릭(Crick)이 복잡한 분자로 구성되어 있는 DNA의 구조를 설명하였다. 유전인자 즉, DNA는 화보 1과 같이 이중의 나선형의 구조로 되어 있다. 두 줄기 가닥에서 나오는 단백질 분자인 아데닌(adenine)과 티민(thymine), 구아닌(guanine)과 시토신(cytosine)은 서로 짝을 이루며 결합하여 계단과 같은 구조를 이루고 있으며, 이 결합의 총 수는 한 세포 속의 염색체를 모두 합하여 무려 60억에 달한다(컬러 그림 1 참조).

유전인자 즉, DNA는 염색체 속에 들어 있으며, 모든 종의 동물은 특정 염색체를 가지고 있다. 인간의 경우는 남자의 정자로부터 받은 23개의 염색체와 여성의 난자로부터 받은 23개의 염색체가 합해져서 새로운 46개의 염색체배합이 형성된다. 염

8) 삼칠이라 함은 아기 출산일로부터 21일 되는 날을 삼칠이라 하였는데 옛날에 가정에서 아기를 출산했을 때는 신생아를 보호하기 위하여 삼칠(三七) 동안 대문 앞에 금(禁)줄을 매어 외부인의 출입을 삼가도록 표시하였다. 금줄은 성별에 따라서 다르며 아들을 낳았을 경우에는 고추와 숯을, 딸을 낳으면 청솔 가지와 숯을 번갈아 꽂아서 금줄을 매었으며 금줄이 걸린 동안은 가족이라도 개 잡는 것이나 짐승 죽는 것을 보게 되면 신생아에게 병이 발병한다고 믿었으므로 산실에는 들어가지 않았다. 또한 산부는 최소한 삼칠까지는 쉬어야하며 출산 후 첫번째 일주일을 일칠(一七)이라 하고, 두 번째 주일을 이칠(二七)이라고 하며 매 칠일마다 신생아가 무병하고 산모의 몸이 빨리 회복하도록 삼신께 미역국과 밥 그리고 물을 떠놓고 빌었다고 한다(저자주해).

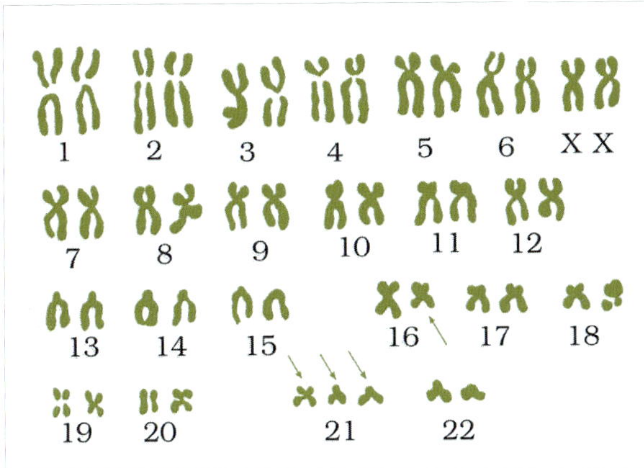

그림 3-1 염색체의 배열 상태

색체는 그림 3-1과 같이 쌍으로 배열되어 있다.

그림 3-1과 같이 이루어진 46개의 염색체의 형태가 태어날 아기의 독특한 특성을 결정하며 이 유전적 잠재성에 따라 아기의 독특한 특성이 결정되는 것이다. 즉, 46개 염색체의 독특한 배합형태를 유전자형(genotype)이라고 한다. 특정한 신체적 특성이나 행동을 결정짓는 데 작용하는 유전인자들을 알레르(allele)라고 하며 보통 한 특성에 두 개의 알레르가 관여한다. 이 두 개의 알레르가 특정한 특성에 대해 동일한 지시를 할 때를 동질접합(同質接合, homozygous)이라고 하며 두 개의 알레르가 상이(相異)한 지시를 하는 것을 이질접합(異質接合, heterozygous)이라고 한다. 이질접합일 때의 예를 들어보면, 눈 색깔을 결정짓는 두 개의 알레르 중 하나는 아버지에게서 눈의 색깔이 검은 알레르를 전해 받고, 다른 하나는 어머니에게서 파란색 눈의 알레르를 전해 받을 경우를 이질접합이라고 한다. 이러한 경우 태어나는 아기는 유전적인 잠재성으로 말한다면 검은색과 파란색의 두 가지 색의 눈을 가질 수 있으나, 실제로는 검은색 눈이 나타나기도 하고, 또는 반대로 파란색 눈의 아기가 태어나기도 한다.

이와 같이 실제로 나타나는 유전적 잠재성을 표현형(phenotype)이라고 한다. 태어난 아기의 눈이 검은색일 경우에는 눈의 검은색 알레르가 우성이고, 파란색은 열성이다. 대개 알레르의 한쪽이 우성이나 혹은 열성으로 서로 반대편에 자리하고 있으나 어떤 경우에는 이 둘이 합해져서 특정한 특성이 혼합형으로 나타나서 회색 빛 눈의 아기가 태어나기도 한다. 동일한 부모의 정자와 난자라고 하더라도 배우자가

지니는 23개 염색체의 배합은 각기 상이하다. 따라서 동일한 부모에게서 태어난 형제들도 유전적 특성이 같을 수 없으므로, 형제간에도 개인차를 보이게 되는 것이다.

2) 유전상의 문제

유전자 형태를 분류해 보면 ① 생리적 유전(심장, 피부색, 모발, 안구색), ② 정신적 유전(지능, 기술, 천재성, 범죄성), ③ 질병(색맹, 근시, 혈우병, 간질, 무토병, 각종 기형(언청이, 육손)) 등을 들 수 있다.

(1) Rh인자

Rh란 이 요소가 원숭이 종류의 하나인 리서스 몽키(Rhesus monkey)의 혈액 속에서 처음 발견되었기 때문에 그 이름을 붙인 것이다. 이 Rh혈액형은 우성, 열성의 법칙에 따라 결정되는데, Rh형을 결정하는 알레르의 하나만 우성인 경우에는 Rh^{+}가 되고, 알레르 두 개가 모두 열성인 경우에는 Rh^{-}형이 되며 Rh^{-}형인 사람은 드물다(전체인구의 1%). 그러나 모체와 태아가 유전적으로 서로 다른 혈액형을 가지고 있다면 그들은 생화학적으로 상극을 이룬다. 예컨대, 태아의 적혈구는 특수한 혈청 속에서 응고하는데 모체의 적혈구는 응고하지 않는다면 모체의 적혈구는 Rh - 이고 태아의 혈액형은 Rh^{+}인 경우이다.

Rh요소가 치명적인 결과를 초래하게 되는 경우는 Rh^{+}형과 Rh^{-}형의 혈액이 섞일 경우이다. 본래 모체의 혈액과 태아의 혈액은 태반으로 완전히 분리되어 있어서 태아와 모체 사이에 직접적인 혈액의 교환은 없으나 만약의 경우 조금이라도 결함이 있을 경우에는 아기의 Rh^{+} 요소가 모체로 들어가게 되면 어머니의 생명이 위독하게 되므로, Rh^{-}형인 모체의 혈액은 장래의 위험에 대비하고자 Rh^{+} 요소에 대비하여 항체(antibody)를 생성하며, 이것이 태아의 혈액 속에 들어가서 태아의 적혈구를 파괴하므로, 태아는 유산되기 쉬우며 사망하지 않고 태어난다고 할지라도 대개의 경우 정신박약아가 되거나, 또는 빈혈을 면치 못하며 심한 황달에 걸려서 사망하는 경우가 많다.

태아에게 치명적인 영향을 주지 않으려면, 태아의 혈액을 90% 이상 Rh^{-}형으로 바꾸어 주어야 한다. 대개 출생 후에 할 수 있으나 요즈음은 태중에서 7개월경에 수혈을 통하여 태아의 혈액을 모체의 혈액형과 같은 Rh^{-}형으로 바꾸어 줄 수 있다.

다른 방법은 Rh^-형의 어머니에게 항체가 생성되지 않도록 미리 접종하여 예방하는 쉬운 방법으로 태아를 미리 위험에서 구제할 수 있다. 다행히 우리 나라에는 Rh^-형의 혈액을 가진 사람이 극소수이기는 하나 반대로 필요시에는 이 Rh^-형의 혈액을 구하기도 어렵다.

(2) 염색체 이상(異常)

정상적인 사람은 X염색체와 Y염색체, 혹은 X염색체와 X염색체가 정상적으로 1 : 1로 결합하여 46개의 염색체를 가지고 있으나, 특수한 경우 XXY, XO 등의 현상이 일어나서 XXY의 경우는 47개의 염색체를, XO의 경우는 45개의 염색체를 가질 수도 있다. XXY의 경우처럼 염색체가 둘이 아니라 셋인 경우를 트리조미 형(trisomy type)이라고 하며 클라인펠터 증후군(Klinefelter' s syndrome)과 다운 증후군(Down' s syndrome)이 여기에 해당한다. 증후군별로 살펴보면 다음과 같다.

① 다운 증후군(Down's syndrome)

염색체 배열에 있어서 21번째 염색체가 둘이 아니고 XXY 또는 XYY의 셋인 경우로 이러한 염색체 이상은 1886년 영국의 의사 다운에 의해 발견되었기 때문에 그의 이름을 붙여서 다운 증후군이라고 부른다. 이 다운 증후군의 사람들은 몽고인과 신체조건이 비슷하다고 하여 몽고리즘(Mongolism)이라고 부르기도 하는데, 눈을 제외하고는 유사성이 없고 어느 종족에게나 나타나므로 전문용어로는 사용되지 않는다. 이러한 증상을 갖고 있는 아동들은 신체적 · 지능적 결함이 있으며 대개 정신박약아이다. 출생당시에도 외관상으로 판별이 가능하다. 외관상의 특징은 머리가 둥글고 눈 꼬리가 위쪽으로 째져있고 목은 짧으며 항상 입을 벌리고 있다. 정서적으로는 다정하고 유쾌한 성질을 가지고 있어서 다른 종류의 결함을 가지고 있는 아동보다는 적응하기 쉽고, 또 기질이 쾌활한 편이어서 사귀기 쉬우나 학습능력이 낮아서 말 배우기도 힘들고, 학교생활에 대한 적응을 기대하기는 어렵다. 병에 대한 저항력도 약하여 심장질환, 백혈병, 그리고 특히 호흡기질환에 감염되기 쉬우며 일찍 사망하지만 현대의학의 발달로 인하여 평균수명은 연장되고 있다. 다운 증후군의 아동들은 음악을 특히 좋아한다고 한다.

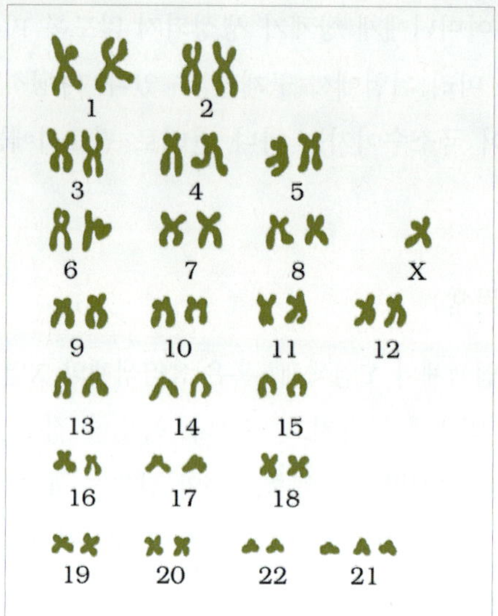

그림 3-2 다운 증후군과 염색체 배열 상태

② 클라인펠터 증후군(Klinefelter's syndrome)

이 경우는 성염색체가 XXY의 트리조미를 이룸으로써 생기는 증후군으로 남아에게 일어나는 현상이며 Y염색체를 가지고 있기 때문에 남자이기는 하나 X염색체가 두 개나 있기 때문에 남성적 특성이 약하다.

즉, 남성의 음경과 여성의 특징(둥근 몸매, 여성호르몬 분비 등)을 겸비하고 있으며, 특히 고환이 작고 키가 크고 마르며, 사지가 길고 생식력이 없다. 또한 지능도 낮으며, 정서적으로 불안한 특성을 보인다.

어떤 경우는 성염색체가 XYY가 되는 경우도 있다. 이 경우는 남성을 결정하는 Y염색체가 둘이나 되는 까닭에 남성적 특성이 강조된다. 이런 염색체를 갖는 사람은 범죄인에서 많이 볼 수 있고, 또 실제로 죄수 중에는 이런 염색체를 가진 사람이 상당수 되지만 이런 사실을 지나치게 일반화시켜서는 안된다. 발생빈도는 남아 800명 중 1명의 빈도로 나타난다.

③ 터너 증후군(Turner's syndrome)

이 증후군은 여아에게 일어나는 현상으로 보통 여성의 염색체는 XX인데 터너 증후군의 여성은 두 번째의 X염색체 하나가 소실된 현상으로 전체의 염색체수가 45개로서 염색체 수가 하나 모자라는 경우이다. 이런 증후군을 갖고 있는 여성은 키가

그림 3-3 ➡ 터너 증후군

작고 목과 손가락이 짧으며 정서적으로 안정되어 있으며 다정하고 잘 흥분하지 않는 여성적인 성격을 갖고 있으나 여성 호르몬이 부족해서 사춘기가 되어도 이차 성징(二次 性徵)이 나타나지 않는 병적 현상이며 발생빈도는 약 3,000명 중 1명의 빈도를 보인다.

④ 페닐케토뉴리아(phenylketonuria, PKU)

어떤 특성에 결함이 있는 사람은 자녀를 갖지 않는 경향이 있으므로, 결함이 있는 알레르는 진화과정 속에서 자연히 도태되는 수가 많다. 그러나 이런 이상은 약물이나 방사선과 같은 요인에 의해서 갑자기 돌연변이로 나타나기도 하고, 또한 이런 특징이 열성이어서 잠정적으로 존재하다가 우연히 열성 유전자끼리 만나면 이런 특성을 갖는 아이를 낳게 되기도 한다.

페닐케토뉴리아는 발생빈도는 낮지만(4000명 : 1) 유전적으로 신진대사에 꼭 필요한 효소가 부족함으로 인해서 생기는 증상이며 양친이 모두 발병자이거나 또는 보균자일 때 발생한다. 정상적인 사람의 경우에는 단백질에 포함된 아미노산인 페닐알라닌이 분해됨으로써 효소가 생기는데, 이 증상을 갖고 있는 사람들은 페닐알라닌을 분해시키지 못하고 그대로 뇨에 배출시켜 버리기 때문에 새로운 세포를 조직할 수 없다.

혈액검사를 통한 조기 발견과 뇌의 성장이 극도로 빠른 생후 4년 동안의 식이요법으로 어느 정도 억제할 수는 있다. 최근에는 아기가 출생하자마자 PKU 유무(有無)를 검사해서 이 증상을 갖고 있는 아기는 페닐알라닌이 적게 포함된 저단백 식이요법으로 치료한다. 그러나 아기가 성장함에 따라 다른 사람이 먹는 것을 먹고 싶어하게 되어 식이요법 실시가 어렵게 되며, 식이요법이 지켜지지 않으면 정신박약이 된다. 임신하기 전에 혈액검사를 하고 신생아를 면밀하게 검사한다면 환경조절로 유전적 결함을 통제할 수도 있다. 이런 증상을 갖고 있는 어린이는 대개 금발에 파란 눈을 하고 있으며 피부감각이 예민하다.

3. 임 신

여성은 보통 월경주기의 중간쯤에 난소(follicle)로부터 나팔관을 통하여 하나, 때로는 둘 이상의 성숙한 난자를 배출하는데 이를 배란(ovulation)이라고 한다. 여성은 양쪽 난소 속에 약 20만개의 난자를 내포하고 있으며 초경이 시작되는 사춘기에서부터 폐경이 되는 중년까지 양쪽 난소에서 번갈아 가며 한 달에 한 번씩 배란기에 성숙된 난자가 배출된다. 한 달에 한번씩 배출된 난자는 정자를 만나서 결합하게 되며 이러한 결합을 수정이라고 하며 이 순간부터 비로소 한 개체의 생명이 시작된다. 정자와 난자 즉, 두 가지 성세포는 특수한 성질을 가지고 있는데, 이들은 각각 세포를 생산할 수 있는 만큼 자양분을 가지고 있으며, 서로 움직여서 결합할 수 있을 만큼 기동적이며 각각 새로운 생명체를 만들어 내는 데 필요한 유전적 정보를 핵 속에 반반씩 가지고 있다(그림 3-4).

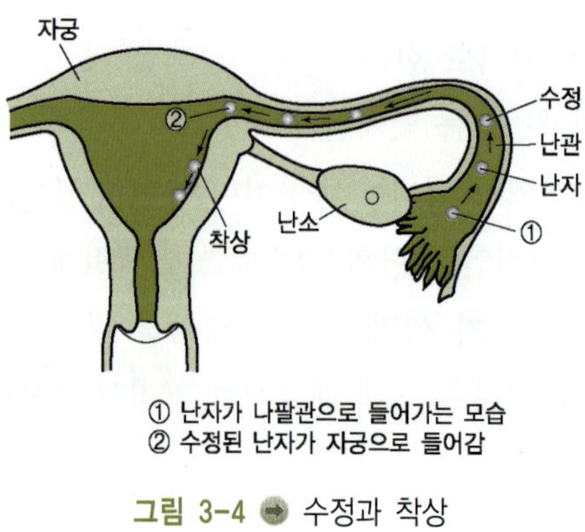

그림 3-4 수정과 착상

여성에게서 배출되는 난자는 남성의 정자에 비하면 크나 직경이 불과 0.14mm 정도밖에 되지 않는다. 그러나 체세포 중 가장 크다. 정자는 난자의 약 40분의 1의 크기이며 육안으로 볼 수 없을 정도로 작지만 잘 움직이는데 비해 난자는 별로 움직이지 않으며, 난자의 형태는 달걀모양의 타원형인데 비해 정자는 긴 꼬리가 달린 올챙이 모양을 하고 있으며 유전적 정보는 머리모양의 앞부분에 있다. 건강한 남자에게서 사정되는 정액은 약 2~3g이며 정액 1g 속에는 약 1~2억 개의 정자가 있다고 한다. 정자는 긴 꼬리를 가지고 있어서 매우 활동적이며 배란기를 전후해서 자궁경에 가까운 질 속에 사정된 정액 속의 많은 정자가 긴 꼬리로 헤엄쳐서 나팔관까지 올라가며 난소에서 내려오고 있던 난자와 만나게 된다. 이렇게 정자가 난자의 세포막에 닿게 되면 정자의 머리모양의 앞부분에 있는 아크로솜(acrosome) 속의 물질이 분비되어 난자의 세포막이 부풀어 올라 정자와의 결합을 가능케 한다(화보 2 참조). 일단 정자가 난자의 세포막을 뚫고 들어가서 결합이 되면 정자의 끝 부분에 달린 꼬리는 잘리고, 정자의 핵과 난자의 핵이 결합하여 하나의 세포체를 형성한다. 새로 생긴 단일세포를 수정란이라고 하거나 접합체(zygote)라고도 부르며, 이것이 곧 새로운 개체의 시작이며 임신의 시작이다(컬러 그림 2 참조).

1) 임신의 징후

임신이 되면 여러 가지 징후가 나타나며 임신 초기에 나타나는 징후를 보면 다음과 같다.

(1) 소화기에 일어나는 변화

임신 초기에 나타나는 징후는 임신독소로 인해 소화기 변화에서 오는 구토증이 있다. 구토증은 임신 후 평균 6주부터 증세가 나타나며 증상은 머리가 무겁고 후각에 변화가 온다. 이러한 증상을 소위 입덧이라고 하는데, 음식냄새에 지나치게 예민하거나 또는 식성에 변화가 오며 특히 산성 음식물을 즐기게 되는데 이는 위의 염산분비를 감소시키고 신체내의 일반 산도(酸度)를 증가하기 위해서 일어나는 현상이다. 타액분비 증가로 인해서 차츰 식욕부진이 일어나고 이른 아침 공복 시에 헛구역질을 하며 구토 및 변비증상이 나타난다.

이 구토증은 임신 3~4개월이 되면 자연히 없어지며, 체질에 따라 2~3일 식욕이 부진하다가 무난히 넘기는 사람도 있으며 체질에 따라 입덧이 심한 사람은 4~5개월까지도 계속하는 사람도 있다.

(2) 월경의 중단

수정란이 자궁막에 착상을 하면 자궁점막은 차츰 비대증식(肥大增殖)을 해서 임신 탈락막을 형성하여 월경은 중지된다. 그러나 무월경이라고 해서 모두 임신의 징후는 아니다. 평상시에 생리가 순조로운 사람도 오랜 여행을 한다든가, 갑작스럽게 생활환경이 바뀌거나 또는 심한 육체적·정신적 충격을 받았을 때 무월경 현상이 나타난다. 그러므로 무월경이라 해서 반드시 임신이라고 단정할 수는 없다. 산후에는 누구에게나 장기간 무월경 현상이 오며 특히 수유(授乳)를 계속하고 있는 부인은 수유기 무월경(授乳期 無月經)이라 해서 그 기간이 1년 이상인 예도 있다. 따라서 무월경이 1년 이상 계속한다고 해서 비정상적인 것은 아니며, 그렇다고 임신이 불가능한 것이 아니므로 안심할 수는 없다. 배란은 월경 전에 있게 되므로 그 기간에 임신이 되면 무월경인 채로 임신이 될 수 있다. 건강한 부인은 산후 2개월이 경과하면 수유중이라도 임신이 가능하다. 난소종양의 증후도 무월경 등 임신과 유사하다. 어떤 사람의 경우 임신 3~4개월까지도 월경이 계속되는 일이 있는데 이것은 월경양자궁출혈(月經樣子宮出血)이라 하며 보통 때 월경보다는 적은 양이며 월경지속일수도 짧고 평소에 있던 월경시의 변화, 복통, 요통 등이 거의 없어진다. 월경양자궁출혈은 대개 호르몬에 의한 자궁하부점막(子宮下部粘膜)의 충혈에서 오는 출혈에 의한 것으로 볼 수 있다.

임신 중에는 조기유산의 경우 출혈이 있으므로 주의해야 한다.

(3) 임신 초기의 미열

임신 2~3개월간에는 종종 37~37.5℃의 미열이 있다. 임신 중의 미열은 아침 또는 오전 중에 높고 오후로 가면서 저온이며, 아침, 저녁으로 체온의 차는 1℃를 초과하는 일이 없으며 대개 0.5~0.7℃의 차에 불과하다. 임신초기에 오는 미열을 임신열이라고도 부르며 임신열은 항체호르몬의 감소에 따라 임신 5개월경에는 자연히 해소되며 임신 전과 같이 정상 회복된다.

(4) 소변이 자주 마려워진다

빈번한 요의(尿意)는 골반 내에 특히 자궁이 충혈되고 커져서 방광을 압박해서 일어난다. 임신 4개월경이 되어 자궁이 소골반강(小骨盤腔)에서 복강으로 상승하면서 자연스럽게 일어나며, 임신 10개월이 되면 방광을 심하게 눌러서 다시 그 증상이 나타난다.

(5) 동통과 관절통

임신성 신경통, 요통, 특히 아침 기상시 오는 동통(疼痛), 관절통은 골반 내의 출혈과 신경압박 등에서 오지만 때로는 임신중독에서 올 수도 있다.

(6) 피부의 착색

피부 중에서도 유두(乳頭) 주위의 색이 평소보다 짙어지고 눈 언저리, 복부의 중앙선, 배꼽과 외음(外陰)부에 점차 색의 변화가 온다. 얼굴에 기미가 나타나는 사람도 있으며 해산 후에는 없어지나 사람에 따라 일 년씩 지속되는 수도 있다.

(7) 유방 발육

임신이 되면 난소 호르몬의 영향을 받아 유방이 발육된다. 첫 임신의 경우 유방이 현저하게 커지며서 긴장감을 느끼며 동시에 유두와 그 주위가 점차 갈색으로 착색된다. 임신 2개월 후반기부터는 유방을 누르면 초유(初乳)라고 하는 묽은 유즙(乳汁)이 나오고 유두를 건드리면 통증을 느끼는 것이 보통이다.

(8) 태동

태동(胎動)은 자궁 안에서 태아가 움직이는 것을 말한다. 임신 5개월 말이면 태동을 느낄 수 있다. 아랫배가 불러지는 것과 태동은 달이 갈수록 더욱 확실해지며 임신 5개월 이후의 진찰에서는 태아의 심음(心音) 즉, 심장의 소리를 확실히 들을 수 있으며 태동도 외부에서 만져서 느낄 수 있다. X선 촬영을 하면 태아의 골격을 볼 수 있으며 점차적으로 태아 신체의 각 부분을 외부에서 손으로 만져서 알 수 있다.

(9) 부 종

임신 후반기인 8개월 이후가 되면 하지(下肢)에 가벼운 부종(浮腫)이 나타난다. 임신 후반기의 부종은 태아가 성장함에 따라서 자궁도 확대되어서 주변의 혈관을 압박하여 혈액순환이 순조롭게 이루어지지 못함으로써 나타나는 증상이다. 이 증상은 분만할 때까지 나타나며 자간(子癎)과 같은 위험한 임신 중독증으로 발전할 수도 있으므로 매월 1회씩 소변검사와 혈압측정 등 정기적인 진찰을 받음으로써 임신중독증 등 위험한 사태를 예방할 수 있다.

2) 기형아의 발생원인

기형아(畸形兒)가 발생하는 데는 다음과 같은 여러 가지 원인이 있다.

(1) 매 독

매독균을 보유하고 있는 모체로부터 탄생한 아기는 신체 발육부진(發育不振), 백치(白痴), 벙어리, 맹인, 등의 기형아가 많으며, 경증에는 코가 없거나 또는 치아 발육이 불량한 아기가 탄생하게 된다. 매독(syphilis) 병원균인 스파이로키이츠(spirochetes)는 다른 균과 달라서 태반을 통해 태아에게 감염되어 조직체를 파괴하며 태아는 매독균의 침입을 받으면 조산 또는 사산되거나 선천성 매독을 가지고 탄생한다. 스파이로키이츠는 불결한 성교시에 가장 많이 감염되며 성교 이외에 키스 또는 담배를 돌려피는 데서도 전염될 수 있다. 결혼 시는 반드시 혈액검사를 해서 매독 등 유전병의 유무 등을 점검한 후에 배우자를 선택하는 것이 중요하다.

(2) 근친(近親) 또는 혈족결혼(血族結婚)

인체의 세포는 우성과 열성의 유전성을 가지고 있으므로 공통적인 결함이 있는 혈족끼리의 결혼은 열성인자가 나타나게 될 때 애꾸눈, 육손, 언챙이, 선천적 다발성(多發性), 관절강직(關節强直) 또는 저능아가 돌연 나타날 수 있다. 반대로 공통적인 장점을 가지고 있는 혈족끼리의 결혼은 정신·신체적으로 우수한 아기를 탄생시키는 예도 있다. 그러나 열성으로 인한 불행을 막기 위하여 근친간 또는 혈족끼리의 결혼은 법적으로 제지되고 있다.

(3) 방사능물질

난소에 강한 X선 또는 라듐(radium)의 방사선 치료를 자주 하면 난소가 파괴되어서 무월경이 되는 경우가 있으며 심하면 기형아를 낳을 우려가 있다. 임신 3~4개월 중에 방사선을 머리에 쏘이면 유산하거나 머리가 작은 아기나 눈이 아주 작은 기형아를 출산할 수 있다. 강한 X선이나, 라듐의 치료는 자궁암 같은 악성종양의 치료 이외는 사용되지 않으므로 별 문제가 없지만 만일 일시적 피임을 목적으로 사용한 후 실패해서 아기를 낳으면 기형아가 될 우려가 다분히 있다.

(4) Rh인자로 인한 부모혈액의 부적합

Rh인자 양성인 남성과 Rh인자 음성인 여성이 결혼하여 임신하였을 경우 유산율이 높고 복부가 큰 기형아 또는 황달(黃疸)이 심한 아기를 낳게 된다. 그러므로 반드시 결혼 전에 건강진단서는 물론 혈액검사 등의 결과를 교환하는 것이 좋다. 서양에는 Rh인자가 부적합한 경우가 많으나, 우리나라에는 그 수가 극히 적지만 결혼 전에 혈액형의 Rh인자가 양성, 또는 음성인지의 검진이 필요하다.

(5) 모체의 바이러스 질환

유아 전염병의 대부분은 바이러스(virus)로 인하여 일어나며 감기를 일으키는 바이러스로 인한 유아 전염병에는 소아마비, 홍역, 풍진, 종두 등이 있다. 임신부가 풍진, 수두, 홍역 등과 같은 바이러스성 질환에 걸리면 농아, 심장병, 시력장애, 선천적 심장질환, 백내장 소안, 정신박약아, 소두증, 치아발육불량 등의 이상을 가진 아기를 출산하게 된다.

미국의 보고에 의하면 풍진에 걸린 16명의 어머니가 낳은 선천성 기형아 중 14명이 백치(白痴), 2명이 저능아(低能兒)라고 하였다. 이러한 바이러스성 질환에 감염되지 않기 위해서 임부는 사람이 많이 모이는 혼잡한 장소나, 바이러스성 환자와의 접근을 피해야 하며 만일 부주의해서 바이러스성 질환에 걸렸을 때에는 전문의사의 지시를 받아 출산한 것인지 아니면 유산시킬 것인지를 결정해야 한다.

4. 태내발달

1) 배란기

수정란은 46개의 염색체를 지닌 단일세포이다. 수정란은 자체 영양으로 분열을 시작하여 2-4-8-16으로 급속한 유사분열이 일어나며 약 3일 후에는 32개의 세포를 갖게 되고 4일 경에는 자궁 내에 진입하여 헤엄쳐 다니면서 분열을 계속한다. 세포분열은 유전인자에 의하여 정해진 정교한 형태를 따라 이루어지며 태내에서 약 38주가 지나면 이 단일세포는 아기가 된다. 이 과정은 배란기(胚卵期, ovum period), 배아기(胚牙期, embryonic period), 태아기(胎兒期, fetal period)를 거쳐서 이루어진다.

수정 후 15일간을 정착기라고 하며 수정란을 접합체(zygote)라고 부르기도 하는데, 이 접합체는 처음에는 자궁 안에서 자유롭게 떠돌아다니며 곧 자궁벽의 부드러운 곳에 착상하게 된다. 이 접합체가 자궁벽에 착상하는 과정은 어려우며 수정란이 모두 성공적으로 자궁벽에 착상되는 것은 아니다. 착상에 실패할 경우에는 임신은 이루어지지 않은 것이며 착상되지 않은 접합체는 다음 월경주기에 노폐물과 함께 떨어져 나오게 된다. 그러나 정착기 동안에 접합체는 자궁벽에 부착해서 모체로부터 영양공급의 기능을 하는 융모막이 되며 이 부분은 태반(placenta)이 된다. 태반과 태아의 복벽과를 연결시키는 것이 탯줄이다. 태반은 모체로부터 태아에게 산소와 영양 등을 공급해주며, 또한 탯줄은 혈액 여과장치의 역할을 한다. 이러한 여과작용은 혈액 내에 있는 많은 세균과 영양에 관계없는 물질로부터 태아를 안전하게 보호한다. 착상이 이루어져서 자궁벽과 안정되게 연결되면 세포군(cell mass)에 변화가 생겨서, 배아의 가장 안쪽 부분의 세포는 바깥쪽의 세포와 분리되기 시작한다. 이때 바깥쪽의 세포를 외배엽, 안쪽의 세포는 내배엽이라 하고 중간층을 중배엽이라고 한다. 외배엽은 신체의 외부표면을 형성하게 되고, 내배엽은 신체 내부의 여러 기관이 되며 중배엽은 근육과 골격이 된다.

수정란의 외배엽은 세포와 모체의 자궁내막으로부터 이루어지는 조직이며, 여러 가지 중요한 기능을 갖고 있는 기관인 태반은 탯줄(제대)로 태아와 연결되어 있으며 제대 안에는 제대동맥과 제대정맥이 있어서, 제대동맥으로는 모체로부터 산소와 영양을 태아에게 공급하며 제대정맥을 통하여 태아의 배설물과 탄산가스를 내보내는 신진대사가 이루어지며 제대를 통해서 들어오는 혈류를 여과하는 장치 역할을 한다. 이러한 여과작용은 혈액 내의 많은 세균과 영양에 관계없는 물질로부터 태아를 안정하게 보호하기 때문에 내적 감염을 막아주고 여러 가지 질병으로부터 태아를 보호한다. 또한 태반은 호르몬을 분비하여 임신을 유지시키며, 출생 시에는 모체로부터 태아를 밀어내어 출산을 돕기 위하여 자궁수축을 자극한다. 점액질의 액체로 차있는 양수주머니는 태아를 보호하는 역할을 하며 태아가 움직일 수 있는 공간을 제공해 준다.

2) 배아기

수정 후 약 3주에서 배란이 자궁에 착상하는 6~8주를 배아기라고 한다. 이 기간은 인간의 성장과정 중 성장률이 가장 급속한 기간이며 아직 인간의 형태를 취하기 전 모습으로 싹과 같은 형태로서 생명의 싹과 같다하여 배아(胚芽)라고 한다. 이 기간 동안에는 자궁벽으로부터 영양을 취하여 계속성장하며 중요한 신체조직(호흡기, 소화기, 신경계)과 기관이 발달된다. 이 시기는 성장과 발달이 빠르기 때문에 태아가 태내환경에 의해 가장 큰 영향을 받는다. 출생시의 거의 모든 결함(언청이, 사지의 불완전한 발달이나 결손, 맹아, 농아)은 결정적으로 임신 첫 3개월 동안 발생한다. 아주 심각한 결함이 있는 태아는 보통 이 시기에 자연 유산된다. 자연유산으로 인해 임신부가 사망하게 되는 경우는 아주 드물지만 첫 3개월 이후에 유산하는 경우에는 임산부에게 위험성이 크다.

이 시기에는 외배엽, 중배엽, 내배엽이 다음과 같은 기관으로 발달된다. 외배엽은 신체의 외부표면을 형성하며 피부의 표피, 손톱, 발톱, 머리카락과 몸의 털, 치아, 감각기관, 신경계 및 뇌와 척추를 포함한 신경계 등의 신체구조로 발달된다.

내배엽은 신체 내부의 여러 기관으로 발달한다. 소화계, 간, 취장, 침선, 호흡 등이 된다.

중간층인 중배엽은 피부의 진피, 근육, 골격, 배설기관 및 순환계로 발달된다. 그러나 모체는 전혀 변화를 느끼지 못한다. 이 기관 중 제일 먼저 순환계가 발달되는데, 수태된 후 약 22일 후부터 심장이 뛰게 되고, 그 후 1~2일이 지나면 섬모막으로 혈액이 통하게 된다. 그러나 모체와 태아 간(間)에 직접적 혈액교류는 없다.

수정 35일경부터 소화가관이 분화되기 시작하며 식도, 위, 간 등은 내장 벽으로부터 부풀어져 나와서 생기게 되며 35일까지는 기관과 허파 등이 모두 이루어진다.

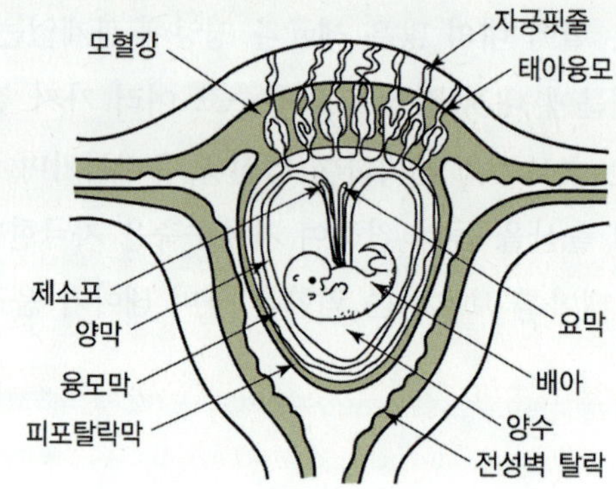

그림 3-5 자궁 속의 태아

신체의 모양도 급격히 형성되는데, 먼저 얼굴모양이 만들어지고 28일경에는 사지가 생기고 그 후 점차 손가락 등이 생기게 된다. 중배엽과 외배엽에서 신경계가 생기기 시작하며, 32일에는 신경관(neural tube)이 신경세포로 자라나서 신체의 각 부위와 연결된다. 신경관의 한쪽 끝에 뇌가 형성되고 뇌의 각 부분은 특정 신체기관의 기능을 담당하게 된다(그림 3-5).

3) 태아기

이 시기에는 임신 8주가 되며 사람의 형체를 갖추기 시작하며 이 시기부터 출생 전까지를 태아기라고 한다(컬러 그림 3 참조).

(1) 임신 1개월의 태아발육

이 시기는 배란기에 해당되며 수정 된지 30시간만에 세포분열을 시작한 배란은 3~4일 후에 자궁에 들어가 자궁벽에 착상된다. 임신 1개월 말의 태아는 신장이 약 0.7cm이며 아직 사람의 형제를 갖추고 있지 않으므로 태싹이라고 부르며, 이 태싹은 밤송이 가시같은 모양의 비둘기알만한 부드러운 융모조직에 둘러 싸여 자궁벽을 통해서 모체로부터 영양분을 취한다. 임신을 하면 태아의 융모조직에서 특별한 호르몬이 대량 분비되므로 모체에도 여러 가지 변화가 일어난다.

(2) 임신 2개월의 태아발육

이 시기는 배아기에 해당되며 임신 2개월 말의 태아의 신장은 약 2.5cm로 머리와 상체가 확실해지며, 두부가 매우 크며 신장의 약 반을 차지한다. 사지(四肢), 눈, 귀, 입을 분별할 수 있으며 사람의 형체를 갖춘다. 태아는 융모막까지 포함하여 거의 계란 크기에 달하며 태아의 영양은 융모막 혈관을 통하여 자궁점막으로부터 흡수된다.

(3) 임신 3개월의 태아발육

임신 3개월 말의 태아의 신장은 9cm, 체중은 20g으로 거의 인체에 가까운 형태를 갖추며 생식기도 생기고 성별을 구별을 할 수 있다. 태아를 보호하고 있는 융모막의 자루는 타조알 크기로 자라고 속은 양수로 채워져 있다. 태아의 영양섭취는 2개월간은 계속하여 융모막 혈관을 통하여 자궁점막으로부터 흡수되었으나 3개월부터는 복잡한 구조를 가진 태반조직으로 바뀌어 4개월 말에는 거의 태반혈행으로 이루어진다.

(4) 임신 4개월의 태아발육

임신 4개월 말에는 태아의 신장은 17.8cm, 중량은 120g 이며, 태아는 매우 건강해지고 얼굴에는 부드러운 솜털이 나며, 외음부에 남녀의 구별이 더욱 명백해진다. 태아는 이때부터 조금씩 운동을 시작하지만 모체는 태아의 태동을 느끼지 못한다. 태아의 태반이 완성되어 태반의 영양을 받는다. 태반에는 산소와 영양분을 공급하는 제대동맥(臍帶動脈)과 탄산가스와 노폐물을 태반으로 운반하는 제대정맥(臍帶靜脈)이 있다. 태아의 혈관과 모체의 혈관은 직접 접촉되어 있지 않으므로 모체의 혈관을 통하여 신진대사가 이루어지는 것은 아니고 태반이라는 특별한 장기를 거쳐서 이루어진다. 태반은 대개 원반상의 근육과 같이 부드러운 장기로서 4개월 말에는 그 직경이 8cm, 두께가 1cm 정도이고 임신 말기에는 직경 20cm, 두께 2cm 정도가 된다.

태반의 모체 자궁벽으로 향한 쪽은 직접 융모조직이 발달하고 있고 태아는 난막이라는 막에 싸여 있으며 그 막은 둥근 자루 같으며, 그 자루 안은 양수라는 액체가 차있고 그 안에 떠있다. 태아의 탯줄은 태반과 연결되어 있으며 그 속에 혈관이 있다.

(5) 임신 5개월의 태아발육

임신 5개월에는 태아는 신장이 25cm, 체중은 250g이 된다. 한선(汗腺 ; 땀샘)이 발달하여 피부가 어른과 비슷해지며 머리는 계란 크기로 전신에 비하여 매우 큰 편이고, 전 신장의 1/3을 차지한다. 전신에 솜털과 모발이 생기고, 손톱, 발톱이 생기며 심장이 활발히 작용하여 외부에서도 청진기로 아심음(兒心音 ; 태아의 심장소리)을 들을 수 있다.

사지(四肢) 운동(태동)이 활발해지고 모체는 이것을 확실히 느낄 수 있다.

(6) 임신 6개월의 태아발육

임신 6개월 말의 태아의 신장은 약 30cm이고, 체중은 600~700g이 된다. 두 발이 명백하고 치아가 완성되며 눈썹, 속눈썹이 나며, 혀에는 맛봉오리(taste bud)가 생긴다. 골격도 견고해지며 연약한 태아의 피부를 보호하기 위하여 태지(胎脂)가 온몸을 둘러싼다. 진찰을 하면 태위(자궁 내의 태아의 위치)도 알 수 있다. 태아는 자궁 안의 양막(羊膜)안에 양수(羊水)에 떠있어 움직여도 방향 없이 떠다니는 것이 아니고 대개 일정한 자세를 가지고 있다. 임신 9~10개월경에는 태아는 자기회전(自己回轉)을 하게 되어서 머리가 모체의 자세와는 반대로 머리가 하부에 자리잡게 되며 이러한 태아의 위치를 두위(頭位)라 하며 전체 임신의 96%의 태아는 자기회전을 하여 머리부터 분만할 수 있도록 두위로 자세를 취한다. 나머지 4%는 대부분 머리가 위를 향한 위치로서 분만 시에 둔부부터 나오며 이것을 골반위(骨盤位 ; 거꾸로 나오는 아기)라 한다.

(7) 임신 7개월의 태아발육

7월말은 태아에게 매우 중요한 시기이다. 태아의 신경 근육, 순환계 등이 거의 조직되며 태아의 신장은 약 35cm이고 체중은 1,000g 이상이 된다. 7개월 이전에 출산된 아기를 미숙아라고 하는데 이 시기에는 출산되어도 생존 가능성이 낮다.

임신 7개월의 태아는 위치가 골반 위에 있으며 분만 말기에는 두위로 위치를 바꾸게 된다.

(8) 임신 8개월의 태아발육

임신 8개월 말의 태아의 신장은 약 40cm, 체중은 1,500~1,700g이 된다. 만일 임신 8개월에 태아가 출산되면 아기는 울음소리를 낼 수 있으며, 태어난 아기는 각별한 주의를 기울이면 생존할 수도 있으나 생활력이 약해서 잘 자라게 하는 데 많은 노력이 든다. 8개월 이전에 출산된 아기를 미숙아(未熟兒)라고 하며 8개월에서 10개월 사이에 태어난 조산아(早産兒)보다 생존과 양육이 어렵다. 조산아는 미숙아에 비해서 생존율도 높으며 양육하기도 미숙아보다는 용이하지만 보육기(incubator)에서 양육하는 것이 좋다.

(9) 임신 9개월의 태아발육

9개월 말이면 태아는 신장이 40cm이고 체중은 2,000~2,100g 정도이며, 피하지방이 점차적으로 증가된다. 태아는 9~10개월의 2개월 사이에 두 배로 발육하기 때문에 2개월간에는 특히 영양상 특별한 주의가 필요하다. 9개월경에 출산된 조산아는 잘 자란다. 체내에서의 운동도 활발하며 태아의 위치는 고정되었는데 두위, 또는 골반위 둘 중 하나로 결정된다.

(10) 임신 10개월의 태아발육

임신 10개월의 아기는 신장 50cm, 체중 3,000g 정도이며 1개월 초에는 태아가 자궁 내에서 활발하게 활동하지만 출산일이 가까워지면 차츰 조용해진다.

모체의 변화로는 임신 10개월이 되면 자궁은 출산 준비로 인하여 아래로 처져서 8개월 말과 거의 같으며 매우 편안해진다. 그러나 하복부는 불러져서 걸을 때는 몸의 중심을 잡기 위하여 상체는 뒤쪽으로 치우치게 되어서 몸을 급히 움직이면 넘어지기 쉬우므로 주의해야 한다. 태아는 출산되기 위하여 머리가 아래로 내려감에 따라서 그 주변의 장기가 압박을 받아서 요통을 느끼기도 하며 뇨의가 잦아지며 출산시기가 임박하면 가끔 아랫배가 당기는 것 같은 느낌을 받는다. 출산이 시작되면 혈액이 보이고 진통이 계속된다. 과도한 노동은 삼가고 될 수 있는 한 충분한 수면을 취하고 분만을 대비하는 것이 좋다.

Chapter 4

아기의 탄생과 생리

Chapter

04 아기의 탄생과 생리

요즈음은 병원에서 의사의 도움을 받아 아기를 출산하는 것을 당연한 것으로 생각하나, 예전에는 밭에서 일하다가 진통을 느끼면 집에 돌아와 물 끓이고 혼자서 아기를 낳는 경우도 있었다. 이런 모습은 아기를 낳은 경험이 있는 시골부인들에게는 흔히 있는 일이었다. 아기를 낳은 후에도 혼자서 음식을 해 먹고 아무 일도 없듯이 밭으로 일하러 나가기도 하였다. 그러나 식생활이 발달하고 문명이 발달하면서 사람들은 예전처럼 많이 움직이지 않고 칼로리가 많은 음식의 섭취로 인해 점점 순산하는 것이 힘들어졌다. 또한 의학이 발달함에 따라 의사 도움을 받아서 병원에서 분만하는 것이 일반적이다. 그러나 최근에는 아기 출산은 질병이 아니므로 병원에 가지 않고 자연분만을 시도하는 경우도 증가하고 있다.

어린 아이들은 어디에서 아기가 왔는지를 궁금하게 생각한다. 아기가 엄마 배속에서 이 세상에 나오게 되는 과정을 살펴보면, 보통의 경우 정상분만 과정을 거쳐 세상에 나오는 아기들은 태어나면서부터 고통스러움에 큰 울음으로 답한다. 르봐이예(Leboyer, 1979)는 새로운 방법으로 아기를 받음으로써 탄생하면서 겪게 되는 아기의 고통을 줄여 보자는 의견을 제시하였다. 그는 수천 명에 달하는 아기의 분만과정을 도우면서, 임상적인 경험을 토대로 그 과정이 아기에게 '폭력 없는 탄생' 이 되도록 주장하고 있다.

이 장에서는 분만과정에 대해 살펴보고자 하며, 우리 나라에서도 소개되어 실시되고 있는 라마즈 분만법에 대해 간략하게 설명하고자 한다. 이와 더불어 이상분만 및 르봐이예가 주장하는 '폭력 없는 탄생' 에 대해서 알아봄으로써 전반적인 분만과정에 대한 개관을 하고자 한다. 어머니의 자궁에서부터 발달하기 시작하는 아기의 감각은 갓 태어났을 때에도 우리가 생각하는 것 이상으로 발달해 있고 시간이 감에 따라 더욱 발달한다. 소위 '신생아의 초능력' 이라고 불리 울 정도로 상당히 발달된 신생아의 감각에 관해 검토해 봄으로써 갓 태어난 아기를 하나의 인간으로 다루는 데 부족함이 없기를 바란다.

1. 분만 과정

1) 진통과 분만

임신 말기(분만 2주 전)가 되면 태아의 머리가 자궁하부로 내려간다. 임산부는 그 동안 횡경막에 대한 자궁의 압박으로 호흡이 불편하고 먹는 것에 어려움을 겪었으나, 태아가 하강함으로 인해 방광을 자극함으로써 소변이 자주 마려워지고 빈뇨현상과 질의 분비물이 더욱 심해진다.

수정 후 대략 9개월(266일)이 되면 자궁은 수축하기 시작한다. 무엇 때문에 이러한 수축현상이 발생하는지는 알 수 없으나, 9개월이 되어 가면 호르몬의 변화가 일어나는 것은 태반에 혈액을 공급하는 혈관이 변화하고 분만을 자극하도록 자궁의 크기가 변하는 등의 요인으로 볼 수 있다.

실제로 자궁은 출산 진통이 시작하기 전 1~2주 동안에 불규칙적으로 가끔씩 수축하므로(braxton-hicks ; 수축현상), 어떤 사람들은 이와 같은 진통에 대해 다소 불안해하기도 하며 분만 진통을 하기 시작했다고 생각한다. 그러나 이것은 분만으로 바로 연결되는 진통이 아니다. 이를 가진통(false labor)이라 부르는데 분만 진통과 다른 점은 자궁수축이 불규칙적으로 일어난다. 그러나 분만 진통과 마찬가지로 자궁수축 및 이완현상으로 인해 통증을 느낀다. 대부분의 여성들은 이러한 수축현상을 의식하지 못한 채 그냥 지나치며, 소수의 여성들만이 이를 인식한다.

임신의 평균기간은 266일(분만 예정일을 계산할 때는 주로 280일로 임신기간을 설정하는데, 이는 수정된 때부터가 아니라 월경이 끝난 때를 기준으로 하기 때문이다)이지만, 사람에 따라 10~12일의 차이를 보인다. 어떤 여성에게는 예정일보다 일찍 수축현상이 일어날 수 있는데 만약 진통이 규칙적이라면 이것이 분만 진통의 신호일 수 있다.

분만의 시작은 복부근육이 단단해짐으로써 이에 수반되는 규칙적인 수축현상으로 인해 인식되며, 특별히 등과 하복부에 불쾌감을 경험하기도 한다. 때때로 난막이 파열되기도 하며, 종종 이슬(점액)이 보이기도 한다. 난막이 파열되면 병원에 가서 의사의 도움을 받으면 되므로 조기파수나 이슬로 인해 놀랄 필요는 없다. 만약 이 아기가 첫 아기라면, 진통이 몇 시간 동안 지속되며 진통의 첫 단계가 가장 길고 자궁경부가 완전히 확장될 때까지 아주 오랜 시간이 걸린다는 것을 알아야 마음의 준비를 할 수 있을 것이다. 또한 임산부는 공포나 불안이 분만과정을 지연시킬 수 있다는 사실도 명심해야 한다.

2) 분만과정의 첫 단계

분만의 첫 단계는 개구기(開口期)라 하며 규칙적인 자궁수축 시작에서부터 자궁경부가 완전히 확장될 때까지 계속된다. 이 단계의 초기에는 수축이 10분 간격으로 이루어지며 30초 동안 지속된다. 발생빈도, 기간 및 강도가 점진적으로 증가되어 이 단계의 끝 무렵이 되면 2분 간격으로 1분간 계속된다.

3) 분만과정의 두 번째 단계

분만과정의 두 번째 단계는 만출기(晩出期)라 하며 자궁경부의 확장에서 아기가 나오기까지를 말한다. 이 단계 동안의 수축은 그 간격이 매우 짧고 강도가 매우 강하다. 어머니는 아기가 내려오도록 복부 근육을 사용하고 아기의 머리가 밖으로 나올 때까지 입으로 호흡함으로써 아기의 분만을 돕는다. 아기의 머리가 나오면 바로 그때 밀어내는 것을 멈추도록 지시 받는다.

4) 분만과정의 세 번째 단계

분만의 세 번째 시기는 후산기라 하며, 이 시기에는 자궁벽으로부터 태반이 분리되어 산도를 통해 모두 떨어져 나온다. 분만 후 약 10분쯤 지나면 가벼운 진통을 동반하면서 일어난다.

2. 이상분만과 조치

1) 유 산

유산(流産)을 이상분만이라고 할 수는 없지만 임신과정 중에 문제가 생긴 경우이므로 여기에서 설명하고자 한다. 태아는 분리된 존재로서 살아갈 가능성이 있기 전에 자궁으로부터 밀려나는 일이 종종 발생하는데 이것을 유산이라고 한다. 대부분의 유산은 임신의 첫 3개월 동안에 발생하며 이들 태아의 대부분은 비정상적인 경우가 많다.

유산의 징조는 출혈에 의해 알 수 있는데 어떤 경우는 소량일 수도 있고 어떤 경우는 많은 양의 출혈을 보인다. 임신 중의 어떤 출혈이라도 의사에게 보고해야하고, 이와 같은 경우 임신부는 안정해야 한다. 자궁과 태아가 건강하고 출혈이 소량이라면 출혈은 곧 멈출 것이고 태아에게 아무런 이상이 없을 확률이 높다. 그러나 특별히 임신 초기 3개월 후 출혈량이 많다면 모든 것이 정상적이라고 할 수 없으며 유산의 확률이 높다는 것을 암시한다.

유산 그 자체는 어머니에게 좀처럼 신체적인 합병증을 유발시키지는 않지만 만약 어렵게 임신한 것이라면 부부 당사자에게는 당혹감을 줄 수 있다. 그들이 아기를 가질 기회를 잃어버린 것에 대해 슬퍼하는 것은 매우 자연스러운 일이다. 그러나 산모가 일단 출혈을 보이면 그것에 대해 의학적으로 어떤 조치도 취할 수 없는 경우가 있음을 이해하고, 오히려 태아가 비정상적일 수도 있으므로 다음 기회에 건강한 아기를 출산할 수 있도록 노력해야 할 것이다. 간혹 유산은 두 사람의 관계를 상당히 해칠 수 있다. 그러나 자연유산은 그 누구의 잘못도 아니다. 이는 단순히 문제를 가진 태아를 제거하는 자연의 법칙일지 모른다.

미국의 몇몇 큰 병원에서는 탄생센터(perinatal center)가 설립되어 임신 전에서부터 부모가 된 이후에 이르기까지 최신식의 서비스를 제공해 주고 있는데, 이 센터에서는 수태부터 3개월 동안에 주로 초음속 파동과 호르몬 검사를 통하여 유산 위험 여부를 진단해 준다. 또한 3~6개월 동안에는 양수 천자법(羊水 穿刺法)에 의하여 양수를 빼내어 태아의 성별을 구분하고 유전적 기형의 유무(有無)를 진단한다. 초음속 파동으로 태아의 성장속도, 위치, 태반의 발달 등을 주시하므로써 지금까지 흔히 임신 중에 일어나던 많은 질병, 사고, 사망 등을 미연에 방지하는 작업에 성공하고 있다(주정일, 1985). 최근에는 초음파 촬영이 많이 보급되어 산모와 태아가 많은 도움을 받고 있는 것은 다행스러운 일이며, 우리 나라에서는 법으로 출산 전에 부모의 요구에 의한 태아의 성감별을 금하고 있다.

2) 조산(早産)

28~36주 사이에 미성숙하게 태어나는 아기로 크기에 있어서 작을 지는 모르나 어떤 면에서는 완전히 정상적이고 건강하다고 볼 수 있다. 유아가2.5kg 이상이라면 특별한 보호가 필요하지 않으나, 2.5kg 이하라면 특별한 조치가 필요하다. 대부분의 큰 병원들은 미숙아를 돌보기 위해 특별한 설비와 고도로 훈련된 의사와 간호사, 현대식 장치를 갖추고 있다. 오직 저(低)체중만이 문제라면 체중이 늘어서 어머니가 아기를 집으로 데리고 갈 수 있게 되기까지 특별한 신생아실(예 ; 인큐베이터)에서 보호를 받는다. 좀더 심각한 문제를 가진 아기는 전문적인 보호를 받아야 한다.

미숙아는 대체로 체온조절이 불완전하여 주위의 온도에 따라서 체온이 오르내린다. 또한 혈액 중에 산소를 운반하는 힘이 약해서 산소공급이 부족해질 우려가 있으며, 간장 및 신장기능이 미숙하다. 한편 모체로부터 받은 각종 면역체가 정상 출산 아기에 비해 부족하므로 세균감염시 저항력이 약하여 전염되기가 쉽다.

조산된 아기 상태에 따라 다르지만 보통의 경우 부모들은 면회시간에 아기를 방문하는 것이 가능하다. 병원 측에서도 아기의 상황을 잘 전달하여 부모들이 아기에게 애착을 갖도록 도와야 한다.

3) 난 산

난산(難産)이란 모체나 태아의 어느 한 쪽이나 혹은 양쪽에 이상(異狀)이 있는 분만으로서 발생원인은 크게 세 가지로 분류할 수 있다. 즉, 산도이상(産道異狀), 태아이상(胎兒異狀), 만출력(晩出力)이상인데 이 중에 산도이상과 만출력이상이 난산(dystosia)의 대부분을 차지한다. 산도이상은 산도의 모양이나 크기에 이상이 있는 경우를 말하는데 주로 산도가 너무 협소하거나 골반이 협소한 경우 혹은 자궁이 파열된 경우이다. 태아이상은 태아가 발육이상이거나 위치이상일 때 발생한다. 또한 태아의 부속물인 난막의 이상으로서 조기파수(早期破水), 지체파수(遲滯破水), 탯줄이상, 태반이상 등을 들 수 있다. 만출력 이상은 진통이 미약하여 산모가 아기를 밀어낼 수 있는 힘이 부족하거나 반대로 진통이 너무 강해서 생긴 이상을 말한다.

4) 조기파수

자궁 입구가 전부 열린 다음에 난막이 파열되면 양수가 나오는데 이것을 파수라고 한다. 그러나 자궁입구가 전부 열리기 전에 파수가 되면 정상분만을 하기 어렵다. 조기파수(早期破水, Premature rupture of membrane)는 자궁 내의 압력이 높은 경우, 양수과다, 노산, 쌍태 등의 경우에 일어나기 쉽다. 일단 양수가 터지면 24시간 내에 분만이 이루어져야 한다. 왜냐하면 산도를 따라 세균감염이 될 우려가 많고, 양수가 다 빠져 나오면 아기가 산도를 따라 나올 때 산도를 미끄럽게 해 줄 수 없으므로 난산 위험이 크기 때문이다.

5) 유도분만

유도분만(誘導分娩, Induction of labor)이란 임신이 지속될 경우 산모의 건강에 해를 미치거나 모체의 상태가 태아의 생존에 영향을 미칠 때 혹은 분만 예정일이 지나도 분만이 시작되지 않을 때 자궁 수축제를 사용하여 인위적으로 분만을 유도하는 것을 말한다. 유도분만을 실시하기 위해서는 자궁입구가 어느 정도 열려야 하고 태아의 위치도 문제가 없을 경우라야 가능하다. 이때 사용하는 약품은 옥시토신 또는 프로스타글란딘이라는 화학약품인데 이를 산모의 정맥에 주사하면 인공적으로 진통이 유발되고 자궁이 수축되어서 아기가 밀려나오게 된다. 유도분만에 일반적으로 사용하고 있는 합성 옥시토신제의 권위자인 한 산부인과 의사는 유도분만에 대해 다음과 같이 경고하고 있다(주정일, 1993, p.171).

유도분만에 대한 태아의 반응은 가지각색이다. 산모의 반응도 다양해서 생명을 잃는 산모도 있고 성공하는 산모도 있고 장시간 격렬한 자궁수축을 당하는 산모도 있다. 어느 산모가 그렇게 되는가는 아무도 예측할 수 없다. 더욱이 분만 중에 태아가 뇌에 손상을 받거나 산소결핍으로 사망하는 경우도 발생할 수 있다.

일본 후생성도 1992년에 자궁수축제의 사용을 대폭 억제키로 했는데 그 이유는 빈번한 의료사고와 태어난 아기들이 보이는 뇌성마비, 간질 등의 문제 때문이라고 한다. 유도분만을 경험한 대다수의 산모는 본인의 희망에 의해서라기보다는 의사의 권유로 행하는 경우가 많다. 유도분만의 문제점을 올바로 인식하고 행하여야 할 것이다.

6) 제왕절개

복부절개수술을 통해서 아기를 출산하는 방법이 제왕절개법(caesarian section)이다. 임신의 어떤 합병증은 제왕절개에 의한 아기출산을 필요로 하는데 산모의 복벽을 절개하고 아기는 수술에 의해 꺼내어진다. 보통은 사전에 이러한 종류의 분만이 왜 필요한지에 대해서 산모와 보호자에게 알리고 부부는 이에 대해 미리 준비를 한다. 산모가 당뇨병일 때, 아기가 크거나 혹은 과숙아 이거나(분만 예정일이 지나 임신이 계속되는 경우 흔한 예는 아니나 종종 발생함), 산모의 골반이 작을 때, 또한 산모의 혈액이 Rh^{-} 혈액일 경우 의사가 아기에게 좀 더 복잡한 문제가 생길지 모른다는 진단을 하게 되면 제왕절개를 실시하게 된다.

3. 라마즈 분만법

프랑스의 라마즈(Lamaze) 박사가 고안해낸 방법으로서 근본적으로는 자연분만법의 원칙에 따른다. 이 방법의 목적은 분만이 진행되는 동안에 호흡을 변화시킴으로써 산모가 비교적 진통을 덜 느끼도록 하기 위한 것이다(주정일, 1993, 159~161).

프랑스에서는 원래 전문적으로 이러한 분만법을 훈련받은 여성이 이 분만법을 지도했는데 미국으로 전파되면서 남편이 지도하는 것으로 바뀌었고, 부부가 함께 분만을 체험할 수 있다는 점에서 인기가 높아가고 있다. 우리 나라에서도 임산부 교실 같은 곳에서 라마즈 분만법을 강의하고 있으므로 부부가 미리 의논하여 함께 강습을 받을 수 있다. 라마즈 분만법에서 가장 중요시 여기는 것은 호흡법으로서 흉식호흡을 하도록 지도한다. 흉식호흡의 효과는 첫째, 산모가 충분한 산소를 흡입함으로써 근육 및 체내조직의 이완을 도모하고, 둘째, 태아에게도 충분한 산소를 공급함으로써 태아의 안전에 도움을 주는 것이며, 셋째는 진통에 집중하고 있는 산모의 관심을 호흡으로 쏠리게 함으로써 다소라도 분만의 고통을 감소시키는 데 있다.

라마즈 분만법은 호흡법 이외에 이완법과 연상법을 병행한다. 이완법은 몸의 모든 힘을 빼는 방법으로 엔돌핀의 분비를 증가시켜서 통증에 대한 감응수준을 높이는 것이다. 엔돌핀은 몰핀과 흡사한 물질로써 긴장을 이완시키는 작용을 하는데 임신말기가 되면 임산부의 뇌에서 자동적으로 분비된다. 손목과 발목을 위시해서 전신의 힘을 빼는 것으로서 연습을 통해 숙달되어야 한다. 연상법은 평소에 매우 기분좋은 경험을 했던 바닷가나 좋아하는 음악이나 조용한 휴식처 등의 기억을 떠올림으로써 긴장을 풀고 고통을 감소시켜 자기최면의 효과를 기대하는 것이다.

4. 폭력 없는 탄생

르봐이예(LeBoyer)는 산부인과 의사가 된 후 9천명에 달하는 신생아를 받는 동안 공포에 질려 울부짖는 아기를 보고 무엇인가 잘못이 있음을 깨달았다. 그 후 연구를 거듭해 오면서 자기 나름대로의 새로운 방법으로 아기를 받기 시작하였고 마침내 바라던 바의 결과를 얻게 되자 확신을 가지고 새로운 방법으로 천 여명의 아기를 받은 뒤 『폭력 없는 탄생』이란 책을 출간하였다.

그의 견해를 보면, 이제까지의 분만과정을 볼 때 의사들은 보통 산모에게 초점을 맞추어 그의 고통을 어떻게든지 줄여보고자 노력하였으며 최대한의 안전을 위해 여러 가지 최신 기계를 마련하여 왔으나, 사실상 아기의 고통에 대해서는 그다지 생각해 보지 않았음을 지적하면서 아기는 탄생하는 동안 아무런 고통이 없는 것일까에 대한 의문을 제기하였다.

왜냐하면 탄생하는 장면을 보면 아기의 표정이 심상치 않다는 것이다. 즉, 아기의 꼭 감은 눈, 이지러진 눈썹, 울부짖는 입, 탄원하듯 구걸하듯 내밀다가 다시 움츠려 얼굴을 가리는 고사리 같은 손, 두려움에 떠는 몸짓, 사납게 걷어차는 두 발 등이 무서움과 고통을 나타낸다고 보았다. 보통의 경우 아기들은 어머니의 몸 속에서 빠져 나온 후 산부인과 의사에 의해 거꾸로 들려서 엉덩이를 한 대씩 맞기조차 한다. 물론 그 이유는 아기의 호흡을 확인하기 위해서이다. 그때 아기들은 더 자지러지게 우는 경우를 많이 본다. 그러나 사람들은 아기의 표정에 대해 별다른 생각을 갖지 않으므로 아기가 어떻게 느끼고 있는지 별로 관심이 없다. 의사와 산모는 자신들이 어려운 일을 성공적으로 해냈다는 데에 안도감과 만족감을 갖느라고 아기에 대해 미쳐 생각하지 못한다.

"사람들은 갓난아기는 아무 것도 느끼지 못한다고 생각하나 사실 아기는 모든 것을 느낀다고 합니다. 탄생은 우리의 상상을 능가하는 밀물과 같은 감각으로 아주 광대한 감각체험이라 우리가 감히 상상할 수 없는 체험입니다. 분명히 이 때의 감각은 아직은 체계적인 통일된 지각작용은 아닙니다. 그러므로 더욱 강하고, 폭력적이고, 견디기 어려우며, 문자 그대로 미칠 듯이 불유쾌한 것입니다(LeBoyer, 1979, p.25)."

그러므로 아기가 탄생하는 동안 그가 느끼고 있는 감각을 통해 겪게되는 고통을 중심으로 아기의 탄생과정에 대해 알아보고, 아기의 고통을 줄여줄 방법에 대해 소개하고자 한다.

1) 감각보호

(1) 시 각

분만할 때 쓰는 휘황찬란한 조명으로 미루어 볼 때 사람들은 갓난아기가 아무 것도 보지 못한다고 믿는 것 같다. 분만실에서는 보통 밝은 조명을 사용하는 데 이러한 조명은 의사에게 분명히 편리한 것이다. 그러나 아기의 입장에서는 어떨까 한 번 생각해 보자.

아기의 머리가 겨우 엄마의 질강을 빠져 나오려 할 때 동체는 모체 안에 있는데도 아기가 눈을 뜨고 있는 것을 발견할 수 있다고 한다. 그러나 이내 꼭 눈을 감고 뜨려고 하지 않으며 고통스러워하는 것을 볼 수 있는데, 왜냐하면 이제까지 한 번도 그와 같은 빛에 노출된 경험이 없기 때문이다.

사실 아기는 빛에 매우 예민하여 어머니의 자궁 속에 있을 때에도 빛을 지각한다. 만일 임신 6개월의 여성이 맨몸으로 태양광선을 쏘인다면 뱃속의 아기는 그것을 황금빛 아지랑이로 볼 것이다. 그러나 태어나자마자 강한 조명에 노출될 때 아기는 눈에 화상을 입은 것처럼 고통을 느껴 울 수 밖에 없다.

그렇다면 어떻게 해야 할까? 분만실의 조명을 변화시킬 필요가 있다. 물론 약간의 빛은 필요하다. 왜냐하면 아기의 머리가 나올 때 엄마가 상처입지 않도록 지켜 보아야하기 때문이다. 그러나 밝은 조명이 아기에게 상처를 주므로 아기의 머리가 보이고 위험이 없어지면 야간용 조명만 남기고 불을 다 끄도록 하며 그것으로 충분하다고 르봐이예는 말한다.

(2) 청 각

아기는 태어나기 전부터 이미 들을 수 있다. 자궁 속에서 빛을 지각하는 것처럼 태아는 그를 둘러싼 세계의 소리를 지각한다. 즉, 엄마의 몸에서 나는 소리(관절에서 나는 소리, 장의 연동 소리, 심장박동 소리 등)를 듣는다. 이러한 소리는 양수를 통해서 들리므로 실제의 소리와는 다르게 들리며 둔탁한 음일 것이다.

그러나 태어나는 순간 아기가 듣는 소리는 이와는 다르다. 의사들은 산모에게 힘을 주라고 큰 소리로 말하며, 아기가 나오면 대개는 흥분해서 더욱 떠들고 폭발적이 된다. 그러므로 지금까지는 폐쇄음이던 소리들이 갑자기 강렬하게 갓난아기의 청각을 자극시킨다. 양수도 없어졌고 어머니 배의 방벽도 사라져 아기의 귀는 갑자기 무방비 상태에 놓인다. 외계의 소음으로부터 그를 보호해 주는 것은 아무 것도 없다. 아기는 천둥과 같은 폭음 속에 태어나 몸부림치고, 주위의 세계가 울어대니까 아기도 거기에 대한 반응으로 울어댄다. 아기는 두 손으로 머리를 쥐어 잡고 울기조차 한다.

르봐이예는 분만실에서 되도록 소리를 작게 내며, 가능한 한 소리를 내지 않으려고 노력하였다. 만일 꼭 해야할 말이 있으면 귓속말로 해서 갓난아기의 첫 순간을 흐트러지지 않도록 하였다. 그런데 놀랍게도 이러한 절차가 산모를 당황하게 만들었고 공포로까지 몰아 넣었다. 왜냐하면 아기가 두세 번의 건강한 울음을 울고 나서는 숨만을 쉴 뿐 울지 않았고 분만실이 너무 조용하였으므로 혹시나 아기에게 호흡장애가 생긴 것은 아닌가 하는 두려움이 앞선 것이다. 이와 같이 많은 사람들이 울음과 고통을 탄생의 필수조건으로 여기는 듯하나, 갓난아기가 한 두 마디의 울음 끝에 행복하게 하품하고 기지개를 펴며 마치 잠을 설친 사람이 깨어나듯 인생을 시작함을 관찰하고서는 그러한 일이 일어나는 것에 대해 놀라워하였다고 보고하였다.

이렇게 하기 위해서는 누구든지 분만을 돕는 사람은 새로운 침묵을 배워야 하는데 우리 자신을 위해서가 아니라 아기를 위해서 그렇게 해야 하는 것이다.

(3) 촉 각

아기의 피부는 섬세하고 외피가 거의 없이 외부에 노출되며 아기는 누가 가까이 가기만 해도 벌벌 떤다. 출생 전에 아기의 피부는 얇은 막의 부드러운 보호를 받았을 뿐인데 태어나자마자 천에 싸이게 되어 가시방석에 앉는 형상으로 이 세상에 온다고 볼 수 있다.

이때 아기를 도울 수 있는 방법은 아기를 제일 먼저 어머니의 배 위에 놓아주는 일이다. 절대로 바로 뉘어 놓아서는 안된다. 그 동안 어머니의 뱃속에서 척추를 구부리고 있었기 때문에 많은 아기들이 처음에는 공처럼 동그랗게 척추를 구부리고 있다가 서서히 매우 조심스럽게 몸을 펴기 시작한다. 어느 정도 호흡이 원활하고 팔·다리를 움직이기 시작하면 아기를 모로 뉘이기도 하고, 마지막으로 모든 일이 순조롭게 작용하고 있다고 믿어질 때 아기를 똑바로 뉘어 놓는다. 이러한 과정에서 어머니는 서로 사랑하는 사람이 그렇게 하듯이 아기를 어루만지며 사랑을 촉각으로 전달하는 것이 중요하다. 손을 통해서 아기의 고통을 진정시키는 사랑의 느낌이 전달된다.

이때 아기는 그 동안 익숙하게 들어왔던 어머니의 심장고동 소리를 듣고 안도감을 느끼며 촉각으로 전달되는 포근함에 두려움을 잊을 수 있다.

지금까지의 과정은 약 5~6분이면 되며 언제까지 어머니의 배위에 올려만 놓을 수 없으므로 그 다음에 아기를 보내는 곳은 어머니의 따뜻한 자궁과 같은 곳으로 인도하여 평안감을 주는 것이다.

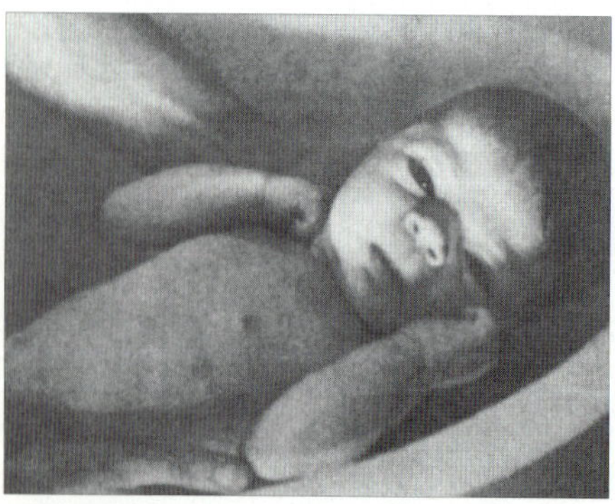

그림 4-1 ➡ 물속에서 미소짓는 신생아
출처 : LeBoyer, 1970

"아기를 이제 제발 그 차고 딱딱한 쇠붙이로 만든 체중계 위에 올려 놓지 맙시다. 헝겁 위에도 놓지 맙시다. 엄마의 부드러움에 비하면 그것도 거칠다고 할 수 있습니다. 차라리 아기를 물 속에 넣어 줍니다. 물로 되돌려 보내는 격이지요. 아기는 물(양수)에서 나왔으므로… (생략) 그릇에 아기의 체온과 비슷한 37℃ 정도의 목욕물이 준비되어 있습니다. 아기를 그 속에 넣읍시다(LeBoyer, 1970. p.117)." (그림 4-1)

아기를 얼마나 오랫동안 목욕물 속에 놓아둘 것인가는 아기에 따라 다르며, 아기가 완전히 느슨해지고 저항도 전혀 없고 어떠한 긴장이나 사소한 경직은 없는지, 모든 부분이 움직이고 아기가 기뻐하는가를 확인해야 한다. 아기가 즐거워하는 것을 확인한 후, 넣을 때처럼 아기를 천천히 물에서 들어올린다. 그런데 이때 아기는 자기의 무게로 인해 중력을 느끼고 또 울므로 다시 물 속에 넣어 중력에 적응하도록 기다려 주는 인내심이 필요하다. 그 후 아기를 따뜻하게 덥힌 기저귀 위에 놓으며 면직물과 모직물로 감싼다.

2) 아기의 호흡

아기들은 시각, 청각, 촉각의 고통 뿐 아니라 호흡으로 인해 정말로 지옥과 같은 경험을 하게된다. 아기의 첫 호흡은 지금까지 외부의 압력으로 압축되었던 흉곽이 갑자기 늦추어져 열리기 때문에 틈이 생기고 폐에 공기가 쏟아져 들어가서 폐의 기포를 부풀게 할 때 이루어지며, 그것은 마치 상처에 뿌려진 산(酸)과 같아서 그 고통은 말할 수 없이 아프다는 것이다. 담배를 처음 피는 사람들을 생각해 보자. 아무 것도 모르고 담배연기를 쑥 마셨다가 매워서 기침을 하고 어쩔 줄 몰라하는 장면을 목격했을 것이다. 이 세상에 태어나는 아기에게는 허파에 들어가는 공기의 뜨거운 감각보다 놀라운 어떤 공포도 없을 것이다. 속까지 타들어가는 느낌에 전신이 전율하며, 상처받은 아기는 그 공기를 성난 듯이 내뱉음으로써 공기를 물리치려고 전력을 다해서 우는 것이 바로 아기의 첫 울음이다.

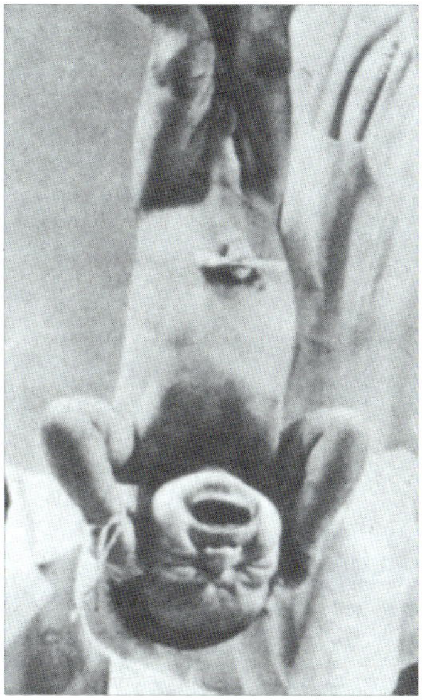

그림 4-2 ➡ 거꾸로 들려서 우는 신생아
출처 : LeBoyer, 1970

아기들이 태어나면 누구나가 경험해야 하고 살아가는 한 과정이지만, 여기다가 아기를 거꾸로 들기까지 해서 아기에게 현기증을 일으키게 한다(그림 4-2). 그렇게 하는 이유는 아기의 몸이 태지로 덮혀 있어서 매우 미끄럽기 때문에 아기의 발을 붙잡는 것이 안전하기 때문이라는 것이다. 그러나 르봐이예는 아기를 들 때에는 양쪽 겨드랑 밑으로 손가락 하나씩을 집어넣어 아기를 받쳐들고, 마치 우물에서 누군가를 끌어올리듯 들어올리는 것을 권장하며, 불필요하게 아기에게 현기증을 일으키는 것을 없애야 한다고 주장한다. 또한 보통의 경우 아기가 울기를 그치면 심하게 놀라 아기를 한 대 때리기까지 하는데 그 이유는 아기가 탄생 중에 겪게 되는 가장 큰 위험이 무산소증이기 때문이다. 만일 아기가 산소를 받아들이지 못한다면 결과적으로 뇌는 치료 불가능한 손상을 입는다. 그러므로 어떻게 해서든지 아기가 탄생할 때 잠시라도 산소결핍에 걸리는 일이 없도록 하기 위해서 이와 같이 때린다고 한다.

그러나 아기가 충분히 산소를 공급받기 위해서는 거꾸로 들고 한 대 때리고 해서 억지로 울리는 것보다, 아기의 몸이 모체에서 빠져 나와 자신의 폐로 호흡을 한 후에 조차 어머니의 뱃속에서 그렇게 해 왔던 것처럼 탯줄로부터 산소를 공급받도록 하는 것이 도움이 된다. 옛 것인 탯줄은 새 것인 폐가 완전히 자리를 굳힐 때까지 계속해서 아기에게 산소를 공급하므로 구태여 급하게 탯줄을 자를 필요 없이 한 동안 그대로 두는 것이 좋다고 주장한다. 보통 탯줄은 아기가 호흡을 시작한 후 4~5분 때로는 더 길게 계속 박동 한다. 그러므로 탯줄은 아기가 어머니 배 위에 있으면서 박동이 멈추었을 때 자르는 것이 바람직하다.

5. 모유의 장점

1) 모유의 분비기관

모유는 유즙분비에 관여하는 호르몬의 작용에 의해서 유전세포가 혈액 중의 영양분으로부터 유즙을 만들어줌으로써 이루어진다. 모유는 아기가 어머니의 젖꼭지를

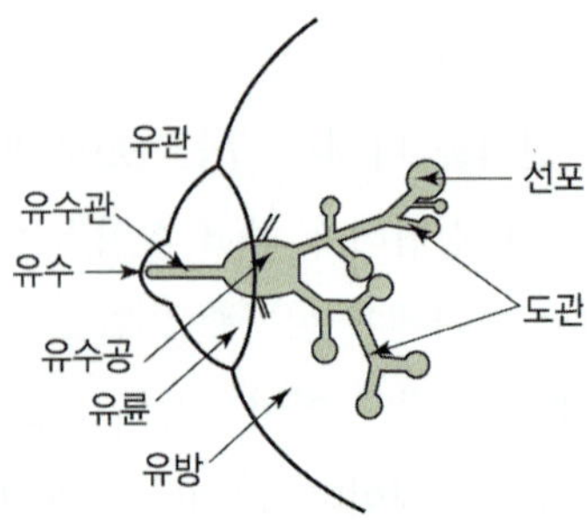

그림 4-3 ➡ 유선조직의 구조

빨 때 유두(乳頭)에 있는 유수공(乳水孔)으로부터 분비된다. 유수공은 유방을 형성하는 유선(乳腺)조직에 연결되어 있으며 그 끝은 선포(腺胞)라고 불리우며 한 개층의 유선세포의 모임이 공포(空胞)를 형성하고 있고, 거기서 유선세포가 혈액 중의 영양분으로부터 유즙을 만들어서 공포 내에 분비하여 도관(導管)을 거쳐 유관(乳管) 통에 축적된다. 유즙 분비기관의 구조는 그림 4-3과 같다.

2) 모유 분비에 관여하는 호르몬

여자의 유선 조직은 사춘기가 되어 난소활동이 시작되면 난소에서 분비되는 난포 호르몬인 에스트로겐(estrogen)의 자극으로 인해 발육되며 임신이 이루어지면 자궁 내에 형성되는 태반으로부터 분비되는 태반 호르몬인 프로게스테론(progesteron)에 의해서 유선의 구조가 완성되어 유즙분비가 가능하게 된다. 태반 호르몬 프로게스테론은 뇌하수체 전엽(前葉)에서 분비되며 유즙분비를 촉진하는 유즙분비 호르몬인 프로락틴(prolactin)의 분비를 억제하여 임신 중에는 유즙분비가 되지 않도록 한다. 그러나 출산 직후에는 태반 호르몬이 모체혈액 중에 남아 있어서 프로락틴의 분비를 억제하고 있기 때문에 유즙분비가 적어진다.

유즙분비에는 뇌하수체(腦下垂體) 전엽으로부터 분비되는 프로락틴과 후엽으로부터 분비되어 유선의 수축작용을 일으켜 유즙분비를 촉진하는 옥시토신(oxytocin)의 두 호르몬이 관여하고 있다. 프로락틴과 옥시토신, 이 두 호르몬의 분비를 촉진하는 것은 아기의 빨아들이는 작용이며 아기에게 수유(授乳)를 한 후 유방이 비게 되면 그것이 간뇌(間腦)에 전해져서 간뇌로부터 뇌하수체에 명령이 전해지고 프로락틴의 분비가 일어나며, 또한 옥시토신도 자극을 받아서 분비된다.

3) 모유의 장·단점

모유는 6개월까지의 유즙 영양기의 아기에게는 성분, 소화, 위생 및 건강상으로도 좋으며, 그밖에 면역체 효소, 장내세균 등에 대하여도 다른 유즙과 비교할 때 많은 장점을 가지고 있다. 특히 모유에는 그 지역의 풍토병을 예방할 수 있는 300여 가지 질병에 대한 면역성분을 포함하고 있는 것으로 알려져 있다. 그 외에 모유의 가장 좋은 장점은 수유를 하는 동안 어머니와 아기의 상호작용으로 애정을 한층 두

텁게 하는 것이다.

그러나 모유 수유의 단점은 수유의 양을 정확히 알 수 없는 점과 직업을 가진 어머니의 경우에는 모유 수유가 곤란하다는 점이다. 또한 모유 성분은 어머니가 섭취한 식사 내용에 따라서 영향을 받으므로 어머니가 고단백식이 등 균형 있는 영양을 섭취하지 못할 경우에 모유분비 부족이나 아기의 영양결핍을 초래할 수 있다. 또는 어머니가 허약하거나 질병이 있는 경우에는 모체의 건강을 해치게 된다.

Chapter 5

부모교육

1. 현대 아동관
2. 부모교육의 필요성
3. 양육행동의 결정요인
4. 자녀양육 형태
5. 발달단계에 따른 부모의 역할
6. 부모양육태도의 최신경향

Chapter 05

부모교육

1. 현대 아동관

1) 현대 아동관

20세기는 아동의 세기라고 일컬을 만큼 아동에 대한 연구와 관심은 각 분야별로 높아졌다. 전통사회에서 볼 수 있었던 아동에 대한 일반적인 인식은 많은 변화를 가져오게 되었으며, 아동을 성인의 축소판이 아닌 하나의 인격체이며 무한한 능력이 있는 존재로 간주하게 되었다. 현대의 아동관을 살펴보면 다음과 같다.

(1) 가능성의 존재

아동은 더 이상 약하고 무능한 존재가 아니라 오히려 무한한 가능성을 지닌 존재로 인식되고 있다. 아동의 지능은 4세까지 50% 정도나 발달되며, 인간의 두뇌세포의 80% 정도가 생후 2년 내에 형성된다는 연구결과는 지구의 자원이 고갈되고 있는 현대사회에서 아동을 미래인력의 자원으로 인식하기에 충분한 근거가 되었다. 세계 각국은 앞을 다투어 국가 자원으로서 아동교육에 관심을 가지고 유아교육에 열을 올리고 있으며 조기교육과 영재아를 위한 조기 교육에 심혈을 기울이고 있다.

(2) 인격체

아동은 성인의 축소판도 소유물도 아닌 하나의 독립된 인격을 지닌 존재라는 인식이 높아져 가고 있다. 인간의 성격이 만 6세까지의 부모 - 자녀의 관계에서 비롯된다는 정신분석학의 이론은 성인의 여러 가지 부적응과 질환문제가 어린이다움이 인정되어야 할 시기에 부당하게 취급된 데서 비롯된다고 하였다. 아동은 아동답게 성장할 권리가 있고 미성년으로서가 아니라 아동으로서 존중되어야 한다는 근거를 제시해 준 셈이다.

건강한 사람이란 심리적 특성이 건전하고 서로의 인격을 존중해 주는 사람이며 이런 사람은 아동기부터 인격적으로 대우받고 심리적 특성을 정상적으로 발달시킨 사람이므로 아동에 대한 태도도 하나의 인격을 가진 존재로서 대해야 한다.

(3) 독자적 존재

모든 아동은 각자의 독자성을 지니고 있는데 이는 모든 아동이 같지 않으며 개인차가 있다는 것을 말한다. 모든 아동은 신체적, 정신적, 지적, 도덕적인 특성에 있어서 자기 나름의 독자성을 갖고 성장과 발달과정에서 다른 아동과 차이가 있다. 모든 아동은 똑같은 자극에 대해서도 각기 다르게 반응하며 성장·발달 속도에 있어서도 차이를 보인다. 개인차란 이러한 차이는 물론 성격, 흥미, 관심과 동기 등에서의 차이를 의미한다.

아동의 독자성은 자기다움을 의미한다. 서로 비교될 수 없고 서로 동일한 것을 요구할 수 없다. 같은 부모에게서 태어났다 하더라도 유전인자는 서로 다르며, 아무리 똑같은 방법으로 키운다고 하더라도 아동마다 다르게 영향을 미친다.

2. 부모교육의 필요성

부모교육의 내용은 시대나 사회 또는 문화에 따라 다양하다. 핵가족화, 여성의 사회진출 기회증대, 가족의 구조와 기능의 변화와 같은 사회적 변화와 함께 지식과 정보가 범람하는 디지털 시대에 있어서 현대사회가 요구하는 시민상에 부합하도록 자녀를 양육하는 것은 그다지 쉬운 일이 아니다. 먼저 자녀양육의 필요성을 인식하고, 이를 위해 부모교육을 실시하는 것은 미래의 주역을 양성하는 보람 있는 일이자 시대의 요청이라 할 수 있다.

해머와 터너(Hamner & Turner, 1985)는 부모교육의 필요성을 다음 10가지로 요약하고 있다(신용주·김혜수, 2006).

① 대부분의 사람들은 이미 부모가 되어 있거나 미래에 부모가 된다. 그러므로 부모기에 대한 훈련이 필요하다.

② 부모기를 위한 교육이 가정에서뿐만 아니라 교육기관에서도 등한시되고 있다.

③ 성공적인 부모가 되기 위한 지침이 충분치 못하기 때문에 혼란과 두려움을 유발한다.

④ 효과적인 부모역할은 초기 유아기의 전반적인 발달에 매우 중요하다. 가정은 생애에 있어서 최초의 보금자리이자 가장 중요한 생활의 장이다. 또한 가장 지속적으로 영향을 주는 곳이다.

⑤ 부모역할은 어렵고 자녀 양육과정에서 상당한 스트레스가 따르는 것이며, 부모가 자녀에게 충분히 해줄 수 없다는 이유로 자책감이 따르기도 하는 것이다. 따라서 효과적인 부모역할을 수행하기 위해서는 부모의 역할에 대한 지식이 필요하다.

⑥ 부모들은 자녀양육을 위해 도움이 필요하고, 도움받기를 원한다. 광범위한 부모교육 프로그램의 참여와 관심은 부모가 도움받기를 원한다는 것을 증명해 주는 것이다.

⑦ 급속한 사회변화는 가족생활과 가족 전체에게 스트레스를 준다. 특히 사회변화 중 빈곤과 열악한 주거환경, 건강문제, 아동학대, 이혼 등이 이러한 원인이다. 가정생활 형태가 다양해짐에 따라 혼합가정, 편부모, 10대 부모 등의 다양한 가족형태가 발생하고 이에 대처해야 한다. 부모는 스트레스를 극복하는 데 도움이 필요하고 자원체계를 파악하고 유지하는 데 도움이 필요하다.

⑧ 어머니가 직장을 갖게 됨에 따라 자녀를 보살피는 시간이 감소하게 된다. 따라서 부모들은 수준높은 부모-자녀간의 상호작용을 하고 자녀와의 시간을 잘 보내기 위해 도움이 필요하다. 특히 자녀를 양육하는 훌륭한 기법을 파악하고 확인하는 데 도움을 필요로 한다.

⑨ 자녀양육에 아버지가 좀 더 참여해야 할 필요가 있다. 남자도 부모역할을 효과적으로 할 수 있다는 연구결과들이 있다.

⑩ 부모기의 잘못된 신념(myth)을 근절시킬 필요가 있다.

유안진과 김연진(1992)은 부모교육의 필요성을 아동, 부모, 사회의 세 가지 측면으로 나누어 살펴보았다.

① 아동의 측면

• 아동의 사회적·정서적 발달은 부모의 양육태도 및 양육방법에 의해 크게 영향을 받는다.

• 아동의 인지발달은 부모의 양육태도와 방법에 의해 크게 영향을 받는다.
• 부모의 양육태도와 방법은 아동의 신체발달을 조장하거나 저해한다.

② 부모의 측면

• 미성숙한 한 인간으로서의 부모를 위한 교육이 필요하다.
• 확대가족제도의 붕괴로 인하여, 젊은 세대들은 자녀양육에 따른 어른들의 도움, 조언 등을 즉각적으로 받을 수 없다.
• 도시화, 문명화, 산업화로 인하여 개인 또는 가정단위의 사회이동횟수는 증가 하고 있으며, 국내에서의 지역간 이동은 물론 국가간 이동도 증가하고 있다. 따라서 젊은 부모들은 정신적으로 뒷받침받고 자신감을 갖고 자녀양육을 할 수 있도록 도와줄 교육 프로그램이 필요하다.
• 성역할 개념의 변화에 따라 그에 적응하고 대처하기 위해 부모교육이 필요하다.

③ 사회의 측면

• 인적 자원의 효율적 개발이라는 측면에서 부모교육이 필요하다. 인적 자원의 지적·인성적 기반은 유아기에 상당히 많은 부분이 결정되기 때문에 정부나 사회의 입장에서 대책을 강구해야 한다.
• 사회균등의 정책으로 부모교육이 필요하다. 경제기회균등정책으로 볼 때 유아교육 및 부모교육은 사회복지의 장기적 계획의 일환이다.
• 교육의 경제성을 높이기 위해 부모교육이 필요하다. 어릴수록 가소성(Plasticity)이 높기 때문에 고등교육에 투자할 때의 교육효과보다 유아교육에 투자할 때의 효과가 더 크며, 유아를 효율적으로 교육시킬 수 있는 교사는 부모이기 때문이다.

3. 양육행동의 결정요인

과거와는 다른 아동에 대한 인식변화를 통하여 우리가 지향해야 할 바람직한 아동양육 방법에 대해 정리해 보고 부모의 양육행동에 영향을 미치는 요인들이 무엇인지 살펴봄으로써 양육방법에 대한 폭넓은 이해를 할 수 있을 것이다. 존슨(Johnson)과 매디너스(Medinnus, 1974)는 부모의 양육행동양식에 영향을 주는 요인들을 사회계층, 부모의 성격, 양육태도, 역할 모델링의 4가지로 설명하고 있다. 밸스키(1990)는 부모역할 결정요인으로서 아동의 성격, 부모의 성격, 결혼관계, 사회망 지지(social network support)로 나누어 설명하고 있다. 이들의 견해를 종합하여 부모의 양육행동 결정요인들을 설명하고자 한다.

(1) 사회계층

사회계층에 따라 가치관이 다르므로 자녀 양육방법에도 차이가 있다. 예컨대, 중류계층의 가정은 하류계층의 가정보다 자녀들에게 엄격하게 대하며, 자녀에게 욕구를 억제하도록 가르친다는 것이다. 헤스(Hess)와 쉽맨(Shipman, 1965, 1968)은 하류계층 아동의 학습형태와 정보처리 능력이 중류계층의 아동과 현저하게 다르다고 보고하였다. 즉, 아동의 지적성장은 어머니가 사용하는 언어형식의 차이에 의해 강하게 영향을 받는다. 중류계층 가정에서는 교육과 학업성취에 중요한 가치를 두며, 이들이 아동에게 문제해결 행동을 가르치는 방식은 하류계층의 어머니들과 다르다.

아동과 상호작용 하는 목표는 계층마다 같으나 상호작용 하는 방식에는 차이가 있다. 예컨대, 중류계층의 부모들은 사회적 성취, 추상적 지식습득과 유아기의 자율적이고 독립적인 행동 등을 가치 있게 생각하지만, 하류계층의 부모들은 아동에게 부모의 가치관을 따르고 가능한 한 쉽게 욕구를 충족시키도록 강조한다(Hess, 1970). 이와 같이 부모의 양육방법은 부분적으로 사회계층의 가치체계에 의해 결정된다는 결론을 내릴 수 있다.

다시 말해, 교육을 많이 받고 수입이 많으며 남편이 높은 지위에 있는 어머니들은 낮은 사회·경제계층의 어머니보다 자녀의 활동에 더 많이 참여하고, 덜 제한적이며 덜 야단친다. 또한 이들 어머니들은 긍정적으로 애정을 나타내고 아동에게 반응적이라는 결과들이 최근 연구에서도 지지되고 있다(Bradley, Caldwell & Rock, 1988 ; McLoyd, 1990).

그러나 1980년대에는 부모·자녀관계에 영향을 미치는 요인이나 과정을 좀더 구체적으로 알아보기 위해서 환경적 영향으로서의 사회계층을 넘어선 연구들이 시도되었고 점점 증가추세에 있다.

(2) 아동의 성격

같은 부모의 자녀임에도 불구하고 형제마다 서로 다른 특성을 지니고 있다. 그들이 갖는 특성에 따라 부모의 행동양식은 다르게 되며 자녀들을 똑같이 대할 수 없음을 알게 된다. 이는 상호작용이란 일방적인 것이 아니라 양방적이기 때문이다.

아동의 행동은 부모의 행동을 구체화시킨다. 특별히 아동의 기질과 같은 것은 역동적인 특징으로서 부정적인 기분(mood), 과다한 활동수준, 순종하지 않는 경향성을 나타낸다. 이와 같은 행동특성들은 어머니나 다른 성인들이 부정적이고 통제적인 행동을 하게 만든다(Bugental, Blue & Cruzcosa, 1989).

(3) 부모의 성격

아동의 까다로운 특성을 받아 들이는 정도는 부모에 따라 다르며, 부모의 특성은 아동의 특성으로 인해 생겨나는 영향을 중재한다(Bates & Pettit, 1981).

성실한 부모는 아동을 사회화하는 데 있어서 가능한 한 사회에서 기대하는 훌륭한 역할과 바람직한 행동을 학습하게 하지만, 부모가 부적응적(예 ; 신경증)이면 이러한 분위기와 행동방식이 아동에게 전해진다.

심리적으로 건강하고 성숙한 성인들은 자녀가 건강한 심리적 발달을 증진시키도록 행동한다. 예컨대, 자아발달과 자아개념이 높은 부모들은 유아의 반응에 민감하게 행동하였고(Cox et al, 1989), 부모로서의 역할에 자신감과 통제력을 갖고 있었다(Frank et al, 1986). 자기 자신을 긍정적으로 생각하는 부모들은 아동기나 사춘기 자녀와 더 효과적으로 의사소통을 하는 경향이 있었고 훈육상황을 잘 다루었다(Small, 1988). 반면에 우울증이 있는 어머니들은 유아에게 애정 표현을 적게 하였고, 덜 반응적이었으며 나이가 든 아동에게 화를 잘 내고 벌을 많이 주는 경향이 있었다.

(4) 역할 모델링

아동양육 행동은 부모 자신의 경험에서 나온 결과로서 자신의 원가족(原家族) 경험과 관련있으며 원가족의 부모가 제공했던 양육의 질에 따라 영향을 받는다. 부모는 기본적으로 자신의 부모의 행동을 모델로 하여 학습하게 된다.

또한 자기 부모의 양육관과 조망 및 감정은 부모가 아동을 대하는 방식에 영향을 준다. 헤리스(Harris, 1959)에 의하면 만일 어떤 사람이 자기가 양육된 현재에 만족한다면 부모가 사용했던 양육방식과 태도를 그대로 모방하며, 반면에 지나친 통제나 간섭 때문에 부모의 양육방식에 대해 만족하지 못했던 사람은 그 방식과 정반대로 행동하려고 한다고 한다. 또 자신의 부모로부터 충분한 사랑이나 신체적 애정을 받지 못한 사람들은 일반적으로 자신의 자녀에게 지나치게 보상하려 한다고 주장한다.

그러나 우리는 무의식적인 모델링도 있다는 것을 인식해야 한다. 즉, 자신은 원가족 부모의 양육태도가 마음에 들지 않더라도 자신도 모르게 닮아갈 수 있다는 것이다. 예컨대, 남아의 경우 아버지가 자신이 어렸을 때 어머니와 자신을 학대했기 때문에 자신은 나중에 그렇게 되지 않겠다고 맹세하지만 나이가 들어 자신이 부모가 되었을 때 어느덧 아버지와 같은 행동을 하고 있는 자신의 모습을 발견하는 가정폭력의 예를 보게 된다. 이와 같이 원가족에 대한 무의식적인 모델링에 의해 자신의 양육행동이 영향을 받을 수 있다.

원가족의 부모와의 관계가 안정된 성인은 자신의 자녀에게 안정된 애착을 발달시키도록 양육한다. 그러나 성인들은 자신의 유아기때 양육경험이 자신의 유아기 때 반드시 긍정적인 것만은 아니었다. 이들이 원가족의 부모와 잘 지낼 수 있게 된 중요한 이유는 자신이 부모가 되어 저절로 원가족의 부모와 좋은 관계를 맺게된 것이 아니라 다른 사람에게 그들이 겪었던 어릴적의 부정적 경험을 자유롭게 또한 조리있게 터놓고 이야기하면서 스스로 어렸을 때 받았던 좋지 않은 양육방법을 이해하고 인정하게 되었기 때문이다. 그로 인해 원가족의 부모를 사랑으로 대하며, 성숙된 감정을 갖게됨으로써 자신의 자녀들에게도 안정된 애착을 갖도록 노력했던 것이다 (Main, Kaplan & Cassidy, 1985). 아마도 부모와의 어려웠던 경험을 말로 이야기함으로써 무의식에 억압해두었던 감정(분노, 서러움 등)을 의식화할 때 무의식적인 모델링의 끈을 단절시킬 수 있을지도 모른다.

(5) 양육에 대한 태도

부모의 성격과 밀접한 관계가 있는 것은 아동양육 전반에 대한 그들의 태도이다. 양육태도와 신념은 그 사람의 사회화 과정과 과거경험의 결과로 얻어지는 것이다. 이는 부모가 아동과 상호작용하는 행동방식의 기초가 된다. 부모의 양육태도는 자녀의 인성형성에 중요한 영향을 미치므로 바람직한 양육행동을 교육받는 것이 필요하다.

(6) 결혼관계

정서적(사랑, 친근감)이고 도구적(아동양육 과제)인 면에서 배우자가 지지해 줄 때, 다시 말해 결혼관계가 만족스러울 때 부모로서의 역할이 촉진된다. 또한 가정 내의 아버지 역할은 어머니의 역할보다 결혼적응(결혼 만족)과 더 관련되었는데, 이는 아버지가 아동양육에 참여할 때 어머니의 결혼만족도가 상승하기 때문이다.

(7) 사회망 지지

지역사회의 도움을 많이 받는 어머니들은 그렇지 못한 어머니에 비해 유아에게 부정적인 상호작용이 적었으며, 더 긍정적으로 애정을 표시하고 민감하게 돌보았다. 이와 같이 사회적 지지(社會網 支持)는 아주 까다로운 유아를 기르는 어머니의 경우 친구나 친척으로부터 도움을 받음으로써 스트레스를 완화시키는 기능을 해준다.

밸스키(1984)는 부모역할 결정요인으로서 위의 요인 이외에 부모의 직업을 들고 있다. 예컨대, 아버지의 실직(失職)이 아동학대와 관련이 있다든지, 양쪽 부모 모두 직업을 가질 때 아동에 대한 부모의 기대가 크다든지, 아니면 어머니의 직업에 대한 만족이 아동의 최적발달과 관계가 있다는 등의 부모의 직업으로 인한 아동양육에 미치는 영향을 설명하고 있다. 양육행동에 미치는 요인들은 복합적이며 한 마디로 규정하기 어렵다. 더욱이 바람직한 양육방법을 실천하는 일은 쉽지 않으며, 바람직한 양육방법에 대하여 명확한 이해가 있어야 할 것이다.

4. 자녀양육 형태

부모의 양육태도와 자녀의 행동유형은 서로 관련이 있다(표 5-1). 범린드(Baumrind, 1966)는 자녀양육 태도에 관한 세 가지 기본형을 다음과 같이 제시하였다.

표 5-1 부모의 통제유형과 자녀의 행동유형

부모의 통제유형	자녀의 행동유형	
권위적 양육태도	• 활기차고 붙임성이 있음 • 스트레스에 잘 대처함 • 호기심이 많음 • 성취 지향적임	• 자립적임 • 어른에게 협조적임 • 목적 지향적임
독재적 양육태도	• 갈등을 일으키고 화를 잘냄 • 우울하고 불행함 • 수동적으로 공격함 • 목적이 없음	• 두려워하고 염려함 • 쉽게 짜증을 냄 • 스트레스에 약함 • 부루퉁하고 붙임성이 없음
허용적 양육태도	• 충동적이고 공격적임 • 자립심과 자제력이 낮음 • 목적이 없음	• 반항적임 • 독재적이고 우쭐거림 • 성취 지향성이 낮음

(1) 독재적 태도

독재적 태도(authoritarian attitudes)는 자녀양육에 있어서 독재적인 통제를 사용하며 아동에게 즉각적이고 장기적인 복종을 요구한다. 여러 가지 방법으로 복종하게 하며 때로는 체벌이나 강압적인 방법을 사용한다. 아동에게 지켜야 할 규칙과 행동 규범을 거의 설명하지 않는다. 일반적으로 부모는 아동의 행동을 미리 설정해 놓고 절대적인 행동기준에 의해 평가하고 그에 맞추려 한다. 부모의 말은 곧 법이며 자신의 결정이 아동을 위한 최선의 것임을 믿도록 한다.

독재적 태도의 부모는 그들이 유아에 설교하는 것을 실제로는 그들 스스로 실행하지 않았으며 유아의 흥미나 관심을 무시하는 경향을 보였다. 독재적 태도를 가진 부모 밑에서 자란 아동은 불행감을 느끼고 비우호적이며, 혼란스러워하고 화를 잘 내는 경향이 있다. 이들은 변덕이 심하고 외관상 불행해 보이며, 쉽게 화를 내고, 비교적 목표 지향성이 약하고 주변사람들을 괴롭힌다.

(2) 허용적 태도

허용적 태도(permissive attitudes)는 아동을 독립적인 개체로 인정하며 자율성을 고무한다. 이들은 아동을 이상적으로 다루며 권위를 과시하려 들지 않는다. 아동에게 자신의 의견을 제시할 기회를 주기 위하여 아동과 상의하여 행동에 대한 제한이나 방법을 결정한다. 또 부모는 아동에게 자신의 행동을 가능한 한 스스로 규제할 수 있게 하고 통제를 피하며, 외적으로 규정된 기준에 복종하도록 권장하지 않는다.

허용적인 부모는 단순히 유아에게 많은 요구를 하지도 않았으며 자기 신뢰적인 행동이나 책임을 다하는 유아의 행동을 강화해 주지 않았기 때문에 자녀들은 책임감과 성취동기가 부족한 경향을 보였다. 즉, 독재적 태도와 허용적 태도의 부모들은 유아에게 독립적으로 자신 있는 행동을 하기 위하여 필요한 지식과 체험을 제공해 주지 않았다고 한다.

허용적인 부모의 자녀는 충동적이고 공격적이다. 이들은 두목인양 으스대고 자기중심적이고 반항적이고 공격적이고 비교적 목적없이 행동하며 독립심이나 성취감이 매우 낮다. 허용적 태도를 가진 부모 밑에서 자란 아동은 세 집단 중에서 자기-신뢰감과 자기-통제감이 가장 적었다(Hamilton, 1977).

(3) 권위적 태도

권위적 태도(authoritative attitudes)는 독재적 태도와 허용적 태도의 장점을 잘 조합한 태도이다. 권위지향적인 통제는 어느 정도 제한된 범위 내에서 아동이 자율성을 갖도록 한다. 일반적으로 부모들은 이성적인 설득, 명백한 권위, 또는 심리적 강화 등을 이용하여 아동의 행동을 통제한다. 이러한 부모는 의사소통을 권장하고 부모가 행하는 방식에 대해 이유를 설명해 주며, 아동이 순종하지 않을 때에는 아동이 반대하는 이유에 대해 경청한다.

권위적 태도를 가진 부모 밑에서 자란 아동은 자기주장적인 태도와 자기-신뢰감 및 자기-통제감을 가지게 되고, 다른 유아들보다 더 책임있는 행동을 하였다. 부모가 권위적일 때 자녀는 대체로 활발하고 우호적이고 명랑하며, 사회적으로 반응적이고 자립적이고 성취 지향적이며, 성인이나 또래 모두에게 협조적이다.

5. 발달단계에 따른 부모의 역할

1) 영아기의 부모역할

영아기란 아기가 태어나면서부터 두 돌 전후까지를 말한다. 이 시기는 일생 중 가장 많은 변화가 일어나는 시기로서, 영아는 적절한 환경조건하에서 신체적·심리적 발달과정을 거치면서 하나의 새로운 개체로서 발달해 간다.

정상적인 영아는 깨어 있는 시간 동안 활동을 멈추는 일이 없을 정도로 기운이 넘친다. 움직이고, 기고, 일어서고 걸을 뿐 아니라 언어를 획득하며, 타인과 자기에 대한 개념을 형성하고, 여러 가지 지각능력들과의 협응을 통해 지적 발달에도 영향을 미친다. 영아기의 부모역할은 다음과 같다.

(1) 보육자·보호자로서의 역할

아기가 태어나서 생후 1년간은 누군가의 보살핌 없이는 생존이 불가능하다. 이러한 때 부모가 수행해야 할 주된 역할은 바로 보육자의 역할이다. 부모는 자녀의 요구에 무조건적으로 반응하며, 자녀의 요구를 만족시키는 제공자로서 대부분의 시간을 자녀의 양육에 투자하게 된다. 이때 영아의 요구에 대해 부모가 어떻게 반응하느냐에 따라 영아도 나름대로의 적응방법을 터득하게 되어 부모-자녀간의 상호작용 방식이 결정된다.

아기가 걷기 시작하면서 활발히 움직이기 때문에 부모는 지치고 많은 어려움을 경험하기도 한다. 이 시기에 부모는 영아의 자율성이 방해받지 않는 한도 내에서 주변에 위험한 것은 없는지 점검해야 한다. 이 시기는 언어적 의사소통이 안되기 때문에 적절한 피부접촉에 의한 관계형성에 역점을 두어야 한다.

(2) 기본적 신뢰감 형성의 조력자로서의 역할

에릭슨에 의하면 영아기는 기본적 신뢰감과 불신감이 형성되는 시기이다. 이 시기에 부모와의 관계에서 기본적 신뢰감이 형성되면 타인에 대한 신뢰감 형성에도 긍정적인 영향을 미치지만 불신감이 형성되면 대인관계에서 부정적인 영향을 미치게 된다. 기본적 신뢰감은 돌봐주는 사람이 영아의 욕구를 일관성 있고 적절하게 충족시켜 줄 때 그 사람에 대해 갖는 믿음을 말한다. 이 믿음은 자기 자신과 타인에 대해 신뢰감으로 발전하다. 반대로 부모 또는 여러 사람이 일관성 없이 부적절하게 영아를 돌보면 환경을 예측할 수 없고 영아는 세상에 대해 두려움과 불신감을 갖게 된다.

(3) 자극 제공자로서의 역할

피아제는 영아기를 감각운동기라 말하고 인지발달이 이루어지기 위해서는 이 시기에 적절한 감각과 운동경험이 이루어져야 한다고 강조하였다. 영아는 스스로 여러 가지를 새롭게 할 수 있다는 자신감이 생기면 손에 닿는 주변의 모든 사물에 대하여 호기심을 나타내고 탐색하게 되는데, 이러한 호기심은 영아의 학습을 촉진한다.

따라서 부모는 영아의 감각운동 능력을 촉진할 수 있는 흥미있고 자극을 줄 수 있는 환경을 제공하고, 영아와 직접적인 상호작용을 통하여 영아가 어떤 능력을 갖고 있고, 어떤 것에 관심이 있는지를 파악하여 그에 알맞은 자극을 제공하는 것이 중요하다.

(4) 자율성 발달의 조력자로서의 역할

두 돌을 전후하여 영아는 엄마와 함께 있으려는 욕구가 점점 줄어들고 독립적으로 주위환경의 탐색에 대한 흥미가 증가한다. 이 시기는 자율성 대 수치심과 회의를 경험하는 시기이다.

영아는 이제 말할 수 있고 사물을 스스로 조작할 수 있으며, 새로운 이동능력으로 잘 걸을 수 있게 되고, 자신의 부모나 타인에게 영향을 줄 수 있다는 것을 알아차리기 시작하면서 자신감을 갖고 조금씩 부모로부터 독립하고자 한다.

에릭슨은 영아의 이러한 독립하고자 하는 노력을 '자율성'에 대한 추구라고 보았다. 이때 부모가 영아의 능력에 맞게 어떤 것을 하도록 영아의 요구를 인정해 주고 지나치게 행동을 제한하지 않으며 주위환경을 탐색하도록 격려해 줄 경우 영아의 자율성은 발달된다. 그러나 부모가 영아의 탐색을 막고 행동을 지나치게 제한하면 수치심이 생기고 자신의 능력에 대해 회의가 생긴다.

영아의 자율성 발달은 부모의 요구에 대해 '안해', '싫어', '내가 할거야'라는 말로 자신의 입장을 주장하면서 거부하는 행동으로 나타나는데, 부모는 이러한 영아의 언어나 행동이 무엇을 의미하는지 이해하여, 제한하여야 할 행동은 분명히 제한하고 허용해 줄 것은 허용해 주어 일관성을 유지해야 한다.

이 시기에 부모가 영아의 독립하고자 하는 욕구를 수용하고, 새로운 성취를 이루어 나갈 수 있도록 도와주면 영아는 주위의 사람들과 자기 자신에 대해서 신뢰감을 키워 나갈 수 있게 된다.

영아가 자율성 발달을 시도할 시기에는 쓰레기 버리기, 방 청소하기, 우유 가져오기 등 사소한 일도 영아에게는 모험이나 책임으로 생각되므로 가족에게 도움을 주는 구성원으로서 자신의 독립성을 인식하도록 도와준다.

(5) 학습경험의 제공자로서의 역할

영아기 후반부에 들어서면서 부모는 영아의 발달특성에 맞는 생활경험과 학습경험의 기회를 제공하여야 한다. 영아는 서툴기는 하지만 스스로 한다는 것에서 기쁨을 느끼게 된다. 그러나 영아가 스스로 한다는 것이 부모에게는 끝없는 일거리를 만들어 주게 되므로 많은 부모들은 영아의 그런 행동을 끝까지 수용하지 못하고 부모가 대신해주거나 야단을 침으로써 영아를 위축시킨다.

영아기에 필요한 학습경험으로는 자조기술의 발달과 사회성 및 지적발달을 들 수 있다. 자조기술이란 스스로 먹고, 대소변을 가리고, 옷을 입을 수 있는 능력은 말한다. 영아가 혼자 먹고, 배설하고, 옷을 입기 위해서는 신경근육의 발달과 눈과 손의 협응이 이루어져야 하지만 바지를 입거나 양말을 신는 단순한 행동은 할 수 있도록 하고, 숟가락, 젓가락도 스스로 사용해 보도록 기회를 주어야 한다. 특히 대소변 훈련에 매우 중요한 시기로서 부모가 관심을 가지고 기회를 주고 격려해 주면 보다 일찍 통제할 수 있다. 물론 너무 일찍 하는 경우에는 부작용이 있다.

사회성 발달을 위해서는 부모와의 관계만이 아니라 또래들과의 상호작용이 필요하고, 언어발달을 위하여 부모는 풍부한 언어적 자극을 주어야 한다. 또한 지적발달을 위하여 각종 장난감을 마련해 주고 다양한 경험을 할 수 있도록 해야 한다.

2) 유아기의 부모역할

유아기는 대략 2~5, 6세까지를 말한다. 이 시기는 초등학교에 입학하기 전의 시기이므로 미취학(未就學) 아동기 또는 학령 전기라고 부른다.

이 시기는 신체적으로 성장하는 것은 물론 여러 가지 운동능력과 조작능력을 갖추게 되어 이들의 활동량은 매우 급격하게 증가하는데, 영아기에 비하여 속도는 느리지만 경험과 연습을 통하여 점진적이고 분화적인 발달을 보인다.

뿐만 아니라 유아는 점차 사회 속에서 겪는 사회화 과정을 통해 자신과 타인을 구별하고, 사회에서 통용되는 행동양식 및 가치체계를 내면화하기 시작한다. 더구나 여러 가지 세상에 대한 호기심과 이를 실제로 확인하고자 하는 욕구가 분출된다. 특히 유아기는 언어를 습득하고 발전시키는 시기라는 점에 의의가 있다. 유아기의 부모역할은 다음과 같다.

(1) 양육자로서의 역할

양육이란 더 나은 발달을 하도록 이끌고 지도하는 것이다. 부모는 먹이고, 입히고, 위험에서 보호하는 차원을 넘어 건강하게 자랄 수 있도록 안전한 환경과 가정의 정서적 분위기를 조성해야 한다.

유아는 스스로 할 수 있는 능력이 발달하기 때문에 자기 주장이 강하게 나타나며, 일관성 없는 행동을 하여 부모는 어려움에 처하게 된다. 이럴 때 부모는 지나친 간섭을 피하고, 일관성 있는 규칙을 제시하며 부모-자녀간에 신뢰감과 애정이 증진되도록 노력해야 한다.

(2) 훈육자로서의 역할

부모가 자녀의 행동을 어떻게 조절하느냐는 매우 중요하다. 해야 할 일과 해서는 안될 일을 명확하게 가르쳐야 하는데 이를 위해서는 훈육이 필요하다. 우리 사회에서 훈육은 벌과 동의어로 사용되고 있는데 훈육이란 유아를 지도하는 체계로서 상과 벌이 포함된다.

부모의 훈육은 어떤 형태로든 자녀의 행동을 통제하게 되고, 그것은 유아에게 커다란 영향을 미친다. 따라서 부모가 자녀를 바르게 훈육하게 위해서는 상과 벌을 올바르게 사용해야 한다. 유아기에 사용할 수 있는 훈육방법들은 다음과 같다(이재연·김경희, 1996).

① 귀납적 통제

- 유아가 자신의 행동이 다른 사람에게 어떤 영향을 주는지 알게 한다.
- 허용되는 행동과 안되는 행동을 스스로 결정할 수 있도록 한다.

② 자연적 귀결과 논리적 귀결

- 자연적 귀결 : 일상생활에서 어떤 행동을 하면 그에 따른 결과가 자연적으로 발생한다는 것을 스스로 인식하도록 한다.
- 논리적 귀결 : 가족 구성원들이 합의하여 행동규칙을 정하고 지키지 않았을 때 불이익을 경험하도록 한다.

③ 벌을 사용할 때 주의할 점

부모는 벌을 주기 전에 자녀에게 어떤 행동을 기대하며 기대에서 어긋났을 때는 어떤 결과가 발생한다는 것을 알게 한다. 벌을 사용할 때는 다음과 같은 점을 고려해야 한다.

- 벌을 받을 행동이 발생한 즉시, 즉각적으로 주어져야 한다.
- 유아가 벌을 받는 이유를 이해할 수 있도록 설명해야 한다.
- 벌은 바람직하지 못한 행동과 관련해서 주어야 한다.
- 벌은 부모의 감정과 결부되어서는 안 된다.

(3) 자아개념 발달의 촉진자로서의 역할

유아기에 가장 중요한 과제 중 하나는 긍정적인 자아개념을 형성하는 것이다. 자아개념은 성장하면서 경험을 통하여 습득한 자기 자신에 대한 개념으로 즉, '내가 중요한 사람인가, 아닌가' 에 대한 개념으로서 그가 속한 환경에서 의미 있는 사람들과 상호작용을 통하여 발달된다.

자아개념이 일단 형성되면 모든 것을 자아개념을 통하여 보고, 듣고, 이해하고, 평가하기 때문에 행동을 결정하는 중요한 요인이 된다. 부모는 유아의 긍정적인 자아개념 형성을 위하여 수용하고 존중하며, 안정된 환경을 제공해야 한다.

(4) 주도성 발달의 조력자로서의 역할

2세의 유아는 신체성장과 근육운동의 발달이 현저해지면서 비교적 자율적으로 행동하게 되고, 자신을 하나의 독립체로서 인식하게 되면서 자신의 몸을 스스로 조절할 수 있다는 사실을 알게 된다. 그에 따라 유아는 여러 가지 새로운 일을 주도적으로 해보려는 경향이 더욱 많아지고 자신의 생활과 환경에 흥미와 호기심을 나타내면서 주변환경을 적극적으로 탐색한다. 이때 유아가 새로운 일을 충분히 완성해 내고 성공을 경험하게 되면 주도성이 발달되어 새로운 시도를 계속 확대해 나간다. 뿐만 아니라 무슨 일이든지 유능하게 해낼 수 있다는 자신의 능력에 대해 확신을 갖게 되어 긍정적인 자아개념과 자아 존중감을 발달시키게 된다. 반면에 자주 실패를 하거나 자주 금지를 당하면 수치심과 죄의식이 생기고 자신에 대한 부정적 개념을 형성한다.

유아기에 환경을 탐색하도록 허용된 아이들은 주도적으로 행동하지만, 과잉보호나 벌에 의해 탐색활동에 방해받은 유아는 스스로 행동하기를 주저하는 경향이 있다. 따라서 부모들은 유아가 새로운 환경을 주도적으로 탐색하려 할 때마다 주목하고 도와주며 지지해야 한다. 또한 유아의 끝없는 질문에 반응함으로써 유아의 지적 호기심을 유발해야 한다.

(5) 학습경험 제공자로서의 역할

유아기는 지적·정서적·사회적 능력을 발달시킬 수 있는 기초를 마련하는 시기로서 유아는 환경과 경험을 통해서 학습된다. 따라서 풍부한 학습경험제공은 유아의 전인적 발달을 도모한다. 또래와의 관계, 놀이, 환경과의 상호작용 경험 등이 유아의 학습에 중요하며, 부모가 유아의 호기심에 어떻게 반응하는가 하는 것이 학습경험에 많은 영향을 준다. 특히 자녀의 흥미와 능력에 적합한 학습경험의 기회를 제공해 주면 유아의 성장·발달은 촉진된다. 학습경험이 효율적이기 위해서는 부모와 자녀간의 긍정적인 관계가 형성되어야 한다.

3) 아동기의 부모역할

아동기는 7~12세에 이르는 시기로 아동이 학교에 입학하게 되어 생활 중심이 가정에서 학교로 옮겨지게 되며 학동기(學童期)라고도 한다. 이 시기는 이전과 같이 급격한 변화는 나타나지 않지만 이미 획득된 지각, 운동기능을 보다 기술적으로 사용하는 능력을 키운다.

아동기 동안에 가장 큰 변화라고 볼 수 있는 것은 지적발달이다. 지식의 양이 급격히 늘어나고, 사물 판단에 있어서 지각에 의존하던 수준에서 발전되며 자기중심성도 극복한다. 뿐만 아니라 학교에 입학하여 새로운 사회집단에 속하게 되면서 부모에 대한 신체적·심리적 의존 상태에서 차츰 벗어나 또래들과 정서적·사회적 요구를 해결하는 비중이 상당히 커지게 된다.

한편 개인차가 현저하게 나타나는 것도 아동기 동안 볼 수 있는 큰 변화라고 할 수 있다. 아동기를 거치면서 신체와 외모, 얼굴표정, 지적인 능력, 재능 등에서 개인적인 차이가 뚜렷하게 나타나며 각자 뚜렷한 개성을 지닌 사람으로 성장하게 된다. 아동기의 부모역할은 다음과 같다.

(1) 격려자로서의 역할

아동기는 신체적 양육에서 심리적인 것으로 요구되면서 부모의 역할은 격려자가 된다. 학교에 들어가면서 아동은 많은 불안요소에 접하게 된다. 낯선 교사, 또래와의 접촉, 아울러 그들로부터 받는 평가 때문에 불안이 증가한다. 이러한 상황에서 성공적으로 적응하는 아동은 자신감을 갖게되지만, 실패나 또래들로부터의 거부 등을 경험한 아동은 무력감과 좌절감을 느낄 수 있다. 따라서 이를 극복할 수 있도록 부모는 친구관계 지도에 주의를 기울여야 하며, 격려자로서의 역할을 수행해야 한다.

(2) 훈육자로서의 역할

아동기에 이르면 영유아기와는 다른 변화된 훈육체계가 필요하다. 아동은 학교에 입학하면서부터는 다양한 행동과 태도를 보이게 된다. 부모들의 가치관에 대해서 질문하기 시작하고 아동이 접하게 되는 사람이 다양해지면서 부모에 대해서도 유아기 이전의 절대적 의존성에서 보다 객관적인 판단자의 견해를 갖게된다. 따라서 부모에게 무조건적으로 복종하지 않고 부모에 대한 불만이 커지며 신뢰감이 감소되기도 한다. 때론 반항적인 태도를 강하게 표출하기도 한다. 따라서 아동의 발달수준에 적합하고 더 효과적인 훈육방법을 모색해야 한다.

보다 효과적인 훈육방법은 논리적 귀결법이나 아동의 행동에 적당한 근거를 제시하고 설명하는 방법을 사용하는 것이다. 또한 아동의 자존심이나 인격을 무시하는 말은 삼가는 것이 좋다.

(3) 근면성 발달의 조력자로서 역할

에릭슨에 의하면 아동기는 근면성 대 열등감을 발달시키는 시기라고 한다. 근면성은 외부의 도전을 스스로 극복할 수 있다는 태도로 열심히 기술을 쌓고 의미 있는 일을 수행하는 것을 말한다. 아동기는 생산적인 일에 에너지를 쏟음으로써 매우 활동적이며 자신이 속해 있는 사회에서 통용되는 여러 가지 기술을 배우기 시작한다. 이 시기에 아동들이 학교나 가정으로부터 주어지는 과제를 성공적으로 끝마치고 부모와 교사, 또래로부터 인정을 받게 되면 매사에 더 열심히 하려는 근면성을 발달시키게 되고 긍정적인 자아개념을 형성하게 된다. 뿐만 아니라 자신감을 갖고 외부세계에 대해서도 능동적이고 활발한 태도를 가지게 된다. 그러나 주어진 과제에서 자주 실패하고 주변으로부터 신뢰와 인정을 받지 못하면 열등감이 발달하게 되고 부정적인 자아개념을 형성하기 쉽다. 에릭슨은 성인기에 나타나는 일에 대한 태도와 작업습관은 이와 같은 경험을 통해 아동기에 확립된다고 보았다.

근면성 발달은 구체적인 일에서뿐만 아니라 다른 사람들과의 사회적인 관계에서도 나타난다. 학교, 가정에서 친구들이나 형제들과의 비교과정을 통해 자신의 능력에 대해 어떤 평가를 받느냐에 따라 근면성 또는 열등감을 발달시키게 된다. 때로는 아동들은 친구보다 더 우수하지 못할 것을 두려워하여 새로운 활동을 시도하는 것을 거부하기도 한다.

이와 같은 근면성 발달에는 부모의 태도가 영향을 미친다. 아동이 어떤 일을 하고 있을 때 격려를 보내면서 지켜봐 주면 근면성이 발달되지만 아동의 실수를 수용하지 못하고 간섭하면 열등감을 갖게된다. 부모와 교사는 적절한 수준의 과제를 부여하여 다양한 작업에서 성공할 기회를 주어 근면성을 발달시킬 수 있도록 도와주어야 한다.

(4) 긍정적 자아개념 형성의 조력자로서의 역할

에릭슨은 아동기를 자아성장의 결정적 시기라고 보았다. 아동기에 부모나 교사 그리고 중요한 타인들이 아동의 생각과 감정을 신뢰하고 존중해 주면 아동은 믿을 만한 사람, 중요한 사람이라는 긍정적인 자아개념을 갖게 된다. 반면에 아동을 이해하고 사랑으로 감싸주고 격려해 주기는 커녕 그들의 부족한 점과 실수를 지적하고 나무라면 쓸모 없는 사람, 가치 없는 사람이라는 부정적 자아개념을 갖게 된다.

긍정적 자아개념을 가진 아동은 정서적으로 안정감이 있고 친구관계가 원만하며, 자신을 역량 있는 존재로 지각하여 환경에 적극적으로 참여하는 데 비하여 부정적 자아개념을 가진 아동들은 친구관계가 원만하지 못하고 성격이 불안하다. 뿐만 아니라 학교성적이 나쁜 아동들이 좋은 아동들에 비하여 부정적인 자아개념을 갖고 있는 것으로 나타났다.

아동기는 비교적 독립적이고 자신에 대한 책임이 증가하기 때문에 자신의 행동을 스스로 평가하고자 한다. 이 시기에 부모는 긍정적인 자아개념의 형성을 위하여 아동의 장점을 발견하여 인정해 주고 격려해 줘야 하며, 아동의 흥미와 능력에 맞도록 과제를 제시하여 작은 일에서 큰 일에 이르기까지 성공할 수 있는 경험을 많이 하도록 도와줘야 한다. 뿐만 아니라 자신에 대한 부정적인 평가를 최소화하도록 노력해야 한다.

(5) 학습경험 제공자로서의 역할

아동기에 끊임없이 필요한 역할 중 하나가 학습경험 제공자일 것이다. 아동은 학교에 입학하면서 새로운 학습경험을 하고 많은 시간을 친구들과 함께 한다. 그러나 아직까지는 가정의 영향을 많이 받기 때문에 가정도 중요한 학습의 장이 된다. 부모는 학교 이외의 상황에서 아동에게 학습경험을 제공하여야 한다. 운동, 음악활동,

보이스카우트, 종교활동, 캠프 등과 같이 가정 밖에서의 집단활동을 통하여 학습기회를 갖게 해준다. 부모의 관심 속에서 이루어지는 건전한 가정 밖에서의 학습활동들은 무리하게 강요되지 않으면 아동의 긍정적 발달을 촉진할 수 있다. 또 가정 내에서는 자발적이며 능률적으로 공부하는 습관을 길러 주고, 발달에 맞추어 학습의욕을 일으킬 수 있는 적절한 과제를 주어야 한다. 또한 휴가, 캠핑, 영화·연극구경, 운동경기 관람, 전시회 관람 등 가족들과 폭넓은 경험을 나눌 수 있는 기회를 갖게 한다.

또한 아동기는 자녀의 숙제에 대한 부모의 역할도 중요한 시기다. 숙제에 필요한 자료제공, 자녀가 어려움을 겪는 분야를 도와주고 격려하는 것이 필요하다. 뿐만 아니라 TV는 아동의 행동, 성격형성에 영향을 미치므로 부모는 자녀들과 협의하여 TV 시청에 관한 규칙을 만들어 시행하고 부모 역시 TV 보는 시간을 조절해야 한다.

6. 부모양육태도의 최신경향

(1) 부모양육태도와 부부의 결혼만족도

부모나 아동의 특성 외에도 이들을 둘러싼 환경, 즉 맥락적 특성 또한 양육 행동에 영향을 미친다. 부부관계, 어머니의 취업유무나 사회계층, 사회적 관계망 등은 부모의 양육방식에 영향을 미치는 대표적인 맥락적 특성이라고 볼 수 있다. 많은 연구들에서 어머니의 높은 결혼만족도는 아동으로 인한 즐거움, 애정표현, 경험에 대한 개방성과 합리적 지도를 증가시키는 반면 부정적인 감정표현은 감소시키는 것으로 나타난다. 같은 맥락에서 부부갈등은 아버지의 온정, 수용적 양육태도를 감소시키는 한편, 허용적 또는 거부적 양육태도(이지희·문혁준, 2007)나, 어머니의 통제적 양육행동(정미경·김영희 2003)을 증가시키는 것으로 보고된다. 부부갈등이 학령기 아동의 정서조절과 행동조절 능력을 통해 외현화 문제행동에 영향을 미친다. 특히 부부갈등은 아동의 공격성과 밀접한 관련이 있다. 부부갈등이 아동의 공격성에 직접적인 영향을 미치기 보다는 아동의 정서조절능력을 통해 간접적인 영향을 미친다는 결과는 부부갈등이 아동의 공격성을 초래하는 일종의 경로를 보여주는 흥미로운 연구이다(김민정·도현심, 2001).

(2) 유아의 성에 따른 부모의 양육태도

유아의 성에 따른 아버지와 어머니의 양육태도를 살펴보면, 아버지가 허용적인 양육태도를 가지고 있을수록 여아에게 더 허용적인 것으로 나타났다. 어머니는 자녀에 대한 역할 기대나 성취 기대 및 상호작용을 할 때 아들과 딸에 대한 차별을 거의 두지 않고 대하는 반면, 아버지는 아들에 대해 더 높은 역할 기대와 성취 기대를 가지면서도 아들을 대할 때 보다 더 관대하고 다정한 태도로 딸을 대한다. 이러한 부모의 양육태도의 불일치는 자녀의 행동에 다르게 영향을 미칠 수 있음을 시사한다. 즉 같은 행동에 대해서도 아버지가 남·여아에게 다른 양육태도를 보인다면 유아는 적절한 행동에 대한 기준을 갖지 못하고 남아는 여아에게 더 허용적인 아버지의 태도에 불만을 가지게 될 수 있다(한미녀, 2004).

(3) 부모양육태도와 모의 취업유무

유아의 또래유능성에 영향을 미치는 어머니 관련 요소 중 취업모의 경우 양육행동 중 과보호가 주요 변인으로 밝혀졌다(김경미, 2003). 어머니의 분리불안이 과보호적 양육행동에 가장 큰 영향을 미치는 변인으로 밝혀졌으며, 취업모들이 비취업모보다 유아와 잦은 분리경험을 가짐으로써 유아에 대한 염려로 인해 분리불안을 더 많이 느끼는 것으로 밝혀졌다(김미경·김연화·한세영, 2008). 모성취업이 부모-자녀관계와 아동의 발달에 긍정적인 영향을 미치기도 한다. 예컨대 취업모 자녀가 비취업모 자녀에 비해 또래유능성이 더 높고, 자신의 문제를 혼자 해결하려는 경향이 있다(문현준, 2009).

취업모의 양육행동은 취업유무 자체보다는 특히 취업모의 직업만족도, 근무시간 및 수입에 따라 달라져 자신의 직업에 만족할수록(이선희·도현심, 2007) 보다 적은 시간 일하고, 총 수입이 높을수록 더 온정적이며 지지적인 행동을 보이는 것으로 보고된다(이현정, 2009). 저소득층 가정의 양육에 대한 연구들은 저소득층의 경우 특히, 배우자와의 동거여부나 부부관계의 질(황혜원, 2004) 또는 경제적 스트레스(정미라·곽은숙·윤장숙, 2007)가 비효율적인 양육을 하게 되는 요인으로 보고되어 육아지원 정책의 방향을 시사해주고 있다.

(4) 부모양육태도와 출생순위

자녀의 출생순위에 따라서는 첫째나 외동아에 비해 둘째 이상인 경우의 어머니가 양육효능감이 대체로 높은 것으로 나타났으며, 이는 어머니의 양육경험이 증가하면서 양육 효능감이 증진되는 것으로 설명될 수 있다(문혁준, 2005).

나이가 많은 어머니들은 나이가 적은 어머니들에 비해 아동을 양육하는 데 효과적인 전략들을 많이 가지고 있는 것으로 느끼기 때문에 어머니의 연령이 많을수록 양육효능감이 더 높을 수 있다(서소정, 2004). 어머니의 교육수준이 높을수록 아동발달이나 효율적인 양육행동에 대한 지식이 풍부하고, 자녀와의 상호작용을 잘 할 수 있으며, 양육효능감이 높아지는 것으로 보고되었다(Coleman & Karraker, 2000). 또한 가정의 사회경제적 지위가 높을수록 어머니의 자녀양육에 대한 자기효능감이 높아지는데(전인옥·이경옥, 1999), 이는 수입이 높을 경우 효율적인 자녀양육을 방해할 수 있는 스트레스가 적을 뿐 아니라, 다양한 사회적 지지를 얻을 수 있는 기회가 많으므로, 부모로서의 자신감을 얻을 수 있기 때문인 것으로 보인다(Coleman & Karraker, 2000).

(5) 부모양육태도와 성취동기

생후 초기부터 일차적으로 밀접하고 지속적인 관계를 맺는 부모의 양육행동은 아동의 성취동기와 관련된 대표적 환경적 요인으로 손꼽힌다. 양자간의 관련성에 관한 연구들을 고찰해 보면(박영신·김의철, 2003 ; 박정근, 2002 ; 박춘희, 2005 ; 이윤우, 2003 ; 정인, 2000 ; McCelland & Pilon, 1983 ; morris, 1988 ; Sutton-Smith, 1973), 부모가 자녀를 애정적, 자율적, 성취적, 그리고 합리적 태도로 양육할 때, 초등학생 자녀의 과제동기나 포부수준이 높고 어려운 과제가 주어져도 목표를 달성하려는 의욕이 높았다. 또한, 부모의 성취지향적 양육행동은 자녀의 성취동기를 높이는 데 가장 커다란 영향을 미치기도 하였다(박정근, 2002). 부모의 긍정적 양육행동과 자녀의 성취동기간의 정적 관련성은 청소년을 대상으로 한 연구에서도 발견되었다(홍성흔, 2002). 반면 부모의 부정적 양육행동은 아동의 성취동기와 부적인 관련이 있어, 어머니가 거부적인 경우 남녀 초등학생 모두 성취동기가 낮았다.

가정에서 성취, 독창성, 경쟁심이 격려되거나 강화되고 부모가 자녀의 실패에 화를 내기보다는 자녀 스스로 문제를 해결하도록 할 때, 자녀는 성취에 대해 높은 욕구를 발달시키기 쉬웠다(McCelland & Pilon, 1983). 또한 훌륭한 성취에 대해 인정받는 방법과 자신의 행동이 환경에 영향을 줄 수 있음을 배운 아동은 남보다 탁월해지려는 욕구를 가지고 성장하는 경향이 있었다(Morris, 1988). 반면 부모가 제한적이고 통제적이며(Barens, 1972 ; Lynn, 1974), 독단적이고 권위주의적일수록 아동의 성취동기가 낮았다(Rossen, 1962).

부모의 양육행동과 남녀 아동의 성취동기간의 관계에서 남아는 아버지의 수용적 양육행동이, 여아는 어머니의 수용적 양육행동이 상대적으로 커다란 영향을 미침으로써 동성 부모-자녀 관계가 중요하다.

(6) 부모양육태도와 또래관계

부모의 양육태도와 또래 관계 관련 연구에서 어머니가 온정적이고 애정 표현을 잘하며, 자녀의 자율성을 격려, 존중해주는 경우와 또래와의 상호작용 기회를 빈번히 마련해 주고 또래와의 상호작용 상황을 간접적으로 감독할수록 아동이 또래관계에서 유능하다고 하였다(박주희, 2001).

부모가 유아기 자녀의 성에 따라 또래에 관한 태도를 다르게 교육하여 남아에게는 남자다움에 대한 기대를 하고 또래에게 다소 공격성을 허용하는 반면, 여아에게는 다른 사람의 정서에 대한 이해와 배려에 관심을 가지도록 교육한다(박주희, 2001).

(7) 부모의 양육태도와 공격성

아동의 공격성에 미치는 가족의 영향에 대한 연구에 의하면 아동은 부모의 행동을 관찰해 공격성을 배운다. 또한 또래에 대한 공격성과 부모의 특성을 관련지은 연구를 보면 또래에게 공격적인 아동의 부모가 애정이 적고, 처벌적이고, 일관성이 없으며, 관련성이 적다(노경선·심희옥, 2004 ; 도현심·김민정·박보경·황영은, 2005 ; 오채미·공인숙, 2007). 이처럼 아동이 받은 부모의 양육 행동은 나중에 아동의 또래간의 상호작용에 커다란 영향을 줄 수 있다. 거친 양육과 신체적인 학대 경험은 아동으로 하여금 세상을 적대적이고 위험한 곳으로 생각하게 하고 적대적인 귀인 편견을 갖게 할 수 있고(Schwartz, Dodge, Pettit, & Bates, 1997), 부모의 양육태도는 자녀의 사회적인 불안에 영향을 주어 어머니가 애정도 없이 자녀에게 과잉간섭을 하는데 아버지 마저 자녀에게 애정을 보이지 않을 경우 아동은 사회적인 상황에서 불안이 클 수 있다(서경현 외, 2008).

Loukas, paulos와 Robinson(2005)은 10~14세 유럽계미국 아동과 라틴계 아동대상 연구에서 어머니의 심리적인 통제는 남아 모두의 외현적 공격성과 정적인 관련이 있고, 라틴계 아동은 관계적 공격성과 관련이 있으며, 여아의 외현적 공격성과 어머니의 심리적인 통제가 관련이 있는데 특히 나이가 더 든 여아의 경우 이 관련이 더 강했다. 또한 부모와 애착이 잘된 아동은 더 온정적이고 갈등이 적은 친구관계를 형성한다(장휘숙, 2008). 이처럼 부모의 양육행동은 아동의 또래관계에 커다란 영향을 주는 것을 알 수 있다.

Chapter 6

부모교육 이론

1. 민주적 부모교육(드라이커스 Durikers)
•
2. 인본주의적 부모교육(기노트 Gubitt)
•
3. 부모효율성훈련(고든 Gorden)
•
4. 행동주의 부모교육 : 주장훈련(켄터 Canter)
•
5. 상호교류분석 이론(번 Berne)
•
6. 자녀의 힘을 북돋우는 부모훈련(S.T.E.P.)
•
7. 부모교육의 효과
•
8. 부모교육프로그램 연구의 최신경향

Chapter 06

부모교육 이론

20세기 후반부터 정신분석 및 심리학의 이론을 바탕으로 정서장애나 문제를 가진 자녀를 둔 부모들을 위한 치료방법을 일반인에게도 전달해야 한다는 분위기가 조성되었다. 정상아를 둔 부모들도 자녀양육상 어려움을 겪는다는 것을 알았고 그리하여 정상적인 어린이와 부모들이 대상으로 하는 부모교육이론들이 소개되었다. 이러한 이론들은 프로이트, 애들러(Alder), 왓슨 등의 이론을 정통으로 전수하기보다는 각 이론의 장점들을 종합하여 실생활에서 부모 - 자녀관계에 적용할 수 있게 하였다. 따라서 각 이론들은 그 이론의 절대성 및 정통성을 강조하기보다는 종합적이고 융통적이다.

1. 민주적 부모교육(드라이커스 Durikers)

(1) 이론적 배경

드라이커스(Durikers)는 애들러의 개인심리학 이론을 부모교육에 적용함으로써 부모들에게 민주적인 양육원칙을 소개하려고 노력하였다. 과거 서구의 자녀양육방법은 빅토리아시대의 유럽으로부터 영향을 받았기 때문에 권위적이며 엄격한 경향이 있었다. 부모는 어린이들에게 권위자로서 설명하고 말하고 가르치는 입장이었고 어린이들은 위계질서에 따라 수동적으로 듣고 복종하는 태도를 취해야 했으며, 잘 따라할 때에는 보상을 받고 그렇지 못할 때에는 벌을 받아야 했다.

드라이커스는 어린이들이 어리지만 인간으로서의 가치면에서는 성인과 동등하기 때문에 부모와 자녀가 상호 존중하는 태도를 보여야 한다고 생각하였다. 그러나 인간으로서의 동등한 권리를 부여한다는 것은 지나친 허용을 의미하는 것은 아니다. 부모의 자녀양육은 모든 사람은 평등하다는 인식 위에서 자녀와 동등한 관계를 유지하는 한편 질서 있는 자유를 허용해야 한다. 드라이커스는 가정, 학교, 사회 등 사람들이 함께 살며 상호작용해야 하는 곳에서 반드시 갈등이 일어나게 되며, 이 갈등은 민주적 방식에 의해서 해결되어야 한다고 믿었다. 부모의 좋은 생활양식은 자녀에게 좋은 영향을 미치며 어린이들은 주어진 한계 내에서 자유를 경험해 볼 수 있도록 가정에서 민주주의적 태도로 양육이 되어야 한다고 믿었다.

(2) 자녀양육 원리

① 잘못된 행동목표

우리가 알지 못한다 해도 모든 행동의 뒷면에는 숨겨진 목표가 있다. 어린이들이 행동목표를 잘못 설정하여 문제 행동을 일으키게 될 때에는 그 행동들이 설정한 행동목표는 무엇이며, 그러한 행동에 부모로서 어떻게 반응해야 하는가를 파악하는 것이 바람직하다.

어린이들이 사용하는 잘못된 행동의 목표는 다음의 네 가지가 있다.

첫째, 모든 어린이는 관심을 끌고 싶어한다. 어린이는 좋은 방법으로 주위를 모으려 하지만, 만일 그러한 방법으로 관심을 얻지 못할 때는 나쁜 방법으로라도 관심을 끌려고 한다. 어린이는 자신이 관심을 얻을 때에만 소속될 수 있다고 생각하기 때문에 무시되기보다는 부정적인 행동을 해서라도 관심을 얻으려고 한다. 자신이 가정에 심리적으로 소속되지 못하고 의미 있는 공헌도 못한다고 결정한 어린이들은 다른 사람으로부터 주의집중이나 서비스를 받아야만 안전한 위치를 차지할 수 있다고 결론짓는다. 이러한 잘못된 해석으로 인해 어린이들은 부모로부터 끊임없이 주의집중을 받거나 서비스를 받으려고 부단히 애쓰게 된다. 능동적인 태도로, 때로는 수동적인 태도로 노력하며, 효과 있는 방법을 쓸 때도 있고 효과 없는 방법을 쓰기도 하며 다른 사람들이 자신을 위해 바쁘게 행동해 주도록 하기 위해 방해를 하기도 한다. 어린이들은 부모 또는 타인의 주의집중을 받기 위해 대개는 좋은 방법을 쓰려고 하지만, 결과가 나쁘다 하더라고 그 방법을 써야만 주의집중을 받을 수 있다고 생각하면 다른 사람의 기분을 상하게 하거나, 손해를 보더라도 그 방법을 채택하고 사용한다.

예 지윤이는 식사준비에 바쁜 엄마에게 동화책을 읽어 달라고 계속 징징 우는 소리를 하며 조른다. 그래도 엄마의 주의를 받지 못하자 지윤이는 곤히 자는 동생에게 다가가 동생을 깨워 울린다. 놀라 뛰어온 엄마의 관심을 얻게 되자 지윤이는 그제야 만족한다.

둘째, 힘 행사하기로 어린이는 항상 우세한 입장에 있기를 원하기 때문에 자신이 우두머리가 되었을 때만 스스로 가치 있다고 느낀다. 어린이가 끊임없이 주의집중을 받으려고 간청하거나 요구할 때 어른들이 들어주지 않거나 어린이 스스로 알아서 행동하도록 내버려두게 되면 어린이는 다시 두 번째 단계의 행동목표를 설정하게 된다. 이 두 번째 단계의 행동목표는 자기가 하고 싶은 대로 해버리는 것이다. 즉, 자신의 힘을 최대로 활용하거나 반항하는 것이다. 어린이는 이렇게 해야만 자신의 위치를 유지할 수 있다고 잘못 판단하기 때문에 무엇을 하라고 하면 안하고, 하지 말라고 하면 해버리는 행동들을 하게 된다. 그러한 행동의 내면에는 "나는 절대 항복 안 할거야. 나에게 이래라 저래라 하지 말아요. 내가 내 마음의 주인이야.", "나는 내가 원하는 것은 무엇이든 다 할 수 있어. 그래도 날 막지 못할걸." 하는 뜻이 포함되어 있는데 이것을 '거절증'의 표현으로 보기도 한다.

대부분의 어른들은 어린이들과의 힘 대결에 어떻게 반응해야 하는지를 모르는 게 보통이다. 대개는 어린이들의 고집을 꺾으려고 안간힘을 쓰기 때문에 갈등이 더 심화될 수 있다. 어린이가 부모의 말에 순종하지 않을 때 부모는 흥분하고 화를 낸다. 그러나 힘 행사하기를 하려는 어린이를 다룰 때 부모는 결코 화내지 말아야 한다. 또한 주도권을 누가 잡느냐에도 초연해야 한다. 만일 이에 대항하여 억누르려고 한다면 어린이로 하여금 힘의 가치를 실감하게 하여 더욱 더 힘을 행사하게 만든다.

예 기저귀 떼기를 훈련을 하고 있는 태윤에게 엄마는 자꾸 어린이용 변기에 앉히며 용변을 보라고 한다. 그러나 태윤이는 변기에 앉으면 절대로 용변을 보지 않고 힘을 행사한다.

셋째, 앙갚음으로 앙갚음하려는 어린이는 자신이 사랑스럽지 못하다고 생각하고 또 실제로 그렇게 믿는다. 즉, 자신도 상처를 받았으므로 또 그만큼 다른 사람도 상처를 줄 수 있다고 생각한다. 이런 어린이는 잔인하고 밉게 행동함으로써 자신의 위치를 찾으려 한다. 주의집중 받는 일이 잘 안되고 힘을 행사하는 목표도 성취되지 않으면 어린이들은 복수 혹은 복수하려는 목표를 세우게 된다. 다른 사람들에 의해 심리적 상처를 받은 만큼 상처를 주어야 자신이 집단에 속하게 되고 중요한 인물로 인정받을 수 있다고 잘못 판단하여 세우는 목표이다. 이 행동목표는 네 종류의 잘못된 행동목표 중 제일 심술궂은 목표이다. 복수 또는 보복행동은 다른 사람들의 마음을 아프게 하기 때문에 미움을 사게된다. 복수심을 가진 어린이를 도우려면 부모는 보복하지 말아야 한다. 그 만큼 부모들은 선의를 보여주면서 침착하게 부모-자녀관계를 개선해야 한다. 어떤 경우에도 부모는 자녀에게 감정적으로 반응하는 것은 삼가해야 한다.

예 휴일 아침에 친구들이 놀러왔을 때 심한 장난을 치다가 엄마에게 꾸중을 들은 희창이는 친구들이 돌아간 후에도 엄마에게 꾸중들은 사실에 화가 안 풀렸다. 마침 시장에 간 엄마가 돌아왔을 때, 한참 동안 문을 안 열어 줘서 엄마를 애태우고 화나게 하고 나서야 앙갚음을 했다고 생각했다.

넷째, 무능함 보이기로 무력하게 행동하는 어린이는 극도로 좌절된 어린이이다. 위의 세 가지 행동목표가 제대로 효과를 거두지 못하게 되면 어린이들은 실제로 또는 가상적인 무능력을 보이게 된다. 실망하여 쉽게 포기하고, 사회적 상호관계나 책임을 피해 퇴행함으로써 자신의 위치를 확보하려고 한다. 어린이는 성공하려는 희망을 갖기는커녕 아예 포기하기 때문에 다른 사람이 자기에게 기대하지 못하게 한다.

이처럼 스스로의 무능함이나 부적절함을 느끼고 있는 어린이는 자신이 해낼 수 없는 것 이상으로 모든 것을 포기한다. 이런 어린이를 돕기 위해서는 우선 비난하지 말아야 한다. 대신 어린이의 특기나 장점에 관심을 집중시켜야 하고 나아지려고 노력할 때 많은 격려를 해준다.

예 준호는 숙제를 항상 스스로 하지 못하고 엄마가 도와주어야만 할 수 있다. 엄마가 외출 후에 늦게 돌아와도 숙제는 시작도 않고 있기 일쑤이다.

드라이커스에 의하면 어려서부터 자신이 가치있고 가정에서 중요한 위치를 차지하고 있다는 확신을 가지고 있는 어린이들은 위와 같은 잘못된 행동목표를 설정하고 애써 자신의 위치를 찾으려고 노력하지 않는다. 가정이라는 집단 속에서 소속감

·안정감·수용된다는 느낌을 받는 한 어린이들은 상황이 요구하는 데 따라 자연스럽게 행동을 하게 마련이다. 그러나 주위 사람의 태도에 실망하고 자신의 위치가 불안하다고 느끼며 자신의 해낼 능력이 모자란다고 생각하면 위의 네 가지 행동목표 중 두 가지 이상의 전략을 사용하게 된다. 어린이들이 문제행동을 일으킬 때는 게으르고 공격적이고 미성숙하다고 단정지을 것이 아니라, 그 행동의 목적은 무엇이며 네 가지 전략 중 어떤 행태를 쓰고 있는가를 파악하여 도와주어야 한다.

부정적 행동을 하는 자녀를 둔 가정은 어린이들도 힘들지만 부모들도 매우 힘들어한다. 이런 가정에서는 부모와 어린이 모두 자신의 존재를 인식시키려 애쓰고 소속감, 안정감, 자기 존중성을 획득하려고 서로 투쟁한다. 이러한 악순환적인 상호관계를 변화시키려면 부모와 자녀 모두의 행동에 변화가 있어야 한다. 그러나 어린이의 행동이 먼저 변화하기를 기다리기보다는 부모가 솔선해서 변화를 시도하는 것이 더욱 효과적이다.

② 논리적 귀결

그릇된 행동이 목표를 변경시킬 수 있는 한 방법은 자기 행동에 대한 논리적 귀결을 경험하게 하는 것이다. 드라이커스의 접근방식을 민주적 평등주의 원칙에 근거한 것이기 때문에 가족 구성원 모두에게 동등성이 부여되어야 한다는 것을 강조한다. 아버지, 어머니, 자녀들이 모두 동등한 권리를 행사하려면 가족 구성원들의 행동을 주관하는 규칙을 개개인이 이해하고 따라야 한다.

예컨대, 저녁식사를 여러 번 차려야 하는 일은 어머니에게는 매우 불공평한 일이다. 만일 어린이가 저녁시간에 떼를 쓰고 먹지 않았다면 가정의 민주적 규칙을 어긴 것이므로 그날 저녁은 자연히 못 먹게 되는 논리적 귀결을 경험하게 되는 것이다.

소리지르거나 야단치는 일 없이 논리적 귀결을 경험하게 해주면 어린이들은 자신의 행동을 조절할 수 있고 행동에 대해 책임을 지는 것을 빨리 배울 수 있게 된다. 논리적 귀결을 경험하는 동안 어린이들은 스스로 그릇된 행동목표 및 전략을 수정해야 할 필요성을 느끼게 된다.

자녀를 훈육할 때 논리적 귀결은 보상과 벌이 포함하지 못하는 것을 포함하는 장점을 갖는다. 즉, 어린이 스스로가 어떤 행동이 적절한가를 결정하기 때문에 부모가 아닌 어린이가 자신의 행동에 책임을 지게 되고, 부모의 바람에 따르도록 강요당하는 대신 자연적·사회적 사건의 질서로부터 스스로 배우게 되는 것이다. 배가 고

파도 먹지 않는 어린이는 배고픔을 경험하게 되고 장갑을 끼지 않겠다고 고집하는 어린이는 손이 시려운 것을 경험하게 된다. 이것이 자연적 귀결이다. 한편, 논리적 귀결은 어린이로 하여금 사회적인 질서로부터 현실을 배우게 하는 것이다. 즉, 어린이는 자기의 잘못된 행동에 대해 논리적으로 다가오는 결과가 있다는 것을 알게 된다. 결과는 자기 행동에 대한 논리적 타당성에 기인된다는 것을 아는 것이다.

③ 논리적 귀결과 벌의 차이

논리적 귀결과 벌은 모두 훈육방법이면서 중요한 차이가 있다.

첫째, 벌은 부모의 권위적 힘의 표현이다. 그러나 논리적 귀결은 상호권리와 존중을 인정하는 것이다.

둘째, 벌은 임의적이며 상황에 대한 논리와는 거의 무관하다. 그러나 논리적 귀결은 어린이의 행동과 논리적인 연관이 있다.

셋째, 벌은 개인적인 것이며 또한 도덕적 판단이 내포되어 있다. 반면 논리적 귀결은 일반적이고 어떤 개인적인 도덕적 판단이 개입되지 않는다.

넷째, 벌은 과거의 행동에 관심을 두지만 논리적 귀결은 현재와 미래의 행동에 관심을 둔다.

다섯째, 벌은 상대방을 경멸하고 사랑의 유대관계를 위협하며 인격을 하락시키는 것이다. 그러나 논리적 귀결은 부드럽고 친절하며 선의를 보인다.

여섯째, 벌은 순종을 강요하고 논리적 결과는 선택의 여지가 없다.

이상과 같이 벌은 어린이 스스로 내린 잘못된 결정에 대해서 논리적인 귀결을 경험할 수 있는 기회를 방해하게 되는 것이다.

2. 인본주의적 부모교육(기노트 Ginott)

1) 이론적 배경

기노트(H. Ginott)는 정신의학적 이론과 부모교육 이론을 연결시켜 부모와 자녀 간의 의사소통기술을 증진시키려고 노력한 사람 중의 하나이다. 그는 이스라엘에서 초등학교 교사로 근무했던 경험을 바탕으로 『부모와 자녀(Between Parent)』, 『부모와 십대(Between Parent & Teenager)』, 『교사와 아동(Between Teacher & Child)』 등의 저서를 집필하면서 부모교육에 관심을 가지게 되었다. 그 후 교직을 떠난 뒤

콜롬비아 대학에서 액슬린의 조교로 지내면서 놀이치료를 배우게 되었다. 기노트는 유아가 성장하는 데는 성인의 관심과 공감적 반응, 정서적 경험 등이 중요한 영향을 미친다는 것을 알게 되었고, 그것은 유아만이 아니라 성인에게도 적용될 수 있다는 것을 깨닫게 되었다. 그는 인본주의 심리학을 부모교육에 적용하여 부모와 자녀 간의 의사소통을 증진하는 데 중점을 두었다.

기노트는 문제아의 부모들은 그들 자신이 정서장애가 있거나 문제가 있어서가 아니라 자녀양육에 대한 경험 부족, 정보 부족, 좋지 않은 양육태도를 가진 모델만을 보아왔기 때문이라고 보았다. 이처럼 정서 장애아가 아닌 정상아를 둔 부모들도 자녀 양육상 이런 어려움을 겪는 것을 관찰하여 정신분석학 및 심리학의 이론을 일반인들에게 전달하는 일이 중요함을 깨닫게 되었다.

기노트에 의하면 부모는 어린이를 있는 그대로 받아들여야 한다. 어린이들이 하는 이야기를 잘 들어주어 그들의 느낌을 부모에게 표현하고 싶은 마음이 일어나도록 해주어야 한다. 이처럼 어린이들의 느낌에 대해 대화를 나누려면 부모는 상담자·치료자의 기술을 익힐 필요가 있다.

부모는 어린이를 대할 때 되도록 아동 중심적으로 사고할 필요가 있다. 어린이의 입장에 서보면 그들의 문제를 보다 잘 이해할 수 있기 때문이다. 그리고 문제가 있을 때는 그 문제에 감정적으로 반응하지 않고 객관적으로 문제를 처리할 수 있는 습관을 가질 때 부모-자녀의 관계는 원만해진다.

2) 자녀양육의 원리

기노트의 양육원리는 다음과 같다.

첫째, 대화는 기술이 필요하다. 자녀들이 거슬리는 행동을 할 때는 그 행동을 중심으로 이야기로 해야 한다. 어린이의 인성이나 성격 등을 비난해서 인신공격을 하면 안된다. 예컨대, "성격이 못됐어.", "나쁜 아이야."라는 말보다는 "네가 지금 한 행동에 화가 나고 실망스럽다."라고 표현한다.

둘째, 칭찬을 과용하지 말자. 칭찬이나 긍정적 강화를 할 때에는 '예쁘다', '멋있다', '착하다' 처럼 그 사람의 인성을 언급하거나 도덕적인 평가를 쓸 것이 아니라 어린이들이 성취한 정도와 행동에 알맞은 칭찬을 해야 한다.

셋째, 위협, 뇌물공세, 빈정대는 말들은 바람직하지 못하다.

넷째, 부모와 자녀 사이에 물리적 거리가 적을 때 의사소통이 더욱 잘 일어난다. 어른들이 키를 낮추거나 다리를 구부리고 어린이의 눈을 마주보며 이야기하는 것이 좋은 방법이다.

다섯째, 어린이들은 자신이 이해할 수 있는 한계가 합리적으로 주어질 때 책임감과 좋은 버릇을 기를 수 있다.

예컨대, 동생을 때리려는 아들에게 "만일 무언가 때리고 싶다면 소파를 대신 때려라.", "동생에게 정말 화가 났다면 네가 얼마나 화가 났는지 그걸 말로 하렴."이라고 하는 것이다.

3) 부모교육 방법

기노트의 부모교육은 '부모상담모임(Guidance Group for Parents)'을 통해서 이루어진다. 구성원을 10~20명 정도로 15주간 1회에 90분씩 이루어진다. 부모 토의집단은 자녀의 연령에 따라 미취학 아동기, 아동기, 사춘기, 청년기 등으로 나뉘어진다. 처음 1시간 30분 정도는 부모들이 자신의 느낌을 표현하게 한다.

부모교육은 네 단계 과정으로 되어있다.

(1) 1단계 : 불평 털어놓기 단계

일단계는 부모들이 자녀들과 생활하면서 겪는 어려움을 서로 이야기하면서 그런 문제들이 자기 혼자만의 문제가 아니라는 것을 깨닫게 된다. 자녀와의 문제에서 느끼는 불평, 분노, 좌절, 죄의식을 늘어놓음으로써 부모들은 서로 연민의 정을 갖고 공통된 경험을 하게 된다.

(2) 2단계 : 감수성 높이기 단계

이 단계에서는 문제행동을 보이는 어린이들의 느낌이 어떨 것인가에 관심의 초점을 두게 된다. 부모를 괴롭히는 문제 그 자체 때문에 괴로워하고 불평을 하기보다는 아이들의 느낌은 어떨지를 어린이의 입장에서 깊게 생각해 보는 단계이다. 어린이의 느낌과 행동 사이에는 어떤 원인과 결과가 작용하고 있는가에 초점을 두게 된다. 어린이의 문제행동만을 문제로 보고 그 행동에 내포된 어린이의 감정을 무시하는 것은, 문제를 고치기보다는 오히려 상황을 악화시킬 수 있는 것이다. 이 단계를 거치면 부모들은 비판 없이 들어주고 받아들여주는 것이 얼마나 가치 있는가를 인식하게 된다.

(3) 3단계 : 개념형성 단계

자녀의 느낌에 대한 통찰력이 생겼으면 이제 왜 부모로서 그 문제를 다루는 데 실패했는지 그 원인을 파악하고 또 어린이의 심리발달 이론을 실제에 적용해 보는 단계이다. 두 단계를 거치는 동안 부모들은 바로 전의 감수성 높이기 단계에서 얻는 통찰력을 바탕으로 왜 자신의 양육방식이 실패했는가를 평가해 보고, 보다 나은 부모로서의 역할을 생각해 본다.

(4) 4단계 : 기술 익히기 단계

이론적으로 배운 것을 각 개인이 가진 문제를 해결하는 데 적용해 보는 단계이다. 부모들은 당면한 문제를 해결할 수 있는 새로운 방법을 서로 생각하여 토의한 후 집에 돌아가 적용해 보게 된다. 일단 집에서 적용해 본 뒤 그 방법이 성공했는지 실패했는지 그 효과를 다시 토의하며 새로운 양육기술에 대한 지식과 기술을 몸에 익힌다.

이 단계를 거치면서 부모들은 자녀와 의사소통하는 기술을 점점 늘리게 된다. 기노트에 의하면 아무리 유능한 부모라도 자녀의 행동으로 인해 속이 상하게 마련인데 부모들은 이런 느낌을 받아들이고 표현할 수 있는 것이 중요하다.

4) 자녀가 자신의 감정을 해결하도록 도와주기

자녀의 감정에 대해 부모가 계속적으로 부정하게 되면 자녀는 혼란스럽고 화를 내게 된다. 대부분의 부모는 거부, 동정, 타인의 입장을 옹호하는 것, 철학자나 심리학자의 반응을 보임으로써 자녀의 감정을 부정하고 있으며, 그 예를 살펴보면 다음과 같다.

(1) 거부

① 자녀 : 엄마 나 졸려요.

② 부모 : 졸릴 리가 없어, 방금 낮잠 잤잖아.

(2) 타인옹호

① 자녀 : 선생님이 나를 구박하셨어.

② 부모 : 아마도 그럴 이유가 있었겠지.

그러나 이런 부모의 반응은 자녀가 자신의 감정을 해결하는 것을 도와주지 못한다. 부모는 이같은 자녀의 감정을 부정하는 방식에서 벗어나 자녀의 감정을 있는 그대로 수용해 줌으로써 자녀가 스스로 자신의 감정을 해결해 나가도록 도움을 줄 수 있다.

5) 협력하기

부모와 자녀의 욕구 간에 갈등이 일어나면 문제가 생긴다. 파버와 마즐리시(Faber & Mazlish, 1980)는 부모들이 흔히 사용하는 협력을 방해하는 부절절한 방법을 제시함과 동시에 다섯 가지 효과적인 방법을 제시하고 있다.

(1) 협력을 방해하는 부적절한 방법

부모와 자녀간의 협력을 방해하는 대표적인 대화방법으로는 비난과 자주, 단정해서 말하기, 협박, 명령, 경고, 비교, 야유, 예언, 설교 등의 방법이 있다.

① 단정해서 말하기

너는 가장 단정치 못한 애야. 네 방을 봐라.

② 협박

네가 당장 네가 할 일을 하지 않으면 용돈을 줄이겠다.

(2) 협력을 유도해 내는 다섯 가지 기술

부모들이 보편적으로 사용하는 협력을 방해하는 부적절한 방법에 비해 다음과 같은 방법은 협력을 유도해 낼 수 있는 바람직한 방법이다. 대부분의 부모들은 자녀들이 알아듣지 못했다고 생각하고 반복해서 말한다. 물론 이는 알아들었다는 표시를 확실하게 하지 않은 자녀에게도 문제가 있다. 그러나 무조건 반복함으로써 부모의 말을 들으라고 강요하기보다는 가능한 짧게 말하고, 자녀에게는 상대방의 감정을 빨리 알아차리고 반응하도록 가르치는 것이 필요하다.

① 본 것이나 문제점을 서술하기
지저분한 옷들이 네 방바닥에 널려 있구나.

② 정보 제공하기
손전등에 들어 있는 배터리는 사용 후 꺼 놓으면 더 오래 쓸 수 있다.

③ 한마디로 말하기
우유가 냉장고 밖에 있을 경우, "ㅇㅇ야, 우유!"

④ 자신의 감정에 대해 말하기
네가 너무 시끄러워 아버지와 통화 할 수 없어 화가 난다.

⑤ 쪽지쓰기
전달하고 싶은 내용을 쪽지를 써서 잘 보이게 붙여둔다.

6) 벌에 대한 대안 제시하기

벌은 증오, 복수, 죄의식, 무례함, 무가치함, 자기멸시감을 유발시키며, 아동으로 하여금 자기자신의 행동을 직시할 수 있는 능력을 박탈하고 아동을 혼란스럽게 만든다. 그러므로 단순히 벌을 주는 것은 비효과적이며, 이에 대한 대안이 필요하다. 구체적으로 도움이 되는 방법을 제시하거나 자녀의 마음을 상하지 않게 부정의 감정을 표현하는 것, 부모가 기대하는 바를 정확하게 말해주는 것, 잘못된 행동의 결과를 경험하게 하는 것과 같은 대안을 제시해 주는 것이 필요하다.

① 도움이 되는 방식 제시하기

네가 더러워진 옷을 광주리에 넣어두면 상당히 도움이 되겠다.

② 자녀의 마음을 상하지 않게 강한 부정 표현하기

나는 더러워진 옷을 욕조에 두는 것을 좋아하지 않는다. 다른 사람도 사용해야 하니까.

7) 자율성 격려하기

자율성은 다양한 방법으로 격려할 수 있다. 자녀로 하여금 선택하게 하고, 자녀의 노력을 존중하며, 지나치게 많은 질문을 하지 않음으로써 자녀에게 자율성을 격려해 줄 수 있다.

① 자녀로 하여금 선택하게 하기

안에서 놀고 싶니? 바깥에서 놀고 싶니?

② 너무 많은 질문하지 않기

어딜 갔었니? 무얼 했니? 보다는 "어서 와라 "

8) 칭찬을 효율적으로 사용하기

가끔은 좋은 의도로서 한 칭찬도 예기치 않은 반응을 유발시킬 수 있다. 그러므로 파버와 마즐리시(1980)는 부모가 느끼거나 본 것에 대해 인정의 의미를 곁들여 그대로 말해주는 것이 효과적이라고 한다. 자신의 행동에 대해 부모로부터 인정을 받음으로써 자녀는 정말로 자신이 좋은 일을 했다고 스스로 칭찬할 수 있게 된다.

- 네 방이 상당히 깨끗해 보이는구나. 네 방이 깨끗하니까 보기가 좋다.

9) 기존의 역할로부터 자녀를 변화시키기

부모가 자녀의 행동을 부정적으로 표현하게 되면 실제로 자녀는 점차 부모가 표현하는 그러한 역할을 수행하게 된다. 부모가 자녀의 행동을 규정하는 것은 말을 통해서만 이루어지는 것이 아니라 시선이나 목소리 등을 통해서도 가능하다. 자녀에게 전혀 새롭게 자신을 볼 기회를 제공하거나, 자녀에 대해 긍정적인 말을 하는 것을 자녀로 하여금 듣게 하는 것은 기존의 역할로부터 자녀를 변화시키기 위한 효과적인 방법이다. 또한 기존에 방식대로 행동했을 때의 부모의 느낌이나 기대를 말해주는 것도 자녀를 변화시킬 수 있는 효과적인 방법이다.

① 전혀 다르게 자신을 볼 수 있는 기회를 제공하기
내가 모임에 참석할 동안 네가 저녁식사 당번을 하렴.

② 자녀에 대해 긍정적인 말을 하는 것을 자녀로 하여금 엿듣게 하기
여보 우리 아이가 오늘 신발장 정리를 한 것 알아요?

3. 부모효율성훈련(고든 Gorden)

1) 이론적 배경

부모효율성훈련(PET)은 고든에 의해 개발된 이론이다. 그는 시카고 대학의 임상심리학과 교수로 재직하다가 고향인 파사다에서 부모집단을 조직하여 부모효율성훈련을 실시하였다. 그는 정서적·지적으로 문제가 있는 아이들을 치료하면서 자신이 배운 의학적 지식만으로 해결되지 않는 문제가 많다는 것을 깨닫게 되었다. 특히 아이들의 정서적 문제는 부모-자녀간의 인간관계에서 비롯된 것으로 부모-자녀관계를 개선하지 않고서는 자녀의 문제를 근본적으로 치료할 수 없다는 생각을 하게 되었다. 그리하여 부모에게 부모-자녀관계를 개선시킬 수 있는 방법을 교육해야 한다는 생각에서 부모효율성 훈련을 개발했다. 고든의 부모교육이론은 특정한 이론을 따른 것이라기보다는 정신분석, 아동심리 및 발달에 관한 여러 이론들을 종합한 후 실제 모든 인간관계에 적용할 수 있도록 일반화시킨 것이다.

부모와 자녀관계가 애정과 존경에 바탕을 둔 따뜻하고 친밀한 관계가 되어야 하는데 이는 원만한 의사소통 수준에 따라 가능할 수도 있고 아닐 수도 있다고 한다. 대개 효율적인 의사소통이 가능해지면서 부모-자녀관계의 갈등은 상당부분 해소될 수 있다.

그러나 이러한 효율적인 의사소통은 방해되고 부모-자녀간 갈등을 초래하게 되는데 자녀를 양육할 때 부모들이 주로 사용하는 장애 요인적 언어표현을 보면 다음과 같다.

① 명령, 지시, 요구하기(Ordering)

부모는 모든 일을 자기 통제하에 둔다. 자녀에게 부정적인 감정을 즉시 제거하고 아무렇지도 않은 척하라고 요구한다. '너는 반드시', '너는 꼭 ~해야 한다.' 등의 대화 속에서 자녀에게 공포감, 반항적인 행동, 말대꾸를 유발시킨다.

② 경고, 권고, 협박하기(Warning, Admonishing, Threatening)

만약에 어떤 행동을 하면 그 결과 어떻게 될 것인가를 말하여 자녀로 하여금 두려움으로 인하여 겉으로는 순종하는 것처럼 행동하게 한다. 그러나 저항, 거부, 분노 등을 유발시킨다. "네가 그 일을 하지 않으면 혼날 줄 알아.", "만일 ~하지 않으면 그때는 가만있지 않을 테다."와 같은 표현이다. 이런 표현은 자녀로 하여금 위협받고 있는 결과를 시험해 보게 만든다.

③ 훈계하기, 설교하기(Exhoring, Preaching)

"~하는 것이 너의 책임이야.", "너는 그래서는 못써.", "너는 그것을 해서는 안돼.", "대신 이것을 해야 한다."는 식이다. 자녀에게 무엇인가를 했으면 하고 원하고 또 해야 한다고 강조하며 자녀의 책임감을 믿지 못한다는 것을 전달한다. 이들은 도덕주의자로서 금지하는 사람이다. 자녀는 의무감이나 죄책감을 갖게 되며 자기 입장을 고집하고 방어하게 만들 수 있다.

④ 충고하기, 해결책 주기, 제안하기(Advising, Giving, Solution, Suggesting)

이런 부모는 자신이 오랫동안 인생역정을 거쳐왔고 인생문제에 대해 축적된 지식이 있는 인물이라는 것을 자녀에게 보여주려고 한다. 이들은 설교하고, 조언을 하며, 어린이의 이성에 호소하고 자신들이 자녀들보다 얼마나 위대한가를 보여주려고 한다. '내가 너라면', '~하는 것이 어떻겠니?', '네게 충고 하나 하겠는데' 라고 말한다. 자녀는 스스로 문제를 해결하는 노력을 포기하고 반항심, 의존성이나 저항을 유발시킬 수 있다.

⑤ 강의하기, 가르치기, 논리적인 설득(Lecturing, Teaching, Loglcal Argumenis)

부모는 자신의 견해나 정보, 논리적인 것, 반론 등을 실제적으로 자녀에게 영향을 미치기 위해 말한다. '네가 왜 잘못되었나 하면', '그것의 문제점은 ~', '그래, 그렇지만 이것은 ~' 라고 말한다. 이런 대화는 부모의 말을 무시하거나 듣기를 거부하게 만들 수 있고 자녀로 하여금 방어자세와 반론, 열등감, 무력감을 갖게 할 수 있다.

⑥ 판단하기, 비판하기, 탓하기(Judging, Criticizing, Blaming)

이런 부모는 아무런 재판도 없이 어린이가 이미 죄를 지었다고 선고한다. 부모는 항상 자신을 옳고 자녀는 그르다는 것을 입증하는 데 관심이 있다.

"너는 지금 아주 잘못하고 있어.", "네 생각은 논리적이지가 않아." 등 자녀가 신중하지 못하고 게으르고 어리석고 부적절하다는 암시를 주고 있으므로 대화가 단절되고, 자녀는 반항적인 말대꾸를 하게 되고 자신을 스스로 낮게 평가한다.

⑦ 칭찬, 동조, 찬성하기(Praising, Agreeing)

자녀가 명령을 따르는지를 부모가 감시할 뿐 아니라 기대하고 있다는 것을 암시한다. "너는 잘할 수 있는 능력이 있는 아이야.", "나는 네가 항상 옳다고 생각해.", "너는 참 착하구나."라고 추켜세운다. 부모는 선심이나 바라는 행동을 조장하는 것같이 보이며 자녀는 칭찬받지 못할까 불안을 느낀다.

⑧ 별명 부르기, 비웃기(Name-Calling, Ridieculing, Shaming)

부모는 자녀가 바보로 느끼고 수치심을 갖도록 한다. "너는 깡패처럼 행동하는구나.", "이 울보야.", "너는 그렇게 다 망치기만 하니?"라고 하여 자녀는 자신이 가치 없고 사랑 받지 못하고 있다는 부정적인 자아개념을 가지게 한다. 이러한 표현은 자녀의 자아상에 파괴적인 영향을 끼칠 수 있다.

⑨ 해석, 분석, 진단하기(Interpreting, Analyzing, Diagnosing)

"네가 정말 말하려 하는 것은 그게 아니야.", "너는 네 노력이 수포로 돌아갈까 봐 두렵구나.", "너는 지금 형을 질투하고 있구나.", "너는 그렇게 말은 하지만 내 말은 믿지 않고 있구나.". 부모는 마치 심리학자가 된 듯이 자녀에게 어떤 일에 대하여 동기가 무엇이었는지 말해 주고 왜 그랬나를 분석한다.

의사소통이란 분석하고 진단하는 것이라고 생각한다. 그러나 자녀는 궁지에 몰리거나 자신의 모든 것이 노출되었고 불신당했다고 생각하며 또한 대화하기를 꺼려할 수 있다.

⑩ 안심시키기, 동정, 위로, 지지하기

(Reassuring, Sympathizing, Consoling, Suppopting)

"걱정하지 말아라.", "네 느낌이 어떤지 알아, 시간이 지나면 괜찮아질 거야.", "너는 아주 훌륭한 학생이 될 수 있어." 등 부모는 자녀가 나쁜 감정에서 벗어나도록 애쓰며 좋은 감정이 되도록 한다. 그러나 자녀들은 이해 받지 못하고 있다고 느낄 수 있고 반발심을 갖게 할 수도 있다.

⑪ 심문하기, 반문하기, 철저히 조사하기(Probing, Questioning, Interrogating)

"교육을 받지 않으면 뭘 하겠다는 거냐.", "너는 왜 학교가 싫어졌다고 생각하니.", "대학을 가지 않으면 무얼 할 작정이냐." 등 누가, 무엇을, 왜, 어떻게라고 따진다. 자녀는 부모가 왜 그런 질문을 하는지 혼란스럽고 불안해하며 부모의 말에 대충 대답하거나 거짓말을 하게 된다.

⑫ 주의 돌리기, 화제 바꾸기, 유머, 빈정거림

(Withdrawing, Distracting, Humoring, Diverting)

부모 자신의 문제를 철회하고 주의를 바꾸어 문제의 핵심에서 벗어나게 함으로써 자녀가 해결해야 할 문제로부터 멀어지게 한다.

"저녁식사 시간에는 그런 말하지 말자. 이제 그 일을 잊어버려라.", "오늘 뉴스에 무엇이 나왔지?" 등으로 부모는 자리를 뜨거나 화제를 바꾼다. 이런 대화는 어려운 문제에 대해 부딪쳐 해결하기보다는 회피하도록 암시하고 자녀의 문제가 중요하지 않고 쓸데없는 것이라고 생각하게 한다. 따라서 자녀는 어려움을 겪을 때 마음을 열지 않게 된다.

이상은 자녀가 문제를 가질 때, 부모들이 가장 흔하게 시도하는 12가지의 도움을 주려는 노력들이다. 그러나 이런 노력들은 가끔씩 그 반대로 작용하며 장애물이 되어 결국은 자녀의 고민을 제거하는 데 실패하게 된다. 그러나 이러한 12가지 유형의 대화는 자녀의 행동이 문제영역에 속할 때만 걸림돌이 된다는 것을 명심해야 한다.

즉, 자녀와의 관계가 문제없는 영역에 속한다면 질문이나, 농담, 설명 같은 방법은 오히려 적절하고 생산적인 것이 되기도 한다. 그러나 욕설과 빈정거림은 도움이 되지 않을 뿐 아니라 적절하지도 않다.

2) 자녀 양육의 원리

부모와 자녀의 관계는 상호작용에 의해 결정되는 것이기 때문에 자녀양육도 양면적으로 이해해야 한다.

(1) 부모의 수용성 수준 파악하기

먼저 자녀의 행동을 보는 부모의 견해에는 차이가 있다. 같은 종류의 행동도 어떤 부모는 문제로 보고 어떤 부모는 정상적 행동으로 여긴다. 또한 자녀행동을 수용하는 수준은 부모의 기분, 집안사정, 주위사정, 사회분위기에 따라 항상 변화하게 마련이며 자녀의 출생순위와도 관계가 있다. 먼저 자녀양육을 할 때 부모는 자신의 수용성 수준이 어느 정도인가를 파악할 필요가 있다.

(2) 문제의 소유자 파악하기

자녀와의 관계에서 자녀의 말이나 행동을 보고 들으면서 부모는 수용, 비수용 태도 중 하나를 선택하게 될 것이다. 만일 부모가 어떤 행동에 대해 거부감정을 갖는다면 이것은 바로 부모의 문제이다. 반면에 부모가 수용할 수 있는 자녀의 어떤 행동들은 자녀들이 문제를 가졌다는 것을 의미할 수도 있다. 예컨대, 친구가 한 명도 없다든지 얼굴이 못생겨서 속상하다든지 화가 나서 자신의 머리를 쥐어박는다든지 하는 것은 수용영역에 포함된다. 이런 행동들은 부모에겐 문제가 안되지만 자녀 자

표 6-1 문제소유와 수용영역

↑ 수용 영역 ↓	자녀의 문제	부모가 수용할 수 있는 행동이나 자녀에게 문제 있음
	문제없는 영역	부모가 수용할 수 있는 행동이면서 동시에 자녀에게도 문제가 되지 않음
↑ 비수용 영역 ↓	부모의 문제	부모가 수용할 수 없는 자녀의 행동

표 6-2 문제에 따른 해결방법

	자녀의 문제	반영적 경청
↑	↓ ↓	↓ ↓
수용영역	문제없는 영역	
↓	↑ ↑	↑ ↑
↑ 비수용 영역 ↓	부모의 문제	나-전달법(자녀수정) 환경 재구성, 자기수정

신에게는 수용할 수 없는 부분이다. 이것이 바로 '자녀의 문제'에 속하는 것이다.

즉, 부모는 자녀의 행동을 수용할 수 있지만 자녀 자신이 문제를 갖고 있기 때문에 좌절과 갈등을 느끼는 경우이다. 자녀를 양육하는 부모들이 어려움을 더 많이 느끼는 것은 자녀의 문제까지 부모의 문제로 받아들여 모두 해결하고자 하기 때문이다. 자녀는 어른이 생각하는 것보다 자신의 문제를 현명하게 처리할 능력이 있고 또 장래에 부딪칠 문제에 대비하여 어려서부터 문제를 해결하는 경험을 해야 한다. 그리고 마지막으로 부모가 수용할 수 있으면서 자녀들도 문제를 가지고 있다고 볼 수 없다면 '문제없는 영역'에 속한다. PET의 목적은 부모들이 효과적으로 자녀들과의 관계에서 문제없는 영역을 증대시키도록 해주는 것이다.

자녀들이 문제를 가졌을 때와 부모들이 문제를 가졌을 경우 다루는 방법에는 차이가 있다. 따라서 일단 문제의 소유자가 누구인지를 파악한 뒤에는 다음과 같은 방법을 사용한다.

(3) 상호성장을 돕는 경청기술들

자녀에게 문제가 있을 경우 돕는 방법이다. 일상생활에서 자녀들이 여러 가지 문제에 부딪쳤을 때 자녀를 도울 수 있는 기술이 필요한데, 부모가 자녀의 문제를 도울 수 있는 최선의 방법은 자녀들의 말을 잘 들어주는 것이다.

고든은 잘 듣는다는 것을 다음과 같은 네 가지의 기본적인 경청기술로 설명한다.

첫째, 소극적인 경청, 혹은 침묵으로 부모가 계속 말을 많이 하게되면 자녀는 자신의 문제를 이야기할 기회를 갖지 못한다. 말없이 들어주는 태도는 "네 느낌이 어떤지 안다.", "이건 네 문제니 네가 책임지고 결정할 수 있을 걸로 믿는다."라는 메시지를 전달하게 된다.

둘째, 인식반응 보이기로, 자녀들은 시종일관 듣기만 하는 부모에게는 자신의 행동이나 문제가 수용되지 않는다고 이해한다. 열심히 듣고 있다는 것을 알리는 언어적·비언어적 신호를 보내서 표현할 필요가 있다. 고개를 끄덕인다든지, 앞으로 몸을 구부려 수그리고 듣는다든지, 미소를 짓거나, 얼굴을 찡그리면서 듣는 몸으로 표현하는 것은 비언어적이며, '아아', '음', '그래서 어땠는데' 등은 언어적 표현이다. 이러한 인식반응을 보이면 자녀는 부모가 자신의 문제를 진지하게 듣고 있다는 생각을 하게 된다.

셋째, 계속 말하도록 격려하기로, 자녀들은 때때로 자신의 감정과 문제를 부모에게 말할 때 격려 받을 필요가 있다. 즉, 더 계속해서 말하게끔 격려를 해주어야 한다. "그것에 대해 좀더 듣고 싶구나.", "그것에 대해 뭔가 느끼고 있는 것 같다.", "그 문제에 대한 네 감정이 참 흥미롭구나."와 같은 말은 계속해서 말하도록 격려한다. 판단하고 비판하지 않으면서 문제를 자녀와 함께 걱정하고 싶다는 뜻만을 전달해야 한다.

넷째, 반영적 경청으로 자녀의 이야기를 들은 후 부모는 어린이로 하여금 자기가 이야기한 것과 이야기하지 않은 이면에 숨은 감정을 다 안다는 것을 주지시켜야 한다. 부모는 반영적으로 들어줌으로써 자녀가 당황하고 있는 문제에 대해 이해하고, 이를 통해 생각하도록 도와줄 수 있다. 즉, 부모는 자녀가 문제를 해결하도록 돕기 위하여 그들의 감정을 정리하고 반영하게 해줄 수 있다.

예 "우리 선생님이 너무 불공평했어. 이제 나는 선생님한테 인정받기는 글렀어."
"너는 화가 나고 실망해서 포기했구나."

이와 같이 반영적 경청은 자녀가 느끼고 의미하는 것을 파악하는 것이다. 부모가 숨은 의미를 집어줌으로써 자녀로 하여금 이해되고 수용되고 있다는 것을 느끼게 하는 것이다. 부모는 자녀가 보낸 메시지의 의미를 새로운 표현으로 되돌려 보냄으로써 상대방의 말에 반응하는 것을 말한다.

예 "나는 다시는 그 애와 놀지 않을 거야."
"잊어버려, 그 애는 그런 뜻으로 한 말이 아닐 거야." (폐쇄적 반응)
"너는 그 애에게 정말 화가 났구나." (개방적 반응)
"나는 오늘 학교 가기 싫어."

"누구나 학교에 가야 한단다. 그래야 하는 법이야." (폐쇄적 반응)

"민수가 너를 괴롭힐까 봐 두려워하고 있구나." (개방적 반응)

반영적 경청은 어린이의 감정과 의미를 반영하는 개방적인 반응을 의미한다. 여기에는 다양한 감정에 대응하는 민감성과 그것을 표현하는 능력이 요구된다. 이것은 옳고 그름을 평가하지 않는 것이다.

(4) 부모 입장 알리기

자녀의 행동으로 인하여 부모가 좌절, 갈등을 느끼면 부모가 문제를 소유하게 되는데 이를 효과적으로 자녀에게 전달할 필요가 있다. 자녀에게 영향을 미치려면 부모는 자녀에게 부모의 느낌, 의사 및 의도가 이해되도록 하면서 의견을 교환할 수 있어야 한다.

자녀에게 이야기할 때 너-전달법(You-message)과 나-전달법(I-message)에 대해 생각해 볼 필요가 있다. 너-전달법이란 어린이를 탓하고 비난하는 것이다. 또한 어린이에게 잘못이 있다고 말하는 것이며 말로 공격하는 것이다. 예컨대, "너는 왜 그렇게 행동하니?", "너는 조용히 못하겠니?" 등의 '너'로 시작하는 비효과적인 메시지를 말한다.

반면에 나-전달법은 단순히 어린이의 행동에 대한 부모의 느낌을 말하는 것이다. 여기서는 부모 자신이 중심이 된다. 부모의 느낌을 말하는 것이며 어린이를 탓하지 않는다. 예컨대, "네가 너무 떠들면 전화소리가 잘 안 들려서 엄마 친구와 대화를 할 수 없단다." 등이다. 이와 같이 나-전달법은 부모가 자녀를 양육하는 과정에서

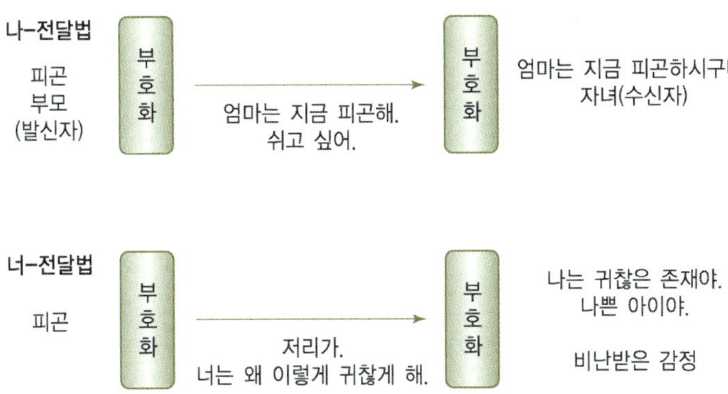

그림 6-1 ➡ 나-전달법과 너-전달법

자녀의 행동이 부모에게 문제가 될 때 부모가 느끼는 감정과 경험을 표현하는 부모 자신의 의사소통 방법이다. 이 방법을 활용하게 되면 부모 자신이 스스로를 더 잘 이해하게 되고 자녀에게 부모를 더 잘 알릴 수 있도록 도와주며 결국은 자녀에게 부모의 마음을 개방 할 수 있게 한다. 자녀를 비난하지 않고 부모의 솔직한 마음과 감정을 나타내므로 자녀들은 방어적이지 않고 스스로 책임감을 가지게 된다.

행동 그 자체보다는 행동 결과에 중심을 두고 있는 나-전달법은 일반적으로 다음의 세 부분으로 나뉜다.

첫째, 행동으로 부모에게 방해가 되는 행동을 말한다. 예컨대, '네가 ~하면(행동서술)' 으로 표현한다. 예컨대, '네가 학교가 끝나고 전화도 없이 안 돌아오면…' 과 같은 것이다. 수용할 수 없는 자녀의 행동에 대하여 비난이나 비평 없는 단순한 행동서술이다.

둘째, 느낌으로 행동의 결과 때문에 생긴 부모의 느낌을 말한다. '나는 ~라고 느낀다(행동서술).' 로 표현한다. 예컨대, "너에게 무슨 일이 생겼나 걱정이 된다." 와 같은 것이다. 자녀의 행동이 부모에게 어떤 영향을 끼치고 있는가의 구체적 영향을 간결히 서술한다.

셋째, 결과에 대해 어떻게 느끼고 있는가로 '왜냐하면(결과서술)' 으로 표현한다. 예컨대, "나는 네가 어디 있는지 몰랐기 때문이다." 라고 표현한다. 자녀의 행동이나 그 행동이 미칠 구체적인 영향에 대해 부모의 감정이나 느낌이 어떤가를 서술한다.

이와 같이 말할 때 '왜냐하면' 을 강조한다. 그러면 자녀는 부모의 느낌은 행동 자체가 아니고 행동으로 인한 결과와 관계있다는 것을 알게 된다.

(5) 민주적 방법

위에서 말한 나-전달법을 사용해도 자녀가 자신의 문제를 수정하지 않는 경우 부모-자녀간의 갈등은 계속 남게 되고 이때 부모는 다음의 세 가지 방법을 쓰게 된다.

첫째, 권위적인 방법으로서 부모가 자신의 권위를 사용하여 위협하고 경고함으로써 자녀를 복종하게 하는 것이다.

둘째, 부모가 자녀에게 무기력하게 되어 자녀가 원하는 대로 끌려가는 것으로 지나치게 허용적인 부모들이 많이 경험하는 태도이다.

표 6-3 효과적인 대화를 위한 의사결정

상 황	문제영역	반영적 경청	나 - 전달법
성적표의 점수가 나빠서 자녀가 울고 있다.	자 녀	너는 너의 점수를 보고 실망했구나. 또 내가 너를 어떻게 생각할지 걱정되나보구나.	
자녀가 약속대로 집안청소를 돕지 않는다.	부 모		네가 약속을 지키기 않아서 나는 참 실망했어. 왜냐하면 나 혼자 일을 해야 되기 때문이야.
자녀가 시험 전날 잠을 이룰 수가 없다.	자 녀	시험 때문에 꽤 걱정이 되나 보구나. 또 잘해낼 자신이 없구나.	
손님이 집에 오셨다. 자녀는 어머니와 손님을 계속 방해한다.	부 모		네가 방해하면 우리는 이야기를 나눌 수가 없단다.
자녀가 달리기 경주에 져서 풀이 죽어 있다.	자 녀	너는 네가 져서 정말 실망했구나.	

*출처 : 이경우(1989).

위의 두 가지 방법 즉, 권위적이고 허용적인 방법은 모두가 바람직하지 못하기 때문에 고든은 다음의 세 번째 방법을 제안하였다. 이것을 부모-자녀가 서로의 욕구를 만족시킬 수 있으며, 어느 쪽도 지는 사람이 없이 양쪽 모두 이기게 되는(win-win) 무패(no lose)의 방법이다. 즉, 부모-자녀가 앉아서 객관적인 태도로 사실과 문제들을 토의하면서 문제를 해결해 나가는 방법이다.

이러한 민주적 방법은 양자의 힘이 동등할 때 행사될 수 있는 것으로 부모가 자녀의 인격을 존중할 때 사용될 수 있다. 이렇게 비권위적인 방법을 사용하여 문제해결을 하게 되면 자녀는 자신이 한 결정에 대해 책임을 질 수 있게 된다.

4. 행동주의 부모교육 : 주장훈련(캔터 Canter)

행동주의적 접근방법에 근거한 주장훈련(assertive discipline)은 초기에는 주로 대인관계에서의 불안을 감소시키기 위해 사용된 훈련방법이었으나, 점차 이는 개인의 권리를 강조하는 방향으로 사용되었다. 주장행동은 상대방의 권리를 침해하거나 불쾌하지 않은 범위 내에서 자신의 권리, 욕구, 의견, 생각, 느낌 등을 솔직하게 상대방에게 나타내는 행동이다. 이러한 주장훈련을 부모교육 프로그램으로 개발한 학자는 아동·가족상담자인 리 캔터(Lee Canter)와 마를렌 캔터(Marlene Canter)였다. 초기의 목적은 교사들로 하여금 학급에서의 훈련을 돕고자 하는 것이었으나 교사를 대상으로 한 성공적인 훈련 워크숍에 근거해서 1985년 이를 부모를 대상으로 한 프로그램으로 발전시켰다.

주장훈련의 목표는 부모-자녀간의 상호작용을 성공적으로 이끌어나가기 위해서는 부모로 하여금 자녀에 대한 분명한 훈육의 필요성을 인식시키고, 자녀의 행동에 대처할 수 있는 기술을 습득시키는 것에 초점을 두고 있다.

1) 주장 훈련의 전반적 절차

(1) 소극적 행동, 주장적 행동, 공격적 행동의 구분

옹호하고 싶은 자신의 권리를 옹호하지 못하고 포기하는 소극적 행동과 상대방의 권리를 침해하지 않는 범위 내에서 자신의 권리를 옹호하는 주장적 행동 그리고 상대방의 권리를 침해하면서까지 자신의 권리를 내세우는 공격적 행동을 구분하는 훈련을 한다.

(2) 비주장적 행동(소극적·공격적 행동)의 이유 확인

훈련을 받고 있는 내담자가 어떤 이유 때문에 주장행동을 하지 못하는지를 알아보는 훈련을 한다. 그 이유 중에는 첫째, 어떻게 행동하는 것이 주장행동인지를 몰라서 못한다는 행동적 이유, 둘째 주장행동을 하려고 하면 정서적으로 불안하여 못한다는 정서적 이유, 셋째 생각이나 판단이 잘못되어 주장행동을 못하는 사고적 이유가 있다. 이 주장훈련 프로그램에서는 이들 이유를 구분할 수 있게 한 후 자신의 경우에는 어떤 이유가 주장행동을 하는 데 장애요소가 되는지를 그 정도에 따라 순위를 정하도록 되어 있다. 그리고 나서 이유에 따라 이를 극복하도록 하는 내용으로 구성되어 있다.

(3) 주장적으로 사고하기

여기서는 비주장 행동의 이유 중에서 사고적 이유 때문에 주장행동을 하지 못하는 경우에 도움을 받을 수 있도록 되어 있다. 훈련은 주로 비주장 행동에 관련된 비합리적 사고를 이와 대치되는 합리적 사고로 바꾸는 것이다. 또한 주장해야 할 시기와 삼가야 할 시기를 구분하는 내용도 포함되어 있다.

(4) 불안극복 작전

여기서는 비주장행동의 이유 중에서 정서적 이유 때문에 주장행동을 하지 못하는 사람들을 돕도록 되어 있다. 불안극복 작전에는 주로 두 가지 기술이 사용된다. 그 하나는 근육이완 훈련이며, 다른 하나는 불안을 일으키는 자신의 사고나 행동에 대해 이와 대치되는 불안을 줄일 수 있는 사고나 행동을 하도록 자기에게 진술하는 자기진술 방법이다.

(5) 주장행동하기

여기서는 첫째, 주장행동을 잘하지 못하는 장면에 대한 주장행동의 모델을 관찰하고, 둘째 상담자나 연기력 있는 보조자의 도움을 받아 주장행동이 어려운 장면에 대해 역할 연기를 통해 행동연습을 하고, 셋째 주장행동이 어려운 실제 장면에 가서 주장행동을 해보는 실행연습을 하고, 넷째 훈련한 장면과 유사한 장면에서도 주장을 할 수 있도록 일반화시키는 것이다.

2) 캔터의 주장훈련 프로그램

주장훈련을 실시하기 전에 많은 부모들이 사용하고 있는 전형적인 부적절한 반응들을 소개하면 다음과 같다.

부모가 보이는 부적절한 반응	
• 단호하지 못한 반응	
-사실의 진술	너는 잘못된 행동을 하고 있다.
-질문	왜 그런 행동을 했니?
-애원하기	제발 좀 조용히 해다오.
-따르지 않는 요구를 반복하기	TV를 끄고 숙제를 해라.
• 무시	자녀가 말한 것을 무시해 버린다.
• 적대적 반응	
-언어적 비하	너는 어쩌면 그렇게 단정치 못하냐?
-비현실적 협박	다시 한 번만 더해 봐.
-심한벌	너는 일주일 동안 나갈 수 없어.
-체벌	때리고, 밀고, 머리를 잡아당기는 등

이러한 반응들은 자녀에게 무엇을 하기 원하는지에 대해 명백히 제시해 주지 못하고 자녀로 하여금 부모의 말을 행동으로 옮기 돌고 강요하지도 못하며, 적대감만 초래한다는 점에서 효율적인 방법이라고 볼 수 없다.

일단 부모들이 자신의 반응을 부적절한 것으로 인식하면, 이들은 바로 주장훈련 방법을 시작한 것으로 다음의 당당하게 대화하기, 말을 행동으로 뒷받침해 주기, 법칙 정하기의 세 단계를 거치게 된다(Hamner & Turner, 1990).

(1) 당당하게 대화하기

이는 부모의 주장훈련의 1단계로서 당당하게 대화하기를 시작하고 이것이 충분히 이루어지면 2단계로 넘어간다. 자녀의 행동에 문제가 있으면 직접적으로 당당하게 말하고 눈맞춤이나 손짓과 같은 적절한 비언어적 방법을 병용하는 것도 효과적이다. 지시한 내용이 수정되지 않으면 같은 사실을 계속해서 되풀이 말하는 '고장난 레코드 방법' 을 사용할 수도 있다. 이와 병행하여 칭찬도 상당히 유용한 긍정적 강화로 사용될 수 있는데, 하루 3번은 칭찬하는 것이 바람직하다.

(2) 말을 행동으로 뒷받침하기

당당하게 대화하기가 숙달되면 2단계인 말을 행동으로 뒷받침하기로 넘어간다. 이를 실행하기 위해서는 다음과 같은 점을 고려해야 한다.

첫째, 자녀의 부적절한 행동에 대해 어떠한 결과 경험하기 방법을 적용해야 할 것인가?

둘째, 부모를 시험하는 자녀의 행동을 어떻게 다룰 것인가?

셋째, 자녀의 바람직한 행동에 대해 어떻게 긍정적인 반응을 보여야 하는가?

부모가 무엇을 원하는지 당당히 말한 후에 자녀가 이를 듣지 않으면, 부모는 자신의 말을 따르게 하기 위해 어떤 행동을 해야 할 것인지를 미리 결정해야 한다. 준비가 잘된 부모일수록 자녀의 부적절한 행동을 중단시키기 쉽다. 이러한 과정에서 자녀로 하여금 행동의 결과를 경험하게 하고 누구에게 책임이 있는가를 분명하게 알게 해야 하며, 자신의 이후의 행동에 대해 선택의 기회를 제공하도록 해야 한다. 아동이 잘못된 행동을 보일 때마다 비적대적인 방법으로 행동의 결과를 경험하게 해주어야 하며, 이때 일관성을 상당히 중요한 문제이다.

다음으로 자녀가 부모를 시험하는 행동(울기, 떼쓰기 등)은 부모가 자신과 타협을 하는가를 알아보기 위해 사용한다. 이러한 경우 부모가 물러서게 되면 앞으로는 이런 방법을 사용하여 자신이 원하는 바를 이룰 수 있음을 가르치는 것이 된다. 따라서 자녀가 부모를 시험하는 행동을 할 때 단호하게 대처할 필요가 있다.

또한 자녀의 바람직한 행동에 대해 어떻게 긍정적인 반응을 보여야 하는지는 잘못된 행동에 대해 어떻게 대처하는지 못지않게 중요하다. 칭찬만으로는 아동을 변화시킬 충분한 동기를 제공하지 못하므로 특별한 특전이나 보상이 필요한데 이는 바람직한 행동이 나타날 때 즉각적으로 주어야 효과가 있다.

(3) 법칙 정하기

1단계와 2단계의 의사소통 방법만으로도 대부분의 문제해결을 하는데, 효과적이지만 3단계 기술을 사용해야 할 때가 있다. 이럴 때는 체계적인 훈육계획을 설정하고, 부모의 힘을 덜어주는 방법이나 법칙 정하기 방법 등을 사용하게 된다.

체계적인 훈육계획은 부모와 자녀에 의해 계획되고, 기록된다. 이는 부모가 변화되기를 기대하는 특정행동, 잘못된 행동으로 인한 결과, 긍정적인 행동에 사용하는 강화물, 아동의 행동을 조종하기 등이 포함된다.

이 밖에 부모의 힘을 덜어주는 여러 가지 행동수정방법, 아동이 잘못하면 점점 더 심한 결과를 경험하게 하는 훈육의 위계설정방법, 자녀가 부모가 원하는 행동을 했을 때 부모가 자녀가 원하는 것을 제공한다는 계약을 체결하는 방법, 토큰 강화, 고립과 권리박탈 등이 있다.

법칙 정하기는 부모의 권위를 주장하는 방법으로 부모는 자녀가 자신의 문제행동을 변화시켜야 한다는 것을 당당하게 요구해야 한다. 부모는 아동의 눈을 바라보며 조용하지만 단호하게 그들의 요구를 말해야 하며, 부모의 지시에 순종하지 않을 때 야기되는 결과를 말해주어야 한다.

5. 상호교류분석 이론(번 Berne)

1) 이론적 배경

교류분석(transactional analysis, 약자로 T.A.)은 미국의 정신과 의사 번(Berne)이 개발한 심리치료 모델이다. 인간관계에서의 상호교류원리에 관심을 둔 번은 심리분석에 관한 이론을 부모교육에 적용하여 상호교류분석 이론을 정립했다. 초기에는 정신과 장애의 치료로부터 시작되었지만 지금은 그 영역이 확장되면서 비행소년, 교육현장, 목회활동, 각종 상담과 부모·자녀 관계 등의 인간관계의 어려움이 있는 분야에서 교류분석을 활용하고 있다.

번은 캐나다에서 태어나 맥길 대학에서 의학 공부를 하여 의사자격증을 받은 뒤 미국의 예일대학에서 정신과 의사로 일했다. 그는 처음에는 프로이트 학파를 따르는 정신분석가가 되고자 했으나 1950년대 중반, 환자를 치료하는 좀 더 신속하고 효과적 기술의 도입을 위하여 정신분석이론의 연구에서 손을 떼었다. 후에 에릭슨의 영향을 받았고, 사회적 인간관계에 대한 자신의 관심 분야를 가지고 사회적 상호작용 및 인간의 성격에 대하여 본격적으로 연구하였다. 그 결과 교류분석 이론의 핵심이 되고 있는 부모 자아상태와 성인 자아상태 그리고 아동 자아상태에 관한 '심리치료에서의 자아상태' 라는 논문을 발표하였다. 이후 『사람들이 구사하는 게임』(Games People play, 1964), 『나는 옳다, 당신도 옳다』(I am OK, You are OK) 같은 책을 발표하여 자신의 이론을 일반 대중에게 널리 알리게 되었다.

2) 자녀양육 원리

번에 의하면 모든 인간에게는 자극을 받고자 하는 자극 욕구(stimulus hunger)와 사회적 상호작용을 통해서 인정을 받고자 하는 인정 욕구(recognition hunger)가 있다고 한다. 자극의 욕구는 '인간을 인식하는 기본 단위'로 상호교류분석이론에서 '스트로크(stroke : 어루만지기)'라고 부르는 것을 통하여 충족된다. 스트로크란 '어루만지기'란 뜻으로, 신체적 접촉을 원하는 아기를 안아주고 쓰다듬어주는 것 같은 행위를 말하는 것이다.

번은 이러한 스트로크를 보다 확대된 개념으로 사용하여 "상대방의 존재를 인정하는 데 사용되는 모든 행동"을 뜻한다고 정의했다. 따라서 스트로크는 인간의 사회적 상호작용의 기본 단위가 되며 언어, 표정, 몸짓 등 다양한 언어적, 비언어적 방법으로 표현된다. 이러한 스트로크를 교환하는 동안 상호교류가 이루어진다.

어려서부터 스트로크를 긍정적으로 받아온 자녀는 자신의 중요하고 가치 있는 사람으로 여기게 될 것이고 그렇지 않은 경우는 열등감이나 부적절감 등을 느끼게 될 것이다. 육체적 스트로크 및 접촉범위는 인간의 생존에 지대한 영향을 미치고 계속적인 스트로크는 일생 동안 필요하다. 스트로크의 결핍은 육체적, 정서적으로 해를 끼치며 오랫동안 그 영향이 지속된다. 부정적 스트로크라도 스트로크가 없는 것보다 훨씬 낫다는 것이다.

한편 인정에 대한 욕구는 자극에 대한 욕구가 확대되어 상징적인 언어를 통하여 충족되게 되는 것이다. 성장하면서 점차 신체접촉은 줄어들고 언어적인 인정으로 대치된다. 즉 접촉과 자극에 대한 욕구는 남아 있으면서 이런 욕구를 충족시킬 수단은 신체적 스트로크에서 언어적 스트로크로 바뀌게 되는 것이다.

(1) 기본적 인생의 태도

부모-자녀, 부부 등의 인간관계에서 스트로크가 어떻게 이루어지는가에 따라 자기나 타인 또는 세계에 대한 기본적인 태도와 기본적인 삶의 자세가 다음의 네 가지로 표현된다고 번은 말한다. 그리고 이러한 기본적 인생태도는 대부분이 부모로부터 어떤 스트로크를 받았는가에 의해 결정된다고 한다.

인생에 대한 OK의 태도는 '사랑받고 있다, 가치 있다, 도움이 된다, 하면 된다, 즐겁다, 강하다, 좋은 인간이다, 올바르다' 등의 느낌이다. 반면 not-OK의 태도는 '사랑받을 가치가 없다, 약하다, 안 된다, 바보다, 무엇을 해도 안 된다, 뒤떨어진다, 둔하다, 실패하다' 등의 느낌이다.

① 나는 옳다-너도 옳다(자기긍정-타인긍정)(I am OK-You are OK)

이런 삶의 자세를 가진 사람은 정신위생상 건강하며 자기 자신과 다른 사람과의 관계를 편안하게 느끼고 만족해한다. 자기의 가치와 타인의 가치를 인정하고 존중하며, 친밀하게 직접적으로 상대방에게 순수한 배려를 하는 관계이다. 모든 느낌과 인식이 OK로 인식되기 때문에 승리하는 위치에 있으며 계속 활동하고 성장하려는 동기를 갖게 된다. 즉 나는 OK이고 그 문제에 대해서는 무엇인가를 할 수가 있으며, 당신도 OK로 나와 협력하여 문제해결을 도모할 수가 있다는 것이다.

② 나는 옳지 않다-너는 옳다(자기부정-타인긍정)(I am not OK-You are OK)

이런 사람은 다른 사람과 비교하여 자신을 열등하게 느끼거나 부적절하다고 느낀다. 반면 다른 사람은 모두 자기보다 잘나고 똑똑하다고 생각한다. 그래서 자아감은 다른 사람이 OK 해줄 때만 생기기 때문에 좌절하고 스스로를 무가치한 사람이라고 생각하는 삶의 유형이다. 예를 들면 자신의 축구가 서툴러서 슛을 잘 하지 못하여 OK가 아니라고 느끼고 다른 사람들은 모두 아주 멋지다고 생각하여 그들로부터 멀어지게 될 것이라고 생각하는 것이다. 이런 사람들은 낙심하여 생기가 없고 우울증에 걸리기 쉽다. 열등감, 자기비하 같은 감정에 사로잡혀 있고 심한 경우 자살을 기도하기도 한다.

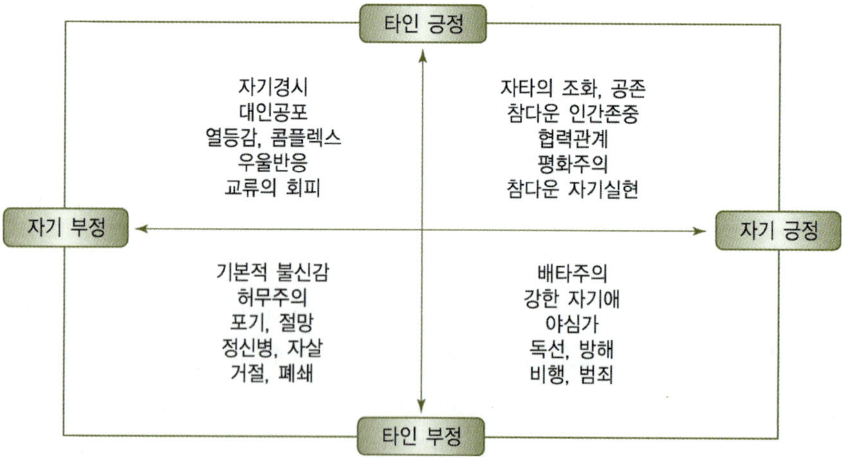

그림 6-2 기본적 인생태도와 교류양식

출처 : 김규수·류태보, 2001, p. 179

③ 나는 옳다-너는 옳지 않다(자기긍정-타인부정)(I am OK-You are not OK)

이런 생활 자세를 갖는 사람은 다른 사람을 무가치하고 부적절하다고 보려는 경향이 있다. 또한 심하게 의심하는 많은 사람이 취하는 태도이다.

다른 사람에 대해 믿지 못하고 불안해하고 친구나 부하나 자녀들을 모두 자기 생각대로 움직이게 하려고 하여 다른 사람 위에 군림하려고 한다. 쉽게 분노하고 타인을 무시하여 경멸하는 태도를 보인다. 한편 남의 탓을 잘하고 책임을 전가하려는 경향이 있다. 편집증적 행동을 취하기도 한다. 이러한 태도는 다른 사람으로부터 멀어져 나가는 것이다. 그래서 "제거해 버려", "너는 거추장스럽다" 등을 말한다.

④ 나는 옳지 않다-너도 옳지 않다(자기부정-타인부정)(I am not OK-You are not OK)

이런 사람은 인간관계가 대단히 부정적이어서 아무도 믿지 못하게 된다. 심지어는 자기 자신도 믿지 못하고 자신은 결코 성공할 수 없다고 느끼며 실패할 것이라 생각 한다. 인생은 무가치하고 좋은 일이라고는 없다고 느끼는 절망적 또는 허무적 인생태도이다. 이런 사람에게 있어서 삶은 냉혹하고 무가치한 것이다. 이런 사람은 어떻게도 해보려고 하지 않는다. 그리고 누구도 문제를 해결할 수 없다고 굳게 믿고 있어서 아무 것도 하지 않는다.

2) 인성의 구조

인간은 자기 내부에 세 가지 부분을 갖고 있는데 이것을 자아상태라고 하며 그것에 의해 인격이 형성된다. 번에 의하면 언제나 인간은 이 세 가지의 인격의 어느 부분에서 행동하고 있는데 이러한 자아상태는 '사고, 감정 그리고 이것과 연관된 일련의 행동양식을 통합한 하나의 체계' 라고 정의하였다. 이러한 자아상태란 현실에 대한 정의, 정보처리 그리고 외부세계에 대한 반응들로 조직된다. 다시 말해서 자아상태란 한 개인이 의식적으로 깨달을 수 있고 눈으로 볼 수 있는 행동적인 것들, 가치, 느낌의 총체라고 할 수 있다. 여기에는 부모 자아상태(parent ego state), 성인 자아상태(adult ego state), 아동 자아상태(child ego state) 등의 세 가지가 있다.

(1) 아동 자아상태

번은 아동 자아상태를 원시정신이라고 불렀다. 이 원시정신은 발달상 원시적이고 퇴행하는 자아상태이다. 아동 자아상태는 인간으로 하여금 자신이 누구인가를 알게 하기 때문에 인간 심리의 가장 핵심적인 것으로 경험된다. 각 사람의 아동 자아는 사람들의 삶에서 가장 중요한 정서적 사건들 뿐 아니라 영아기의 경험까지도 모두 기록한다. 이처럼 어른이 갖고 있는 아동 자아상태는 그들이 어렸을 때 느끼던 감정이나 행동들을 그대로 느낄 수 있게 한다.

① 자유로운 아동(Free Child)

이것은 누구에게도 구속받지 않고 자연스럽게 행동하는 부분으로 감정적, 본능적, 자기중심적, 적극적 성향, 호기심이나 창조성의 원천이기도 하다. 천진난만하며 즐거움과 매력을 주기도 한다. 자신의 감정을 좋은 것이든 싫은 것이든 자발적이고 자연스럽게 표현한다.

'와아, 야아, 좋아, 멋지다, 싫어' 등의 감탄사를 쓰고 공상적, 창조적인 사고나 행동을 자유로이 할 수 있으나 이것이 너무 강하면 자기 자신에 대하여 제동을 걸지 못하고 경솔한 행동을 할 수 있다.

② 순응하는 아동(Adapted Children)

성장과정에서 양육자의 애정을 잃지 않기 위해 자연스러운 자기를 억제하고 상대방의 테두리 안에 들어가겠다는 의지를 보인다. 실제의 가기를 항상 억제하고 있으므로 내부적으로 여러 문제를 안고 있다. 매우 타협적이고 순종적이지만 이면에 가끔 굴절된 공격성이 감추어져 있다. 자신이 느끼거나 생각하는 것을 그대로 표현하

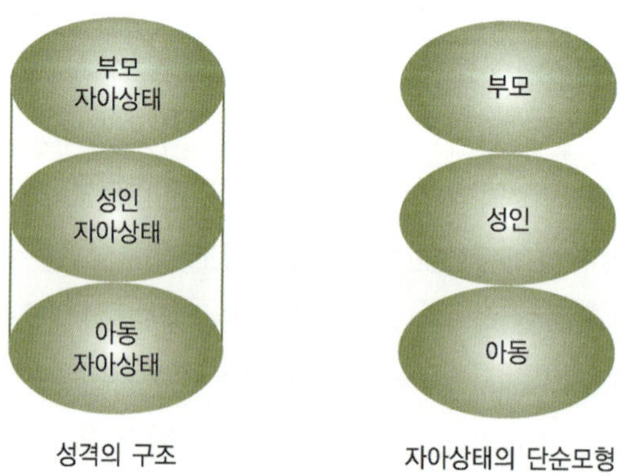

그림 6-3 ➡ 인성의 구조와 단순모형
출처 : beme, 1964

기보다는 부모가 자신에게 원하는 것이 무엇인가를 파악하여 그에 맞추어 표현하려 하기 때문에 자연스럽지 못하다. 즉 부모의 뜻에 따라 자아상태가 개조된 것이다. 이러한 개조된 아동의 자아상태가 정도를 넘으면 정서 장애를 일으키거나 문제를 일으킬 수 있다.

(2) 성인의 자아상태(adult ego state)

실제적 논리적 부분인 성인 자아는 자료를 수집하고 그것을 처리하며 논리적인 법칙을 따라 판단하고 외부 세상을 다루는 데 필요한 가능성들을 계산하는 능력이다. 또한 성인 자아상태는 외부 세계를 관찰하고 예측하는 기능을 가진 컴퓨터와 같은 무감각 기관으로 간주되기도 한다. 사실을 중심으로 관찰하고 데이터를 수집, 정리, 통합하는 일을 하고 어떤 문제가 일어났을 때 가장 적절한 해결법을 찾으려 한다. 목적달성을 위해서 자기 감정이나 욕구를 자제한다. 지적으로 적응능력이 풍부해서 현실을 음미한다. 그러나 이것이 너무 강하면 감정이 메마르고 인간미 없는 타산적인 사람으로 보일 수 있다.

상호교류분석 이론에서 말하는 성인이란 발달연령이나 생활연령에 의해 구분되는 성인은 아니다. 따라서 이러한 성인 자아상태는 생의 처음 단계인 영아기에도 작동하며 자녀가 발달하고 성숙하면서 추상적인 판단을 하는 단계까지 성장하는 것이다.

(3) 부모 자아상태(parent ego state)

부모 자아상태는 각 사람의 삶에 영향을 미친 의미 있는 타인들의 행동이 내면화하여 기록된 것으로 이런 기록이 개개인의 성격의 일부분으로 된 것이다. 부모 자아상태를 통하여 각 개인은 자기가 속해 있는 사회의 예의, 전통, 가치, 중요한 것이 무엇이고 해야 할 일과 하지 말아야 할 일, 규칙 등을 배우게 되는데 이런 것들은 자신이 속한 사회에 적응하기 쉽게 한다.

부모 자아상태는 부모의 자녀양육 기능과 태도에 따라서 양육적 부모(nurturing parent)와 비판적 부모(critical parent)로 구분된다.

① 양육적 부모(Nurturing Parent)

양육적 부모 자아상태는 스트로크의 경험을 많이 준다. 양육적 부모 자아상태가 긍정적으로 발달하는 것은 건전한 인성을 유지하게 되는 데 필수적이다. 가정이나 직장에서 원만한 인간관계를 맺기 위한 윤활유 같은 것으로 상대방의 자립 또는 성장에 깊이 관계를 맺고 있어서 타인의 감정에 공감할 수 있는 능력이다. 다른 사람의 성장을 도와주고 동정적, 보호적, 양육적이다. 상대가 도움을 필요로 할 때 부모처럼 보살펴주고 위로하며 따뜻한 말을 해준다. 그러나 지나치면 상대방의 독립심이나 자신감을 빼앗는 결과를 불러온다.

② 비판적 부모(Critical Parent)

비판적 부모는 다른 사람이 행동, 말하는 것 등을 유의 깊게 보면서 비난, 비판, 질책한다. 비판적 부모 자아상태가 강한 사람은 지나치게 간섭하고 지배적이 되어 아동 자아상태가 개조되게 영향을 준다. 이런 사람들은 명령이나 지시 등 자기의 가치관을 강요하는 것 같은 지배적인 언행을 한다. 이렇듯 아동의 자유로운 자아상태가 형성되도록 양육 받지 못하고 부모의 기대대로만 행동하도록 키워진 자녀는 자신의 정체감을 갖지 못하고 수동적으로 끌려가는 생활을 하게 된다.

(4) 세 가지 자아상태

가설적인 개념으로서 관찰 불가능한 현상인 원초아, 자아, 초자아라는 프로이트의 성격구조와는 달리 세 가지 자아상태는 관찰 가능하고 역동적이다. 무언가 일이 일어나면 세 가지의 자아상태 가운데서 강하게 반응을 보이는 부분이 있고, 그 반응은 그 사람 특유의 사고나 행동패턴에 의해 이루어지게 된다.

어떤 새로운 것이 자신의 의식 속에 들어가면 언제나 자아상태를 작용시키는 것이 가능해진다. 예를 들면 푹 잠들어 있을 때 갑자기 부엌에서 쟁반 깨는 소리가 나고 말다툼이 일어나 눈을 뜨게 되었다면 자아상태가 작용하기 시작한 것이다. 우선 아동 자아상태가 잠을 방해받는 것에 대해 화를 내고, 다음으로 성인 자아상태가 작용하기 시작해서 그 소리를 냉정히 받아들여 그것이 중요한지 아닌지, 주목할 만한 가치가 있는지 없는지를 결정하게 될 것이다. 그리고 부모 자아상태가 관련되면 아마도 부모가 똑같은 상황에서 행동했던 것처럼 행동하게 될 것이다. 그것은 비판적인 것이든지, 양육적, 보호적인 것이든 이들 중의 하나가 될 것이다.

표 6-4 ➡ 부모, 성인, 아동 자아상태

구 분	신체적 단서	언어적 단서
부모 자아상태	팔장끼기, 찡그린 이마, 지적하는 집게 손가락, 머리 가로젓기, 무서운 표정, 허리에 손얹기, 혀차기, 한숨쉬기	항상…, ~해야만 한다. 죽어도 할 수 없다. 결코…, 어리석은…, 버릇없는…, 착한 애야…
성인 자아상태	골똘히 생각에 잠김, 손가락으로 가리키기, 진지한 표정	언제, 어디서, 무엇을, 누가, 얼마나, 어떤 방법으로, 가능한, 객관적, 생각건대, 내 견해로는
아동 자아상태	보챔, 환희, 웃음, 눈물, 토라짐, 성깔부림, 고함침, 흐느낌, 손톱 물어뜯기, 조롱하는 몸짓, 몸부림침, 낄낄 웃음	난몰라, 나갈테다, 어린애 말투, 바란다, 원한다, 내가 자라면, 보다 더 큰 … 가장 더 큰, 가장 큰

(5) 상호교류의 유형

번에 의하면 상호교류는 두 사람간의 스트로크의 교환이다. 상호교류는 사회적 자극을 받고자 하는 욕구를 채우려 하는 노력의 과정과 이에 대해 상대방이 응답하는 형태로 구성된다. 만일 한 사람이 다른 사람에게 말을 걸면 상대방은 이에 대해 여러 가지 반응을 할 것이다. 번에 의하면 사회적 자극이란 일종의 애정에 대한 욕구로서 인정을 받거나 주의집중을 받음으로써 만족된다고 한다. 사람들은 긍정적 스트로크를 원하지만 스트로크가 전혀 없는 상황보다는 부정적 스트로크라도 받고자 한다.

번은 사람들간의 일상적인 의사소통을 분석하되 대인관계를 눈으로 볼 수 있도록 도식화해서 그것을 화살표로 나타내며, 심리적으로 정한 은밀한 교류는 점선 화살표로 나타냈다.

한 사람이 다른 사람과 교류를 할 때는 그 사람은 다양한 자아상태를 사용하게 되는데 사람들 간의 상호교류의 형태는 다음의 세 가지가 있다.

① 보완적 상호교류

보완적 상호교류는 자극과 반응의 방향인 의사소통이 평행을 이루며 단지 두 자아상태 안에서만 이루어지는 상호교류 관계이다. 즉 어떤 자아상태에서 보내지는 메시지에 대하여 예상대로의 반응이 돌아오는 것으로 자극과 반응의 주고받음이 평형되고 있는 교류를 말한다. 예를 들어 어머니가 "너는 오늘 몇 시에 학원에 가니?" 라고

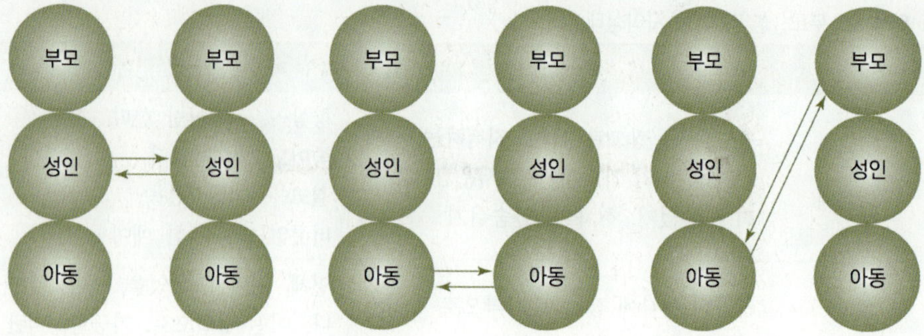

그림 6-4 보완적 상호교류
출처 : Beme, 1964.

묻으면 자녀는 "6시에 가요"라고 대답한다. 이와 같이 부모, 성인, 아동 자아상태에서 의사소통이 평행하거나 상호보완적으로 이우러져서 부드럽게 대화가 이루어지고 자연스럽고 이치에 맞는 대화가 오갈 때, 이를 보완적 상호교류라고 한다.

그림 6-4에서 보듯이 이런 상호교류에서는 양간에 심리적 갈등이 없기 때문에 원만한 의사소통이 이루어진다. 보완적 상호교류는 부모-부모 자아상태간의 상호작용, 문제를 객관적으로 해결하려고 노력하는 성인-성인 자아상태, 함께 즐기거나 노는 아동-아동 자아상태, 한편은 의존하고 한편은 징계하는 양육과 징계의 아동-부모 자아상태 등 여러 가지 일상적인 대화 속에서 이루어질 수 있다.

② 교차적 상호교류

교차적 상호교류는 두 가지 자아상태가 교차하면서 대화를 하는 교류상태를 말한다. 상대방이 어떤 반응을 기대하고 시작한 교류에 대하여 예상외의 반응이 되돌아오는 경우이다. 예를 들어 "엄마, 내 책가방이 어디 있어요?"라고 묻는 자녀에게 "책상 위에 있다."라고 대답을 하면 정보를 원하는 사람에게 객관적인 정보제공을 하는 것이므로 문제해결이 이루어지고 따라서 성인-성인의 자아관계가 형성된다. 그러나 "왜 너는 항상 물건을 아무데나 놓고 다니니? 귀찮게"라고 대답했다면 성인 자아상태로 상호작용하기를 워하는 자녀에게 부모 자아상태에서 꾸지람을 하게 되는 것이고 교차적 상호교류가 일어나는 것이다. 어떤 관계에서 문제가 생기는 경우는 보완적 상호교류가 일어나지 못하고 교차적 상호교류가 생기는 때이다. 여러 가지 인간관계 가운데 고통의 근원이 되는 것이다. 이러한 의사 전달법은 대화가 계속 진행되는 것을 잘라버리고 처음의 주제를 잃어버리고 마음이 뒤범벅이 되어 혼란

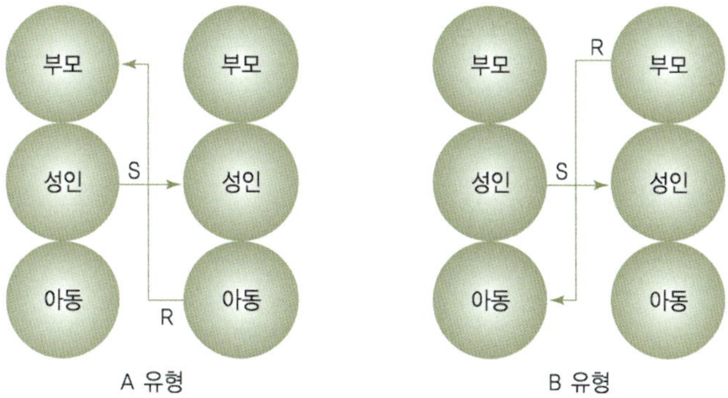

그림 6-5 교차적 상호교류
출처 : Beme, 1964.

속에 빠지게 한다. 만일 교차적 상호교류가 두 사람 관계에서 빈번하게 일어나거나 상호교류를 할 때마다 교차되면 두 사람간의 관계가 심각하다는 것을 뜻하며 정신과 의사의 도움을 받아야 할 때도 있다.

교차교류에는

① 일반적인 비난이 비판으로 끝나는 것
② 수신자의 반응이 기대에 어긋나 맞지 않는 것
③ 양자의 구하는 것이 아주 어긋나 있는 것 등이 있다.

③ 잠재적 상호교류

잠재적 상호교류는 전달하고자 하는 메시지가 심리적으로 숨겨 있다. 즉, 명백한 메시지는 있으나 그 메시지가 심리적으로 숨겨져 있어서, 겉으로 드러나고 있는 사회적 수준과 숨겨진 심리적 수준이 다르게 일어나는 것을 말한다. 이러한 교류는 상대방의 하나 이상의 자아상태를 향해서 현재적 교류와 잠재적 교류가 동시에 작용하는 복잡한 교류이다.

잠재적 상호교류는 각진 상호교류(angular ulterior transaction)와 이중적 상호교류(d-uplex ulterior transaction)로 나누어진다. 각진 상호교류는 발신자가 하나의 자아상태에서 서로 다른 두 가지 메시지를 동시에 보내는 것이다.

그림 6-6에서처럼 사회적 수준은 성인 대 성인 자아상태 간에 이루어지지만 심리적으로는 상대방의 부모 자아상태 혹은 아동 자아상태를 대상으로 이루어진다. 대개는 사회적 수준의 메시지는 대화를 통해 언어에 의해 전달되지만, 숨겨진 심리

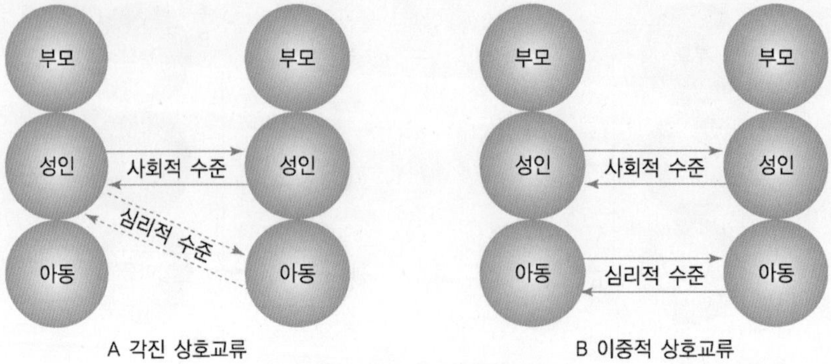

그림 6-6 ➡ 잠재적 상호교류

출처 : Beme, 1964.

적 수준의 메시지는 어떤 말속에 함축되어 있기도 하고 목소리나 억양이나 몸짓을 통해서도 나타난다.

각진 상호교류는 그림에서처럼 두 사람 간에 세 종류의 자아상태가 관여하는 경우이다. 예를 들어 노련한 세일즈맨 같은 사람들은 다음과 같은 각진 상호교류를 사용한다.

"이 물건이 저것보다 더 좋습니다. 그런데 당신 사정으로는 구입하기 어려우실 겁니다."

"바로 그 물건을 사겠어요."

상호교류 수준에서 세일즈맨은 객관적인 정보를 제공하고 객관적인 판단을 할 것을 기대하는 것 같지만 심리적 수준에서는 그 주부의 아동 자아상태를 자극하고 있다. 이때 주부가 자신의 재정적 사정은 고려하지 않고 자신의 재정적 능력이 있음을 보여주기 위해 물건을 구입했다면 세일즈맨의 각진 상호교류가 성공한 것이다. 이때 잠재적 상호교류가 보완적으로 이루어졌다. 만일 주부가 그 마음을 알고 화를 내며 물건을 사지 않는다면 세일즈맨의 각진 잠재적 상호교류는 성공하지 못하고 교차적 상호교류가 일어난다.

한편 이중적 상호교류란 발신자와 수신자 사이에서 표면과 이면의 두 가지 교류가 동시에 일어나는 것이다. 예를 들어보면 두 사람 사이의 대화에서 네 가지 종류의 자아상태가 관여하여 일어날 수 있다. "오셔서 내방을 구경해 보세요."라고 말한 남자의 청에 여자가 "나는 다른 사람의 방을 구경하는 것을 좋아한답니다."라고 대답한다면 이는 사회적 수준에서는 자기 방에 대한 객관적 정보를 나눈 것 같으나 심리적 수준에서는 아동 자아상태에서 함께 놀기를 원한다는 의미로 이루어진 대화이다.

이러한 교류는 죽음을 눈앞에 둔 환자와 의사 사이에서 일어나는 교류에서도 많이 발견되는데, 자기의 병의 상태를 알면서도 위로를 받고 싶어서 병의 상태를 물었을 때 의사는 알면서도 거짓말을 하는 경우 같은 예이다. 이중적 상호교류는 일상적 대인관계에서 많이 쓰이는데 위선적으로 보이나 원만한 관계를 유지하기 위해 필요한 경우도 있다. 이중적 교류는 게임분석과도 깊은 관계가 있다.

(6) 게 임

번이 말하는 게임이란 보통 우리가 말하는 여가 선용상의 즐거움이나 재미를 주는 활동을 의미하는 것이 아니다. 상호교류분석에서 말하는 게임이란 두 사람 혹은 그 이상의 사람의 집단에서 사람들에게 일어나는 심리적 상호교류의 상태를 말한다. 이는 잠재적 교류가 정형화된 것으로서 함정이나 속임수를 감추어 놓은 술수이고 반복되는 것이 특징이다. 인간의 의사소통에는 늘 보이지 않는 함정이 있는데 이것은 잠재적 상호교류에 의해 일어난다. 이런 잠재적 상호교류를 번은 게임이라고 하였고 이것은 의식적으로도 무의식적으로도 일어난다고 하였다.

게임을 시작하는 사람은 상대방을 자극해서 상대방의 부정적 감정을 유발하여 일그러진 모양으로 스트로크의 교환을 시도하려고 한다. 부정적이고 비꼬는 말 속에 숨은 메시지를 완전히 파악하면 상대방에게 불쾌감을 가져오게 되며 게임을 연출하는 사람도 끝에 가서는 불쾌한 감정만 남게 된다. 예를 들어 술주정뱅이 남편이 귀가하자 부인이 "지금 몇 시요?" 라고 물으면 남편은 "2시" 라고 말한다. 그러나 부인의 숨어 있는 비언어적 메시지는 '늘 새벽에 들어오는 주정뱅이' 라는 것이다. 남편의 숨은 반응은 '늘 비꼬는군' 이다. 술주정뱅이 남편과 부인이 둘 다 이러한 숨은 감정을 소리 내어 말하지는 않지만 이들은 이 숨은 메시지를 완전히 파악하고 나쁜 감정이라는 개인적 결말을 얻게 된다.

게임의 종류는 다양하며 주정꾼, 빚쟁이, 부부싸움, 파괴, 성관계 등도 모두 게임으로 이루어진다. 게임은 세대에서 세대로 옮겨 전달되며 지금 각 개인이 쓰고 있는 게임은 부모 세대로부터 물려받은 것이고 앞으로 자식이나 다음 대에 그대로 전달될 것이다. 따라서 자녀를 양육한다는 것은 그들에게 어떤 게임을 해야 하는지를 가르치는 것과 같다. 게임은 어린 시절부터 습관화되어 온 행동양식으로 스트로크의 교환에 의하여 강화되고 있는 것이므로, 게임에 대한 지식을 얻었다고 해서 곧 정지되고 적절한 행동이 취해지는 것이 아니므로 충분한 연습이 필요하다.

게임을 그만둘 수 있도록 돕는 방법은 성인 자아에 전원을 연결하여 "당신이라면 어떻게 하겠소?" 라고 질문을 하여 상대방에게 문제해결을 생각하게 하도록 되돌려 주는 것이 좋다. 예를 들어 치료에 불만을 품은 환자가 "병원을 바꾸겠다." 고 말할 때 거기서 달래든지 변명을 하면 환자의 게임에 말려들게 되므로 냉정하게 다음과 같이 성인 자아상태로 답변할 필요가 있다. "어느 병원에 갈 겁니까, 언제 가시렵니까?" 이런 경우 대부분의 환자는 대답을 못하고 곤란을 겪게 된다. 또 다른 방법은 상대방에게 공감을 해주어 도발적으로 나오더라도 이쪽이 방어적으로 되지 않고 게임을 제거해낼 수 있게 한다. 한편 개인이 특수한 게임을 하고 있다는 것을 인식하고 습관화된 유형을 저지하기 위하여 선택을 할 수 있도록 인도해야 한다. 게임으로부터 벗어난 개인은 게임 이행으로는 불가능한 개인 상호간의 사회적 친교로써 보상받을 수 있다.

상호교류 심리학에서 뜻하는 정신분석은 그 사람이 인간관계를 맺을 때 사용하는 게임을 분석하여 보다 친밀한 관계를 갖도록 돕는 것이다. 번에 의하면 가장 이상적인 인간관계란 게임을 하지 않으면서 서로 친밀감을 느낄 수 있는 관계이다.

(7) 스트로크

인간이 생존하고 성장하기 위해서 없어서는 안될 애무, 접촉, 소리 등의 생물학적 자극을 스트로크라 하고 여기에는 피부의 접촉과 마음의 접촉이 있다. 스트로크는 세 가지 방법으로 주어지는 데 언어적 방법, 비언어적 방법(몸짓, 얼굴표정, 몸의 움직임, 윙크, 미소, 찌푸린 얼굴), 신체적인 것(껴안기, 찰싹 때리기, 가볍게 치기, 밀기와 같은 신체 접촉에 의한 것)이 있다.

어릴 때 부모로부터 어떤 스트로크를 받았는가에 따라 인생의 태도에 큰 영향을 준다. 인간의 사회적 상호작용의 기본적 동기화는 스트로크의 계속적 필요를 바탕으로 이루어진다. 긍정적 스트로크를 용이하게 받지 못할 때 인간은 숨겨져 있는 방식을 선택하고 게임을 사용하여 스트로크를 받고자 한다. 이러한 주고받는 스트로크의 방법이 개인에게 성격을 형성해 준다.

일반적으로 시설에서 자란 갓난 아이는 영양이나 위생이 충분한 데도 불구하고 심신의 발달이 좋지 않고 감염이나 질병에 걸리기 쉬운 경우를 볼 수 있다. 이것은 충분한 스트로크를 경험하지 못했기 때문으로 애무와 피부의 접촉은 신체적 성장에도 필수 불가결하고 심리적인 안정감과 세계에 대한 애정과 신뢰를 발달시키는 데도 반드시 필요하다. 특히 신체적 스트로크는 전 생애 기간을 통해 중요하지만 유아기까지는 특히 중요하다. 이후에는 덜 육체적이고 조금 더 언어적으로 바뀌는 경향이 있다.

(8) 각본분석

인생을 하나의 드라마라고 여기고 자기가 연기하는 역할을 각본이라 정의한다. 이는 사람들이 사는 방법에 커다란 영향을 미치는 것으로 어린 시절에 부모의 영향을 받아 발달하고 이후의 인생체험에서 강화되고 고정된 인생의 청사진이다. 각본을 들여다봄으로써 숙명으로 여기고 체념하며 살아왔던 것들이 사실은 자기가 무의식중에 강박적으로 실행하였던 드라마라는 것을 알게 된다.

아동은 부모에게서 물려받은 초기 메시지를 통하여 자신의 각본을 하나의 신념체계로 발달시킨다. 하나의 인간으로서 OK이냐 OK가 아니냐에 대하여 기본적으로 자신의 존재를 결단하고 이것을 신념체계로 굳어가게 만든다. 이러한 결단은 인간이 일생동안 받는 언어적·비언어적 메시지를 통하여 강화되는 것이다.

자신이 어떤 각본을 연출하고 있었는가를 알아내어 지금까지의 비현실적인 각본을 다시 고쳐 씀으로써 그러한 각본의 지배를 벗어나고 참다운 자신의 삶을 살 수 있는 가능성을 완전히 살려낼 수 있는 것이다.

각본의 유형으로는 세 가지가 있는데 패자 각본과 성공자의 각본, 평범한 각본이 그것이다. 패자 각본이란 알코올 중독자나 약물중독, 비만증, 과도한 흡연자, 반복적 범죄자 등의 각본으로 자기의 목표를 달성할 수 없고 인생이 마음먹은 대로 되지 않으면 타인의 책임으로 전가하고 비건설적이고 자기 파괴적인 사람들이 연기하는 각본이다.

성공자의 각본은 승자 각본이라 하고 자기 스스로 인생에 만족하면서 스스로 결정하고 성공을 위하여 전력을 투구하며 완수하는 자기 실현적인 각본이다. 실패가 있더라도 같은 실패를 되풀이하지 않는 사람이다.

평범한 각본은 성실 근면한 태도로 인생을 보내지만 다른 사람과 같은 수준에 도달하면 금방 만족하고 패배하더라고 분하게 생각하지도 않는 유형이다. 따라서 자기가 가진 힘을 다 발휘하지 못하고 인생을 끝내는 사람이다.

이 밖에 어린 시절 부모의 강력한 메시지가 자녀의 아동 자아상태로 들어가서 파괴적인 금지령을 갖게 되는 경우도 있다. 예를 들어 어머니가 "여자는 여자다워야 한다."라고 말하면서 한편으로는 "여자는 손해다. 다시 태어나면 남자로 태어나겠다." 등의 푸념을 한다면 여자라는 것에 자신이 없고 여성에 대해 혐오감을 가질 수 있게 된다. 즉 여자여서는 안된다. 반대로 남자의 경우는 남자여서는 안 된다고 금지하는 경우이다.

금지령의 다른 형태는

- 존재해서는 안된다.
- 자연스러운 감정을 표현해서는 안된다.
- 즐겨서는 안된다.
- 성공해서는 안된다.
- 성장해서는 안된다.
- 중요한 인물이 되어서는 안된다.
- 사랑해서는 안된다.

등이 있다. 이러한 부정적인 각본을 갖고 있는 개인들을 돕는 방법은, 부모의 금지령으로부터 벗어나 개인의 자율적 삶을 영위하도록 조장해 줌으로써 본인의 부정적 각본으로부터 벗어나고 각본 재결단을 하게 돕는 것이다. 모든 사람은 자신의 부정적 유년기의 결단을 제고할 수 있는 능력을 갖고 있다. 따라서 자신의 성격, 생활양식을 바꿀 수 있다. 자신과 타인에 대한 부정적 인생결단을 계속 끌고 갈 필요가 없다.

6. 자녀의 힘을 북돋우는 부모훈련(S.T.E.P.)

우리나라의 부모교육프로그램은 주로 외국의 프로그램을 그대로 도입하는 경우가 많았다. 그러나 1980년대 이후 우리나라에서도 여러 가지 형태의 부모교육이 시도되고 있다. 자녀의 힘을 북돋우는 부모훈련(empowering parent training : EPT)은 문화체육부산하 청소년상담원인 '청소년대화의 광장' 에서 개발(1993)되었다. '자녀의 힘을 북돋우는 대화(1994)', '바른 행동의 길 다지기(1994)', '생활의 기틀 세우기(1995)', '어울려 사는 지혜 기르기(1995)' 등 1997년까지 구체적인 지도방법을 다룬 각론 프로그램 4종이 개발, 개정되었다.

EPT는 전통사회에서 실천해온 자녀교육이 구식이라 소홀히 하고 서구의 자녀교육이 외래 것으로 토착화되지 못함으로써 현재 부모들이 겪는 어려움과 혼란을 해결하고자 개발되었다.

그 세부적인 목적은 다음과 같다.

- 자녀교육을 위해 부모의 계속적인 변화와 성장의 필요성에 대한 인식 강조
- 부모-자녀관계에 필수적인 대화원리의 제시
- 자녀의 행동지도의 원칙과 방법에 대한 지침 제시
- 기본생활습관 정립방법 제시
- 어울려 사는 삶의 모습과 원리에 대한 제시

EPT 프로그램의 내용은 다음과 같은 다섯 영역으로 구분되어 있으며, 이를 구체적으로 살펴보면 다음과 같다.

1) 총론 : 자녀의 힘을 북돋우는 부모

자녀의 힘을 돋우는 부모에서는 올바른 부모역할의 기본방향과 자녀의 발달 단계에 필요한 바람직한 부모태도 및 교육방법을 제시하는 것이 골자이다. 부모역할의 방향설정을 위해 EPT 프로그램의 여섯 단계를 다음과 같이 설정하고 있다.

6. 독립시켜 내보내기
5. 자녀를 존중해 주기
4. 설명하여 깨우쳐 주기
3. 부모의 말 세우기
2. 돌보아 기르기
1. 준비하기

2) 각론 Ⅰ : 자녀의 힘을 북돋우는 대화

자녀의 힘을 북돋우는 대화는 바람직한 자녀지도에 필수적인 대화를 부모-자녀 간에 효과적으로 하기 위하여 대화의 원리를 학습하고 구체적인 실례를 익히게 구성되어 있다. 대화원리는 말하는 기술보다 태도에 의해 결정되며, 부모가 가지고 있는 결론이나 해답을 자녀에게 주입시키지 않도록 하며, 부모 자신과 자녀의 마음을 충분히 검토하여 서로간의 타협을 모색하는 것을 전제로 하고 있다. 자녀와 어떤 방법으로 대화할 것인가를 위해 제시된 4가지 원리는 다음과 같다(구본용, 1998).

- 원리 1 : 진솔한 마음 전하기
- 원리 2 : 자녀 모습 받아드리기
- 원리 3 : 자녀 마음에 귀 기울이기
- 원리 4 : 구체적으로 이해하기

3) 각론 Ⅱ : 바른 행동의 길 다지기

바른 행동의 길 다지기는 스스로 절제하여 책임질 줄 아는 자녀로 성장시키기 위해 행동 지도의 원칙과 방법을 제시한다. 바른 행동의 길 다지기는 가르치기, 다지기, 바로잡기의 세 가지 원리로 구성되어 있다. 가르치기란 어떤 행동을 해야 하고, 어떤 행동을 하지 말아야 하는지 구체적으로 자녀 수준에 맞추어 자녀가 분명히 이해할 수 있도록 생활 속에서 지도하는 것을 말한다. 다지기란 자녀의 바른 습관과 행동을 숙달시키고 이를 굳혀나가기 위해 적절한 상과 격려를 해주는 것이며, 바로잡기란 단호하고 분명한 부모의 지도와 결과 경험시키기를 통해 자녀의 어긋난 행동을 바로잡아 올곧은 행동으로 이끌어 주는 것을 말한다.

4) 각론 Ⅲ : 생활의 기틀 세우기

생활의 기틀 세우기는 자녀가 사회와 생활에 원만하게 적응하고 인류공동체에 어울려 사는 삶을 준비하기 위해 기본적인 생활습관을 어린 시절부터 몸에 익혀 자연스럽게 실천하도록 생활의 기틀을 세우는 방법을 모색하는 것이다.

표 6-5 생활에 기틀을 세울 영역

영 역	상 황	행 동
시간의 틀	가정에서	식사하기, 학업설계 등
	학교에서	등·하교 시간, 학업설계 등
	놀이생활에서	적절한 시간에 친구와 헤어지기
공간의 틀	가정에서	청결상태유지, 학습태도 지키기
	학교에서	청소바닥에 오물버리지 않기
	놀이생활에서	공공장소에서 정숙하기
물질사용의 틀	가정에서	가구, 가전류 소중히 다루기 등
	학교에서	공공시설 소중히 다루기
	놀이생활에서	놀이비용 규모있게 사용하기 등
건전한정신의 틀	가정에서	부모권위 수용하기
	학교에서	친구간에 우애하기
	놀이생활에서	상대방의 권리존중 등

출처 : 구본용, 1998

5) 각론 Ⅳ : 어울려 사는 지혜 기르기

삶과 더불어 직면하는 자신과의 만남 뿐 아니라 가족, 친구, 웃어른, 이웃, 자연환경과 바람직하게 어울려 사는 모습과 방법을 담고 있다. 어울려 산다는 것은 관계 속의 질서를 지키며, 서로를 존중하고 갈등을 건설적으로 해결하며, 서로의 성장을 돕는 것이다.

7. 부모교육의 효과

1) 부모에게 나타난 효과

부모교육을 실시한 결과 부모역할에 대한 자신감이 증가하고 자녀와의 의사소통 능력이 향상되었다(정옥분·정순화, 2004).

(1) 정보제공 : 부모역할에 대한 자신감 증가

부모교육의 효과는 연구결과에 따라 다소 차이가 있으나, 우선적으로 부모자신이 교육자로서 부모역할에 대한 자신감, 만족감, 긍정적인 자아개념을 갖게 되며, 자녀 양육에서 경험하는 불안수준이 감소한다는 것이다(김향은, 1999). 이는 곧 어머니로서의 역할만족은 자녀양육에 대한 준비도와 관련이 있으며, 준비가 잘된 부모일수록 만족도가 높다는 것을 의미한다(원정선, 1990). 즉 어머니의 부모역할만족을 설명하는 가장 중요한 변인은 어머니가 자녀양육에 필요한 지식과 기술을 갖추고 있다는 자신감이다.

(2) 기술습득 : 의사소통 기술의 향상

부모교육의 목표 중 가장 강조되는 것이 의사소통능력의 향상이며, 부모교육을 통해 어머니들이 배우고자 하는 것도 효과적인 의사소통 기술이다(유영주, 1990). STEP, PET, EPT 등에서도 모두 반영적 경청이나 개방적인 반응을 중요시 하며, 자녀가 경청하는 대화하기에서도 자녀가 귀담아 들을 수 있는 효과적인 대화방법을 강조한다. 반면 주장훈련 프로그램에서는 자기주장적인 대화를 강조한다. 실제 PET 프로그램에 참여한 어머니들은 자신의 감정을 표현하는 기술이 향상되었으며, 부모와 자녀가 친밀한 관계를 유지하는데 장애가 되는 언어표현을 상당히 감소시킨 것으로 나타났다(연미희, 1994).

(3) 자기 지각 : 부모의 태도 변화

부모교육 프로그램들의 유사점은 부모-자녀 간의 민주적인 관계를 강조한다는 것이다. 전통적인 상하관계, 명령-복종관계에서 벗어나 자녀와의 평등한 관계형성이 일차적으로 강조되고 있다. 단지 주장훈련만은 힘에 의한 단호한 방법을 강조할 뿐, 대부분 귀납적 방법, 격려나 자기 통제능력이나 온정, 양육성, 수용적 태도를 강조하면서 일정한 한계를 설정하도록 권장하고 있다.

(4) 문제해결력 증가 : 자녀의 문제행동에 대한 효율적 대처

대부분의 부모교육 프로그램들은 부모와 자녀가 갈등을 해결하는 것을 돕는 것을 목표로 하고 있다. 그러나 그 방법에는 다소 차이가 있다. STEP에서는 잘못된 신념에 근거한 네 가지 잘못된 행동목표를 강조하며 문제해결에 앞서 이에 대한 이해와 규명을 강조한다. 문제의 소유자가 누구이며, 잘못된 행동목표를 강조하며, 반면 주장훈련에서는 아동행동원인에 대해서는 관심이 없고 부모가 변화시키고자 하는 행동이 무엇인지 그 행동 자체에만 관심이 있다. 그러므로 부모교육을 받은 부모들은 잘못된 행동목표와 이런 행동에 대처할 구체적 행동수정방법을 습득함으로써 자신감 있는 부모역할을 수행할 뿐 아니라 자녀와의 갈등 및 문제행동에도 효율적으로 대처할 수 있게 된다.

2) 자녀에게 나타난 효과

(1) 사회적 능력의 향상

부모교육을 받은 집단의 자녀는 정서가 안정되고, 사회적 능력이 향상된 것으로 나타났다(권춘기, 1994). 부모를 대하는 태도가 향상되었을 뿐 아니라 자기 신뢰감이 증가하고 성취불안이 감소되었으며, 교사와의 바람직한 관계를 갖고자 하는 욕구를 나타내는 행동이 증가한 것으로 나타났다. 또한 보다 협동적이며, 덜 수줍어하며, 스스로의 선택과 결정을 효율적으로 하며, 다른 아동을 도우려는 행동을 보인 것으로 나타났다(Gianotti, 1978).

(2) 긍정적 자아개념 형성

부모교육에 참가한 부모들의 자녀들은 자아개념의 모든 영역은 아니지만 자아존중감이 향상된 것으로 나타났으며(김향은, 1999), STEP이나 PET 교육을 받은 부모들의 자아개념 및 자아존중감이 긍정적으로 증가한 것으로 나타나(Schofield, 1979) 부모교육의 필요성을 강조하고 있다.

(3) 학업능력의 향상

부모교육을 통해 부모의 교육기능이 활성화됨으로써 자녀의 언어, 인지발달 및 학업 성취능력이 향상된 것으로 나타났다(이성진, 1988). 특히 저소득층의 경우 구조화된 언어 교육을 부모교육과 함께 실시한 결과 자녀언어를 발달시키는 데 효과적이었으며, 부모의 놀이를 통한 적절한 지적 자극, 적절한 격려, 독립성 조장과 온화한 통제방법 등이 유아인지발달을 조장하는 것으로 나타났다(김미애, 1987).

8. 부모교육 프로그램 연구의 최신경향

부모는 자녀발달에 중요한 영향을 미치는 사람이고 교육자이며 양육자이므로 부모의 양육행동은 그 의미가 크다고 볼 수 있다. 부모교육 프로그램에서 시행되고 있는 내용을 살펴보면 많은 부분에서 부모 자신의 양육행동에 대한 수정의 방법을 포함시키고 있음을 알 수 있다(최미경 · 신정희 · 구현경 · 박보영 · 한현아 · 최단비 ; 2008).

부모교육 프로그램 실시 후 학령기 자녀를 둔 부모의 양육행동, 양육 스트레스, 양육효능감, 양육지식에서의 향상에 대한 분석결과 부모교육 프로그램의 긍정적인 효과가 나타났다. 구체적으로 살펴보면, 양육행동에서 애정, 일관성 있는 규제가 증가하였고 지시/통제와 거부/적대는 감소하는 것으로 나타났다. 양육스트레스는 아동의 까다로운 기질에 대한 스트레스가 감소하는 것으로 나타났고, 양육효능감에서 부모효능감 요인은 부모교육을 받은 후에 증가하는 것으로 나타났다. 양육지식은 부모교육 프로그램을 경험한 집단이 모든 하위요인에서 유의미하게 증가하는 것으로 나타났다. 이러한 결과는 본 학령기 부모교육 프로그램이 부모에게 자녀를 애정적이고 일관성있게 양육할 수 있도록 돕고, 자녀양육에 대한 정보를 제공하는데 효과적이었음을 나타낸다(이사라 · 박지숙, 2010).

Chapter 7

아버지 역할

1. 아버지 역할의 중요성
2. 아버지 역할지지 이론
3. 아버지 역할 개념변화
4. 아버지가 아동발달에 미치는 영향
5. 아버지역할 연구의 최신경향

Chapter

07 아버지 역할

농경사회에서는 가정과 일터가 분리되지 않았으므로 가정 내에서 자녀양육에 대한 아버지의 역할이 중요했지만, 점차 산업화됨에 따라 집에서 멀리 떨어진 곳에서 일을 하게 된 아버지들은 아동양육의 책임에서 자연히 벗어나게 되었다. 이 때문에 예전보다 가족 내의 노동과 역할이 더욱 엄격히 분화되기 시작했고 자연적으로 가정일과 아동양육은 어머니의 책임이 되었다. 아버지들은 항상 가정 내에 있지 못함으로 아동에게 쉽게 접근 가능한 존재가 되지 못하였고, 농경사회에서 아버지가 자녀양육에 도움을 주었던 방법으로 더 이상 아동을 도와줄 수 없게 되었다. 그러므로 어머니들은 주로 갓난아기를 돌보았던 책임에서 아동양육에 대한 전반적인 책임을 지는 것으로 변하였고, 아버지들은 아동을 사회화시키는 영향력있는 인물에서 경제력을 제공하는 사람으로 바뀌었다. 아버지들은 가족 대대로 물려오던 직업 예컨대, 농업, 대장장이 및 사냥을 위해 자녀들을 훈련시킬 책임이 없어진 반면, 어머니들은 도시화와 소비중심의 문화로 인하여 자신들이 경제적이고 생산적인 일거리가 감소되자 아동을 사회화시키는 책임을 맡게 되었다.

이렇게 어머니들이 아동양육에 책임을 지는 동안 현대사회의 아버지들은 가정 밖에서 일하는 데 많은 시간을 소비하므로 가정 내에서 보내는 시간 자체가 줄어들게 되었다. 브라운(Brown, 1961)은 이러한 아버지들을 다음과 같이 묘사하고 있는데, 우리 나라의 아버지들도 예외는 아니라고 본다.

일주일은 168시간이다. 사람들은 그 중에서 일하는 데 40시간을 보낸다. 여기에 통근시간과 점심시간 및 그 외 일을 하느라고 15시간을 더 소비한다. 하루에 8시간씩 잠을 잔다고 하면 일주일에 56시간을 소비하며 이 시간을 합하면 111시간이 된다. 남는 57시간에서 과연 아버지가 아동과 실제로 보내는 시간은 얼마나 될까? 33명의 남자 중학생을 대상으로 2주 동안 아버지와 아들이 함께 있는 시간을 정확하게 기록했더니 한 주 동안에 두 사람이 함께 있었던 시간은 7분 30초였다. 이렇게 직장에서 성공하려면 아버지로서 적절하게 행동하는 것을 희생함으로써 그 값을 치러야 할지 모른다.

그러나 요즈음은 기혼여성의 취업증가로 가정 내에 어머니들이 항상 존재하지 않음에도 불구하고 여전히 어머니와 아버지 역할간에 엄격한 구별이 유지되어 오는 것은 흥미로운 일이다.

부모역할의 양분화 현상은 무엇 때문일까? 어떤 사람들은 정신분석학 이론가들이 어머니가 자녀에게 미치는 영향을 너무나 강조하였기 때문에 어머니의 자녀양육 책임이 지나치게 확대된 것이 아닌가 하는 지적을 하기도 한다. 또한 어떤 이론가들은 모든 사회가 남자와 여자에게 각기 다른 역할을 부과하기 때문이라며 문화적인 경향 때문에 전통적인 성역할 분화가 이루어졌다고 주장한다. 한편으로 인류학, 행동심리학, 비교심리학, 동물생물학, 심리생물학 등의 영향력 있는 분야에서 학자들이 주장하는 것은 부모역할과 책임에 대한 전통적인 분화를 문화의 산물로 간주하지 말아야 한다고 주장한다. 그 대신에 그들은 이 전통적인 역할분화가 적어도 생물학적인 경향 때문이라고 설명한다.

연구자들이 아동에게 영향을 미치는 아버지 역할에 대해 관심을 갖게된지는 불과 20여 년 전의 일이다. 왜 이렇게 근래 몇 십 년 동안 갑자기 아버지의 역할에 관심을 갖게 된 것일까? 그 이유로 여러 가지를 지적할 수 있지만 여러 학자들이 아버지 역할의 중요성과 앞으로 아버지가 되기 위한 준비를 강조하게 되면서 관심이 촉발되었다고 볼 수 있다. 다음의 글은 아버지가 되기 위해서 그 준비가 필요함을 역설한 것으로서 이와 같은 견해들이 대두되면서 이에 대한 연구 및 계몽을 가속화시켰다.

'살아가는 동안 가장 책임있고 의미있는 도전 중의 하나는 아버지기(fatherhood)라고 할 수 있는데, 이것을 위해서는 어떤 훈련도 받지 않으며 아무런 준비도 하지 않는다. 자동차를 운전하기 위해서 우리는 운전면허시험에 통과해야 하고 적어도 운전하기 위한 최소한의 능력을 갖고 있다는 것을 보이기 위해 어떤 기준에 도달해야 한다. 그러나 생물학적인 아버지가 되기 위해서는 어떠한 것이 필요하다고 생각하지 않으며 또한 요구되지 않는다(Brown, 1961, p.701).'

여아들은 남아에 비해 부모역할에 대해 어릴 때부터 배운다. 여아는 인형을 가지고 놀고, 집에서 어머니를 돕고, 학교에서 가정시간에 어머니의 역할을 학습함으로써 어머니의 역할을 습득하게 된다. 그러나 남아들을 위해서는 이에 부응하는 부성에 대한 훈련시간이 없다. 보통 여아들은 커가면서 어머니가 되길 꿈꾸고 자연스럽게 어머니의 역할을 받아들이나, 남아들은 장래 자기가 아버지가 된다는 것을 고대하지 않으며 별로 관심을 나타내지 않는다. 게다가 육아 인쇄물까지 거의 전부 어머니만을 위주로 하므로 아버지들이 도움을 받을 만한 서적이 별로 없다(Rogers, 1990). 그러므로 앞으로는 남아를 위한 예비아버지 교육과 아버지의 아동양육 참여를 위한 육아서적이 개발되어 이들에 대한 교육이 실시되길 기대해 본다.

이 장에서는 먼저 아버지 역할에 대한 관심증가 원인과 아버지 역할 중요성에 대해 살펴보고 또한 아버지 역할지지 이론과 아버지 역할개념 변화, 아버지가 아동발달에 미치는 영향, 아버지 부재 및 가족맥락 속에서의 아버지 영향에 대해 살펴봄으로써 전반적인 아버지 역할에 대해 개관하고자 한다.

1. 아버지 역할의 중요성

1960년대 말경에 여러 사회과학자가 예견했듯이 아버지에 대한 관심에 집중하게 되었고 이러한 변화가 나타난 것에는 분명한 몇 가지 이유가 있다(Katz & Konner, 1981).

첫째, 어머니·유아와, 어머니·아동 간의 관계에만 초점을 맞추다보니 너무 극단적이 되었고 불균형적이어서 연구자들은 아버지가 진실로 아동의 사회화에 무관한 존재라고 생각할 수 있는가 라는 질문에 당면하게 되었다.

둘째, 전통적인 가족구조 그 자체가 운명적 해체 위험에 처하게 되어 아동양육 환경에 있어서 최근 변화속도와 영향력으로 말미암아 사회과학자들은 전통적인 사회구조의 장점과 약점을 재평가하게 되었고 발생하는 변화의 결과를 고려하기 시작하였다. 불행히도 사회과학자들은 그들이 가족의 영향에 대해 아는 것이 별로 없다는 것을 발견하였다. 게다가 아버지·아동의 관계가 가장 많이 달라졌음에도 불구하고 아버지·아동 간의 관계에 대해서 거의 알려진 것이 없었다.

셋째, 현대 아버지들은 아동의 생활과 사회화과정 속에서 주변적인 인물이 되기를 원치 않는다는 것이 점점 분명해지고 있다. 쉬히(Sheehy, 1979)가 묘사하였듯이 대부분의 젊은 아버지들은 아동과 여러 가지 면에서 관련되기를 원한다. 여성해방 운동은 남성과 여성 모두의 의식을 앙양(昂揚)시키고, 여성들이 가정 밖에서 자신의 소망을 추구할 수 있도록 남편들이 가족 내에서 좀 더 적극적인 역할을 하도록 요구하게 하였다. 미국에서 1960년대에 실시한 조사연구들은 취업모 남편들이 비취업모 남편보다 가사일과 아동양육으로 인한 여러 가지 일들에 있어서 더 많은 시간을 소비하지 않는다고 보고했으나, 최근의 자료들은 취업모 남편들이 가사에 더 많이 참여하고 있음을 지적하고 있다(Hoffman, 1974). 물론 그들은 여전히 아내에게 주된 책임을 전가하나 아동양육과 가사 일에 점점 더 많이 참여하는 경향은 부정할 수 없다. 레빈(Levin), 클라인(Klein)과 오웬(Owen, 1967)은 현대의 아프리카 아버지들은 전통적인 아버지들보다 좀 더 애정이 깊고 다정하게 지낸다고 하였다.

넷째, 비취업모가 직장을 다니는 아버지보다 확실히 아동과 더 많은 시간을 보내기는 하지만 어머니와 아동간의 상호작용 정도를 과장하는 경향이 있다. 어머니와 어린 아동이 같은 방에 있을 때조차도 두 사람간의 상호작용은 계속 일어나지 않을 수 있으며(Clarke-Stewart, 1973), 아프리카 문화에서는 어머니가 아기를 계속 데리고 다닐 때에도 두 사람간의 상호작용이 거의 발생하지 않음이 제시되었다(Goldberg, 1972). 이들이 아기를 돌보는 데 보내는 시간의 대부분은 모자간의 상호작용을 포함하지 않는 활동 즉, 세탁, 식사준비와 같은 활동을 포함하고 있었다.

다섯째, 인지발달 및 사회성 발달을 공부하는 학생들은 성인이 아동과 보내는 시간의 양이 많다고 해서 아동에게 미치는 양이 무조건 더 크다고 생각하지 않으며, 어쩌면 전혀 관계가 없을지도 모른다고 생각한다. 부모와 함께 보낸 시간의 양이 유아와의 관계의 질을 예견하지 못한다는 것이 경험적인 연구들에 의해 지적되었다. 이에 대한 가장 좋은 증거는 탁아기관에 가는 아기들은 어머니와 매일 헤어지게 되는데 이와 같은 경험이 유아·어머니간의 애착을 붕괴시키지 않는다는 것이다. 그러므로 유아가 직장에 다니는 아버지와 매일 헤어진다고 해서 유아·아버지간의 관계를 더 많이 붕괴시킨다고 할 수 없다. 상호작용의 질과 성인의 행동이 그 양보다 훨씬 더 중요하다. 몇 시간이라도 유쾌하게 보내면, 불만족스럽게 혹은 무시하는 어머니와 함께 오랫동안 있는 것보다 강하고 안정된 애착을 형성할 수 있을지 모른다. 어머니와 마찬가지로 아버지도 함께 보낸 시간의 양과 상호작용의 질간에 반드시 상관관계가 존재하지 않는다. 아버지들이 아이들과 함께 보낸 시간이 비교적 적을지라도 그들은 여전히 아동의 발달에 중요한 영향을 미친다. 이렇게 아버지의 영향력을 깨달음으로써 그 동안 등한시 했던 아버지에 대한 연구가 가속화 되었다.

여섯째, 아버지들은 아동에게 직접적인 영향을 미치는 것 뿐만 아니라 간접적으로 영향을 미친다. 가족 내에는 관계망들이 존재하기 때문에 아버지들은 어머니와의 관계를 통해서 자녀들에게 영향을 미치는 것이 가능하다. 이렇게 아버지들이 아이들과 거의 상호작용하지 않을 때조차도 여전히 간접적으로 의미 있는 영향을 미칠 지 모른다. 패더슨(Pedersen), 앤더슨(Anderson)과 카인(Cain, 1977)은 부부관계 특성이 어머니·유아관계에 영향을 미친다고 보고하였다. 이 연구는 생후 4주된 영아들에게 우유를 먹이는 어머니의 능숙함 정도를 평정하였는데, 유능한 어머니들은 수유속도를 잘 조절하였고 수유를 방해하지 않으면서도 중간중간에 트림을 시켰으며, 영아의 욕구에도 민감하였다. 면접을 통해 부부관계를 평정한 결과, 남편이 아내를 많이 도와줄수록 어머니는 수유 시 더 유능함을 보였으며 부부간의 불화는 그 반대 결과를 가져왔다. 결혼생활의 높은 긴장과 갈등은 어머니를 수유상황에서 더 무능한 어머니로 만들었다.

일곱째, 아동에 대한 개념, 특별히 유아에 대한 개념이 변하였다. 이전의 이론가들은 유아와 아동들이 사회적 영향을 수동적으로 받아 들인다고 조망했지만, 지금 그들은 유아와 아동이 사회적 상호작용을 유도하고 형성하는 데 중요한 역할을 하며, 사회적 세계를 개념화하는 데 적극적인 역할을 하고 있음을 인식하였다. 이러한 사실들이 유아의 사회적 발달을 연구하는 사람들에게 유아가 어머니 이외의 다른 사람과 의미 있는 관계를 형성하는 유아의 능력을 과소평가하지 않았나 하는 의문을 갖게 하였다.

현대를 '아버지 역할의 재발견 시대'라고 표현할 만큼 아버지에 대한 관심이 급증하였는데, 램(Lamb)은 그 이유를 아동발달적 측면과 가족 및 사회·경제적 측면으로 대별하여 설명하고 있다(유안진·김연진, 1993, p.32). 우선 아동과 발달적 측면에서 볼 때 아버지의 양육행동이 어머니의 양육행동과는 질적으로 다르며 유아는 부모 모두에게 애착행동을 보인다는 것이 밝혀짐으로 인해 아버지의 능력을 새롭게 인식하게 되었고 아버지의 영향력을 중시하게 되었다. 또한 가족 및 사회·경제적 측면에서 볼 때 오늘날 사회경제 구조가 경제적인 공급자로서 여성의 역할도 강조하게 되어 어머니들이 가정 밖에 있는 시간이 많아지자, 아버지들이 자녀양육에 대한 관심이 증가함으로써 아버지 역할이 중요하다고 생각하게 되었다.

이처럼 아동양육에 있어서의 아버지 역할이 많은 연구자들의 초점이 되었고, 또한 아동발달에 미치는 아버지의 영향이 중요하다고 인식하게 되었다.

2. 아버지 역할지지 이론

아버지 역할을 설명해 주는 주된 이론들은 정신분석 이론, 애착이론, 파슨스의 이론 및 사회학습 이론을 들 수 있다. 이 중에서 정신분석 이론과 애착이론은 아버지 역할보다 어머니 역할에 더 강조점을 두었으나, 이 두 이론 역시 아버지와 유아의 관계를 잘 설명해 주고 있고, 파슨스 이론과 사회학습 이론은 아동의 사회화를 설명하는 데 공헌하였다.

1) 정신분석학 이론

아버지·유아 관계의 특성에 대해 프로이트의 정신분석 이론(psychoanalytic theory)은 설득력 있는 설명을 제시하고 있다. 유아들이 양쪽 부모 모두를 동일시한다고 했지만, 남·녀아 모두 어머니에게 먼저 가장 중요한 관계를 형성한다고 주장하였다. 프로이트 이래로 많은 추종자들이 어머니·유아 관계가 심리발달에 의미 있는 영향을 미친다는 것을 받아들였다. 프로이트(후에는 보울비)는 어머니·유아관계가 이후의 모든 사랑하는 관계의 원형이라고 명백히 기술하였다. 어머니·유아 관계가 상당히 의미 있는 관계라고 믿는 이유는 어머니들이 전형적으로 일차적인 양육자의 역할을 떠맡고 있다는 사실에 기인한다. 프로이트는 복잡한 심리·역동적인 결과를 묘사하지만, 그의 가정을 학습이론으로 연결시킨 결과 어머니에게 첫번째의 애정 어린 관계를 형성하게 된다는 것이다. 그러나 신체적 욕구충족이 애착을 형성하게 한다는 주장은 할로우가 설명했듯이, 새끼원숭이가 그들에게 우유를 주는 철사로 만든 어미 대용물 보다 부드러운 천으로 만들어진 어미원숭이에게 더 매달리며 위안을 찾는다고 밝힘으로써 약화되었다.

아버지가 자녀에게 미치는 영향은 프로이트의 오이디푸스 콤플렉스에 의해서 설명될 수 있다. 3~5세경의 남아는 어머니가 자기 뿐 아니라 아버지를 사랑한다는 것을 깨닫고 아버지를 어머니의 애정을 빼앗는 적으로서 바라보기 시작한다. 더욱이 거의 동시에 남아들은 양성간의 해부학적 차이를 깨닫게 된다. 여아와 어머니들도 남성의 성기를 가졌었지만 벌을 받고 제거되었다고 생각하여 아버지가 자신의 성기를 제거해 버릴지도 모른다는 공포심을 갖는다. 이것을 막기 위하여 남아는 어머니에 대한 애정을 감추고 아버지와 동일시하게 된다. 그렇게 함으로써 어머니의 계속적인 사랑을 확신하며 아버지에 대한 공격을 감소시키기 원한다. 즉, 어머니가 아버지를 사랑하니까 정말 내가 아버지 같다면 어머니는 나를 사랑할 것이고, 아버지는 자기와 같은 자신을 제거하지 않을 것이라고 생각한다. 정신분석학 이론에 따르면 이와 같은 동일시는 성에 적합한 역할과 이후의 동일시 발달에 결정적인 역할을 하며, 또한 초자아의 형성과 내면화를 가져오는데 이는 도덕성 발달에 선행조건이 된다.

여아도 이 시기 동안에 남아와 마찬가지로 유사한 경험을 하게 된다. 여아는 어머니에 의해 남성 성기가 이미 제거되었기 때문에 남아처럼 동일시하고자 하는 강한 동기가 부족하다. 그 결과 초자아의 동일시와 내면화는 남아보다 여아에게서 보다 덜 완전하게 이루어진다. 대부분의 정신분석학자들은 여아와 여성들이 남아보다 좀 더 약한 초자아를 갖고 있다는 프로이트의 가정을 따르나, 이제 이것은 불필요한 성차별을 가져오는 것으로 보인다.

2) 애착이론(attachment theory)

프로이트가 낳은 여러 학파 중에서 대상관계 이론가들(object relations theorists)은 인생의 초기 몇 달이 가장 중요하며, 어머니-유아 관계를 강조하였다. 이들 중 보울비(1969)와 애인즈워스(1973)와 같은 애착이론가들은 유아는 자기를 보호하기 위해 성인에게 접근하고 접촉을 추구하는 경향이 있는데 이것은 생물학적으로 타고난 것임을 제시했다. 그 후 보울비는 유아는 어떤 특별한 개인에게 접근추구 행동을 하며, 바로 그가 주된 애착대상이 된다고 하였다. 보울비는 어머니 외의 다른 관계가 형성될 수 있는 것조차 부정했는데, 이 때는 유아가 자기를 돌보아주는 사람과의 관계가 중요할지라도 양쪽 부모 모두에게 의미 있는 관계를 형성한다는 것을 애착이론가들이 인정하기 몇 년 전이었다. 애착이론가들에 따르면 유아와 성인 간의 관계의 질이나 안정성에 개인차가 있는 것은 유아의 신호에 민감하고 적절하게 반응하는 성인의 성향이 다양하기 때문이라고 한다. 안정된 관계를 가진 유아는 자라서 다른 사람과 상호작용할 때 협동성과 사회성을 일반화하며, 반면에 불안정한 애착을 가진 유아는 화를 내거나 회피하는 행동을 일반화한다(Ainsworth, Blehar, Waters, & Wall, 1978). 현재 애착이론은 어머니-유아 관계 및 아버지와 유아 관계의 안정성 정도가 유아의 사회적 능력에 영향을 미치는지와 아버지-유아 관계에 많은 관심을 보이고 있다.

3) 파슨스의 이론

파슨스(Parsons, 1958)는 동일시에 대한 프로이트의 이론을 정교화 시키는 성격발달 이론을 제시하였다. 그러나 이 이론은 심리학자들에게보다는 사회학자와 가족사회학자들에게 더 많은 영향력을 미쳤고, 이것은 예측이나 가설을 내세우기보다는 인과관계를 설명하는 데 더 자주 언급되었다.

파슨스는 아동의 사회세계를 오직 어머니와 아동만으로 묘사하였으나, 프로이트가 오이디푸스 갈등을 설명할 그 당시에 이미 어머니-아동의 하위체계는 당연히 아버지를 포함시키면서 확장된다고 설명한 바 있다. 그 이전에 파슨스는 어머니가 아동과 관련하여 표현적(양육적이면서 감정이입적인 것을 의미함)이고 도구적(능력지향적이면서 성취 지향적인 것을 의미함)인 기능 모두를 수행한다고 하였다. 그러나 그 후에는 아버지가 도구적인 역할을 주로 담당하고 어머니는 좀 더 제한된 표현적 역할을 수행한다고 보았다. 그의 이론을 받아들였던 사람들은 파슨스가 제시한 부모의 양분된 기능수행이 반드시 부모의 역할차이를 반영하는 것이 아니라 기본적이고 보편적인 성역할 차이를 반영한다고 보았다. 그러나 파슨스가 예측한 것처럼 이러한 기능차원에서의 성 차이가 일반화된 것으로는 나타나지 않았지만, 이 차이는 가족 내에서 어머니와 아버지의 역할을 구별하는 데 어느 정도 유용한 것처럼 보인다.

파슨스에 따르면 아버지는 아동에게 활발하고 행동적으로 접근을 하고 훈육과 통제를 통해서 자녀를 사회화시킨다. 가정에서 아버지는 권위자, 훈육자, 중립자이며, 가족의 목표를 설정하고 건전한 판단을 내리도록 기대된다. 또한 아버지는 가족체계와 가족 밖의 사회체계 사이를 연결해 주는 주인공으로 보인다. 이러한 입장에서 볼 때 아버지는 아들에게 좀 더 넓은 세계의 성역할 규범을 소개하고, 세계에 적응하는 데 필요한 능력을 획득하도록 격려하고 또한 사회의 가치와 도덕을 전하는 책임이 있다.

실험실에서 부모·아동 간의 상호작용을 관찰한 한 연구(Osofsky & O' Connell, 1972)는 파슨스의 이론(Parsons' theory)을 지지한다. 그들의 연구는 5세 여아에게 과제를 준 뒤 부모에게 의존적 혹은 독립적 행동을 유도하는 상황을 설정하였다. 그 결과 아버지들은 좀 더 활동중심의 역할을 수행한 반면, 어머니들은 좀 더 과제 지향적인 행동을 보였고, 아동들은 아버지보다 어머니에게 개인적인 상호작용 행동을 나타내었다.

4) 사회학습 이론

사회학습 이론(social learning theory)가들 중에는 보상과 벌, 동일시와 모방에 의한 행동조성이 사회화와 성격발달에 중요한 과정임을 믿고 있다. 보상과 벌에 의한 학습이 계속 고려되는 한 부모들이 이와 같은 방법으로 아동의 행동을 조성하려는 시도를 하게된다. 어머니들은 일반적으로 아동과 보다 더 많은 시간을 보내고, 특히 취학 전에는 더 많은 시간을 같이 보내게 된다. 어머니들은 아버지보다 보상과 벌을 더 많이 사용하고 있는 것 같다. 한편 아버지들은 보상과 벌을 비교적 덜 사용하나 일단 벌을 주면 그 강도가 크기 때문에 효과면에서 어머니보다 더 우세할지 모른다.

반두라(Bandura, 1977)는 자신에게 직접적인 보상이나 벌이 없이도 관찰에 의해 발생하는 학습의 중요성을 강조한다. 사회학습 이론가들은 아버지가 아들에게 성취욕과 남성적인 모델이 된다는 점에서 아버지의 중요성을 강조하면서 성역할 발달의 중요한 과정으로서 관찰학습을 제시하였다. 관찰학습이 이루어지는 과정을 보면 아동은 다른 사람의 행동을 관찰함으로써 새로운 행동을 학습하게 되는데, 이 새로운 행동을 수행할 것인지의 여부는 여러 요인에 의해 영향을 받는다. 가장 중요한 요소는 그 행동을 했던 모델이 어떤 결과를 얻느냐에 달려있다. 만약 모델이 벌을 받거나 특별한 결과를 얻지 못했다면 모델이 보상을 받는 것을 볼 때보다 그 행동을 모방할 가능성은 줄어든다. 예컨대, 아버지가 어머니에게 꽃을 주니까 어머니가 아버지에게 사려 깊다고 칭찬하는 것을 남아가 관찰하였을 경우, 그 아동은 강화받은 행동을 좀 더 모방하려 할 것이다. 그러나 어머니가 아버지에게 무엇을 숨기려고 이런 행동을 하느냐고 빈정거린다면 남아는 그 행동을 모방할 가능성이 줄어든다. 또한 아동이 모델의 행동을 모방할 때 그 결과(벌, 상, 중립적인 것)는 아동이 그 행동을 반복할 가능성에 영향을 미친다. 예컨대, 남아가 아버지의 좋지 못한 어떤 행동을 모방할 때 어머니가 벌을 준다면 그 행동은 반복될 가능성이 줄어든다.

한편 인지이론가들은 관찰학습이 일어나는 과정에서 사회학습 이론을 비판하면서, 아동이 먼저 자신의 성을 인식할 때 관찰하고 모방할 동성의 모델을 찾는다고 주장하였다. 또한 아동이 먼저 자신의 성에 대한 인식을 하고 4~8세 동안에 남성과 여성에 대한 기본적인 성역할 고정관념을 발달시킨다고 한다. 따라서 남아의 경우 자신의 성을 인식하고 남성의 역할에 매력을 느낀 후에 동성의 사람 특별히 아버지를 동일시하기 시작한다고 주장한다.

아들이 가장 자주 접촉하는 남성이 아버지이고 다른 남성보다 아버지로부터 좀 더 많은 것을 배우는 것 같지만, 이 모델은 반드시 가족구성원일 필요는 없다. 딸의 경우에 아버지의 행동을 모방하는 것이 딸의 성역할 발달에 어떠한 영향을 미치는지 아들의 경우처럼 명백하지는 않으나, 사회학습 이론은 아버지가 딸에게 의존적인 여성적 행동을 보상하고 남성적인 행동을 하지 못하게 함으로써 여아의 여성적인 경향을 촉진시킨다고 믿는다. 덧붙여, 아버지들은 딸들이 자신에게 부족한 보충적인 것을 배우도록 남성적인 모델을 제공한다. 이상에서와 같이 사회학습 이론가들은 아버지가 여아보다 남아의 성역할 발달에 더 큰 영향을 미친다고 생각한다.

3. 아버지 역할 개념변화

전통적으로 아버지 역할이란 가족집단의 부양자며 대표자로서 개념화되어왔다. 월러(Waller)와 힐(Hill)은 전통적인 관점에서의 아버지역할에 대해 다음과 같이 묘사하였다(조복희 · 신화용, 1990, pp.280~281).

아버지는 자녀가 무엇이 되어야 하는가를 알고 있으므로 자녀를 하나의 개인으로 이해하려 하지 않는다. 자녀를 위해서 유용한 행위를 지시하고 자녀에게 주는 것과 자녀를 위해 어떤 일을 하는 데 역점을 둔다. 또한 아버지는 자신이 도덕적으로 확립한 목표를 자녀가 받아들이고 달성하는 데 관심을 기울인다. 뿐만 아니라 아버지는 자녀가 자기에게 빚을 지고 있다는 것에 만족을 느낀다. 그 빚은 자녀가 복종하고 가족에게 명예를 가져다주는 것으로서만이 가장 훌륭한 보상이 될 수 있다고 생각한다.

이에 반해 변화된 아버지의 역할은 다음과 같이 엘더(Elder)에 의해 설명되었다 (조복희·신화용, 1990, p.281).

훌륭한 아버지는 자녀가 하는 일에 관심을 기울이고 자녀가 아버지의 하는 일에 대해 관심을 기울이게 도우며 자녀가 자신의 목표를 성취하도록 돕기 원한다.

아버지의 역할이 전통적인 면과 진보적인 면에서 어떻게 개념화되었는지, 좋은 아버지에 대한 역할변화를 살펴보면 표 7-1과 같다. 두 가지의 차이점은 아버지의 가정 내에서의 도구적인 특성이 줄어든 것이다.

현대사회는 아버지와 자녀관계에 있어서 긍정적인 관계를 가질 수 있는 희망적인 면이 있다. 왜냐하면 휴머니즘의 부활이 자기자각을 더 많이 하게 하고 개인 상호간의 인간관계에 대한 기술을 증가시키고, 애정적인 상호작용에 대한 욕구와 소망을 갖게 했기 때문이다. 이로 인해 많은 아버지들은 자녀의 개인적인 욕구를 이해하도록 동기가 부여되었고 자신의 욕망과 자녀에 대한 많은 기대를 줄이게 되었으며, 권위주의적이고 독단적인 아버지가 되지않으려고 노력하고 있다. 그러므로 과거의 아버지보다 덜 엄격하고 접근하기 쉬워졌다.

특히 교육을 잘 받은 젊은 남자들은 아버지로서 참된 자긍심을 느낀다. 그들은 남성다운 자기 이미지에 위협을 받지 않고도 아이들과 잘 놀아주고 목욕과 식사하는 것을 도와준다. 이와 같이 아버지 역할에 대한 개념이 변화하는 것은 자녀양육에 큰 의미가 있다.

4. 아버지가 아동발달에 미치는 영향

1) 성역할 발달

앞에서 제시했던 여러 이론들은 아버지가 아동의 성역할 발달과 성동일시에 주된 영향을 미친다고 주장하였다. 어떤 연구들은 아버지가 어머니보다 더 엄격하게 문화적 규준을 따르도록 요구하나, 대부분의 연구들은 아동이 자연스럽게 아버지를 모방하거나 동일시함으로써 아버지의 영향을 받는다고 강조하고 있다.

아버지들은 어머니보다 더 아들을 갖기를 원하며 유아기 초기부터 아들에 대한 선호행동을 보인다. 아들에 대한 선호행동은 아들이 2세 정도가 될 때 더 두드러진

표 7-1 좋은 아버지에 대한 전통적 개념과 진보적인 개념 비교

전통적 개념	진보적 개념
• 아동을 위해 목표를 세운다. • 아동을 위해 일하고 아동을 위해 무엇인가 주는 것을 강조한다. • 아동에게 무엇이 좋은 것인지를 안다고 스스로 생각한다. • 아버지는 항상 옳고 강하다. • 자녀가 순종하기를 요구한다. • 의무감으로 부모가 된다.	• 자율적인 아동의 행동을 강조한다. • 아동과 그 자신에 대해 이해하려고 노력한다. • 아동과 자신의 개성을 인식한다. • 아동의 성숙된 행동을 증가시킨다. • 부모가 되기를 선택한다.

출처 : Bigner, 1985, p. 80.

다. 왜냐하면 이 시기가 되면 아들에게 자기자신이 매력적이고 힘이 센 존재로 지각될 수 있기 때문이다. 그러므로써 아들은 아버지에 대해 동성으로서의 동일시 현상을 나타내며 아버지를 선호한다. 앞에서 보았듯이 파곳(Fagot, 1974)은 두 살 된 남아의 부모는 이미 아버지가 아들에게 역할모델을 제공한다고 믿는 것을 발견하였다.

동일시와 모방을 강조하는 연구자들은 아버지와 아들간에 행동유형에 유사성이 있다고 믿으며, 특별히 아동이 동성의 부모와 같아지려고 노력하는 것을 볼 때 남성성과 같은 측면에서는 아들과 아버지간에 유사성을 발견할 수 있다고 보고하였다. 그러나 남성적인 아버지들이 남성적인 아들을 갖고 있다는 어떠한 증거도 없다. 아버지와 아들이 남성적 역할 혹은 여성적 역할 중 어느 것을 선택하든지 간에 두 사람 사이의 유사한 상관은 없다. 오히려 아버지의 남성성에 대해 가장 일관성 있게 관련되는 것은 여아의 여성성이다. 이것은 보충적인 역할학습 개념을 지지한다(아버지들은 딸들이 자신에게 부족한 보충적인 것을 배우도록 남성적인 모델을 제공한다). 이러한 결과는 모방이란 성유형화된 행동발달에 미비한 역할만 한다는 것을 말해준다(Maccoby & Jacklin, 1974). 모방을 주장하는 이론가들은 자녀의 동일시 정도는 아버지의 양육 방식에따라 다양하다고 주장한다.

아버지가 남성적이거나 벌을 주는 것과 관계없이 따뜻하고 양육적이어서 아동양육에 능동적으로 참여할 때, 남성적인 아들과 여성적인 딸을 갖는다고 한다(Mussen & Rutherford, 1963). 이와는 반대로 아버지·아동의 관계가 긴장관계일 때 아버지와 아동의 남성성은 부적인 관련이 있다고 보고되었다. 그러므로 아버지와 아들 간의 남성성을 예측할 수 있는 변인은 그들이 어떤 관계를 형성하고 있는가 하는 것이며,

아버지가 남성적인지 아닌지는 크게 관련되지 않는다.

케이건(Kagan)은 남자다움을 동일시하는 데는 다음의 세 가지 조건이 필요하다고 주장하였다. 첫째, 모델(아버지)은 아동에게 양육적인 사람으로 인식되어야 한다. 둘째, 모델은 아동이 원하는 목표와 권력을 가지고 있고 통솔력이 있는 사람으로 아동이 중요하다고 생각하는 일에 대해 유능한 존재로 지각되어야 한다. 셋째, 아동이 자신과 아버지 사이에 기본적인 유사성을 지각해야 한다(Rogers, 1990).

아버지의 가정 내의 역할과 아들의 남성성간의 관계에 관한 연구들은 가장역할을 잘하는 아버지가 좀 더 남성적인 아들을 갖게 되며, 아들의 남성성은 아버지가 가정 내에서 여성적인 역할을 수행할 때 좀 더 낮아진다고 하였다. 아버지와 아들의 유사성이 가장 큰 경우는 아버지가 어머니를 지배하는 가족 내에서 발견되었다. 그러나 그 후의 성역할 동일시는 아버지가 아동양육에 참여하는 정도에 의해 영향을 받지 않는다는 것이 밝혀졌다.

양쪽 부모가 똑같이 성역할 훈련에 참여하여도, 아버지들이 어머니보다 성유형화에 더 관심이 있고, 좀 더 전통적인 태도를 가진다는 것이 보고되었다. 특히 중류계층의 아버지들은 딸을 기르는 주된 책임이 어머니에게 있다고 생각하므로, 아버지는 딸보다 아들의 성역할 발달에 좀 더 영향을 미치는 것으로 분석할 수 있다.

남성의 성역할이 여성의 성역할보다 좀 더 빠르고 분명하게 제한되고, 아버지들은 아들에게 좀 더 큰 영향을 미치는 것을 목표로 하지만, 여성성 발달 연구에 의하면 아버지는 딸들의 수동적이고 의존적인 여성적 특성에 애정을 가지고 보상해 줌으로써 딸들의 여성성을 강화시킨다고 하는 것이다. 아버지의 남성성과 딸의 여성성간의 유의한 상관이 보고되었으며(Mussen & Rutherford, 1963), 아들과 마찬가지로 아버지와 딸의 관계도 그 두 사람 관계의 질과 따뜻함에 의해 절대적인 영향을 받는다.

2) 도덕발달

자녀의 도덕발달을 위한 아버지의 역할은 성역할 발달에서의 아버지 역할보다 일치된 연구결과가 훨씬 적다. 프로이트는 도덕발달을 오이디푸스 콤플렉스로 인해 그 위기를 모면코자 아버지를 동일시함으로써 발달된다고 믿었고, 파슨스는 아버지를 그 사회의 가치와 규준을 가진 가족 대표자로 생각하였다. 두 이론은 모두 아버지에게 중요한 역할을 부여하였다. 사회학습 이론가들은 아버지보다 어머니에게 그 중요성을 두었는데, 왜냐하면 어머니가 아동의 행동을 형성하고 모방되어질 기회가 더 많기 때문이다. 불행히도 실제 연구들은 아동의 도덕발달에 영향을 미치는 아버지의 역할에 대해 어떤 이론이 더 잘 설명하는지 결론을 내리지 못하였다.

아동의 도덕발달을 위한 아버지의 역할에 대한 연구는 아동양육에 대해 긍정적인 아버지는 자신을 동일시하고 자신의 도덕성을 내면화하는 아들을 갖는다고 보고하였다(Hoffman, 1970). 다른 연구들도 양육적인 아버지와 아동양육에 보다 더 적극적으로 참여하는 아버지는 자녀에게 이타주의와 관대함을 길러준다고 하였다. 남아의 도덕판단은 양쪽 부모를 동일시한 결과이나, 여아의 경우는 아버지와 동일시하면서 형성되는 것으로 보았다(Weisbroth, 1970).

정신분석학자들은 부모가 벌을 주는 것에 큰 가치를 두었지만, 다른 사람들은 아버지가 사랑 지향적(love-oriented)인 훈육을 할 때 자녀의 도덕성에 긍정적인 영향을 미친다고 하였다. 여러 연구들은 비행소년이 반사회적이며 감정이입(感情移入)적이지 못하고 적대적인 아버지를 둔 가정에서 나온다고 보고하였다. 어머니와 아동의 관계가 정상적일 때조차도 아버지-아동의 좋지 않은 관계가 비행의 선행조건이 됨을 발견하였다(Andry, 1960).

3) 성취와 지적발달

파슨스는 아버지가 어머니보다 도구적이라는 것을 제의하였고, 아버지와의 동일시는 성취동기 실현을 촉진시킨다고 하였다. 양육적인 아버지의 남아들은 아버지 동일시를 통해서 지적인 과제에서 진보된 능력을 보여주었고, 또한 하류계층의 남아보다는 중류계층 남아의 경우에 그 현상은 두드러지게 나타났다.

아버지의 양육과 지적인 능력간의 관계는 여아보다 남아에게 명백하게 나타났다. 사실 아버지들은 딸의 지적수행을 전혀 촉진시키지 않았고 이는 결국 딸의 지적발달에 지장을 초래하였다. 아버지의 태도는 어머니를 통해 중재됨으로써 간접적으로 딸에게 영향을 미친다. 래딘은 그의 연구보고서에서 아버지가 아주 특별히 딸의 양육에 참여했을 때 딸의 인지발달에 놀랄만한 영향을 미치지만, 보통의 경우는 거의 영향을 미치지 못했다고 하였다.

실제로 아버지와 아동의 상호작용을 관찰했던 다른 연구들은 아버지가 딸을 표현적인 방식으로 다루며, 아들에게 더 도구적인 지지를 한다고 하였다. 지적수행에 대한 아버지의 격려는 성취욕구를 증가시키지만, 아버지가 지적 수행을 격려하지 않을 경우 성취욕구를 떨어 뜨린다. 더욱이 딸의 지적 수행을 강조하지 않는 양육적인 아버지는 딸의 성취를 뒤쳐지게 만든다.

또 다른 연구들은 성공한 전문직 여성들이, 지지적인 아버지와 특히 친밀한 관계를 갖고 있다고 보고하였다. 또한 지적발달에서 높은 수행을 보인 사람들은 낮은 수행자보다 아버지와의 관계를 가치있게 여기고 아버지와 자기를 비슷하다고 지각하였다. 아버지에게 쉽게 접근했던 남아가 인지적으로 더 유능하였다. 더욱이 모든 사회계층이 동일하지는 않았지만, 아버지와 아들이 친밀한 관계이고 또한 아버지가 지배적이면서도 민주적일 때 남녀아 모두 높은 성취동기를 갖게 된다고 하였다. 반대로 성취동기가 낮은 남아들은 아버지와 부적절한 관계를 가지고 있고, 자신의 아버지를 적의적인 사람으로 생각하였다.

이와 같이 자녀의 학업성취도와 아버지의 관계는 중요하므로 특별히 혜택을 받지 못한 아동의 지적 수행을 개선시키려는 중재 프로그램에서는 아버지를 참여시키는 것이 바람직하다.

4) 사회적 능력과 심리적 적응

아버지가 따뜻하고 민감하게 행동할 때 아버지는 유아와 안정된 애착관계를 형성할 수 있다. 어머니의 경우와 마찬가지로 아버지 - 유아의 안정된 관계는 다른 사람과 긍정적인 관계 능력을 길러준다. 즉, 아버지와 아들의 따뜻한 관계는 아들의 사회적 능력과 관계가 있다고 보고되었다. 아버지가 따뜻할 때 남아는 높은 자기존중감을 가지며, 성격조절도 쉽다고 한다. 아버지가 양육적일 때 여아는 이성관계에 적응하기 쉽고 행복감을 느끼며, 소원한 관계일 때는 부적응을 보인다.

아버지 - 아동의 관계가 좋지 않고 동성 부모에 대한 동일시가 이루어지지 못했을 때 병리적인 현상을 보인다. 어떤 연구자들은 문제가 있는 아버지–아동의 관계가 동성애를 낳게 한다고 까지 설명하고 있으나, 부모 모두가 심리적 적응에 공헌함은 중요하다. 블록(Block, 1971)은 적응을 가장 잘한 성인은 아동기 때부터 행복한 결혼생활을 하는 어머니, 아버지와 따뜻한 관계를 맺어온 사람이라는 것을 증명하였다.

5) 아버지 부재

아버지가 자녀에게 미치는 영향을 탐구했던 연구자들 중에는 아버지의 존재나 부재 자체가 자녀에게 미치는 영향을 탐구함으로써 아버지의 역할을 밝혀보고자 하였다. 연구자들은 이 두 집단의 차이가 바로 아버지의 직접적인 영향 때문일 것이라고 가정하고 있다.

아버지 부재에 관해 연구했던 많은 연구들은 성역할 발달에 초점을 맞추어 왔고, 대부분의 연구는 아버지 부재가 아동의 남성성·여성성에 부정적으로 영향을 미침을 보고하였다. 아버지 없이 자라난 남아는 덜 남성적이거나 남성적이지 못함을 보상하기 위해서 과도하게 남성적이거나 공격적이었다. 이들 연구에서는 아버지 부재시 아동의 연령을 주목하였는데, 아동기 초기에 아버지와 헤어진 남아는 아버지의 부재로 인하여 그의 남성성에 상당한 영향을 받았다. 여기에서 아동기 초기란 4세 연령까지를 말하며 성역할 개념이 3세 이후에는 변하기 어렵다는 가정을 인정하여 남성성 발달에 결정적 시기가 있다는 가능성을 지지하였다. 그러므로 아버지 부재의 실제적인 시기가 결정적인 변인으로 나타나게 되었다. 아버지의 부재가 남근기에 속할 때 아동의 성역할 행동과의 관계를 조사한 연구를 살펴보면, 2차 세계대전 중 아버지가 군복무로 부재시 아동의 연령이 3~5세였던 남자 대학생을 비교한 결과, 성기기 동안에 아버지 부재시 아버지에 대한 동일시 경향이 적었고, 또 자아이상(ego-ideal)으로서도 아버지 아닌 타인을 선택하는 경향이 있어 아버지 동거집단과는 차이를 보였다(유안진, 1984, p.80).

아동의 연령이 증가함에 따라 가족 이외의 사회화 변인이 점차로 중요하며 더욱이 가족 내에서 아버지 이외의 남성 모델(예 ; 형)의 존재는 아버지 부재의 부정적 영향을 억제시킨다는 것이 보고되었다. 가정 내에 아버지가 존재하지 않으므로 아버지를 동일시할 수 없었던 미취학 아동들은 가정 밖에서 자신이 좋아하는 남성들의 관심을 끌려고 하는 것이 관찰되었다. 그러므로 미취학 아동을 위한 유치원과 다른 프로그램에서는 남자 교사를 통해 아버지 부재 아동의 인성과 지능발달에 도움을 줄 수 있을 것으로 생각된다.

여아에게 아버지 부재는 남성과의 상호작용에 어려움을 느끼는 것으로 그 영향이 나타난다. 아버지 부재 여아는 여성성을 받아들이지 않는다고 하며, 영아기 초기의 아버지 부재는 가장 해로운 영향을 준다. 그러나 동성의 모델 즉, 어머니가 존재하기 때문에 남아에 비해 아버지 부재로 인한 악영향이 덜하다.

아동의 성격도 아버지 부재로 인해 영향을 받아 보다 공격적이 된다고 보고되었다. 제2차 세계대전 때 아버지가 군대 입대함으로써 어린 나이에 아버지 부재의 경험을 했던 아동들은 정상적인 가족의 아동보다 5인 가족을 나타내는 인형놀이에서 공격성을 더 많이 나타냈다(Sears, 1951 ; Sears et al, 1946).

파슨스가 아버지의 역할을 아동에게 사회와 세계에 대한 적응방법을 가르쳐주는 것이라고 했듯이 아버지 부재는 아동의 사회적응에 적지 않은 문제를 갖게 한다. 예컨대, 해밀턴(Hamilton, 1977)은 평화봉사단(Peace Corps) 종사자들을 대상으로 부적응이나 행동상의 문제로 인해 해외근무 기간을 성공적으로 마치지 못하고 돌아온 이들을 조사한 결과 54%는 5세 이전에 아버지 부재 환경에서 자랐다는 것을 알았다. 또한 성공적인 복무를 마치고 돌아온 사람들 중에서는 아버지 부재가정에서 자란 사람이 9% 정도밖에 되지 않았다. 패더슨은 군인자녀로서 정서 및 행동장애아 27명과 정상아 30명의 소년에게 인성적응검사(Rogers Test of Personality Adjustment)를 실시한 결과 아버지 부재기간과 아동의 부적응 간에 정적상관이 있음을 보고한 바 있다(유안진, 1984, p.78). 이는 모두 아버지 부재의 영향이 아동의 사회적 부적응과 상관이 있음을 보여준다.

아버지 부재가 남아에게 미치는 영향은 사회계층에 따라 다르다. 하류계층과 중류계층의 아버지 부재 소년은 남성적(즉, 분석적) 인지양성이 부족하므로 좀 더 장의존적임이 보고되었다. 그러나 래딘은 아버지 부재가 혜택받은 집단(예, 상류계층)의 성취행동에는 별다른 영향을 미치지 않는다고 결론짓고 있다.

아버지 부재의 영향은 상황에 따라 아동에게 다양한 영향을 미친다. 즉, 아버지 부재가 시작되기 전에 아버지가 아동 및 어머니와 어떤 관계였는지에 따라, 아버지의 부재원인 및 기간에 따라, 또 아버지 부재 시 아동에게 제공될 수 있는 다른 성인 모델이 있느냐에 따라 다르게 영향을 미친다. 또한 아버지 부재의 영향은 아버지 부재가 시작되었을 때의 아동의 연령 뿐만 아니라 다른 발달적 문제가 있는지, 출생순위 및 형제의 성별에 따라서도 다르게 나타나며, 아버지 부재 시 어머니의 행동과 가족의 사회경제계층에 따라 다양하게 나타난다(Hamilton, 1977, p.51).

아버지 존재는 특히 남아에게 만족스러운 동료관계를 맺고 적절한 적응행동을 보이며, 이성관계에서 성공하게 하는 것으로 나타났다(Hetherington, 1972).

5. 아버지역할 연구의 최신경향

가정에서의 아버지 역할 수행은 아버지와 자녀와의 관계 증진 뿐 아니라, 부부사이의 바람직한 관계 증진에도 중요한 변인으로 작용하며, 긍정적으로는 가족관계에도 긍정적인 영향을 미친다. 아버지와 어머니의 역할이 뚜렷하게 구분되어 있던 전통사회에서의 아버지의 역할은 주로 사회생활을 가정생활보다 더 중요시하며, 가정의 경제적인 책임과 부양자의 역할에 치중되어 있었다면, 현대사회에서의 아버지 역할은 가정생활과 사회생활의 양립을 도모하며 동등한 가치를 부여하는 쪽으로 요구되고 있다. 아무리 사회적으로 인정받고 유능한 직장인이라 할지라도, 가정을 등한시 하고 직장에만 전념하는 아버지는 더 이상 현대사회 가정에서는 환영받지 못한다(양진희, 2010).

Bronfenbrenner(1986)는 가정을 아동의 발달을 돕고 유지할 수 있는 가장 효과적이고 경제적인 제도라고 하면서, 가정환경에서 가장 중요하다고 할 수 있는 부모와의 관계를 자녀의 사회성 발달에 중요한 교육적 환경이라고 하였다.

생의 단계(life course)에 따라 아버지 역할이 변화하고 또한 아버지에게 요구되는 역할의 특성이 다르다고 간주하였다. 따라서 자녀의 발달단계별로 요구되는 아버지의 역할수행은 다르다.

아버지의 자녀에 대한 신뢰 또한 아동의 신체화 경험에 대한 보호 요인이 될 수 있음이 발견되었다. 자아성장의 결정적인 시기하고 할 수 있는 아동기의 자녀를 둔 아버지는 자녀에게 사회 및 문화를 소개해주며 나쁜 영향으로부터 자녀를 보호하고 아이들이 세상 속으로 다가가도록 격려하는 역할이 요구된다. 세상을 이해하기 시작하는 아동기에 요청되는 아버지의 역할은 '이해' 라고 하였다(Canfield). 이러한 역할을 수행하는 아버지가 자녀의 행동과 능력을 신뢰하는 양육을 할 때 아동의 신체화 경험은 감소될 수 있었다(정계숙, 2009).

아버지의 교육수준이 높을 때 유아의 학습준비도에 더 긍정적으로 영향을 미쳤다고 볼 수 있다. 이는 현대 사회로 접어들수록 유아와 아버지와의 상호작용의 빈도가 많아지고, 아버지들이 유아의 일상생활에 더 많이 개입하고 관심도도 증가함에 따라 나타난 결과라고 할 수 있다.

아버지의 연령이 낮을수록, 학력이 높을수록 부모효능감과 양육참여 정도 및 자녀가 정서적 안정을 갖도록 하는 부모역할 수행정도가 높은 경향이 있다(김성희, 1990

; 김혜영 외 2008 ; 장석경, 이지현, 2008). 또한 아버지의 가사활동 참여와 자녀의 일상생활 지도, 놀이활동 참여, 지적능력 계발 등에의 참여가 자녀의 발달과 관련 있다는 연구 결과들(장석경 · 이지현, 2008)과 어머니의 자녀양육스트레스는 자녀의 발달에 영향을 미치며(김말경 · 박혜원, 2008) 이는 아버지의 가족 내 역할분담 정도와 관련이 있다는 경험적 연구들(정승희 · 최성규, 2006)이 보고되면서 자녀의 발달에 있어 아버지의 부모 효능감과 양육참여의 중요성이 강조되고 있다(장석경 · 이지현, 2008 ; 한유미 · 오경숙, 2008).

아버지 직업이 어머니 수용-거부에 영향을 미쳤는데, 고위 임직원 혹은 전문직 등 계층적으로 상류에 속한 직업이 어머니의 거부적 양육태도와 유의한 관계를 보였다. 어머니 성장기 통제적 양육경험, 어머니 성장기 수용적 양육경험이 양육스트레스의 완전매개를 통해 어머니 수용-거부에 영향을 미쳤다. 어머니가 성장기에 통제적 양육을 경험할수록 양육스트레스가 높았으며 수용적 양육을 경험할수록 양육스트레스가 낮았다. 이는 아동기 때 부모-자녀 관계에서의 양육 경험이 양육스트레스에 영향을 미친다는 선행연구결과와 일치한다. 아버지 연령도 양육스트레스의 완전매개를 통해 어머니 수용-거부에 영향을 미쳤는데, 아버지 연령이 어릴수록 어머니의 양육스트레스는 큰 것으로 나타났다.

취학 전 아동을 대상으로 한 연구에서 아버지의 허용적인 양육의 정도가 아동의 관계적 공격성과 상관이 있어 아버지가 허용적일수록 관계적 공격성의 수준이 높게 나타났다고 보고하였다(Casas, 2003).

어머니가 자녀에게 더 일차적인 양육자로서 기능한다는 점에서 어머니를 대상으로 한 부모교육에 대한 관심이 있어 왔다는 부분은 설득력이 있다. 하지만 이제는 아버지들도 자신, 가족, 그리고 사회의 요구에 의해 부모로서의 삶에 중요함을 부여하고 있다. 또한 부모는 자녀의 성장에 따라 나타나는 변화에 부모 자신들도 적응해 나가야 하는 존재이므로 부모로서의 자신을 이해할 필요성이 요구된다고 본다(홍길회 · 황정해 ; 2006).

Chapter 8

신체발달

1. 발달의 개념
•
2. 신체발달의 중요성
•
3. 신체발달의 일반적인 원리
•
4. 신체발달의 특징
•
5. 영아기의 신체발달
•
6. 신생아의 감각 및 생리

Chapter

08 신체발달

'건전한 신체에 건전한 정신' 이란 말처럼 신체발달은 정신발달과 불가분의 관계가 있다. 신체와 정신은 공통된 발달원리에 따라 발달하는데, 특히 발달과정에 있는 유아기의 신체발달은 중요한 의의를 갖는다. 이 장에서는 신체발달의 개념과 중요성, 발달원리와 특징에 대해 살펴본다.

1. 발달의 개념

1) 발달의 정의

'발달' 이란 무엇인가? 발달이란 '변화' 를 의미한다. 크기에 있어서는 작은 것에서 큰 것으로, 기능에 있어서는 미숙하고 낮은 수준에서 능숙하고 높은 수준으로 나가는 과정을 뜻한다(서봉연·이순형, 1983). 그러나 현재 학문적으로 널리 통용되는 발달이란 이러한 양적이고 기능적인 변화뿐만 아니라 신체적·심리적인 면에서의 질적인 변화까지도 모두 포괄하는 보다 넓은 개념으로 사용되고 있다(한순옥, 1976).

그런데 학문영역에서 발달(development)과 유사 개념이 있는데, 그것은 '성장(growth)' 과 '성숙(maturation)' 이다.

우선 성장은 크기의 증대로 인한 양적 변화를 의미하며, 몸무게가 증가하고 키가 크는 것 등이 여기에 속한다. 대개 신체적 성장은 예측을 할 수 있으며, 따라서 성장양상은 어린이의 정상적인 발달을 알려주는 임상척도로도 사용된다(이재연, 1988). 그러나 학자에 따라서는 성장을 꼭 신체적 성장에만 국한시키지 않고 심리적 변화까지 포함시키는 경우도 있다.

반면에 성숙이란 인간행동의 많은 변화 중에서 주로 유전정보에 의해 야기되는 프로그램화된 변화를 의미한다. 우리는 모두 유전적으로 계획된 발달시간표를 가지고 태어나는데, 신체 각 부분과 그와 관련된 기술들이 서로 다른 시기에 성장하고 발달하는 것이 그 증거가 될 것이다. 태아의 발달, 뼈의 성장, 치아의 돌출, 사춘기 호르몬의 변화에 따른 변성, 발모, 초경 등은 신체적 성숙의 전형적인 예이다. 걷기, 말하기, 그리고 항문 괄약근의 통제와 같은 초기 행동들도 성숙 정도에 따라서 다르다. 이는 이러한 행동발달의 지표들이 근육과 신경체계가 완전히 성숙하지 않으면 결코 나타날 수 없기 때문이다(장휘숙, 1990).

성장 또는 성숙 개념에 더하여 발달을 이야기할 때 빼놓을 수 없는 것이 바로 '경험(experience)' 이다. 경험은 인간과 환경과의 만남이다. 즉, 영양섭취, 약물복용, 가족생활, 학교, 사회생활, 대중매체 등 어린이가 접하는 모든 심리적·물리적 환경과의 상호작용이 바로 경험이다. 이러한 경험은 발달에서 중요한 역할을 담당한다. 즉, 경험이 없이는 성장과 성숙이 일어나지 않는다. 예컨대, 신체적으로 성장하기 위해서는 영양분이 필요하며, 사람이 사람답게 제대로 기능하기 위해서는 적절한 오감(五感)의 자극이 필요하다(이재연, 1988).

결과적으로 발달이란 경험과 학습 및 훈련과 같은 외적 작용에 의한 연령적 변화와 함께 유전인자에 의한 내적 작용에 의한 생리적 변화를 모두 포괄하는 개념이다. 따라서 우리의 관심사는 어떠한 종류의 경험이 인간의 성장과 성숙을 촉진시키며, 또 이러한 요인들이 어떻게 상호작용 하는가이다.

2. 신체발달의 중요성

신체발달은 신체 그 자체뿐만 아니라 다음과 같은 측면에서 다른 발달영역과 깊은 관련이 있다.

1) 새로운 행동의 형성

신체발달은 직접적으로 운동능력에 영향을 미치며, 운동능력은 인간 행동 및 사회적 적응과 깊은 관련을 갖고 있다. 그 구체적인 내용은 다음과 같다.

첫째, 신경계 근육 및 뇌의 정상적인 발달은 새로운 행동 유형을 형성한다. 자율신경계와 괄약근의 발달은 유아의 대소변 훈련을 가능하게 해주며, 소근육과 대근육 운동기능의 발달은 손가락으로 물건을 잡거나 걷고 균형을 잡을 수 있게 해준다. 또 신경계와 뇌의 발달은 주위 상황을 지각하고 다른 사람의 사고와 감정을 이해하는 능력의 발달을 가져옴으로써 또 다른 새로운 행동을 가능하게 한다.

둘째, 운동기능이 향상되면 활동의 종류와 내용이 변화하고 증가한다. 아동의 놀이는 대부분 신체발달에 기초한 활동이며, 이러한 활동을 통하여 학습하고 발달된다.

셋째, 내분비선의 기능 변화는 성 특징과 관심, 흥미에 따라서 남녀간에 차이가 있으며, 성역할 행동에 변화를 가져온다.

2) 새로운 경험의 촉진

유아의 신체적 발달은 유아가 할 수 있는 다양한 경험을 가능하게 함으로써 인지적·사회적 발달에 간접적으로 중요한 영향을 미칠 수 있다. 가만히 누워있는 아기보다는 기어다닐 수 있는 아기가, 기어다니는 아기보다는 걸어다닐 수 있는 유아가 주변환경을 보다 더 많이 탐색하고 경험의 폭을 넓힐 수 있다.

피아제(Piaget, 1963)는 출생에서 2~3세까지의 지능을 정신운동 능력으로 보고, 7세 이전 유아의 지적 사고는 주로 동작과 특징, 그리고 지각능력에 따라 결정된다고 하였다. 클라우스마이어(Klausmeier, 1977)는 유아의 운동능력이 지능이나 학력과 높은 상관관계가 있음을 밝히고 신체적인 기능이 우수한 유아가 지적으로도 더 우수함을 확인하였다.

이처럼 생리학적 측면의 신체발달은 정신적 측면의 자극과 경험을 촉진하며 지적인 발달에 중요한 역할을 한다.

3. 신체발달의 일반적인 원리

출생에서 유아기까지 신체의 성장은 놀라운 속도로 진행된다. 이러한 성장은 대부분 유전과 영양이라는 성숙 기반에 의해 결정되며 예측 가능한 방향으로 이루어진다. 신체발달의 원리는 인간발달에 적용되는 사항들이 적용되는데, 지금까지 보고된 발달 연구의 결과들을 개관해 보면 다음과 같다.

1) 신체발달의 순서와 방향

신체발달에는 일정한 순서가 있으며 이 순서는 일정하다. 즉, 유아는 앉을 수 있어야 다음에 설 수 있고, 설 수 있어야 다음에 걸을 수 있다. 또 목표를 향해 손을 움직일 수 있어야 다음에 목표하는 사물을 잡을 수 있다. 이처럼 신체운동 발달은 일정한 순서가 있으며, 이러한 발달은 다음과 같은 방향으로 이루어지고 있다.

첫째, 상부에서 하부 즉, 두미 방향(頭尾, head-to-tail)으로 발달한다. 태아의 머리, 뇌, 눈은 신체 하부보다 먼저 발달하고 다른 부분에 비해 불균형적으로 크다. 2개월된 태아의 머리는 전체 몸길이의 절반이며 신생아의 머리는 몸 크기의 1/4에 해당된다. 1세 영아의 뇌는 성장한 성인 뇌 무게의 70%이지만 신체의 다른 부분은 아직 성인에 비해 훨씬 미숙하다. 또 영아는 신체의 하부보다 상부를 사용하는 것을 먼저 배운다.

둘째, 중심에서 말초 방향(近末, near-to-far) 즉, 신체의 중심 가까운 부분에서 먼 부분으로 발달한다. 태아의 머리와 몸체는 팔·다리보다 먼저 발달하며, 팔·다리는 손가락, 발가락보다 먼저 발달한다. 중추에서 가까운 팔꿈치에서 손목 즉, 전반과 허벅지를 사용하는 능력이 발달하고, 그 후에 손과 발 그리고 마지막으로 손가락과 발가락을 사용하는 능력이 발달한다.

셋째, 전체 활동에서 특수 활동으로(mass-to-specific) 나타난다. 유아가 어떤 사물을 잡으려고 할 때 처음에는 부자연스러운 운동을 수반하지만 점차적으로 보행에 필요한 근육과 팔·다리만을 사용하게 된다.

아동의 신체발달에 이와 같이 일정한 순서와 방향이 있다는 것은 발달 전 단계는 다음 단계의 기초가 됨을 의미하며, 한 단계에서 다음 단계로 이행한다는 것은 보다 높은 차원의 발달이 이루어짐을 의미한다.

2) 연속성 및 적기성

신체성장은 개체의 내적 충동에 의한 연속적 과정으로 앞 단계의 변화를 기초로 하여 다음 단계의 변화가 이루어지는 연속적인 관계를 갖는다. 그러나 신체의 각 부위와 발달단계에 따른 속도가 항상 일정하지는 않다. 신체 각 부위 발달에 있어서 그 시기는 같지 않으나 급증기와 정체기가 반복·교체해서 나타나게 된다. 이러한 신체발달 과정에서 특정한 시기에 어떤 기관이나 기능의 발달이 급격히 진행되는데, 이때 적당한 여건을 조성해 주지 못하면 정상적인 발달에 장애를 받으며, 심할 경우 영구적 결함과 기능장애를 일으킬 수 있다. 즉, 개체의 발달에는 결정적 시기가 있으며, 인간의 전체 성장발달 과정 중에서 특정한 발달을 가져오는 시기가 따로 있다. 이를테면 언어를 습득해야하는 결정적 시기가 있으며, 지적능력을 발달시키는 결정적 시기가 있다는 것이다. 또한 발달에 있어서 어떤 기관이나 기능의 발달이 급격히 진행되는 특정한 시기 즉, 한 사건의 영향력이 가장 큰 어떤 일정한 시기가 있는데 우리는 이러한 시기를 결정적 시기(critical period)라고 한다. 대개 이 시기에 정상적인 발달이 장애를 받으면 영구적인 결함으로 지니는 경우가 많다. 예컨대, 임신한 첫 3개월 동안 임산부가 풍진에 걸리면, 태아의 눈, 귀, 뇌에 영구적인 손상이 오기 쉽다.

3) 개인차 및 상호 관련성

모든 유아는 보편적인 순서에 따라 성장·발달해 간다. 그러나 발달속도뿐만 아니라 발달유형에도 개인차가 있으며, 남녀의 성 차이도 있다. 개인 내에서도 발달영역에 따라 그 속도 및 유형이 다르게 나타나는데, 이 같은 개인차는 훈련방법, 동기유발, 학습기회, 연습량, 신체변화 등 여러 가지 요인에 의해 일어난다. 즉, 개개인의 성장과 발달은 각 개인에 따라 독특하고, 각기 다르며 개인차가 있다.

모든 유아의 성장은 모두에게 공통되는 일반적인 특징이 있지만 사람마다 다른 다양한 개인차가 있다. 이 같은 개인차는 각 개인이 지니는 신체적인 조건과 상호작용하는 환경의 차이에서 나타나는 것으로 풀이되고 있다.

성장률이나 형태에도 개인차가 있어 신체적·정신적으로 출생에서부터 빨리 성숙에 이르는 유아가 있는 반면 성숙이 느린 유아도 있게 마련이다. 또한 10세 이전에 이미 성인 수준에 도달하는 부분이 있는가 하면, 사춘기 때까지 거의 발달하지 않는 부분도 있다. 이러한 원리는 정신기능의 발달에도 적용되며, 그 예로 어휘 수는 유아기에 급격히 발달하지만, 추리력은 서서히 발달하여 아동기를 지나 청년기에 보다 완숙하게 된다. 이처럼 성장 비율과 시기에서 현저한 차이를 나타내는 현상을 비동시적 성장(asynchronous growth)이라 한다(장휘숙, 1990).

4) 유전적 요인과 환경적 요인

성장과 발달은 환경과 상호작용에 의해 일어난다. 연령이 증가함에 따라 나타나는 변화는 유전과 환경적 요인의 결과이다. 발달에 영향을 미치는 요인 중에서 성숙요인(생물학적·유전적 요인)과 학습요인(환경적·경험적 요인)은 모두 발달에 중요한 요인들이다. 예컨대, 신체의 성장이나 운동기능이 선천적으로 뛰어나도 이를 촉진시킬 적절한 환경적 여건이 제공되지 못한다면 만족스러운 발달을 기대할 수 없는 것이다.

4. 신체발달의 특징

신체발달은 태아기부터 청년기 말까지 대부분 빠른 속도로 진행된다. 그러나 조직에 따라 발육의 형태는 상당한 차이가 있다.

스캐몬(Scammon, 1948)은 출생 후의 정상적인 신체 조직 변화를 그림 8-1과 같이 네 가지 유형으로 구분하여 신체발육곡선으로 나타냈다.

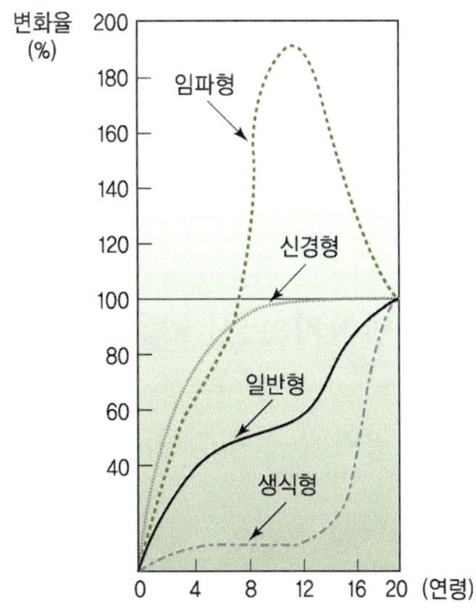

그림 8-1 출생 후의 신체발육곡선

1) 신체발달의 유형

(1) 임파형(lymphoid type)

편도선, 임파선, 갑상선, 내분비선 등 분비조직의 발달곡선으로서 영·유아기에 급속히 발달하여 11~12세 경에 정점에 도달하며, 그 후에는 쇠퇴 과정을 밟는다. 임파선은 주로 신체적 발달이 가장 활발한 시기에 발달하여 병균을 없애주고 신체를 튼튼하게 하는 등의 기능을 가지고 있다.

(2) 신경형(neural type)

뇌수, 척수, 감각기관 등 신경조직의 발달곡선으로서, 영·유아기에 급격히 상승하여 6세에는 성인의 약 90%에 달하며, 14세에는 발달이 거의 완료된다.

(3) 일반형

신장, 체중, 근육, 호흡기, 소화기관 등의 발달곡선으로서, 0~4세 경에 급속도로 발달이 진행되며, 아동기에는 잠시 완만해지고 청년기에 들어서 다시 급속도로 발달한다.

(4) 생식형(genital type)

고환, 난소, 자궁 등 모든 생식기관의 발달곡선으로서, 생식형은 12세경까지 완만하게 진행되다가 14세 이후부터 청년기에 걸쳐 급속도로 발달한다. 이는 신경형의 발달곡선과 거의 반대형을 나타내고 있다.

5. 영아기의 신체발달

1) 영아의 신체성장과 운동발달

영아의 운동발달은 일반적으로 중추신경 및 골격, 근육의 성숙과정에 따라 이루어진다. 운동발달은 먼저 체계적이고 통합적인 움직임이 미세하고 세련되며 더 기능적인 행동으로 나타나는 분화과정과 다른 하나는 여러 가지로 움직이는 행동이 하나로 조절되는 통합과정의 두 가지 기제로 이루어진다.

영아기 운동발달은 특수한 운동형태의 자율적인 통제를 획득하는 과정이다. 신생아는 자신의 신체 움짐임에 대한 자발적 통제를 갖지 못하며 신생아의 반사운동은 태아 동작활동의 연장이다. 생후 1년간 영아는 신체의 수의근(voluntary muscles)이 완전히 조종되지 못하므로 앉거나 서는 등의 신체활동에 피로를 쉽게 느끼는 반면에 피로회복도 빠르다.

운동 및 신체성장은 머리에서 발끝, 중심에서 바깥쪽 방향으로 진행된다. 갓 태어난 아기의 머리는 성인과 비교하여 볼 때 몸에 비해 상대적으로 매우 크다. 그러나 몸통과 팔의 길이가 늘어나고 마지막으로 다리와 발이 커지면서 성인으로 성장한다. 운동발달 진행순서는 영아는 처음에는 머리 들기를 배우고 난 뒤 어깨를 들어올리고, 그 다음에는 몸통을 들어올려서 결국에는 도움 없이도 혼자 앉을 수 있게 된다. 그 다음에 영아는 배를 밀어 기는 것에서부터 서고 걷는 것으로 진전하면서 다리에 대한 통제를 할 수 있게 된다.

중심에서 바깥쪽으로의 발달은 영아의 팔 동작을 관찰하면 분명히 알 수 있다. 처음에 영아는 어깨에서부터 팔 전체를 움직이면서 전반적인 방식으로 움직인다. 점차 어깨로부터 손으로 통제가 이루어지게 된다.

영아의 운동발달의 발달적 지침을 예측하면 다음과 같다. 그러나 어떤 연령에 있어서든 정상발달의 범위는 광범위하므로, 모든 아동이 여기에 정확히 들어맞는 것은 아님을 명심할 필요가 있다.

(1) 신생아

신생아의 동작반응은 주로 반사적이며 삼키는 것, 빠는 것, 하품하는 것, 눈 깜박이는 것 등과 같은 행동을 포함한다. 그 밖의 반사로는 움켜잡는 동작, 똑바로 세웠을 때 걷는 동작, 갑작스러운 큰소리에 놀라는 반응을 보이는 것 등이 있다.

신생아는 대뇌피질의 억제작용이 미숙하여 의식적인 운동은 하지 못한다. 이들의 전체적인 운동으로는 팔·다리를 동시에 움직이는 큰 운동이 있고, 국부적인 운동으로서는 반사운동(reflex)이 있다. 반사운동이란 어떤 특수한 자극에 대해서 비자발적으로 나타나는 운동반응이다(김재은, 1986). 즉, 일정한 자극과 결합되어서 부분적으로 나타나는 것으로 태아기에 이미 발달된 것도 있고, 그렇지 않은 것도 있다.

① 비생존 반사

진화적 의미를 갖는 비생존반사는 생존과는 무관하지만, 신경발달의 정상성 여부를 판단하는 데 중요하다. 바빈스키 반사(Babinski reflex)는 아기의 발가락을 간질이면 발가락을 발등 위쪽으로 부챗살처럼 펴는 것으로, 생후 6개월경에 사라진다. 모로 반사(Moro reflex)는 큰소리가 나거나 머리의 위치가 갑자기 변하면 팔과 다리를 벌리고 손가락을 펴며 마치 무엇을 껴안으려는 듯이 몸 쪽으로 팔과 다리를 움츠리는 것이다. 생후 5개월경 완전히 사라진다. 파악반사(grasping reflex)는 손바닥을 누르면 주먹을 꽉 쥐는 반사로서 3~4개월이 지나면 사라진다. 그 외에 무릎반사(knee - jerk reflex), 걷기반사(stepping reflex), 수영반사(swimming reflex) 등이 있다.

② 생존반사

생존을 위해 가장 중요한 반사 중의 하나는 섭식과 관련된 반사들이다. 이 중 가장 중요한 것이 찾기 반사(rooting reflex)이다. 이것은 신생아가 뺨에 닿는 대상물을 향하여 입을 벌리고 고개를 돌리는 경향이다. 비슷한 맥락에서 빨기반사(sucking reflex)가 있는데, 이것은 무의식적으로 젖을 빠는 반사이다. 대개 성인들은 아기들만큼 잘 빨지 못한다.

그밖에 생명을 유지하는 데 중요한 역할을 하는 반사로 구토, 재채기, 딸꾹질, 하품, 동공반사, 눈 깜박거리기 등이 있다. 또 신생아의 눈물은 눈을 계속 닦아주고 자극물을 씻어주며, 입안에 어떤 물체가 들어가면 자동적으로 침을 분비한다.

(2) 1~4개월

평균신장은 60~65cm 정도이고 평균체중은 6~7.5kg이며, 대개 여아가 남아보다 평균적으로 볼 때 약간 작다.

물건을 움켜잡고 쥐고 있을 수 있다. 동작이 더욱 부드러워지며 윗몸을 일으켜 엎드린 자세에서 팔 위에 머리를 놓을 수 있다. 누워 있을 때 머리를 이쪽 저쪽으로 돌릴 수 있다.

(3) 4~8개월

1달에 약 500g씩 체중이 늘어나며, 약 2cm 정도 키가 자란다. 침을 흘리고, 씹고, 깨물고, 입안에 물건을 집어넣는 행동이 증가하면서 이가 나기 시작한다.

물건을 집을 때 손가락과 엄지를 사용하며, 한 손에서 다른 손으로 물건을 옮길 수 있다. 물건을 만지작거리고 흔들어대며 물건들을 입에 넣는다.

기는 자세로 몸을 위로 끌어올리며 반듯이 누워서 머리를 들어올릴 수 있다. 몸을 앞에서 뒤로, 뒤에서 앞으로 구른다. 다른 사람의 무릎에 앉아 있기를 좋아한다.

(4) 8~12개월

신장은 여전히 1달에 평균 2cm씩 자란다. 체중도 1달에 500g씩 증가한다. 물체에 손을 뻗치고 계속 조작할 수 있다. 물체를 쌓을 수 있고 물건의 안쪽에 다른 물건을 집어넣을 수 있으며, 물체를 던지거나 떨어뜨려 손에서 놓는다.

서는 자세로 몸을 끌어올리기 시작한다. 물건에 기대어 혼자 설 수 있다. 손과 무릎을 사용하여 길 수 있으며 계단을 기어올라가고 내려간다. 이 시기가 끝날 무렵이면 어른이 붙잡아 주면 걷는다.

2) 영아기 이행운동과 조작능력 발달

생후 1년 동안의 이행운동(移行運動)과 조작능력(操作能力)의 발달을 더욱 상세히 살펴보고 발달평가 지침으로 활용할 수 있다.

(1) 이행운동 능력발달

이행운동 능력발달은 스스로 몸을 이동하여 독립적인 존재로 발달해 가는 데 있어 중요한 의미를 갖는다. 이행운동은 뒤집기, 앉기, 기어다니기, 일어서기, 걷기, 뛰기 등이며 그것이 월령별로 진행되는 순서는 표 8-1과 같다.

(2) 조작능력의 발달

영아는 손 운동, 팔 운동 및 시각능력의 발달과 함께 조작기능이 발달된다. 즉, 눈과 손의 협응능력이 생기는 4~5개월이 되어야 영아는 자신이 원하는 물건에 손을 뻗어서 움켜잡을 수 있다. 따라서 조작능력의 발달은 지적 활동과도 밀접한 관계를 갖게 되며 영아의 놀이활동과도 밀접하게 관련된다. 영아의 조작능력이 발달하는 과정은 표 8-2와 같다.

표 8-1 이행운동 능력의 발달

개 월 수	이 행 운 동
1	엎어놓으면 턱을 든다.
2	엎어놓으면 가슴까지 든다. 옆에서 뒤로 머리를 돌린다.
2~3	머리를 가눈다.
3~4	반듯이 눕혀 놓으면 혼자서 몸을 뒤집고 팔과 다리, 얼굴을 든다.
5~6	겨드랑이를 붙잡아 주면 선다.
6	30초간 혼자 앉아 있는다.
	수직으로 다리를 들어올리고 발을 붙잡는다.
6개월 반~7	잠시 혼자 앉아 있을 수 있으나 손을 앞쪽으로 짚는다.
7	반드시 누워서 발을 입으로 가져간다.
7~8	혼자서 앉을 수 있으며 기어다닌다.
8	손을 붙잡아 주면 잠시 서 있는다.
9	손과 발로 간다.
9~10	붙잡고 일어선다.
9개월 반~10	오래 앉아 있을 수 있다.
	잠깐 서 있을 수 있다.
9개월 반~11	양손을 잡아주면 걷는다.
11~12	혼자서 일어서서 서 있을 수 있다. 혼자 걷기 시작한다.

표 8-2 조작능력의 발달

개 월 수	조 작 능 력
1	고리를 손바닥에 대주면 꼭 잡는다.
	손에 딸랑이를 쥐어 주면 곧 떨어뜨린다.
2	딸랑이를 잠시 동안 쥐고 있다.
2개월 반	한 물체에서 다른 물체로 시선을 옮긴다.
3	대체로 손을 펴고 있다.
3~4	손에 쥐어 주는 딸랑이를 가지고 단순한 놀이를 한다.
	자신의 손가락을 들여다 본다.
	흔들거리는 물건에 손을 뻗쳐 움켜잡을 수 있다.
4	손에 잡힌 물건을 입에 가져간다.
4~5	물건에 손을 뻗쳐 움켜잡을 수 있다. 두 개의 물건을 잡는다.
5	손에서 손으로 물건을 옮긴다.
5~6	재미로 물건을 꽝꽝 부딪친다.
6	흥미를 주는 작은 물건들에 시선을 고정시키고 붙잡기 위해 손을 뻗친다.
6개월 반	물건을 만지고 조사해 본다.
7	물건을 손에 넣기 위해 줄을 잡아당긴다.

개 월 수	조 작 능 력
7개월 반~8개월 반	엄지와 손가락을 가지고 물건을 잡는다.
8	많이 사용하는 손의 선호가 나타난다.
8~ 8개월 반	순가락을 두드린다.
9	손닿는 범위 내에 떨어진 장난감의 정확한 장소를 찾아낼 수 있다.
10	물건을 거칠게 내던진다.
10개월 반~11	엄지와 검지를 가지고 건포도를 집는다.
11	장난감 차를 밀 수 있다.
11~12	그릇에 세 개 또는 그 이상의 물건들을 넣는다.

3) 생리적 습관의 발달

영아는 신생아기를 거치면서 차츰 규칙적인 생리적 습관이 형성된다. 영아가 생리적 리듬과 주기의 규칙성을 획득하는 것을 용이하도록 하는 것이 영아를 돌보는 사람이 특별히 신경 써야 할 요소 중 하나이다.

(1) 수면습관

신생아는 하루에 깨어 있는 시간이 불과 20% 밖에 안되나, 차츰 수면시간이 줄어들어 생후 1개월경에는 하루 7~8회 낮잠을 자고, 6개월경에는 3~4회의 낮잠을 잔다.

(2) 식사습관

출생 후 4~5개월까지는 영아는 젖을 먹게 된다. 수유 시에는 아기를 가슴에 안아서 젖을 먹임으로써 피부접촉을 통해 따뜻한 체온을 느끼게 하는 것이 안정감 형성에 도움이 된다.

5~6개월이 되면 젖니가 나기 시작하므로 서서히 이유를 시작하는데, 유동식에서부터 반유동식으로 새로운 음식을 맛보이면서 종류와 양을 점차 늘려나간다. 이 시기에 음식기호가 생겨나므로 먹기 싫어하는 식품을 강요하거나 좋아하는 것이라고 해서 한정된 음식만을 주는 것은 바람직하지 못하다.

(3) 배설습관

대소변 가리기 훈련은 생후 1년 정도에 일정한 시간간격을 두고 용변을 시키거나 영아가 표정으로나 몸짓으로 변의를 나타낼 때 변기에 앉힘으로써 시작할 수 있다. 그러나 제대로 훈련이 이루어지려면 양육자의 인내와 꾸준한 노력이 있어야 한다. 대소변조절에 필수적인 괄약근의 성숙은 18개월 정도가 되어야 이루어지며, 영아가 언어로 변의를 표현할 수 있게 되는 것도 2세 정도는 되어야 하기 때문에 수용적인 태도로 대소변훈련에 임해야 한다.

6. 신생아의 감각 및 생리

아기는 이미 어머니의 뱃속에서부터 어렴풋이 시각과 청각을 경험할 수 있음을 살펴보았다. 그렇다면 어머니와 분리되어 하나의 개체로서 신생아의 감각은 어느 정도로 발달되어 있을까? 보통 신생아기에 대한 연구는 시각과 청각에 대한 연구가 주류를 이루고 있다.

1) 신생아 감각

(1) 시 각

아기에게 시각(視覺)자극을 주게 되면 불빛이 눈에 가까이 다가올 때 눈을 감거나, 또는 빛의 강도가 약해지거나 강해지는 것에 대해서 동공을 수축·확대하는 반응을 보인다. 물체를 볼 수는 있으나 아직 미성숙하므로 초점을 맞추기 어렵고 한 가지 물체에 시선을 고정시키기도 힘들다.

그럼에도 불구하고 울프(Wolff, 1966)는 생후 2시간 이내의 아기가 움직이는 붉은 공을 따라 눈을 움직이며 3일 만에 움직이는 물체를 좇아 머리도 움직였다고 보고하고 있다. 해이스(Haith, 1966)는 장난감 젖꼭지를 빨던 신생아가 움직이는 불빛을 볼 때는 그 속도가 느려졌다고 보고하였는데, 이는 신생아가 불빛을 주목(attention)하고 시선을 고정시키고(fixation) 있음을 보여준다. 바우어(Bower, 1976)는 신생아들도 그의 사정거리(일반적으로 19cm) 안에만 있다면 물건을 손으로 치거나 때로는 잡기

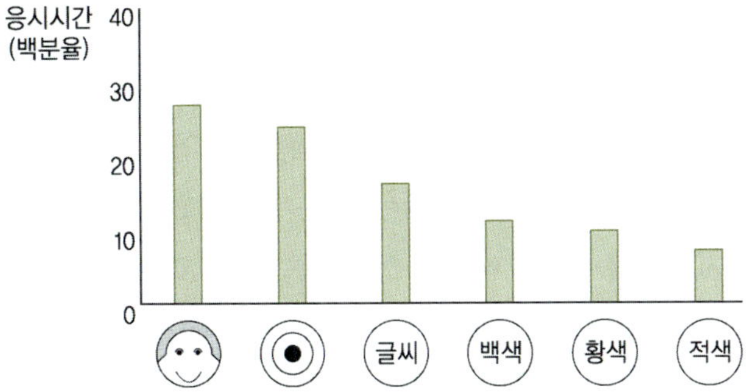

그림 8-2 ➡ 팬츠의 시각실험 결과

출처 : 주정일, 1985

도 한다고 하였는데 이러한 결과도 신생아들의 시각적·운동적 능력을 잘 보여준다.

팬츠(Fantz)는 생후 5일된 신생아가 여러 모양이나 색채 중에서 사람의 얼굴을 가장 오래 쳐다본다고 하였다. 그림 8-2에서 보면 사람의 얼굴을 쳐다본 아기는 11명, 과녁을 본 아기는 5명, 인쇄된 글씨를 본 아기는 2명이었고 색깔(백색, 황색, 적색)을 쳐다본 아기는 아무도 없었다. 게다가 사람의 얼굴과 다른 한 자극을 쌍으로 제시했을 경우는 더더욱 사람의 얼굴을 오랫동안 바라보았다. 이러한 결과를 볼 때 신생아는 생의 초기부터 사람의 얼굴을 선호(preference)함을 알 수 있다(주정일, 1985, 재인용).

또한 신생아들은 여러 가지 형태를 변별할 수 있으며 단순한 모양보다는 줄무늬가 있는 것, 배경과 뚜렷한 대비를 이루는 것, 작은 것보다는 큰 모양을 선택해서 응시하며, 직선보다는 곡선을 선호하는 경향이 있었다. 신생아는 그림 8-3에서의 오른쪽 형태보다 왼쪽에 있는 형태를 선호하였다(Fantz & Yeh, 1979).

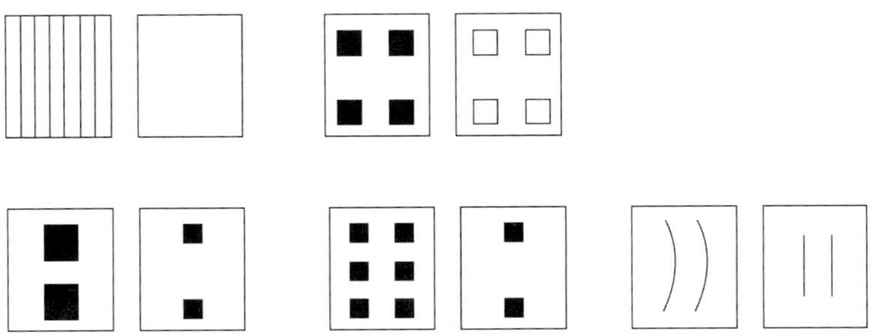

그림 8-3 ➡ 신생아의 형태선호 경향

사람의 얼굴에 대한 아기의 인식능력은 다음의 시각실험에서도 잘 나타나 있다. 케이건(Kagan), 핸커(Henker), 핸토브(Hentov), 래빈(Levine)과 루이스(Lewis, 1966)는 신생아는 아니지만 4개월 된 아기에게 네 가지 형태의 얼굴 모양을 보여주고, 네 가지 형태에 대해 쳐다보는 시간, 미소짓는 횟수, 발성(vocalization)하는 시간을 측정하여 어느 형태를 더 좋아하는지 아기의 선호도를 알아보고자 하였다. 네 가지의 얼굴형태는 우리에게 익숙한 정상적인 얼굴, 이목구비를 일그러지게 한 얼굴, 코와 입만이 있는 얼굴, 이목구비가 없는 얼굴이었다. 그 결과 네 가지 얼굴형태에 대한 선호를 측정하는 세 가지 방법 중에서 눈을 고정시키고 바라보는 시간량과 발성하는 시간량에서는 차이를 보이지 않았다. 이 두 가지 방법만 가지고는 이 네 가지의 얼굴형태를 변별하는지 알 수 없었으나, 미소짓는 횟수에서는 놀랄만한 차이를 보여주어 4개월 된 아기가 사람의 얼굴을 정확하게 알고 있음을 나타냈다. 즉, 대상 아동의 60%가 정상적인 얼굴에 한 번 이상 미소를 지은 데 비하여 일그러진 얼굴에는 25%만이 미소지었고, 대상아동의 70%가 일그러진 얼굴보다 정상적인 얼굴에 더 많이 미소를 지었다.

또한 바우어(1976)는 신생아가 3차원의 공간을 지각할 수 있는지에 대해 연구하였다. 성인들은 3차원으로써 물건이 얼마나 멀리 떨어져 있는지를 어느 정도 정확하게 판단한다. 우리의 눈에 비친 영상은 완전히 평면적인데 우리는 묘한 방법으로 이것을 3차원적으로 해석해 낸다. 과연 신생아들이 이러한 해석을 할 수 있는지 궁금히 여겼던 바우어는 신생아를 곧추세워들고 물건을 아기의 얼굴 쪽으로 가져갔을 때 아기가 다가오는 물체에 맞지 않으려고 머리를 뒤로 젖히는 것을 발견하였다. 갓 태어난 아기들에게서는 아직 이런 방어적인 움직임이 발견되지 않았지만 생후 1주 내의 아기들에게선 관찰되었다.

벨과 트로닉(Ball & Tronick, 1971)의 실험에 의하면 신생아들은 다가오는 물체에 대해 방어하려 할 뿐 아니라 다가오는 물건이 자기와 부딪치는 방향으로 다가오는지 빗나간 방향으로 다가오고 있는지를 식별해낼 수 있었다. 즉, 다가오는 물체가 자기의 얼굴에 부딪칠 것인지 아무 해를 받지 않을 만큼 머리 위로 지나갈 것인지를 알아내었다. 아기들은 전자의 경우에는 방어했지만 후자의 경우에는 방어하려 하지 않았다(Bower, 1986, 재인용).

(2) 청각(聽覺)

우리는 앞에서 탄생 중의 아기가 분만실에서 나는 소음을 모두 들을 수 있음을 살펴보았다. 그러나 신생아가 소리가 왼쪽에서 나는 것인지 오른쪽에서 나는 것이지 혹은 앞에서 나는 것인지 구별할 수 있을까 하는 의문을 제기할 수 있다. 성인들은 소리의 근원을 너무 쉽게 자동적으로 알아내기 때문에 그것이 아기에게 문제가 될지도 모른다는 것을 생각하지 못한다. 그러나 귀의 구조를 생각해 보면 과연 아기가 성인과 같이 소리의 방향을 들을 수 있는 것인지 의문을 제기하게 된다.

원래 귀는 1차원적인 감각 수신조직이다. 귀에 부딪치는 소리의 파동은 소리가 들려온 방향과는 관계없이 똑같은 형태로 고막을 두드린다. 귀에 와 닿는 소리가 위치를 알아내는 소리의 위치를 알려줄 단서가 아무 것도 없다. 우리가 위치를 알아내는 방법은 두 귀를 사용하기 때문에 가능하다. 그림 8-4에서와 같이 그 소리가 왼쪽 귀에 도달하기 불과 몇 분의 1초 전에 오른쪽 귀에 먼저 도달한다. 반대로 왼쪽에서 나는 소리는 그 소리가 귀에 도달하기 몇 분의 1초 전에 왼쪽 귀에 먼저 도달한다. 앞쪽으로부터 오는 소리는 두 귀에 동시에 도달한다. 성인에게는 이러한 연관성이 너무나 자동적으로 이루어지기 때문에 두 귀로 소리를 각각 듣는다는 것을 인식하지 못한다(Bower, 1986).

그러나 신생아들에게도 이런 현상이 나타날 것인가? 소리가 오른쪽 귀를 친 후에 왼쪽 귀를 치면 오른쪽에서 나는 소리로 알아듣는 것일까? 그렇지 않으면 소리의 방향을 모른 채 두 가지 소리로 듣는 것일까? 이를 발견하기 위하여 워사이머(Wertheimer, 1961)는 분만실에 직접 들어가서 출생 즉시 여자 아기를 테스트해 보

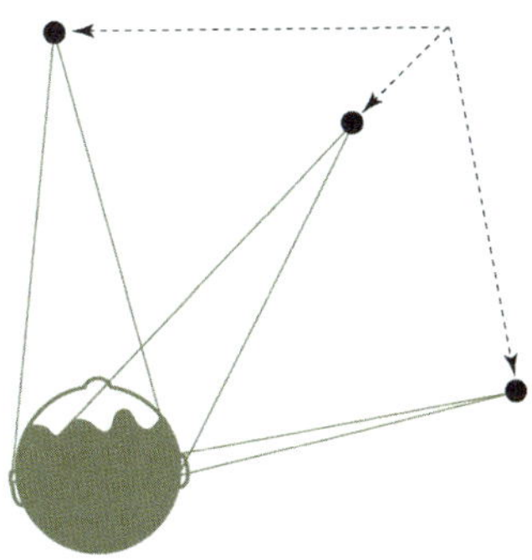

그림 8-4 ➡ 소리의 근원

출처 : Bower, 1974

왔다. 그는 아기의 오른쪽 귀에 찰칵거리는 소리를 들려주고 또 왼쪽 귀에 소리를 들려주면서 아기가 하는 모양을 지켜보았다. 그 결과 단지 몇 초밖에 안된 아기는 오른쪽에서 소리가 날 때는 오른쪽으로 눈을 돌렸고, 또 소리가 왼쪽으로 날 때에는 왼쪽으로 고개를 돌렸다. 이것은 아기가 공중에서 나는 소리의 위치를 파악할 수 있어 오른쪽, 왼쪽을 충분히 구분한다는 것을 의미한다.

소리에 대한 변별실험도 신생아를 대상으로 브론스테인과 페트로바(Bronstein & Petrova, 1967)에 의해 실시되었다. 그들의 연구에 따르면 생후 4시간 반쯤 된 한 아기가 장난감 젖꼭지를 빨다가 자극적인 소리가 나면 빠는 일을 잠시 멈추고(주의), 다시 빨다가 같은 소리가 나면 멈추지 않고(습관화), 음색이 다른 소리가 나면 다시 멈추는 현상(변별)을 보임으로써 갓 태어난 신생아도 소리에 대한 변별능력이 있음을 밝혀냈다.

그러나 출생 첫 날에는 낮고 약한 소리에 반응을 잘 못하는 것 같이 보이는데 이것은 신생아의 외이도(外耳道, auditory canal)에 아직 양수가 차있기 때문이므로 시간이 가면 저절로 양수가 마르므로 문제가 되지 않는다.

(3) 통각(痛覺)

신생아의 통각에 대한 것은 별로 밝혀진 것이 없지만, 신체부위에 따라 통각을 느끼는 정도가 다르다는 것을 알 수 있다. 예컨대, 소화기관에서 오는 통증은 참기 어려워 배가 고프면 위의 통증 때문에 울어대지만 다른 신체부위의 통증에 대해서는 무감각함을 보이기도 한다. 그러한 점을 이용하여 남아의 경우 태어난 직후 포경수술을 해주는 경우를 많이 보게 된다. 통각의 발달에 대한 연구로, 렙시드(Lepsitt, 1959)의 연구를 살펴보면, 태어난 후 4일 동안 신생아에게 전기로 자극을 해 본 결과 처음에는 비교적 강한 자극을 주어야 움츠렸던 아기가 날이 갈수록 약한 자극에도 반응을 나타냈다고 보고하고 있다. 이것은 성숙과 더불어 급속하게 통각이 발달함을 보여준다.

(4) 기타 감각(感覺)

미각이나 후각에 대해서는 시각이나 청각에 비해서 알려진 것이 거의 없다. 단지 미각이나 후각도 신생아 때부터 다른 맛이나 냄새를 변별할 수 있다는 것이다. 미각이나 후각은 다른 감각에 비해 출생 때 거의 완전하게 발달되어 있어서 기본 감각으로 인식되고 있다. 신생아에게 미각이나 후각의 기능이 미숙한 것처럼 보이는 것은 이 두 가지 감각 모두가 다른 감각 과정이나 운동근육과 관련될 때에만 기능을 발휘하기 때문이다.

이상에서와 같이 신생아는 시각과 청각에 있어서 빠른 진보를 보이고 다른 모든 감각에 있어서도 출생 직후 또는 곧이어 성인과 비슷한 감각을 갖게 된다는 것을 알 수 있다. 신생아가 갖는 능력이 일반 성인들이 생각하는 것보다 크기 때문에 어떤 사람들은 신생아의 능력에 관해 잘 알지 못하는 이들에게 그들이 갖고 있는 능력을 소개할 때 '신생아의 초능력' 이라 과장하여 소개하기도 하는데 이는 잘못된 관념이라고 할 수 있다.

2) 신생아의 생리

(1) 신생아의 생리적 체중감소

신생아는 출생 후 2~3일 경에 생리적으로 체중이 감소하게 되는데 신생아의 90% 이상은 이 현상을 나타낸다. 일반적으로 생후 3~5일경에 가장 많이 감소하며 출생시 체중의 약 5~10%, 즉, 150~300g 정도 감소하며 7일 경이면 체중이 다시 회복되는데 그 원인은 다음과 같다.

첫째, 포유량 부족으로 출생 직후의 신생아는 아직 포유력이 약하고 또한 모유 분비량도 적다. 둘째, 피부나 폐로부터의 수분 증발로 신생아는 출생하면 태아기에 행해지지 않던 폐호흡이 시작되며, 자궁 내보다 온도가 낮은 환경에 접하게 되므로 급속히 수분이 증발한다. 이것으로 인한 감소는 전체 감소의 약 70~75%를 차지한다. 셋째, 태변(胎便)이나 뇨(尿)의 배설로 인한 체중감소로 전체 체중감소의 약 10~20%이다. 넷째, 신체의 지방 소비로 신생아기에는 영양섭취량이 적기 때문에 생명유지를 위하여 저장지방을 소비하여 열원으로 사용한다. 이것에 의한 체중감소는 전체 감소체중의 약 10~15%에 해당한다. 신생아의 체중감소를 방지하기 위해서는 출생 후 유즙(乳汁)이나 보리차 등을 충분히 공급하여야 하며, 허약한 아기는 생리적 체중감소의 회복이 늦으며, 인공영양아는 모유영양아에 비해서 체중감소가 심하며 그 회복기간도 오래 걸린다.

(2) 신생아 탈수열(脫水熱)

갈열(渴熱)이라고도 하는데 생후 3~5일 경에 생리적 체중감소에 따라서 신생아는 38~39℃ 또는 그 이상 발열하는 경우가 있는데 이것을 탈수열이라고 한다. 탈수열의 원인은 신생아는 포유량이 적고, 따라서 수분 섭취량이 적기 때문이며 체표면이나 폐로부터 수분이 증발하고, 또한 뇨나 변의 배설 등으로 인하여 체내의 수분을 빼앗기기 때문이다.

또한 체온조절기능이 충분히 발달하지 않은 데에도 원인이 있다. 신생아의 탈수열은 수분을 공급하면 즉시 회복이 되며 수분의 공급이나 5%의 포도당액 또는 생리적 식염수를 주사하면 된다.

(3) 신생아 아반

신생아에게 나타나는 아반(兒班 ; 蒙古班)은 몽고민족에게 나타난다고 하여 몽고반이라고도 하는데 우리 나라 대다수의 신생아의 둔부(臀部), 척부(脊部), 요부(腰部) 등에 나타나는 푸른색의 넓은 점이다. 세 살까지는 뚜렷하지만 4~5세 경부터는 감소하고 13세경에는 거의 없어진다. 유럽(5%), 미국(0.4%)\의 어린이에게는 거의 나타나지 않는다.

(4) 신생아 황달

신생아의 황달 현상은 대부분의 신생아(70~80%)에게 나타나며 출생 후 2~3일 경에 피부가 누렇게 되며 일주일이 지나면 회복된다. 황달 정도가 심하여 3주일이 지나도 없어지지 않으면 병적인 원인이 있으므로 의사의 진단을 받아야 한다. 그러나 신생아 황달은 대부분의 어린이에게 나타나며 보통 장애없이 경과하므로 생리적 현상으로 보고 있다. 신생아의 황달 현상 원인은 다량의 적혈구가 파괴되어 담즙색소가 만들어지는데, 신생아는 간장기능이 충분히 발달되지 못한 관계로 만들어진 담즙색소를 충분히 배설하지 못하고 핏속에 담즙색소인 빌리루빈(bilirubin)이 침적되어 나타나는 현상으로 알려지고 있다.

(5) 유아 돌연사

유아 돌연사(sudden infant death, SID)는 평소에 매우 건강한 아기가 낮 또는 밤에 갑자기 수면 중에 사망한 경우이며 정확한 이유를 밝혀내지 못하고 있다. 유아 돌연사는 생후 2주에서 첫 돌 사이, 그중에서도 특히 생후 2~4개월 사이에 가장 많이 나타난다. 미국의 경우, 유아 돌연사는 1년에 약 7,000명씩 신생아 599명에 1명으로 발생하였다(Naeye, 1980).

돌연사의 가장 직접적인 원인은 아기를 엎드려 재우는 것으로 추정되고 있다. 돌연사 유아에게서 발견된 위험요인들은 미숙아이거나 출생 시 체중미달, 임신 중 흡연, 산전관리 소홀, 25세 이하의 산모, 빈곤층, 돌연사 아기 분만 1년 전 임신과 여아보다는 남아가 더 많았다(Lewak, Van den Berg, & Beckwith, 1979).

유아 돌연사 예방으로는 ① 아기를 엎어 재우지 말 것, ② 잠자리에서 우유를 먹이지 말 것, ③ 아기를 안고 소파에서 잠자지 말 것, ④ 흡연자, 과음자, 약물 복용자, 피로로 지친 사람은 아기를 데리고 자지 말 것 등을 권하고 있다.

Chapter 9

애착발달

1. 애착이론
•
2. 애착발달
•
3. 애착이 발달에 미치는 영향
•
4. 아동기 애착문제
•
5. 애착발달 연구의 최신경향

Chapter 09 애착발달

애착 개념은 그 동안 사회성 발달의 이론적·실증적 문헌에서 상당한 주의를 받아왔다. 볼비(Bowlby, 1958)의 책에서 가장 먼저 소개되었던 '애착'이란 용어는 유아와 어머니간의 애정의 끈(affectional bond)으로 묘사되었다. 또한 애착은 시간이 흐름에 따라 계속되는 두 사람간의 독특한 관계로 정의 될 수 있다(Klaus & Kennell, 1978). 이 지속적인 관계를 조작적으로 정의하는 것은 어렵지만, 애착을 나타내는 것으로서 특별한 개인에게 접촉을 유지하고 애정을 나타내는 행동들이 있다. 즉, 어머니들이 유아에게 표현하는 애착행동으로는 귀여워하기(fondling), 꼭 껴안기, 뽀뽀하기, 응시하기(prolonged gazing) 등을 들 수 있으며, 유아가 어머니에게 나타내는 애착행동으로 미소, 울음, 옹알이, 잡기, 추종반응 등을 들 수 있다.

여러 학자들은 이러한 애착행동을 발견하고 왜 어떻게 이와 같은 애착이 형성되는지 설명하려고 노력해왔다. 어떤 학자들은 모든 아기들이 다른 사람에게 생리적으로 의존할 수밖에 없기 때문에 신체적인 욕구로 인한 의존성이 애착을 형성하게 한다고 하였다. 그러나 애착이 형성되는 과정을 보면 반드시 신체적인 의존 때문만은 아니라는 것이 밝혀졌다.

볼비의 설명에 따르면 유아는 본능적으로 부모와 가까이 함으로써 부모와 점차 밀접한 관계를 형성한다고 한다. 아기가 어머니에게 애착행동을 보일 때 어머니는 아기와 상호작용을 하게 되고 사랑을 느끼며, 아기는 보살핌과 사랑을 주는 사람이 바로 어머니라는 것을 알게 됨으로써 두 사람간의 애정이 싹트게 된다는 것이다.

정신분석학적인 입장에서도 어머니와 유아간의 관계를 설명할 때 본능을 강조한다. 즉, 애착은 성 본능과 관련되며 애착대상을 선정하고 조작하는 것은 모두 본능에 의한 것으로 보았다. 정신분석학적 입장에서는 애착이라는 용어를 사용하지는 않았지만 어머니가 아기에게 즐거움이나 위안의 대상으로 지각되면 어머니가 애착대상이 된다고 하였다.

볼비는 동물 행동학으로부터 영향을 받아 동물행동학에서 관심을 가졌던 각인현상을 인간의 애착과 관련지어 설명하고자 하였다. 즉, 애착과정에 관심을 가지고 애착이 어떻게 형성되는지, 이 관계가 생애 초기에 제대로 형성 되지 않았을 때 동물에서 볼 수 있는 각인현상과 마찬가지로 나중에 애착을 형성할 수 없게되는지 등에 관심을 가졌다.

그 결과 반드시 자신을 낳아준 어머니가 애착대상이 되는 것이 아니라 주된 양육의 책임을 맡은 사람은 누구라도 애착대상이 될 수 있음이 밝혀졌다. 어떤 한 양육자와 애착을 형성할 정도의 상호작용을 경험해 보지 않은 유아를 제외하고는 거의 모든 유아들이 주된 양육자에게 애착을 형성한다. 또한 애착행동에는 개인차가 있으며 아동에 따라 애착의 질에 차이가 있음을 지적하였다.

이와 같이 애착의 질에 대해 많은 연구가 이루어졌는데, 이와 관련하여 어린 연령부터 아기를 탁아기관에 맡기는 요즈음의 추세를 고려하면서 어린 연령에 탁아소에 위탁되는 유아들의 애착형성에 관심이 집중되었다. 최근 20년 동안 연구들은 어머니와 유아간의 강한 애착이 아동의 사회적 능력발달 및 전반적인 발달에 필수적임을 증명하려 하였으며, 또한 부모와 아동의 애착의 질이 이후의 인지발달과 관련된다는 증거를 제시하기도 하였다.

따라서 이 장에서는 첫번째 애착이론에 대해 살펴보고, 두 번째, 애착발달에 필요한 부모의 태도 및 탁아기관에 위탁된 아동들의 애착발달에 초점을 맞추어 애착의 발달에 대해 살펴보고자 한다. 세 번째, 애착이 전반적인 아동발달에 미치는 영향에 대해 설명함으로써 애착과 관련된 여러 가지 요인들을 정리하였다.

1. 애착이론

볼비의 이론에 영향을 주었던 동물행동학에 관해 알아보기 위해 각인현상에 대해 먼저 살펴보고자 하며, 볼비 이후 '낯선 상황 실험' 애착연구로 유명해진 애인즈워스(Ainsworth)의 이론에 대해 알아봄으로써 애착에 대한 주된 이론을 간략하게 소개하고자 한다.

1) 각 인

각인(刻印, imprinting)이란 어린 동물이 생후 초기의 특정한 시기 동안에 어떤 대상에게 노출되어 그 뒤를 따르게 되고, 결국 그 대상에게 애착되는 것을 의미한다. 로렌즈(Lorenz)는 이 특정한 시기를 '결정적 시기' 라고 하여 이 시기 이전이나 이후에 그 대상에게 노출되면 애착은 형성되지 않는다고 주장하였다. 많은 종류의 조류나 포유류의 새끼들은 결정적 시기 동안에 주로 어미에게 노출되므로 어미에게 애착행동의 하나인 추종반응을 보인다. 이러한 추종반응을 보고 새끼들이 어머니에게 각인된 것을 확인하였고, 각인현상을 알아보고자 어미거위가 새끼를 낳자마자 어미거위 대신 자신이 새끼들을 돌보았다. 그 결과 거위새끼들은 로렌즈를 어미인 줄 알고 그의 뒤를 졸졸 쫓아다녔는데, 이것은 거위새끼들이 생의 초기의 민감한 시기 동안에 로렌즈에게 각인 되었고, 그들과 같은 종(species)이 아님에도 불구하고 그를 애착대상으로 여겼음을 보여준다.

로렌즈는 조류의 종류에 따라 각인되는 과정에서 차이가 있음을 발견하였다. 예컨대, 기러기새끼들은 움직이는 것이면 무조건 각인되어 생물이 아니라 움직이는 물체에도 각인 되었으나, 물오리새끼들은 움직이는 각인 대상의 키의 높이가 어느 정도이냐에 따라 영향을 받음을 밝혀냈다.

이와 같이 어떤 종류의 동물에 있어서는 각인이 생애의 매우 이른 시기동안에 신속하게 일어나지만, 침팬지와 같은 영장류들은 다른 형태를 보인다. 침팬지 새끼는 출생 후 3~4개월이 지난 뒤에야 비로소 함께 있는 다른 침팬지에게 관심을 보이기 시작한다. 이때 침팬지들은 어미에게 뚜렷한 애착을 보이며, 다른 침팬지에 대해서는 경계를 나타낸다. 애착이 형성된 후에 새끼들은 어미 곁에 더욱 머무르고자 하며 수시로 어미에게 달려들어 등에 매달리곤 한다(Bowlby, 1969).

이상에서와 같이 동물들의 새끼들은 비교적 생의 초기의 어떤 결정적 시기 동안에 특정한 애착대상에 대하여 각인이 형성되고, 각인된 대상에 대하여 추종반응과 같은 애착행동을 나타내는 것으로 보아 어미에게 애착이 형성된 것으로 보인다.

인간의 경우도 이와 같은 결정적인 민감기가 존재하는지에 대해 관심을 가지고 연구들이 시도되었다. 어머니와 아기 사이에 애착이 형성되는데 과연 민감기가 존재하는지에 관한 것으로, 여기에서는 주로 어머니가 아기에게 애착되는 것에 관심을 가졌다. 이 연구들은 애착이란 아기가 어머니에게 나타내는 것만이 아니라 어머니도 아기에게 애착되며, 이것이 어머니의 역할에 얼마나 큰 영향을 미치는지 잘 보여준다. 아기에 대한 어머니의 애착유무(愛着有無)에 따라 어머니의 양육태도가 달라질 수 있으므로, 아기가 양육되는 동안에 어머니로부터 영향을 받을 것이라는 예측이 가능하다. 이에 대한 연구로서 28명의 초산부(初産婦)를 대상으로 엄격히 통제된 연구를 실시하였다. 이들 어머니들 중, 반은 통제집단보다 출산 후 첫 3시간 내에 1시간 동안 아기와 함께 더 지내게 하고, 또한 출생 후 첫 3일 동안 15시간 이상을 유아와 함께 보내도록 허용하였다. 이 때 아기와 초기접촉 및 연장된 접촉을 허가 받은 어머니들은 병원에서 아기가 신체검사를 받는 동안 좀더 아기에게 가까이 있으려 하였고 보다 많이 아기를 쳐다보았으며, 수유시 눈과 눈의 접촉을 더 많이 하며 귀여워하였다(Klaus, 1972).

그 후 1년 후에 뒤의 두 집단의 어머니들을 다시 관찰한 결과, 두 집단의 어머니들이 여전히 서로 의미 있게 다른 행동을 보인다고 보고하였다. 연장된 접촉을 하였던 어머니들은 통제집단보다 아기가 검사 받는 동안 곁에 있으면서 유아를 달래곤 하였고, 외출 시 아기를 더 많이 데리고 다니는 경향이 있었다(Kennell, 1974).

그 후 링글러(Ringler, 1975)와 동료들은 유아가 2세 되었을 때 유아가 말하는 동안 두 집단 어머니들의 언어행동을 비교하였다. 연장된 접촉을 하였던 어머니들은 유아에게 두 배나 더 많은 질문하였고, 제안할 때 더 많은 단어와 형용사를 사용하였으며 더 적게 명령하였다. 출생 후 첫 3일 동안 오직 15시간 연장된 접촉을 한 것이 이렇게 장기간의 영향을 미친다는 것은 어머니의 행동에 영향을 미치는 민감한 시기가 있음을 증명해준다.

이상을 종합해 보면 각인은 주로 동물의 새끼들에게 볼 수 있는 현상으로서 처음에는 대상들이 자신의 어미가 아니라도 다양한 대상에게 추종반응을 보이나, 각인시기의 끝 무렵에서는 단 하나의 대상에게 애착을 형성하며, 보통의 경우는 그 어미에게 애착된다. 이와 같이 동물들의 행동을 통해 각인현상으로서 애착을 설명했던 동물행동학 이론에서는 유아들이 보이는 애착도 다른 동물에게서 보여진 각인과정과 마찬가지로 그와 비슷한 본능에 기인한 행동이라고 생각하였다.

또한 동물의 새끼들이 각인현상을 일으키거나 어미들이 새끼에게 애착을 형성하는 것을 보면 민감한 시기가 존재하며, 인간의 경우에도 아기를 출산한 산모들이 아기에게 애착을 형성하는데 이와 비슷한 민감한 시기가 있음을 알 수 있다.

2) 볼비의 애착이론

인간은 비교적 오랫동안 무능력한 유아상태로 있기 때문에 생존을 위해서는 자기를 돌봐 줄 사람이 필요하다. 그러므로 유아는 어머니의 보호반응을 유도하며, 어머니에게 갖는 유아의 애착은 동물과 마찬가지로 중요하고 생존적 기능을 갖는다.

아기는 자신이 생존의 위협을 받을 때 가까운 양육자로부터 보호를 받기 위해 신호를 보내는데 이러한 신호를 애착행동으로 보며, 울음이나 매달리기, 미소, 옹알이, 빨기, 잡기, 추종반응 등으로 설명하고 있다. 애인즈워스(Ainsworth, 1973)는 중요한 애착행동으로 미소를 들고 있는데, 이는 아마도 어른의 반응을 강하게 끌어내는 힘이 있기 때문인 것으로 풀이된다. 이들 애착행동은 연령이 증가함에 따라 변형되므로 유아의 매달리기나 울음은 좀더 큰 아이들에게 적합한 다른 행동으로 변형될 수 있다.

생후 2년 동안의 애착행동을 연구했던 레비스와 밴(Lewis & Ban, 1971)은 아동이 애착을 표현하는 데 변화를 겪으며 두 가지 형태의 애착행동을 입증하였다. 근접하고자(proximal)하는 애착행동과 먼 거리(distal)에서의 애착행동으로서, 전자는 어머니에게 가까이 있고자 하여 접촉하는 행동을 의미하고, 후자는 쳐다보기 및 발성하기를 뜻한다. 그들은 1세에서 상당한 접촉을 시도했던 유아가 2세 동안에는 좀더 자주 어머니를 쳐다보는 것으로 그 행동이 변하는 것을 관찰하였다. 즉, 근접하고자 하는 행동은 1~2세 사이에 감소하나, 먼 거리에서의 애착행동은 증가하였다. 그러므로 그들은 1세의 근접 애착행동이 2세 동안에는 먼 거리에서의 애착행동으로 변형된다고 결론지었다. 맥코비와 펠드맨(Maccoby & Feldman, 1973)은 3세 아동을 대상으로 연구를 확장시킨 결과 비슷한 경향을 발견하였다.

이와 같이 다른 연령에서는 애착의 끈이 다른 행동으로 표현됨을 볼 수 있다. 아주 어린 아기들은 시각적인 추적과 울음으로써 애착을 표현하나 8개월된 유아들은 매달리고 추종반응을 보임으로써 애착을 표현한다.

볼비는 유아의 경우에는 그 애착과정이 동물처럼 생후 며칠 동안에 결정되는 것은 아니지만 동물과 유사한 과정을 통해 애착된다고 주장하며, 애착과정을 몇 단계로 설명하였다.

그의 애착과정을 살펴보면 아기는 처음에 어떤 얼굴을 보아도 미소지으며 사람이 곁에 있다가 떠나가 버리면 우는 반응을 보인다. 그러나 생후 약 3~6개월 사이가 되면 몇몇 익숙한 사람에게만 미소짓고 특정한 사람만을 특히 좋아하게 된다. 이러한 애착형성은 다른 종(種)의 각인현상과 유사하다. 동물의 경우와 마찬가지로 낯선 사람에 대한 공포는 다른 사람에게 새로운 애착을 형성할 가능성을 감소시켜 버린다. 그 후 아기는 자신의 애착대상이 어디에 있는지에 대해 민감한 반응을 보이며, 애착대상과 가까이 있으려고 좀 더 적극적으로 행동하게 된다. 그러므로 이 정도가 되면 아기도 이동능력이 생기므로 애착대상이 움직이면 졸졸 따라다니고 떨어지지 않으려고 한다(Craim, 1985).

(1) 1단계(0~3개월) : 인간에 대한 무분별한 반응

생후 처음 몇 달 동안 아기는 대부분의 사람에게 아주 비슷한 반응을 보인다. 왜냐하면 유아들은 시·청각을 비롯하여 여러 감각이 신속히 발달함에 따라 감각자극에 대한 변별력이 있음에도 불구하고 그러한 자극을 제시하는 사람들을 변별하지 못하기 때문이다. 아기는 사람의 목소리나 얼굴을 보고싶어 하므로 사람이 곁에 없으면 보채기도 한다. 이 시기에 나타나는 유아의 행동들은 성인으로 하여금 자신에게 접근이나 접촉을 하게 한다. 그러므로 울음, 미소, 발성 등을 통해 성인의 행동을 활성화시킨다. 출생한지 10분된 아기가 여러 형태의 모양보다 사람의 얼굴을 더 좋아함을 밝혀냈다(Fantz, 1961). 그러므로 아기는 곁에 있던 사람이 보이지 않을 때, 혹은 잠에서 깨어나 혼자 있을 때 울음으로 반응하며, 누구이든지 간에 상관하지 않고 사람이 곁에 있기를 바란다.

4주쯤 되면 아기는 의도적으로 곁에 있는 사람의 얼굴을 빤히 쳐다보기 시작한다. 5주쯤 되면 이미 사람의 얼굴에 대한 인식이 이루어져 사람의 얼굴을 볼 때 사회적 미소(social smile)를 보낸다. 이는 어떤 특별한 애착대상에게 나타내는 것이 아니라 모든 사람에게 보이는 반응으로 이때의 사회적 미소는 얼굴이 완전히 정면으로 제시될 때 일어난다(Freedman, 1974, p.187). 미소는 돌보는 사람을 가까이 있도록 하므로 애착을 증대시킨다. 아기가 미소지을 때 그를 돌보는 사람은 즐거움을 느끼고 아기에게 미소를 지어주며 말을 건네고 귀여워해 준다. 그러므로 미소는 아기에게 생존기회를 높여주는 상호작용을 촉진시켜준다.

아기는 울음과 미소 이외에 여러 가지 반사에 의해서 부모와 가까이 있으려고 있다. 즉, 신생아는 파악반사를 통해 손바닥에 닿는 어머니를 붙잡을 수 있으므로 어머니를 더욱 가까이 있게 할 수 있으며, 입으로 더듬거리거나 빠는 반사를 통해 젖을 쉽게 먹을 수 있을 뿐 아니라 어머니와의 상호작용을 증가시킨다.

(2) 2단계(4~6개월) : 낯익은 사람에게 초점 맞추기

여러 가지 반사들이 점차로 소멸되며, 아기의 사회적 반응은 보다 선택적으로 이루어진다. 이 단계의 유아는 낯익은 사람과 그렇지 않은 사람을 구별할 수 있으므로, 주로 낯익은 사람에게 옹알이를 하기도 하고 미소짓는 행동을 보인다. 낯선 사람을 보면 가만히 응시하기도 한다.

보통 애착대상은 어머니가 되기 쉬우나, 아기들은 자신들이 보내는 신호에 가장 민감하게 반응해주고, 가장 잘 놀아주는 사람에게 강한 애착을 발달시킨다. 따라서 아버지나 다른 대리 양육자가 주요 애착대상이 될 수도 있다.

(3) 3단계(7개월~3세) : 능동적 접근 추구

이 단계의 유아를 우리는 흔히 처음 애착을 형성했다고 말한다. 정상적인 가정에서 자란 유아는 보통 12개월경에 어머니에게 애착을 형성하게 된다. 이때 애착을 나타내는 분명한 행동으로서 접근과 접촉추구 시도가 급격히 증가함을 볼 수 있다.

이 단계의 아기는 애착대상이 곁에 존재하느냐 아니냐에 따라 다른 반응을 보이기 시작한다. 애착대상이 곁에 있으면 안심을 하나 떠나려고 하면 울고 떨어지지 않으려고 저항한다. 또한 이 시기의 아기는 어느 정도 이동능력을 갖게 되므로 애착대상이 움직일 때 시야에서 벗어나지 않도록 뒤쫓아가려고 애를 쓴다.

이 단계의 애착현상을 잘 나타내는 두 가지 특징은 낯선 사람에 대한 불안(stranger anxiety)과 격리불안(separation anxiety)이다. 다른 낯선 사람보다 낯익은 보호자를 더 좋아하고 그로부터 격리될 때 불안을 느끼며 격렬한 반응을 보인다.

낯선 사람에 대한 불안을 낯가림이라고도 하며 보통 7~8개월경에 나타난다. 이러한 현상은 유아가 여러 사람가운데 어느 한 사람을 선택하여 애착을 형성함에 따라 나타나는 반응이다. 이때 아기의 반응은 약간 경계를 하는 것에서부터 울음을 터뜨리기까지 다양하다. 보통 유아는 낯선 사람을 보면 10초 가량 쳐다보다가 표정이 굳어지고 얼굴을 찌푸리기도 하고 입을 삐쭉이다가 울음을 터뜨린다. 일단 낯선 사람이 사라지면 다시 원상으로 돌아가지만 낯선 사람이 나타나면 다시 울기 시작한다. 또한 유아가 아프거나 낯선 환경에 있을 때 낯가림 반응은 더욱 심해진다. 낯선 사람과 접촉을 자주 할 경우 낯가림 현상이 줄어들지 모른다는 주장이 있기는 하나, 유아가 3개월, 6개월, 9개월 되었을 때 낯선 사람을 가까이 있게 하였더니 낯선 사람에 대해 계속해서 불안해하는 반응을 관찰할 수 있었다(Bronson, 1972). 낯선 사람에 대한 몇 번의 경험을 제공했음에도 불구하고 낯가림 현상이 12개월까지 계속 나타나자 그는 낯선 사람과 가끔씩 접촉할 기회를 갖게 되면 낯선 이에 대한 불안이 감소할 것이라는 종전의 주장을 반박하였다. 이 불안은 12개월을 전후하여 절정에 이르고 그 후에는 차차 없어진다.

격리불안은 유아가 애착 대상인 어머니와 함께 있다가 멀어지거나 격리되면 불안해서 우는 것을 말한다. 이러한 격리불안은 보통 생후 6~12개월에 나타나기 시작하여 애착이 형성된 12~20개월에 가장 많이 나타난다. 12개월부터 20개월 사이에는 유아가 기어다니거나 걸을 수 있으므로 어머니에게서 떨어지면 어머니 곁으로 가려고 애를 쓴다.

볼비는 격리불안의 발달과정을 몇 단계로 설명하였는데, 첫번째 단계로서 유아는 어머니와 격리될 때 격렬하게 반항하며 울고 고함치며 엄마를 부르면서 쫓아간다. 두 번째 단계는 절망의 단계로 깊은 슬픔의 상태를 보인다. 그러나 엄마가 돌아오리라는 기대를 갖고 있다. 세 번째 단계에서 유아는 어머니로부터 분리되어 어머니에 대한 관심을 잃는다. 그러므로써 더 이상의 고통이나 슬픔을 느끼려고 하지 않는다. 어머니와의 격리 기간이 긴 경우에는 애착형성에 영향을 미칠 수 있다.

낯선 사람에 대한 불안과 격리불안 두 가지 현상에 대한 이론적인 접근은 다양한 설명을 제시한다. 비교행동학자들은 낯선 사람에 대한 불안이나 격리불안의 원인을 격리 때문이라고 한다. 낯선 사람이 곁에 있다는 것 자체가 그 사람으로 인한 직접적인 공포를 의미하는 것이 아니라, 낯선 사람이 나타나는 것이 어머니와의 격리를 상징하는 것으로 보았다. 한편 인지이론가들은 또 다른 설명을 하고 있다. 아기가 6개월 정도가 되면 어머니의 도식을 형성하기 때문에 어머니가 아닌 다른 사람을 변별할 수 있다고 본다. 처음에 아기들은 낯선 사람을 어머니의 도식에 동화시키려고 노력하나 동화시킬 수 없으므로 그 차이를 인식하기 때문에 불안을 느낀다는 것이다.

(4) 4단계(3세에서 아동기 말까지) : 동반자 행동

3세 이전의 유아들은 단지 돌보는 사람과 가까이 있으려하고 잠시라도 눈에 보이지 않으면 불안해하므로 자신을 돌보는 애착대상의 계획은 관심 밖이다. 예컨대, 어머니가 잠깐 쓰레기를 버리러 집문 밖을 나갈 경우, 3세 이전의 유아는 단순히 함께 있기만을 원하므로 혼자 두고 가는 것에 저항한다.

그러나 3세 아동은 어머니가 나가면서, "엄마, 쓰레기 버리러 잠깐 나갔다 올게" 하고 이해를 시키면 어머니의 이러한 계획을 이해하므로 어머니가 잠시 곁에 없을지라도 어머니가 무슨 행동을 할 것인지 상상할 수 있다. 그러므로 어머니가 잠시 눈에 보이지 않더라도 어머니의 계획을 이해함으로써 자기 곁을 떠나는 것을 허용하는 어머니와의 동반자관계를 형성한다. 또한 이 단계의 아동들은 어머니에게 접근하고 접촉을 하기 위해서 어머니의 행동을 변화시킬 수 있는 행동을 고안해 낼 수 있다.

볼비는 애착의 형성과정에 관심을 가졌을 뿐 아니라 수용시설에서 자라난 아동들이 성장한 후 다른 사람과 애착을 형성하지 못하는 것을 보고 인간도 애착을 형성하는 데 결정적 시기가 있음을 생각하게 되었다. 게다가 많은 아이들이 보모를 공유(共有)하므로 보모들은 이들의 욕구에 민감하게 반응하기 어렵다. 그러다 보니 정상적인 가정에서 자란 유아와 비교해 볼 때 시설아와 보모간의 밀접한 애착관계가 이루어지기 힘들고, 성인이 되어서도 타인과 깊은 유대관계를 맺지 못하게 된다고 보았다.

스피츠(Spitz, 1946)도 시설에서 자란 유아들에게 관심을 가졌다. 그들은 보모에 의해 신체적인 보호를 받기는 하나 애정어린 상호작용이 부족하므로, 성장 후에는 무감각한 표정에 이상한 몸짓과 움직임을 보였다. 그는 시설에서 자란 아기들의 반응을 보면서 이를 시설병이라고 명명하였다. 증상이 심해질 경우 유아는 잘 먹지도 않고 병에도 잘 걸린다고 하였다.

동물을 대상으로 이와 유사한 결과를 얻은 할로우(Harlow)는 신체적 욕구를 충족시킨다고 해서 애착이 생기는 것이 아님을 증명하였다. 이 실험은 원숭이를 대상으로 하였는데 태어난지 12시간 이내의 새끼원숭이들을 자신의 어미와 격리시켜 두 종류의 대리모에게서 젖을 먹게 하였다. 한 대리모는 철사 줄로만 만들었고 다른 하나는 그 위에 천으로 옷을 입혀서 같은 시각에 젖을 먹을 수 있도록 젖병을 장치하였다. 새끼원숭이들은 젖을 먹을 때만 철사로 된 어미에게 가고 나머지 시간동안에는 천으로 옷을 입힌 대리모에게 가서 노는 것을 볼 수 있었다. 그 다음에는 양쪽 우리에 커다란 곰 인형을 집어넣고 새끼원숭이의 반응을 살펴보았다. 천으로 옷을 입은 대리모에게서 자란 새끼원숭이들은 곰 인형을 보고 무서워 어미에게 매달렸으나, 철사 줄로 된 대리모에게서 자란 새끼들은 어미에게 가지 않고 우리 한 쪽에 가서 몸을 웅크리거나 몸을 흔들어 대었다.

위의 연구결과는 유아가 제대로 성장하기 위해서는 신체적인 욕구만을 충족한다고 되는 것이 아니라, 사랑과 애정이 요구되며 따뜻한 피부 접촉이 중요하다는 것을 입증해준다. 더구나 유아 초기에 사랑의 결핍은 성인이 되어서도 영향을 미친다는 것을 보여준다.

볼비의 애착발달에 관한 연구는 입양에 대해서도 시사점을 주고 있다. 만약 아기가 친부모에 의해 양육될 수 없는 조건이라면 아기가 어느 특정 사람에게 애착을 형성하기 전인 생후 6개월 전에 다른 양부모의 가정으로 보내는 것이 바람직하다. 6개월에서 3세 사이의 격리는 가장 고통스러운 것이 되기 쉽다. 왜냐하면 이 시기의 아동은 격리 이유를 이해할 수 있는 인지능력이 부족하기 때문이다(Ainsworth, 1973).

2. 애착발달

우리는 이제까지 애착이 어떻게, 왜 성립이 되며 어떠한 발달과정을 거치는지에 대한 여러 이론들을 살펴보았다. 이 절에서는 애착발달과 관련된 요인들 즉, 애착발달과 부모의 태도, 탁아와 애착발달에 대해 알아보고자 한다. 먼저 애착이 발달하는데 필요한 부모의 태도에 대해 구체적으로 살펴봄으로써 부모와 유아간에 안정된 애착을 발달시킬 수 있는 방안에 대해 생각해 보고자 한다.

1) 애착발달과 부모의 태도

애착발달과 관련된 부모행동 및 태도 중 가장 중요한 변인은 두 사람간의 상호작용의 질로써 부모가 보이는 민감성이다. 이 외에도 상호작용의 양이나 유아에 대한 이해와 같은 변인이 대두되었고, 부모가 갖는 부모 자신의 특성 또한 유아의 애착발달과 관련 있음이 제기되었다.

(1) 상호작용의 양과 질

애착의 발달에 가장 중요한 것은 아마도 부모와 아동간의 상호작용의 질일 것이다. 많은 연구자들이 상호작용의 양 또는 질이 애착에 미치는 영향에 관하여 연구하였으나, 부모와 아동간의 상호작용의 양은 애착의 질(質)을 일관성있게 예언하지 못하였다. 즉, 아버지와 유아가 헤어진 후 다시 재결합할 때 유아가 아버지를 반기는 정도에 의해서 애착강도를 측정한 결과, 아버지가 유아와 함께 노는 데 걸린 시간의 양과는 아무런 상관이 없음을 발견하였다(Pedersen & Robson, 1969).

비슷한 결과로서 어머니와 헤어질 때 유아의 저항강도는 어머니와 아동이 함께 보낸 시간의 양과는 상관이 없음을 보고하였다(Schaffer & Emerson, 1964). 그러나 이와는 다소 상치된 것으로서 아동 양육에 아버지가 참여하는 정도, 놀이를 통한 아동과의 상호작용이 애착발달 강도와 관계가 있고, 놀이를 통한 아동과의 상호작용이 애착발달에 미치는 영향을 관찰하면서, 아버지-유아간에 애착관계가 존재하기 위해서는 반드시 최소한의 양육행동이 요구된다고 결론지었다. 아버지가 집에 도착한 후 15초 이하를 아버지와 시간을 보낸 유아들의 경우, 그들의 아버지는 대부분 아동 양육에 거의 참여하지 않았다. 또한 유아가 아버지와 상호작용하고 어머니보다 아버지를 선호하는 정도는 부분적으로 집에서 아버지 양육행동과 관련이 있었다(Kotelchuck, 1976). 로즈(Ross, 1975)도 가정에서 유아-아버지 상호작용을 관찰하는 동안에 유아가 아버지에게 접근하고자 하는 것과 매주 아버지가 기저귀를 갈아준 회수간에 높은 상관이 있다는 것을 발견하였다. 이와 같은 결과는 아무리 상호작용의 양이 애착의 질을 일관성 있게 예언하지 못한다고 하더라도 두 사람간의 애착이 성립되기 위해서는 이에 필요한 최소한의 상호작용이 요구됨을 말해준다.

애인즈워스(Ainsworth, 1967)의 초기연구로서 우간다와 미국의 부모를 대상으로 한 연구도 어머니가 아기를 안고 있었던 시간의 양이 유아의 안정된 애착과 관련이 있음을 밝혔고, 그 후에 동료들과 함께 실시한 연구(1978)에서도 비슷한 결과를 입증한 바 있다. 즉, 아기의 출생 후 첫 달 동안에 비교적 오랫동안 아기를 안고 있었고, 안고 있는 동안 부드럽고 애정 어린 모습으로 대했던 어머니들의 경우, 아기가 12개월 되었을 때 애착을 측정한 결과 그들 유아는 안정된 애착을 가지고 있었다.

이와 반대로 아기를 다루는 데 서투르고 아기를 안고 있을 때 아기에게 불쾌한 경험을 제공했던 어머니들의 유아는 불안정한 애착형태를 가지고 있었다. 다른 연구(Main & Stadtman, 1981)에서도 회피-애착형태를 가진 유아의 어머니들이 신체적인 접촉을 거절하거나 최소화하려는 것을 발견하기도 하였다. 즉, 신체적 접촉의 질 뿐만 아니라 신체적 접촉의 양도 부분적으로 안정된 애착과 관계가 있다.

상호작용의 양에 초점을 맞추어 애니스펠드(Anisfeld)와 동료들(1990)은 신체적 접촉의 양을 증가시킬 때, 어머니가 아기에게 부드럽고 애정 어린 행동을 할 기회를 제공할지 모르고 더 나아가서는 상호작용의 질에 영향을 미칠지 모른다는 가정 하에 어머니가 아기를 낳은 직후 병원에 있을 때부터 실험을 실시하기도 하였다.

어머니를 두 집단으로 나누어 통제집단에게는 보통 미국의 많은 어머니들이 사용하는 아기의자(즉, 유모차처럼 아기를 데리고 다닐 때 밀고 다니는 것이 아니라, 여기에서 저기로 옮길 수 있도록 들고 다니는 것)를 사용하여 데리고 다니게 하였고, 실험집단의 어머니들에게는 우리 나라나 아프리카의 어머니들이 사용하는 헝겊끈(일종의 포대기)을 사용하여 어머니와 유아가 가슴과 가슴이 맞닿도록 함으로써 신체적 접촉이 많도록 유도하였다. 실험집단이 사용한 도구는 어머니 몸으로 바깥에서 오는 위험을 막아줄 수 있으므로 아기에게 안정감 있고 보호적인 기능을 해주었고, 아울러 어머니가 다양한 행동을 할 때마다 어머니 품에 매달려서 함께 있게 하였다.

그 결과 실험집단 어머니들은 통제집단 어머니들보다 유아의 발성에 좀더 반응을 보였고, 유아들은 13개월 되었을 때 애인즈워스의 낯선 상황 실험을 통해 애착을 측정한 결과 그들의 어머니에게 안정된 애착을 보였다. 이러한 결과가 제시하는 것은 유아에게 충분한 신체적 접촉과 접근은 어머니로 하여금 유아의 욕구나 상태를 더 많이 인식하게 하고 더 많이 반응하도록 돕는다는 것이다. 유모차나 아기침대처럼 어머니가 아기에게서 조금 떨어져 있는 것보다 자신과 함께 밀착해 있을 때 유아가 배고픈 것이나 불편한 것을 쉽게 인식할 수 있을 것이다.

이상의 여러 결과들은 애착을 형성하기 위해서 상호작용의 질이 물론 중요하나 이와 더불어 상호작용의 양이 상호작용의 질에 영향을 미침으로 상호작용의 양도 무시할 수 없는 변인임을 보여주었다.

(2) 민감성

안정된 애착관계를 가지고 있는 두 사람간의 상호작용은 동시성(혹은 민감성)의 특성을 가지고 있으며, 불안정한 애착을 가진 사람들의 상호작용은 비동시성(유아의 신호에 비일관적 이거나 무시함)의 특성을 갖는다고 한다. 상호작용 동시성이란 언제라도 서로에게 보상이 되는 행동을 함으로써 상호적임을 나타낸다. 그러나 상호작용 비동시성이라는 것은 어머니가 유아에게 최소한으로 관여하거나 유아의 신호에 무반응적이며 아무 때나 관여함으로써 유아의 놀이를 훼방하는 상호작용이라고 할 수 있다. 특별히 불안정-회피 집단의 아동은 훼방하거나 과잉자극을 제공하는 어머니의 상호작용과 관계가 있으며, 불안정-저항 집단은 비협조적인 상호작용으로서 유아에게 별로 관여하지 않고 비일관적인 태도를 보이는 어머니와 관련된다(Isabella & Belsky, 1991).

큐 소트(Q-sort) 방법과 낯선 상황 실험을 사용하여 애착과 어머니 행동을 연구한 결과, 좀더 안정된 애착을 가진 유아의 어머니들은 아기의 신호에 반응하는 데 더 민감한 것으로 나타났다. 그들은 유아에 대해 더욱 알고자 하였고 유아들과 함께 있는 것을 즐거워하는 것으로 나타났다(Pederson, Moran, Sitko, Campbell, Ghesquire, & Action, 1990).

이와 같이 상호작용의 질을 아동의 욕구에 대한 부모의 민감성으로 판단할 때 상호작용의 질과 상호작용의 정서적 강도는 애착발달에 결정적인 역할을 하는 것 같다.

또한 유아의 사회적 반응이 발달하기 위해서는 부모의 반응이 중요한 역할을 하며, 유아와 어머니간의 사회적 반응은 애착을 형성하는 데 도움을 준다. 예컨대, 울프(Wolff, 1969)는 유아의 발성과 미소에 대한 부모의 반응이 유아의 행동빈도를 증가시킨다고 하였고, 어머니와 유아의 눈맞춤(eye contact) 또한 강한 애착의 끈과 높은 상관이 있었다. 클라크(Clarke-Stewart, 1973)도 어머니가 유아를 쳐다보고 이야기해주고 놀아주는 빈도가 높을 때 유아는 어머니에게 더욱 애착하게 된다고 하였다.

애착행동 중에서 유아의 접근행동이 어머니와의 애착형성에 중요한 영향을 미치며 이때 어머니 행동 또한 중요하다. 애착이론에서 주장하듯이 아기가 태어난 후 첫 달에 어머니와 유아가 신체적으로 아주 가깝게 있는 것은 유아의 애착형성에 중요하다는 것이 증명되었다(Anisfeld, Casper, Nozyee, & Cunningham). 유아가 본능적인 몇 가지의 행동(예, 울음, 미소)을 가지고 있으며, 이러한 행동들은 유전적으로 이미 예정된 것으로서 주로 자신을 돌보는 사람과 가까이하고 밀접한 신체적 접촉을 목적으로 행하여진다고 주장하였다. 최근의 이론형성가들도 유아가 접근을 추구하며 그것을 유지하려고 시도할 때 양육자가 어떻게 반응하느냐에 따라 애착관계 형성에 영향을 미친다고 하였다.

애착발달에 부모의 민감한 반응이 중요하다는 것을 알 수 있으며, 이 결과들이 시사하는 것은 부모가 아동의 욕구를 무시하고 자신의 틀에 맞추려고 하는 태도는 지양되어야 한다는 것이다. 아기 양육 경험이 있는 어머니들이 경험이 없는 엄마에게, 아기가 울 때마다 안아주고 흔들어주면 아기가 습관이 되어 엄마를 힘들게 하므로 어느 정도 무시하도록 충고하는 것은 아기에게 아무런 도움이 되지 못한다. 오직 엄마의 욕구에 맞추는 것이므로 부모가 유아의 반응에 민감하도록 그 필요성을 인식시켜야 한다.

부모의 민감성을 강조했던 골드버그(Goldberg, 1977)는 어머니와 아동간의 균형과 협동의 필요성을 강조하였다. 어머니와 아동이 서로의 의도를 분명히 알고 민감하게 반응하며 그들의 행동을 예측할 수 있다면, 부모와 아동은 서로 숙달되고 유효한 관계임을 알게 된다. 부모들은 유아의 행동의도를 깨닫고 예측할 수 있어야 하며 민감하게 반응해야 한다.

이와 같이 부모-유아간의 애착발달은 유아에 대한 부모의 따뜻하고 민감한 반응에 의해 촉진됨을 알 수 있다. 일관성 있는 양육행동과 부모의 애정을 통해 유아는 그의 사회적 세계에서 의미 있는 대상에게 애착된다.

(3) 유아에 대한 이해

유아에게 좀더 효과적으로 반응하기 위해서 부모는 유아의 행동을 잘 관찰할 필요가 있다. 유아의 욕구를 이해할 때 어머니는 유아에게 적절하게 반응할 수 있을 것이다. 유아가 어머니에게 먼저 상호작용을 시도하기도 하며 연령이 증가함에 따라 사회적 행동도 증가하고 다양해지므로 어머니가 유아의 욕구를 이해하고 적절히 행동할 때 두 사람간에 안정된 애착이 형성됨은 분명한 일이다.

모스와 롭슨(Moss & Robson, 1967)은 1개월 된 유아를 6시간 동안 두 차례 관찰하면서 5번의 상호작용 중 4번은 유아가 먼저 시도했다고 보고하였다. 스턴(Stern,

1974)도 3~4개월 된 8명의 쌍생아를 대상으로 연구한 결과 어머니와 유아의 응시 행동에 있어서 그 중 94%를 유아가 먼저 시도하고 종결했음을 보고하였다. 이와 같이 유아가 먼저 상호작용하려고 노력하는 것을 엿볼 수 있다.

두 사람의 관계는 상호적이므로 클라크(Clarke-Stewart, 1973)는 유아의 사회적 행동이 발달함에 따라 어머니의 반응성이 증가한다는 것을 발견하였다. 즉, 유아가 어머니에게 더 자주 웃거나 미소짓거나 옹얼거릴 때 어머니들은 유아에게 더 애정을 보이고 애착을 형성하게 된다. 어머니와 유아는 서로의 반응에 영향을 미치며 유아의 관심은 어머니의 반응을 증가시킨다. 새머로프(Sameroff, 1975)는 부모들은 자신과 아동 행동간의 복잡한 상호작용을 인식하면서 두 사람 사이의 난해한 관계를 깨닫게 된다고 하였다. 그는 특별히 어머니가 아동의 불연속적인 발달특성에 민감하고, 계속적으로 변하는 아동의 특성에 자신의 행동을 적응시킬 수 있을 것이라는 점에 관심을 갖고 연구한 바 있다. 유아의 초기단계에 적합했던 어머니 행동은 아동이 성숙해 감에 따라 쓸모 없게 되고 부적합하게 될지 모르므로 유아 연령에 따른 어머니의 적절한 행동이 요구된다. 예컨대, 어머니와 아동간의 신체적 접촉은 유아일 때는 아주 적합했지만 아동이 점점 커감에 따라 상당히 제한적이 될 수 있다.

어머니와 아동간의 상호의존적인 상호작용이 애착의 토대가 됨을 확인한 브레즐튼(Brazelton)과 동료들(1974)은 어머니-아동간의 상호작용의 질은 순환적인 반복성을 띠고 있다고 하였다. 그들은 두 사람 모두 상대방의 행동양상을 배울 필요가 있음을 강조하였다. 어머니는 첫째, 아기가 언제 주목하는지에 대한 아기의 주의능력에 대하여, 둘째, 어머니의 어떤 행동이 유아를 활발하게 만드는지에 대하여, 셋째, 어머니가 유아의 발달단계에 적합한 수준의 본보기를 보이는지에 대한 이해를 갖고 있어야 한다. 그들은 어머니가 이러한 것을 이해하지 못할 때 애착형성에 심각한 영향을 미칠 수도 있다고 주장하였다.

(4) 애착발달에 영향을 미치는 부모의 특성

어머니에 대한 애착은 유아 자신의 기질도 영향을 미칠 수 있지만 어머니 성격과도 관련이 있음이 여러 연구자에 의해 보고된 바 있다. 어머니 자신이 내성적인 편이고 새로운 상황과 사람에게 적응하기 어려울 때, 그들의 유아도 자신과 분리되거나 낯선 사람이 있을 때 더 고통스러워하였으며, 아울러 어머니들은 아주 낯선 환경

속에 유아를 좀처럼 노출시키지 않았다. 이와 같은 사실은 어머니와 유아간의 유전적인 유사성 외에도 어머니의 특성과 유아의 기질간에 연관이 있음을 보여준다(Daniels & Plomin, 1985). 또한 어머니의 성격 즉, 아동에게 따뜻함과 지지를 잘 나타내지 않고 긍정적인 애정을 적게 보이는 어머니들은 유아의 고통스러워하는 기질과 연관이 있고, 또한 고통스러워하는 기질을 많이 보이는 유아들은 어머니가 강제적으로 행동하지 않을 때 어머니에게 안정된 애착을 형성하였다(Mangelsdorf, Gunnar, Kestenbaum, Lang, & Andreas, 1990).

애착이란 어머니-유아간에 형성되는 것이지만, 또한 어머니가 어렸을 때 그 자신의 부모 관계에서 영향을 받기도 한다. 포내기와 스틸(Fonagy & Steele, 1991)은 어머니가 아기를 출산하기 전에 면접하여, 어렸을 때 자신들의 부모로부터 거절받은 경험이나 화가 나거나 상처를 받은 경험, 그리고 일찍 부모를 여의거나 학대받거나 격리되었던 경험에 대하여 자세하게 질문하였다. 또한 현재 부모와의 관계는 어떠하며 어렸을 때의 경험이 현재의 자신에게 영향을 미치고 있는 것은 무엇인지, 그리고 미래 부모가 되었을 때 자신의 양육태도는 어떠할 것이지에 대해 질문하였다. 예비 어머니들의 응답을 분석하고 아기를 출산하여 후에 그들이 1세 되었을 때 애착을 측정한 결과, 이들 96명의 초산부들 중 75% 정도가 자신이 부모에게 가졌던 애착의 질에 의해 자신과 유아의 애착의 질이 결정되었다.

이상에서와 같이 유아의 애착발달과 관련이 있는 부모의 행동, 태도 및 특성과 같은 부모변인은 주로 어머니에 대한 것을 중심으로 연구되었으며, 아버지에 대한 연구는 그리 많지 않다. 이러한 상황에서 다음 연구는 아버지와 유아간의 애착뿐 아니라 어머니-유아 애착과 아버지-애착간의 관련성을 잘 보여준다. 즉, 폭스(Fox), 키멜리(Kimmerly), 섀퍼(Schaffer, 1991)는 어머니-유아 애착과 아버지-유아 애착간의 관련성을 검토하기 위해 이와 관련되었던 11개의 논문을 검토한 결과, 연구마다 결과가 반드시 일치하지 않으므로 저자와 연결하여 원자료를 입수한 뒤 다시 재분석을 시도하였다. 그 결과 유아가 부모 각자에게 보낸 애착의 질이 상당히 비슷함을 발견하였다. 즉, 한쪽 부모에게 안정된 애착을 나타낸 유아는 다른 부모에게도 안정된 애착을 나타내었고, 이와 마찬가지로 한쪽 부모에게 불안정한 애착을 보이면 다른 부모에게도 불안정한 애착을 보인다는 것이었다. 그들은 이에 대해 두 가지 가능한 설명을 제시하였다. 첫째, 부모들은 유아의 신호에 민감하게 반응하는데 중요한 영향을 미치는 가치체계와 양육행동에서 유사할지 모른다는 것이다. 혹은 어쩌면 한쪽 부모는 다른 쪽 부모에게 민감성과 반응성에서 모델이 될 지 모르고, 아니면 두 사람 모두 유아에게 민감하도록 서로에게서 배울지 모른다는 것이다. 그러므로 유아의 신호에 민감하게 반응하는 두 사람 모두 비슷한 상호작용 형태는 비슷한 형태의 애착으로 유도할 수 있을 것이다. 둘째, 유아의 기질이 부모에게 비슷한 형태의 애착을 갖게할지 모른다는 설명이다. 부모가 다른 형태로 반응한다고 할지라도 유아는 부모 모두에게 비슷하게 반응할지 모른다는 것이다.

2) 탁아와 애착발달

오늘날 전체 여성 근로자 중 50% 이상이 기혼 여성임을 고려할 때 부모들의 중요한 관심은 탁아경험이 아동발달에 어떠한 영향을 미칠 것인가 하는 데 집중하게 되었다. 탁아경험의 부정적 영향에 대한 생각과 아동 자신이 어머니가 가정에 있기를 바란다고 보는 전통적인 믿음들은 많은 부모의 마음속에 심각한 갈등과 불확실함을 일으킨다. 탁아로 인해 아동의 애착형성에 미치는 영향은 연구자에 따라 그 주장이 다르다.

(1) 탁아의 긍정적 영향

먼저 탁아가 부모-아동의 애착이나 아동발달에 반드시 해를 미치는 것은 아니라는 연구로 케이건과 동료들(1975)의 특별히 잘 고안된 종단적 연구를 들 수 있다. 이들은 탁아소에 다니는 3.5～30개월의 유아를 대상으로 연구하였는데, 이들은 중국계와 백인계의 하류 및 중류계층에 속한 유아집단으로서 인종, 사회·경제적 지위(Socioeconomic Status), 성별이 비슷한 가정에서 양육된 유아집단과 비교되었다. 이들 유아를 대상으로 애착을 평가한 결과 유아들이 싫증을 내거나 곤란을 겪을 때 탁아소와 가정에서 어머니에 의해 양육된 아동 모두 어머니를 상당히 선호하였으며, 탁아기관에 다녔던 아동들은 친숙한 대리양육자가 곁에 있었음에도 불구하고 자신의 어머니를 선호하였다. 다른 친숙한 성인과 비교해서 어머니를 선호하는 비율은 모든 아동집단에서 7대 1로 나타났다. 또한 분리저항에서도 두 집단간에 아무런 차이가 없었다. 단지 연구자들은 백인 집단보다도 중국계 집단의 유아들이 집에서 양육되건 탁아기관에서 양육되건 간에 어머니에게 좀 더 접근하고 접촉하는 것을 관찰했다.

이와 같이 케이건과 동료들은 탁아경험이 어머니와 유아간의 정서적인 끈을 약화시키지 않으며, 오히려 탁아기관에 있는 시간 이외에 가정에서 겪는 경험의 질이 어머니와 유아의 애착발달에 결정적인 영향을 준다고 주장하였다. 이러한 주장은 맥코비와 펠드맨에 의해 증명되었다. 이들은 키부츠에서 양육된 이스라엘 아동과 미국에서 양육된 아동을 비교한 결과, 아주 다른 양육조건임에도 불구하고 어머니를 향한 아동의 애착행동은 상당히 비슷하다는 것을 발견하였다. 이스라엘 유아들은 하루의 대부분을 다른 아동과 대리양육자와 함께 시간을 보내면서도 자신의 어머니에게 전형적인 애착행동을 보였다. 이는 애착발달에 중요한 영향을 미치는 것은 함께 보낸 시간의 양이 아니라 어머니와 아동간의 심리적 상호작용의 질이라는 것을 입증해 준다.

칼드웰(Caldwell, 1970)과 동료들의 연구도 6~15개월에 탁아기관에 다니기 시작하여 30개월된 18명의 아동과 집에서 양육된 23명의 아동을 비교한 결과, 아동과 어머니의 관계나 양육행동, 적의감, 행복, 정서적인 면에서 아무런 차이를 발견할 수 없었다.

이와 같이 케이건과 칼드웰의 연구가 탁아경험이 해롭지 않다는 것을 보고하였으나, 그들 연구의 탁아기관은 아동과 성인의 비율이 매우 낮고 한 아동 당 많은 경비를 지출하며, 보통의 탁아기관보다 질적으로 우수한 곳이었으므로 탁아기관의 질이 고려되지 않을 경우 이 결과를 일반화시키는 데 문제가 있다.

(2) 탁아의 부정적 영향

이상의 연구결과와는 반대로 탁아경험이 유아의 애착발달에 부정적인 영향을 미친다는 결과도 보고되었다(Blehar, 1974). 5개월 동안 종일반 탁아경험을 한 2~3세의 아동의 경우 어머니와의 관계가 혼란스러워졌으며, 24개월의 탁아경험 유아들은 걱정스러워하는 행동을 나타냈다. 이러한 부정적인 연구결과에 대해 블레하(Blehar)는 유아들이 탁아기관에 다니는 것이 새로운 경험이므로 적응 문제 때문일지 모르므로 시간의 흐름에 따라 부적응을 극복할 가능성이 있다고 논의하였다. 또한 그는 케이건의 연구대상 유아들처럼 아주 어린 연령에서 어머니와 분리가 시작되는 것이 쉬우며, 가정에서 2~3년 양육된 아동이 매일마다 어머니와 분리에 적응하는 것은 어려울지 모른다고 하였다.

그러나 탁아가 아동에게 미치는 부정적 영향을 제시한 연구자들은 애착의 질과 탁아, 아동의 사회성 발달을 고려하면서 아동이 처음 시작한 탁아시기에 관심을 가졌다. 이들은 영아기의 탁아경험이 어머니와 애착에 나쁜 영향을 미치며, 불안정한 애착으로 인해 아동발달에 부정적인 영향을 미친다고 생각하였다(양옥승, 1991).

먼저 슈와츠(Schwarz, 1974)의 연구를 보면 영아기부터 탁아기관에 다녔던 아동과 3~4세에 처음으로 탁아경험을 가진 아동들을 비교한 결과, 영아기부터 탁아시설에 맡겨진 유아가 대리양육자에게 신체적·언어적으로 더 공격적이었고 어른에게 덜 협조적이었음을 보고하였다.

맥카트니(McCartney, 1978)는 156명의 아동을 대상으로 시설탁아와 가정탁아를 비교한 결과 시설탁아소에 다니기 시작한 연령이 중요하며, 탁아 시작 연령이 빠를 때 아동의 정서와 사회성 발달에 부정적인 영향을 미쳤다고 보고하였다. 즉, 영아기부터 시설탁아를 시작한 아동은 늦게 시설탁아를 시작하거나 가정탁아의 경험이 있는 다른 집단의 아동에 비해 부적응 현상을 많이 보였고, 불안해하며 공격적이고 과잉행동을 나타냈다.

초등학교 1학년 아동을 대상으로 연구했던 해스킨(Haskin, 1985)은 생후 1년 내에 탁아를 시작한 아동과 그렇지 않은 경우를 비교한 결과, 1세 이전의 탁아경험이 사회성 발달에 부정적 영향을 미친다는 것을 보고하였다. 1세 이전에 탁아경험이 있는 아동은 그렇지 않은 아동에 비해 학교에서 발로 차고 잘 때리며 미는 등 공격적이고 위협적인 행동을 보였고, 욕을 하며 논쟁을 더 많이 하였다.

이와 같이 탁아가 애착형성에 부정적인 영향을 미친다고 연구자들이 보고하였지만, 요즈음 상황에서는 탁아란 필수적이므로 많은 사람들이 긍정적인 면을 생각하려고 했다. 그러나 벨스키(1986, 1987), 벨스키와 로빈(1988)은 이러한 낙관에 찬물을 끼얹을 만큼 탁아경험이 애착에 해로운 영향을 미친다고 단호히 주장하였다. 벨스키의 견해를 살펴보면 태어나서 첫 해 동안에 종일반(1주일에 20시간 이상으로 규정지음) 탁아기관에 다니기 시작하는 유아들은 유아와 부모간의 불안정한 애착을 형성할 가능성을 증진시킨다는 것이다. 벨스키는 연령이 적을 때 종일반 탁아기관을 다니게 하는 것은 불안정한 애착을 가져올 수 있는 위기요인(risk factor)이라고 주장하였다.

발달 관점에서 볼 때 안정된 애착이 형성된 것은 유아 자신에게서 나오는 것이 아니라 유아와 양육자간의 상호작용의 산물인데 너무 어린 연령부터 탁아기관에 맡길 경우 어머니들은 유아의 기분이나 특성을 잘 파악하지 못하고 유아가 보내는 신호에 적절하게 반응하기 어렵다고 본다.

또한 어머니들은 유아와 함께 있는 시간이 감소하자 그것을 보상하기 위해 유아와 함께 있을 때 과잉 참여하게 되며 이러한 양육형태가 회피 - 애착유형을 낳게 한다고 설명하였다. 더구나 조기에 종일반 탁아를 경험한 아동은 불안정한 애착 특별히 회피 - 애착 유형을 갖게 되고 이것은 학령 전기로 연장되어 어머니에게 비순종적인 행동과 공격적인 행동을 나타낸다고 하였다.

(3) 대리양육자의 질과 애착

조기에 탁아를 경험한 유아가 불안전한 회피-애착 유형에 속한다는 증거에 톰슨(Thompson, 1988)은 초기에 형성된 안정된 애착 혹은 불안정한 애착 그 자체만 가지고 후의 성격발달에 어떤 영향을 미칠 것인지 예측할 수 없으며, 성격이란 부모와 다른 대리양육자가 장기간에 걸쳐 아동에게 영향을 미침으로써 결정된다고 주장하였다. 그러므로 탁아경험 그 자체보다 대리양육자의 질과 안정성이 후의 발달을 예언하며 또한 과거의 애착형성에 영향을 미쳤던 어머니의 태도와 행동뿐 아니라 현재 어머니의 양육형태도 중요하다고 반박하였다. 탁아의 질적 차이는 환경적 요인에서 볼 때 교사의 행동과 물리적 환경으로 나누어 설명할 수 있다. 이 중 교사의 행동이 물리적 환경보다 아동에게 더 큰 영향을 미친다. 교사의 행동에 영향을 주는 요인은 집단의 크기와 교사 대 아동의 비율과 관계가 있다. 집단의 크기가 크면 아동은 반사회적 행동을 보이고, 방관적인 놀이를 많이 하며 다른 사람을 관찰하는데 더 많은 시간을 보낸다(Clarke-Stewart & Fein, 1983).

교사의 행동은 아동의 사회적 기술과 지식획득에 직접적인 영향을 미치며, 놀이에 계속적으로 참여하는 것에도 영향을 미친다. 교사가 그들과 우호적으로 친밀하게 반응할 때 아동은 사회적으로 더 유능하게 된다(Phyfe-perkins, 1981).

다음 연구는 탁아기관의 대리양육자에게 유아들이 애착하는 정도를, 그의 부모에게 애착되는 것과 비교하여 유아(15개월)가 애착을 형성하는 데 있어 대리양육자와 부모간에 어떤 관계가 있는지를 밝히고자 하였다(Goossens & IJzendoorn, 1990). 먼저 대리양육자에게 보인 애착형태의 분포는 어머니에게 보였던 세 가지 애착형태와 비슷한 분포를 보였다. 대리양육자에게 안정된 애착을 보인 아동이 65%, 불안정-회피

형태의 애착을 형성한 아동이 21%, 불안정-저항 집단의 아동이 14%를 나타냄으로써 애인즈워스가 제시했던 어머니에게 보인 애착의 형태분포와 크게 다르지 않았다(66%, 22%, 12%). 또한 이 연구에서 관심이 있었던 것은 부모에게 보인 애착의 질과 대리양육자에게 보인 애착의 질이 상관이 있는가 하는 점이었다. 아마도 애착이란 두 사람간에 오랫동안 상호작용 해온 결과로서 생겨나는 것이므로 어머니 - 유아간의 애착, 아버지-유아간의 애착이 안정된 애착일 경우 대리양육자 - 유아간의 애착도 그러할 것이라고 가정하였다. 그러나 어머니 - 유아간의 애착은 아버지 - 유아간의 애착형태와 상관이 높을 뿐 대리양육자 - 유아간의 애착의 질과는 별로 관계가 없었다. 이 결과는 유아가 부모와 어떤 애착의 질을 갖고 있는지에 상관없이 대리양육자와 유아간의 애착형태가 독립적으로 이루어짐을 보여주는 것이다.

또한 두 명 이상의 아동을 돌보는 대리양육자는 유아들이 똑같은 애착의 질을 갖도록 그들에게 영향을 미칠 것으로 기대할 수 있다. 그러나 대리양육자는 1명 이상의 유아를 동시에 보살피므로 모든 유아의 요구에 민감하게 반응하는 것은 어려울 것이다. 따라서 애착이 형성되는 주된 원인이 양육자의 민감성에 있다고 할 때, 대리양육자가 맡고 있는 유아의 애착의 질은 다양할지도 모른다는 가정하에 연구자들은 1명의 대리양육자와 그가 돌보는 유아들의 애착형태를 살펴보았다. 그 결과 유아들은 다양한 애착의 질을 나타내었는데, 대리양육자에게 안정된 애착을 가진 유아는 그렇지 않은 유아들에 비해 일주일에 탁아기관에 더 오랜 시간 동안 맡겨 중류계층의 유아들이 주류를 이루었다. 아동의 개인적 상황뿐 아니라 대리양육자도 중요한 영향을 미쳤는데, 다소 젊은 대리양육자들이 유아와 안정된 애착을 형성하였고 이제까지 연구결과와 마찬가지로 그들은 자유놀이 시간 동안에 유아가 보낸 신호에 좀 더 민감하게 반응하였다.

NAEYC가 소개한 적절한 교사 대 아동의 비율 및 집단의 크기를 보면, 출생 후 1세까지는 1 : 4(집단의 크기 8명), 1~2세까지는 1 : 4(12명), 2세는 1 : 6(12명), 3~5세까지는 1 : 10(20명), 6~8세까지는 1 : 12명(24명)으로 하고 있다.

좋은 물리적 환경은 좋은 자료와 교구, 적절한 공간, 적절히 개방적인 프로그램 등으로, 이때 반응적인 교사가 있을 때 아동에게 미치는 탁아로 인한 부정적인 영향은 최소화되리라고 본다.

그러나 양육자의 질을 고려하면 탁아비용이 많아지는 것을 감안할 때 저소득층 가정의 경우 탁아경험으로 인해 아동이 겪는 부정적 경험은 회피하기 어렵다는 것이 일반적인 주장이다.

탁아의 안정성은 중요한 면이므로 탁아시설에 다닌 아동은 집에서 양육된 아동과는 달리 탁아교사와 탁아시설이 자주 바뀌기 쉬우므로 탁아조건이 변하기 쉽다. 그러므로 탁아의 조건이 계속적으로 변화하는 것은 불안한 애착관계를 강화시키는 것과 관계가 있다(Thompson, 1988).

벨스키(Belsky, 1986, 1987)는 조기 탁아경험이 갖는 부정적인 영향은 일상생활 속에서 매일 매일 겪는 분리 자체의 영향과 더불어 탁아의 조건이 변화함으로써 대리양육자가 유아와 상호작용하는 방법이 변화할 때 발생한다고 보았다. 따라서 부모들이 가능하면 가장 좋은 질의 탁아시설을 찾는 것도 중요하지만, 장소와 탁아교사를 자주 변경하는 것은 영아에게 좋지 않다는 사실을 인식해야 한다.

스르프(Sroufe, 1988)는 조기에 종합반 탁아가 반드시 부정적인 결과를 가져온다는 것에 의문을 제기하나 그렇다고 해서 긍정적인 영향을 미칠 것이라는 데에는 더 의문을 제기하였다. 그러므로 가능하다면 종일반 탁아를 어느 정도의 연령까지 미루는 것이 좋다고 결론지었다.

3. 애착이 발달에 미치는 영향

애착에 대한 연구의 또 다른 관심은 어머니 · 유아간의 강한 애착 끈이 그 후 발달에 결정적인 역할을 한다는 것이다. 애착 끈의 중요성에 대해 언급했던 초기의 학자로서 볼비는 초기 모성결핍이 감정이 없는 성격을 형성하게 하여, 후에 어떤 사람과도 깊고 지속적인 애정어린 끈을 형성할 수 없고 유지할 수도 없는 병리적 인간이 되게 한다고 제시한 바 있다. 게다가 심각한 모성결핍의 경우는 아동의 인지적·사회적 기능이 뒤떨어진다고 결론지었다(컬러 그림 4 참조).

그 후의 연구자들은 애착과 유아의 발달관계는 볼비가 처음에 생각했던 것보다 훨씬 복잡하다는 것을 지적하였다. 모성결핍으로 상처를 받는 정도에는 개인차가 있으며, 여러 가지 심리적 기능에서도 개인마다 다른 영향을 미친다. 많은 연구들은 인지적·사회적 발달 모두에 있어서 애착의 중요성을 지지하였다.

(1) 물체영속성 개념

물체영속성 개념의 발달은 아동의 인지발달에 중요한 사건으로 기록된다. 눈에 보이지 않는 물체가 여전히 존재한다는 것을 인식하는 유아는 물체의 내적 표상이 가능함을 의미하며, 이는 추상적으로 사고하는 능력을 나타낸다. 벨(Bell, 1970)은 8.5~11개월의 유아 33명을 대상으로 어머니에게 안정된 애착을 형성한 유아는 물체영속성 개념발달을 촉진시킨다는 것을 발견하였으며, 유아와 어머니 관계의 질은 인지적 발달에 영향을 미치는 중요한 환경적 요소라고 지적한 바 있다.

(2) 유아발달 검사

클라크는 아동의 사회적 행동에 대해 민감하게 반응해준 어머니의 아기들이 베일리 검사(Bayley Scale of Mental Development)에서 높은 점수를 받았음을 보고하였는데, 이는 애착이 잘 형성된 유아가 사회적·인지적 발달이 잘 발달되었음을 말해준다. 애인즈워스와 벨(1974)도 유아의 신호에 대한 어머니의 민감성과 베일리 검사에서 유아의 점수간에 유의한 상관이 있음을 발견하였고, 어머니가 민감하지 못할 때 불안정한 애착관계를 형성한다고 하였다.

이와 같이 안정된 애착을 형성한 유아가 베일리 검사에서 높은 점수를 받는 이유는 환경을 통제하고자 하는 기대 때문으로 설명할 수 있다. 즉, 유아들은 자신들이 보낸 신호에 부모가 일관성 있게 즉시 반응할 때 환경을 통제하고자 하는 일반화된 기대를 발달시킨다. 통제하고자 하는 기대는 인지적·사회적 능력을 발달시키는 기초를 형성하게 되며, 통제 기대는 성공적인 생애발달에 중요하다.

(3) 탐 색

애인즈워스와 벨은 애착의 주된 역할의 하나는 아동에게 기본적인 안정감을 제공하는 데 있다고 한다. 부모가 안전한 기반(secure base)으로서 받아들여진다면 아동들은 환경을 탐색할 수 있는 인지적·사회적인 발달을 도모할 수 있다고 생각한다. 안정된 애착이란 유아가 어머니와 가까이 있으려고 하고 어머니를 마지못해 떠나는 것을 의미하는 것이 아니라, 어머니가 존재하는 한 아동이 자유롭게 환경 속에 있는 물체와 사람에게 상호작용을 시작하고 환경을 탐색하는 것이다. 바로 이때 어머니가 여전히 그곳에 있는지 알아보기 위해 때때로 쳐다보는 아동의 행동을 통하여 어머니에 대한 아동의 애착을 파악할 수 있다. 탐색행동은 어머니가 존재하지 않을 때 감소하는 경향이 있다(Ainsworth & Wittig, 1969).

다음 연구는 원숭이를 대상으로 한 것인데 새끼원숭이의 어미원숭이에 대한 애착을 연구하여 애착의 질에 따라 낯선 환경에서의 탐색정도를 관찰하였다(Andrews & Rosenblum, 1991). 어미원숭이와 새끼원숭이를 두 집단으로 나누어 한 집단은 먹이를 쉽게 구할 수 있도록 장치해 주고, 다른 집단은 먹이를 얻기 쉬운 것에서부터 어려운 정도까지 다양하게 장치하였다. 그러므로써 후자의 집단에 속한 어미원숭이는 먹이를 구하는 데 심리적으로 혼란스럽기 때문에 새끼의 요구에 덜 반응하도록 유도하였다. 그 결과 전자의 집단에 속한 새끼원숭이는 일관성 있는 양육을 통해 안정된 애착을 형성하였으며, 이에 따라 후자의 새끼원숭이에 비해 어미원숭이로부터 분리되는 것에 덜 주저하였다. 또한 낯선 환경에서 더 많은 탐색행동을 보였고 더 잘 놀았다.

생후 1년 동안 안정된 애착을 가진 유아는 불안정한 애착을 가진 유아에 비해 성장한 후에 자기 어머니나 낯선 성인에 대해 더 협력적이고 애정을 더 많이 나타내었으며, 보다 덜 회피하는 경향이 있었다. 게다가 어머니가 있을 때 낯선 사람에게 기꺼이 접근함으로써 환경에 대한 탐색 뿐 아니라 사람간의 관계까지도 자유롭게 탐색하고자 하였다(Ainsworth, 1973).

(4) 사회적 능력

콘(Cohn, 1990)은 6세 된 유치원 아동과 그의 어머니를 대상으로 애착의 질과 사회적 능력간의 관계를 연구하였다. 애착의 질은 낯선 상황에서 1시간 동안 분리되었다가 재결합되었을 때의 반응을 토대로 평가되었고, 사회적 능력은 또래들로부터의 인기 정도와 신체적 매력의 정도에 의해 평가되었다. 이와 더불어 아동의 적응문제와 개인적·사회적 능력에 대한 교사의 평점도 수집하였다. 이를 토대로 나타난 결과는 여아에게는 그렇지 않았지만 남아에게는 불안정한 애착을 형성한 아동의 경우 또래와 교사에 의해 덜 사랑 받는 것으로 평가되었고, 또래들에게 좀 더 공격적인 아동으로 비추어졌다. 또한 교사들은 그들을 덜 유능한 아동으로 평가했으며, 더 많은 행동문제를 가진 것으로 인식하였다. 이외에도 안정된 애착을 가진 아동이 호기심과 자신감이 많으며, 더 자율적이라는 결과도 제시된 바 있다. 이와 같은 여러 증거들은 어머니와 아동간의 애정 어린 끈이 아동의 중요한 여러 발달분야에 의미 있는 영향을 미친다는 것을 보여준다.

(5) 유아의 순종

애착과 어머니 요구에 대한 순종간의 관계를 12개월 된 유아를 대상으로 연구한 결과, 어머니가 유아와 따뜻하고 조화로운 관계를 가질 때 그들의 유아는 순종적인 경향이 있음을 보고하였다(Staton, 1971).

4. 아동기 애착문제

애착장애의 문제는 아동기의 어린이들이 가지는 정서적·사회적 적응상의 문제를 유발하는 주요한 원인 중의 하나로 알려져 있다. 영유아는 생애 초기에 모자간의 정서적 애착을 통하여 환경을 탐색하는 자신감과 능력을 습득하게 되며, 세계로 통하는 문으로 활용함으로써 그 이후의 적응에 커다란 영향을 준다.

볼비(Bowlby, 1958)는 애착이란 영아가 자신과 가장 가까운 사람과 정서적으로 강한 유대감을 맺는 것으로 그 사람에게 접근을 추구하고 유지하려는 행동, 또는 그 접근이 손상되었을 때 그것을 회복하려는 행동으로 정의한다. 특히 스트레스 상황에서 영아는 강한 정서적 유대감을 지닌 특정인물과의 밀착된 관계를 통해 효과적으로 정서적 안녕을 도모하는 특징을 가지고 있는데, 이러한 애착관계에 장애가 있을 때, 아동은 인지, 사회, 정서 발달뿐 아니라 심한 경우 전반적인 인성발달에 치명적이고 영속적인 정신장애를 초래할 수 있다.

영아는 양육자와의 상호작용을 통해 세상에 대한 내적 실행모델(internal working model)을 형성한다(Bowlby, 1969). 이 내적 모델은 유아가 중요한 타인, 자신, 타인과의 관계 등에 대해 갖는 내적 표상으로 영아가 성장발달 이후의 애착관련 정보나 사건을 지각하고 해석해서 미래에 대해 예측하는 데 중요한 역할을 한다고 보았다. 이런 내적실행모델은 유아기 아동기를 거치면서 맺게 되는 다양한 인간관계의 기초가 된다. 따라서 영유아기의 주 양육자와의 안정된 애착관계를 맺는 것은 신뢰롭고 안정된 인간관계를 맺는 데 필수적이다(강문희 외, 2007).

애착연구는 신의진 등(1996)이 정상아동과 반응성 애착장애아를 대상으로 한 비교연구를 필두로 정상아는 물론이고 정서적인 문제를 지닌 아동을 상대로 연구되고 있는데, 신의진 등(1996)의 연구는 만 3세 아동들을 대상으로 한 낯선 상황에서의 애착연구로 반응성 애착장애아들은 불안-회피유형에 26.9%, 안정애착유형 0%, 불안정-저항애착 11.6%, 비조직/비일관적 유형에 61.5%로 분류되었고, 반면에 정상아동은 불안-회피유형에 26.9%, 안정애착유형 61.5%, 불안정-저항애착 11.6%, 비조직/비일관적 유형에 4.5%로 정상아동군은 안정형 애착유형을 주로 보였지만, 반응성 애착장애아동들은 D형인 비조직/비일관적 애착이 가장 많았고, 다음 불안-회피애착, 불안-저항의 차례로 나타났으며, 안정애착은 한 명도 발견되지 않은 현상을 보였다고 보고하고 있다.

애착의 신경생물학(신의진 등, 2004)적인 이론적 규명에서는 애착장애가 시상하부-뇌하수체-부신축의 이상을 가져오며, 변연계 발달의 이상, 기억력 감퇴, 해마의 퇴화, 좌우측 뇌의 크기의 감소 등을 유발하고, 이로 인한 신경회로의 비정상적인발달을 가져와 스트레스에 대응하는 능력에 이상을 가져오게 된다. 특히 이는 또래관계를 포함한 인간관계에 관련된 중요 정신질환의 원인이 된다고 본다. 이혜련(2004)은 애착장애아동과 부모를 위한 치료방법을 소개하는 한편, 어머니와 영아안정애착형성을 위한 예방 프로그램(서수정 등, 2007) 연구에서는 산부인과에 내원한 임신한 산모들을 대상으로 적극적인 부모교육을 실시한 결과, 특히 예방프로그램 참여집단은 비참여집단에 비해 영아에 대한 지각의 풍부성, 상호작용의 민감성, 수용성이 더 높은 것으로 나타나 앞으로 애착장애를 예방하기 위해서는 산모들을 대상으로 보다 적극적인 예방프로그램을 실시할 필요성을 제시하는 쪽으로 연구가 이루어져야 한다고 보고 있어, 영아기 때부터 어머니와 맺는 안정된 애착관계가 또래와의 상호작용이나 수용성에 중요한 영향을 미치고 있음을 제시하고 있다.

애착은 일반적으로 다음 4가지 유형으로 분류하고 있다.

(1) 안정된 애착

안정된 애착관계에 있는 유아의 어머니는 유아의 요구에 즉각적으로 반응해주고 충분한 관심과 사랑을 베풀어 준다. 따라서 안정된 애착관계에 있는 유아는 어머니가 곁에 없을 때에도 어머니가 곧 돌아와서 자신을 보호하고 보살펴 줄 것이라는 확신이 있기 때문에 불안해하지 않고 낯선 상황을 탐색한다. 이러한 유아는 낯선 사람에 대해서도 긍정적으로 상호작용하지만 엄마에게 분명히 더 관심을 갖는다.

(2) 회피애착

회피애착관계에 있는 유아는 부모와의 신체적 접촉을 원할 때 부모가 오히려 거부하고 멀어지려하는 경우이다. 엄마와 친밀감을 추구하지 않으며, 신체적 접촉과 상호작용을 거부한다. 낯선 사람에 대해서도 엄마와 비슷한 반응을 보인다. 이런 유형의 엄마는 아기의 요구에 무감각하며, 아기를 안아주기를 꺼리거나 싫어하는 경향이 있다.

(3) 저항애착

저항애착관계에 있는 유아는 어머니가 자기 곁을 떠날 때 격리불안을 보이며, 어머니가 곁에 없을 때 불안해한다. 이는 어머니의 비일관적인 양육태도에 의한 것으로 본다. 엄마가 돌아오면 안기고 싶기도 하고, 피하고 싶기도 하는, 혹은 분노를 보이면서 내려달라고 소리를 지르거나 밀어내는 양가감정을 보인다.

(4) 혼란애착

불안정애착의 가장 심한 형태로 회피애착과 저항애착이 결합된 것이다. 엄마가 돌아왔을 때 얼어붙음, 가만히 있음 등의 상태를 보인다. 그리고 느린 움직임으로 엄마에게 접근하거나 엄마가 안아줘도 먼 곳을 쳐다본다(양연숙·조복희, 2001).

5. 애착발달 연구의 최신경향

유아가 주양육자와의 초기경험에서 신뢰로운 관계를 맺고, 충분한 보호와 사랑을 받아 애착이 안정적으로 형성된 유아들은 감성지능이 유의미하게 높았고, 불안정애착 유아들은 감성지능 점수가 유의미하게 낮았다(이주리, 2005). 모자간 애착이 안정적일수록 유아의 감성지능이 높았으며, 안정애착 일수록 감성지능이 유의미하게 높았고, 특히 자신 및 타인의 정서를 정확하게 지각하고 사고하는데 정서정보를 잘 활용하며 정서의 조절과 관련된 감성지능 하위영역 점수가 유의미하게 높았다.

아동기 때 부모가 지지적이고 정서적으로 유용했다면 애착대상에 대해 긍정적인 가치를 가지게 될 것이며, 이후 성장하여 부모가 되었을 때 자녀의 도움 요청에 대해 보다 지지적이고 정서적으로 유용하게 대처함으로써, 자녀 역시 애착 대상에 대해 긍정적인 내적 실행 모델을 형성하게 될 것이다.

자신의 어머니가 양육적이며 정서적으로 지지해주었다고 지각한 것으로 보고한 어머니들이, 그들의 자녀와 보다 안정된 애착을 형성한 것으로 나타났다(Morris, 1980).

아버지와의 애착은 친구관계에 직접적인 영향을 미칠 뿐만 아니라 자기효능감과 자아개념을 매개하여 영향을 준다. 어머니와의 애착은 친구관계에 직접적인 영향을 미치지는 않고 자기효능감과 자아개념을 매개하여 영향을 준다. 이러한 결과는 어머니 못지 않게 아버지와의 애착이 중요함을 보여준다.

부모애착 변인의 중재역할은 남녀청소년들 모두에게 유의한 것으로 나타남으로써, 부모와의 애착이 잘 형성되어 있는 남녀청소년들이 스트레스로 인한 문제행동을 경험할 확률이 낮음을 알 수 있었다. 이러한 연구결과는 부모애착이 청소년의 문제행동을 감소시키는 보호역할로 작용한다는 기존의 선행연구(고정자, 2005 ; 이경님, 2004)의 결과와 부모애착만이 청소년 심리적 안녕에 결정적으로 기여한다는 결과를 지지하는 것이다. 이는 스트레스 상황에서 부모에게 느끼는 정서적인 친밀감 정도가 청소년의 공격성이나 우울/불안과 같은 문제행동을 덜 경험하게 하는 중재변인으로 작용한 것이다. 그러므로 스트레스 상황에서 발생되는 청소년의 문제행동에 대한 부모애착이 중요하다(고정자, 2005).

Chapter 10

성격발달

1. 성격형성에 영향을 미치는 요인
2. 프로이트의 심리성적 발달
3. 유아기 성교육
4. 에릭슨의 사회성 발달
5. 성격 연구의 최신경향

Chapter 10

성격발달

인간은 사회 생활 속에서 환경과의 상호접촉을 통하여 개인의 독특하고 일관적인 행동과 사고를 발달시켜 나간다. 성격은 각 개인이 자신의 발달단계마다 보여주는 총체적 행동유형으로서의 독특한 특성이며 포괄적인 개념이다.

따라서 성격은 환경에 대한 각 개체의 독특한 적응방법으로 심리·물리적 체계로서 역동적 체계라고 할 수 있다. 성격은 많은 요인들에 의해 상호작용하는 가운데서 형성발달된다. 브레켄리지(Breckenridge)는 개인이 가지고 있는 어떤 성격특성은 여러 가지 경험에 의해서 달라질 수도 있으나 본래 가지고 있는 변하지 않는 중심성격을 가지고 있다고 하였다. 셜리(Shirley)는 성격의 중심은 출생시부터 가지고 있으며 성숙과 환경요인이 영아기 성격발달에 크게 영향을 미친다고 하였다.

이장에서는 성격형성에 영향을 미치는 요인과 성격이론으로서 프로이트 이론과 에릭슨의 이론을 살펴보고 유아기의 바람직한 성교육 방향을 제시하고자 한다.

1. 성격형성에 영향을 미치는 요인

성격은 유전적인 요인과 환경적 요인에 의해서 발달되어 간다. 이 두 요인은 성격형성에 있어서 독립적이라기보다는 상호보완적인 관계에서 영향을 미친다.

성격형성에 영향을 미치는 요인으로 생물학적 요인, 사회문화적 요인, 그리고 가정환경적 요인을 살펴보고자 한다.

1) 생물학적 요인

일반적으로 생물학적 요인이 성격에 미치는 영향은 제한적이며, 간접적이다. 어떤 연령에 있어서나 각 개인의 성격유형은 유전적인 요인에 의해 영향을 받는다.

(1) 체격과 외모

체격이 좋고 건강한 유아는 그렇지 못한 유아보다 활발하고 명랑하며, 자신감이 있으며, 적극적인 태도를 보인다. 반면 약하고 신체적 결함이 있는 유아는 수줍음과 겁이 많고 수동적이며, 열등감을 지니는 경향이 있다.

(2) 성숙정도

일반적으로 성숙한 유아들은 긍정적인 감정을 지니며, 심리적으로나 환경적으로 잘 적응하며, 자신감과 독립심이 발달해 있다. 그러나 미성숙한 유아는 자신을 부정적으로 보고 타인에게 의존하며 반항적인 성격을 지니는 경향이 있다.

이러한 신체적 특징이나 성숙과 같은 유전적인 요인은 직접적으로 성격에 영향을 미치기보다는 사회적인 환경에 적응하고 그에 대한 주위 사람들의 기대와 반응에 영향을 주어 성격발달에 간접적으로 작용하는 것이다.

2) 사회문화적 요인

모든 문화는 그 사회의 독특한 특징과 가치를 지니고 있으며, 기대되는 사고방식과 행동양식이 있으므로 그 문화에 적합한 행동과 태도를 학습하고 자기의 욕구를 실현해 나가는 과정에서 성격이 형성되어 가는 것이다.

3) 가정적인 요인

유아의 성격형성은 가정적 환경 즉, 사회화 과정, 분위기, 출생순위 등에 의하여 영향을 받는다.

사회화란 유아가 태어나면서부터 자기가 속한 집단의 규범·가치·태도·신념 등을 내면화하는 과정을 말하며, 가정의 규범과 가치 및 신념을 획득하고 준수하는 것에서부터 시작된다. 가족구성원 등이 상호 협력하여 자신의 역할과 책임을 다하는 행위는 유아의 성격과 행동발달에 많은 영향을 준다.

가정의 분위기는 아동기의 성격형성과 행동에 가장 큰 영향을 미치며 그 중에서도 부모양육태도는 유아의 성격형성에 절대적인 영향을 미친다. 부모의 지나친 사랑과 엄격함, 그리고 무관심은 유아기 성격발달에 좋지 못한 영향을 주므로 그들이 자유롭게 행동하고 사고할 수 있는 보다 수용적이고 애정적인 분위기가 요구된다.

출생순위 그 자체가 유아의 성격형성에 영향을 주기보다는 출생순위에 따른 부모나 가족들의 태도의 차이가 더 많은 영향을 미친다.

장자의 성격특징은 신중하고 겸손하며, 지도성이 강하나 의존심과 신경질적인 성향이 있다고 한다. 중간형제의 성격은 대체로 활발하고 사교적이기는 하나 거칠고 반항적인 기질이 나타난다. 그리고 막내의 성격은 의존적이며, 나약하고 자기 마음대로 행동하는 반면 인정이 많고 독립성이 강한 경우가 많다.

2. 프로이트의 심리성적 발달

정신분석이론은 프로이트가 50여 년에 걸쳐 끊임없이 수정하여 이루어 놓은 이론으로써 세 가지의 요소로 구성되어 있다. 즉, 구조적 요인, 역동적 요인 및 연속적인 요소이다. 구조적 요소는 기본적인 심리구조들의 상호의존과 발달에 대한 효과를 설명해 주고, 역동적 요소는 인간의 정신을 유동적 에너지 체계로 특징 지우며, 연

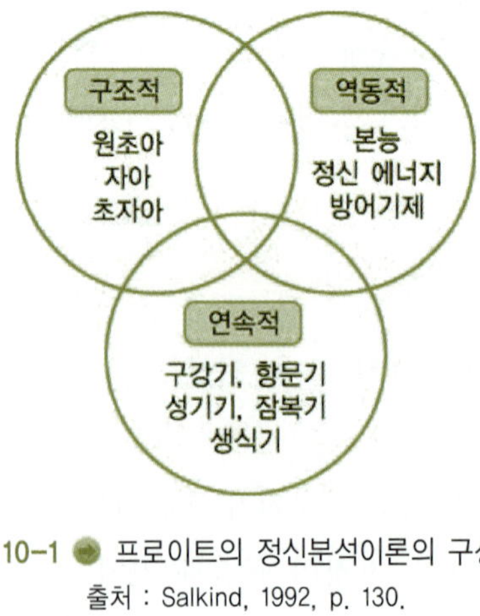

그림 10-1 프로이트의 정신분석이론의 구성요소
출처 : Salkind, 1992, p. 130.

속적 요소는 각기 다른 신체의 민감 부위, 발달과업, 심리적 갈등에 초점을 맞춰 한 발달단계에서 다음 발달단계로의 발달을 강조한다. 이 세 가지 요소는 서로 부분적으로 겹치나(그림 10-1), 정신 분석이론의 발달적 측면을 완전히 이해하기 위해서는 각각을 개별적으로 고려해야 한다.

1) 구조적 요소

구조적 요소의 세 부분인 원초아, 자아, 초자아는 목표 대상의 획득과 궁극적인 긴장감소를 목적으로 서로 아주 밀접하게 관련되어 있다. 인간의 행동은 거의 이 세 체계간의 상호작용에 의해 나타난다.

(1) 원초아

원초아(原初我, id)란 신생아부터 존재하는 정신 에너지의 초기 저장고로서 이 원초아로부터 나중에 자아와 초자아가 분화된다. 원초아는 본능적 욕구인 성욕과 공격욕을 관장하며, 원시적인 쾌락추구의 충동을 만족시키려고 한다. 즉, 쾌락원리(快樂原理)에 의해 지배받으므로 쾌락적 욕망은 곧 수행하지만 고통스러운 것은 회피하려 든다. 이로 인해 긴장감소라는 일차 목표를 달성한다.

전적으로 쾌락원리에 의해 통제되는 원초아 에너지는 현실과 환상을 구별하지 못한다. 예컨대, 원초아가 배고픔을 느껴 긴장상태에 놓이게 될 때 음식에 대한 심상이나 환상을 떠올려서 긴장을 해소하려고 한다. 이렇게 함으로써 고통을 가라앉힐 수 있다. 그러나 욕구대상의 심상이나 환상을 떠올렸다고 해서 나중까지 그 욕구가 충족되거나 긴장이 완전히 해소되지는 않는다. 이와 같이 현실에 대해 고려하지 못하고 다만 심상에 의한 비현실적인 방법으로 욕구를 충족시키려는 시도를 일차 과정(primary process)이라고 부른다. 원초아와 관련된 정신 에너지는 무의식적인 것이므로 사람들은 이를 의식하지 못한다. 또한 원초아의 무의식적 충동은 전 생애동안 활동적이지만, 건전한 발달이 진행됨에 따라 원초아와 관련된 정신 에너지는 점점 적은 비율을 차지하게 되고, 사회적으로 보다 적응적인 자아 및 초자아와 관련된 정신 에너지가 증가하게 된다.

(2) 자 아

프로이트는 개인의 모든 욕구를 만족시키는데 원초아 혼자 힘으로는 감당할 수 없기 때문에 자아(自我, ego)가 발달하기 시작한다고 주장하였다(Hall, 1954). 자아는 현실에 비춰 적절한 환경조건이 마련될 때까지 원초아의 욕구충족과 긴장방출을 보류하며, 현실적인 합당한 방법으로 만족을 얻을 수 있는 방도를 모색하고 계획한다. 원초아는 유기체 내부에서 일어나는 욕구나 긴장에 관여하는 데 비해 자아는 현실 여건을 고려할 수 있다. 그러므로 자아는 현실원리(現實原理, reality principle)를 따르며, 이러한 과정을 이차 과정(secondary process)이라고 한다. 예컨대, 배고픈 욕구를 가질 때 원초아에 지배된 유아는 울음으로써 긴장감소를 유도하나 자아가 발달하게 되면 냉장고를 열려고 하거나 먹을 것을 달라고 요구하기도 한다. 이와 같이 자아는 원초아처럼 쾌락원리를 취하지 않아도 현실원리에 의해 긴장을 감소시킬 수 있으며 이로 인해 쾌락을 얻게 된다.

(3) 초자아

초자아(超自我, superego)는 원초아의 자유분방한 쾌락추구에 반대하여 생긴 정신 에너지이다. 초자아의 목적은 부적절한 원초아의 충동을 억제시키고 이상을 추구하는 것으로서, 부모의 권위에 대한 동화(同化) 및 내면화(內面化)에 의해 이루어지거나 또한 사회적·윤리적 규준을 표상함으로써 이루어진다. 주로 초자아는 부모와 여러 경험을 나누는 동안 부모와의 갈등해결 과정에서 발달하며 주로 부모가 주는 보상과 벌을 통해서 점차 발달되어 간다.

프로이트는 초자아와 관련된 정신 에너지가 자아이상(自我理想)과 양심(良心)으로 구성된다고 한다. 양심은 잘못된 행위에 대해서 처벌을 받거나 비난 받은 경험에서 생기는 죄책감과 결부된 것으로 보통 부모의 제재를 내면화한 것이다. 자아이상은 아동이 도덕적으로 옳다고 생각하는 판단을 의미하는 것으로 올바른 행동에 대한 보상을 통해 형성된다. 이와 같이 초자아는 자신의 행동이 옳은지 그른지를 가늠하면서 완벽함을 추구한다.

양심과 자아이상으로 구성되는 초자아는 외부, 주로 부모로부터 주어지는 상과 벌을 통한 보상체계 및 가치체계가 내면화된 것이다. 따라서 초자아는 성격의 세 체계 중에서 인간행동의 도덕적 규제를 관장하는 곳이라 할 수 있다.

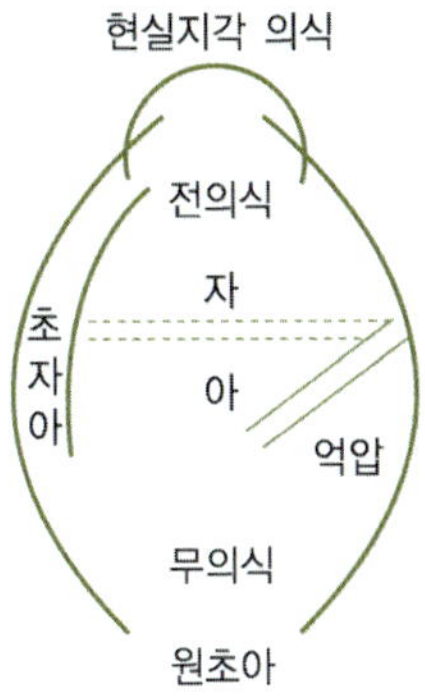

그림 10-2 ➡ 프로이트가 그린 성격구조
출처 : Crain, 1985, p.230

(4) 세 주관체의 자각수준

정신 에너지의 세 가지 주관체들은 제각기 다른 자각수준에서 기능을 담당한다. 원초아는 현실지각과 의식으로부터 완전히 제외되어 있다. 원초아는 전적으로 무의식적이다. 자아는 의식과 현실에까지 뻗어 있는데, 이는 외부세계를 다루기 위하여 발달하는 원초아의 일부이기 때문이다.

그림 10-2와 같이 자아는 주로 '전의식(前意識)' 이라 불리는 영역에 머무른다. 비록 자각수준 밑에 있지만 비교적 적은 노력으로도 의식화 될 수 있다. 하지만 자아 역시 무의식적으로 사고를 억압하기 때문에 부분적으로 무의식적(無意識的)이다. 초자아는 자아를 비판하는 역할을 하므로 자아의 맨 윗쪽에 있다. 초자아 역시 부분적으로 무의식적이다. 비록 우리는 때때로 도덕기준을 자각하고 있지만 그것은 무의식적으로 우리에게 영향을 준다. 예컨대, 우리는 갑자기 이렇다 할 이유도 없이 우울하게 되기도 하는데 그 이유는 금지된 생각을 하는 것에 대해 초자아가 우리를 처벌하고 있기 때문이다.

2) 역동적 요소

(1) 본 능

프로이트는 인간 유기체를 복잡한 에너지 체계로 생각하고 정신 에너지와 신체 에너지는 서로 전환될 수 있다고 가정하였다. 그리고 정신 에너지와 신체 에너지

사이에서 교량역할을 하는 것을 본능(instinct)이라 여겼다. 그는 에너지의 일차원을 본능 혹은 학습되지 않은 심리적 욕구라고 가정하였다. 본능은 유기체의 생물학적 요구 및 신진대사 과정에 있으며 두 가지 강력한 본능으로 구분된다. 하나는 에로스(eros)라 하여 생명 탄생 및 유지(維持)를 목적으로 하는데 이와 같은 성(性)적 본능은 주요한 삶의 본능으로서 종(種)의 생존을 위해 필요하다. 또한 이는 개인의 생존에 필요한 배고픔이나 배설과 같은 본능과는 다른 것으로서 특별한 형태 에너지인 리비도(libido)를 방출한다.

초기 본능적 행동의 근본 목표는 긴장감소로서 쾌락원리에 따른다. 예컨대, 유아의 본능충족은 쉽게 직접적으로 얻어지므로 이때의 긴장감소는 꽉 찬 방광을 비우거나 음식물을 섭취하여 빈 위장을 채우는 행위로 나타난다. 그러나 축적된 초기 본능 에너지는 점차 보다 복잡한 삶의 경험을 표상하는 에너지로 전환하게 된다.

또 다른 강력한 본능은 타나토스(thanatos)로 죽음과 공격성을 나타낸다. 프로이트는 사람이란 결국에는 모두 죽으므로 어떠한 면에서는 생의 목표가 죽음이라고 생각하게 되었다. 또한 공격이란 죽음의 본능에 내포된 자기파괴의 욕구가 외부의 다른 대상물에게 나타난 것으로 보았다. 죽음의 본능이 직접 죽음의 형태로 나타나지 않는 것은 삶의 본능이 지니는 힘이 강하거나 성격 내부에서 일어나는 어떤 것에 의해 죽음의 본능이 저지되기 때문이라고 하였다.

(2) 정신 에너지

프로이트에 의하면 정신 에너지는 첫째, 생물학적 기초를 갖고 늘 어떤 형태로든 이용가능하며, 둘째, 폐쇄체계이기 때문에 체계 내에서의 총에너지 양은 변하지 않으며, 셋째, 체계전반에 걸친 에너지 분배는 생물학적 요구, 개인의 발달단계, 과거 경험, 현재환경 등과 같은 요인에 의해 결정된다고 하였다.

정신 에너지의 중요한 특성 중 하나는 그것이 무의식(無意識)의 일부라는 것이다. 무의식은 프로이트가 인간행동을 개념화하는 데 가장 중요한 요소 중 하나로서, 개인의 의식수준 혹은 사고 가능한 수준이 아닌, 무의식 수준의 정신 에너지가 행동에 영향을 미친다고 보았다.

정신 에너지와 구조적(構造的) 요소인 원초아, 자아, 초자아와의 관계를 보면, 초기에는 정신 에너지가 거의 본능적(本能的) 에너지에 의해 전적으로 통제되어 원초아의 지배를 받다가 그 후 자아, 초자아로 에너지의 재분배가 이루어진다. 예컨대,

아기들은 배고플 때 긴장 감소를 위해 울어댄다. 이는 원초아의 쾌락원리에 따른 행동이다. 그 후 아기를 돌보는 사람이 아기의 행동을 이해하여 우유를 제공하고, 이러한 일들이 반복될 때 아기는 점차 본능적인 만족을 위해서는 외부 사건이 필요하다는 것을 학습하게 된다. 이로 인해 아기는 자신의 행동이 외부사건을 유발시킴을 지각하게 되면서 원초아 에너지의 일부가 아기자신의 의식적인 연상과 연결되는 에너지로 전환하게 되며, 이렇게 전환된 정신 에너지가 자아이다. 그 후 유아가 자라면서 자아가 발달됨에 따라 배가 고플 때 먹을 것을 스스로 찾아먹는 능력을 갖추게 된다. 그러나 만약 유아가 마음대로 꺼내 먹지 못하게 했던 어머니의 말씀을 상기하고 자신의 행동을 멈추었다면 이러한 행동은 자아의 정신 에너지가 초자아의 정신 에너지로 전환되어 초자아에 의해 통제 받고 있음을 보여주는 것이다.

이와 같이 정신 에너지는 원초아, 자아, 초자아로 분배된다. 발달이 진행되는 동안 사람마다 그 분배는 같지 않으므로 개인의 발달과정 동안에 저마다 다른 모습으로 나타난다.

(3) 방어기제

이상에서와 같이 역동적인 측면은 정신 에너지의 분배 및 전환을 다루는 것으로 생애 초기의 첫 5~6년 동안 정신 에너지는 원초아에서 자아와 초자아로 분배된다. 자아의 출현으로 가장 두드러진 기제가 방어기제(防禦機制)이다. 방어기제는 자아가 합리적인 방법으로 자신이 느끼는 불안감을 이기지 못할 때 자신이 의식하지 못하는 가운데 비현실적인 방법으로 불안감을 제거하려 한다. 방어기제는 불안으로 인해 건강한 심리발달을 저해할 위험으로부터 자기자신을 보호하기 위한 것으로서 주로 현실을 왜곡시키면서 불안감을 감소시키는 기술이다. 모든 방어기제는 개인으로 하여금 불안을 완화시키고 견디게 도와준다. 방어기제는 일시적으로 사용될 수도 있지만, 어떤 이들에게는 영속적(永續的)으로 사용된다. 성인이 영속적으로 방어기제를 사용하면 방어기제 자체가 성격특성으로 굳어진다. 아동의 경우에 방어기제는 불만족스러운 상황에 대처하는 실험적 방법으로 작동한다. 방어기제는 정신 에너지를 이동시키거나 변화시키는 등 성격을 재구성하는 데 도움을 주며, 아동이 시도하는 대로 성격구조를 유동상태(流動狀態)로 유지시킨다.

이 외에 방어기제는 좀더 중요한 목적을 갖는다. 이것은 이용 가능한 모든 정신 에너지가 불안에 투자되지 못하게 하여 성장에 필요한 에너지를 남겨두는 것이다.

즉, 이후의 성장에 필요한 에너지를 우리가 무모하게 분출하지 못하도록 막아준다. 우리는 방어기제가 무의식 수준에서 이루어지므로 그 기능을 인식하지 못하지만, 미래 발달을 위해 충분한 에너지를 저장하기 위해서는 방어기제가 필요하다. 그러므로 방어기제는 반드시 해로운 것이라고 할 수 없다. 그러나 정신병 증상을 앓고 있는 사람들은 방어기제를 과도하게 사용하는 경우가 많다. 방어기제의 종류는 다음과 같다.

① 합리화(合理化, rationalization)

스트레스 상황의 실제를 부인해서 스트레스 상황에 대처하는 것이다. 예컨대, 여우가 맛있어 보이는 포도송이에 손이 닿지 않게 되자 포도가 신 것이라고 간주하여 아쉬움을 달래는 이솝우화가 이에 해당된다.

② 억압(抑壓, repression)

내면의 동기를 의식적 사고영역(思考領域)에서 전혀 의식할 수 없는 영역으로 추방하는 것을 말한다. 예컨대, 새로 동생을 본 장자의 경우, 모든 사람들이 아기에게 계속적인 관심을 갖자 아기로 인해 심한 질투가 생겨서 아기가 없어져 버리면 좋겠다고 생각하나, 이 욕망을 철저히 억압해서 전혀 의식하지 못하게 되는 경우이다.

③ 승화(昇華, sublimation)

무의식적으로 내면의 동기를 자기자신 및 사회가 용납할 수 있는 다른 동기로 변형하는 것으로서, 부끄러운 동기를 보다 점잖은 형태로 표현하는 것을 말한다. 예컨대, 셰익스피어나 미켈란젤로와 같은 예술가들은 성충동(性衝動)을 예술적 창조력으로 승화시킨 것으로 보며, 또한 외과의사, 검사, 교사 등은 공격충동을 사회적으로 용납될 수 있는 욕구로 승화시킨 것으로 본다.

④ 동일시(同一視, identification)

불안을 느끼지 않을 것 같은 위대한 인물이나 집단의 속성을 갖춤으로써 불안을 감소시키는 또 다른 방법이다. 예컨대, 붙임성이 없어서 불안해하는 여자아이는 인기가 대단한 친구와 동일시함으로써 불안을 감소시킨다.

⑤ 반동형성(反動形成, reaction formation)

불안을 야기한 진짜 동기와는 정반대 되는 동기를 갖고 있는 것처럼 행동한다.

예컨대, 다른 사람들에 대해 지나치게 점잖은 행동을 보이고 관심을 표방하는 것은 그가 내면에 적대감을 갖고 있고 그 적대감 때문에 불안해 하고 있다는 사실을 은폐하기 위한 방어행동으로 볼 수 있다.

⑥ 투사(投射, projection)

자기에게 불안을 야기하는 내면의 동기나 생각들을 다른 사람에게 떠맡기는 것을 말한다. 투사는 방어기제 중 가장 강력한 기제 중의 하나로서, 불안을 감소시키는 효과가 크지만 자기자신과 타인에 대한 진실을 심하게 왜곡시킬 위험성이 있다. 예컨대, 아이들은 가끔 뭐가 먹고 싶을 때 자기가 그런 것이 아니라 마치 다른 아이가 먹고 싶은 것처럼 둘러대어 말하는 것을 볼 수 있다.

⑦ 퇴행(退行, regression)

나이가 어린 사람처럼 행동하는 것으로서, 예컨대, 유아가 동생을 얻게 되면 의식적으로 대소변 실수를 하거나 어린 시절의 버릇을 다시 나타낸다든가 젖병을 빨려고 하는 경우 등이다.

3) 연속적 요소

프로이트에 의하면 아동들은 성적 본능에 의해 그 에너지가 일생을 통하여 정해진 일정한 순서에 따라 옮겨감으로써 성장한다고 하였다. 프로이트는 주로 성적 본능 에너지를 리비도라 하고, 이 리비도는 일생을 통하여 정해진 일정한 순서에 따라 상이한 신체부위에 집중된다고 주장하고 리비도가 집중적으로 모이는 신체부위를 성감대(性感帶, erogenous zone)라고 하였다. 프로이트는 유아가 피부접촉을 통해 흥분하는 능력을 갖고 태어나며, 피부긴장이 일어날 때 직접적인 피부접촉을 통해 긴장감소를 원한다고 하였다.

그의 '성' 개념은 매우 폭이 넓다. 성(性)이란 단순히 성교(性交)라는 성행위(性行爲)만이 아니라 신체에 쾌감(快感)을 일으키는 모든 것을 포함한다. 특히 아동기 성적인 감정은 매우 일반적이다. 쾌감을 느끼기 위해 빠는 행위, 다른 사람의 신체를 보거나 자신의 신체를 보여주려는 욕망, 배설이나 보유(保有), 심지어는 신체를 꼬집거나 하는 잔인한 행동까지도 모두 이에 포함된다. 그러므로 성인이 경험하는 성적인 자극과는 질적(質的)으로 다르다. 이는 더 일반적이고 미분화되었기 때문에

'유아기 성욕' 이라 부른다(Freud, 1905, pp.585~594).

어린 아동도 성욕이 있다는 프로이트의 주장은 빅토리아 시대 후반기와 20세기 초반에 걸쳐 많은 사람들에게 극심한 반발을 일으켰다. 그러나 프로이트와 그의 추종자들은 임상경험을 토대로 발달단계에 따라 성감대가 변한다는 자신들의 주장을 고수하였으며, 이와 같은 심리성적 발달이 어떤 아동에게서나 보편적으로 일어난다고 주장하였다. 각 단계는 대부분의 아동에게서 비슷한 시기에 같은 순서로 일어난다. 한 단계에서 다음 단계로의 정상적인 진행이 방해를 받을 때 특정단계에 고착(固着)하게 될 수도 있다. 프로이트는 이러한 고착이 이후 성인기 성격형성에 직접적인 영향을 미친다고 말한다. 그러므로 발달 초기단계가 성인행동과 성격구조의 기초가 된다고 볼 수 있다.

(1) 구강기

구강기(口腔期, oral stage)는 태어나서부터 생후 1세까지로서 주된 성감대는 입과 구강이며, 만족의 중요한 근원은 먹는 것이다. 모든 경험은 먹기와 관련된 활동에 의해 중재된다고 가정한다. 구강기 동안 겪는 경험의 대부분은 언어로 표현되지 못하기 때문에 무의식 속으로 영구히 남기 쉽다. 그러므로 구강기 경험은 긍정적이어야 하고, 구강갈등을 최소한으로 줄여 무의식 속에 긴장이 많이 남아 있지 않도록 해야 하기 때문에 이 시기는 중요하다.

먹는 것 외에도 여러 구강활동은 쾌감을 제공한다. 즉, 빨기, 핥기, 깨물기를 통해서도 만족감을 얻는다. 후에 이가 나면서부터 유아는 구강에 와 닿는 것을 빨므로서 수동적으로 쾌감을 느끼며, 때로는 깨물기도 하며 쾌감을 주는 대상을 적극적으로 추구한다.

기본적이고 근본적인 욕구를 만족시키는 사람은 보통 어머니이지만, 자신에게 만족과 쾌감을 주는 인물이나 대상에게 애착을 가지게 된다. 만일 구강기에 수유시간을 너무 엄격히 통제하거나 충분히 빠는 행동을 경험하지 못하면 욕구불만을 가져와 이 시기에 고착현상을 초래하며, 또한 젖을 너무 오래 먹거나 손가락 빨기에 탐닉하는 경우에도 고착현상이 일어난다. 그러나 일반적으로 과다한 만족보다는 심각한 좌절이 가장 강한 고착을 낳는다(White & Watt, 1973, p.136).

프로이트는 고착 이유에 대해서 확실히 말하고 있지 않지만, 정신분석학자들은 고착이란 일반적으로 문제가 되는 단계에서 과다한 만족이나 좌절을 경험했을 때 생기게 된다고 믿고 있다(Abraham, 1924, p.357). 구강기에 고착하게 되면, 입술이나 손가락 빨기, 과식이나 과음, 과도한 흡연과 같은 구강기적 특성이 나타난다. 구강기적 성격특성으로는 일반적으로 의존적이고 유아적인 특성을 보이는데, 두 가지 형태로 나뉘어진다. 하나는 소극적인 구강기적 성격으로서 순종적이고 애정 요구적인 특징을 보이는 반면, 적극적인 구강기적 성격으로는 애정을 요구하는 데 있어 공격적인 태도를 보인다. 사람들은 때때로 좌절을 경험하고서야 비로소 일상생활에서 구강적 특징을 보이게 된다. 그리고는 구강기의 고착지점까지 퇴행한다. 예컨대, 동생이 태어나서 자신에 대한 부모의 사랑이 갑자기 결핍되었음을 알게 된 유아는 구강기 행동으로 퇴행하여 예전에 그만두었던 손가락 빨기를 다시 시작하는 것을 보게 된다. 이러한 퇴행현상은 단지 부분적이고 일시적이므로 유아의 행동을 이해하는 것이 중요하다.

(2) 항문기

항문기(肛門期, anal stage)는 1~3세까지를 말하며, 항문 주변의 점막자극에 대한 민감성이 높아지는 시기이다. 배설물을 보유하거나 배설하는 데서 쾌감을 얻는다. 배설과정이 즐거운 것으로 여겨질 수 있는 것과 같이 배변을 보류함으로써 쾌감을 느낄 수 있다. 이는 참았다가 배설을 하면 쾌감이 더 커지며 동시에 사회적 승인이 커지기 때문이다(Freud, 1905, p.589). 아동들은 또한 그들의 배설물에 자주 흥미를 느껴 그것을 갖고 놀거나 만지기를 즐긴다. 프로이트 이론에서 항문기는 아동이 처음으로 사회의 기대에 순응하도록 요구되는 단계이다. 이 단계에서는 언어적 능력이 있으므로 다른 사람과 의사소통이 가능해져서 대소변 훈련이 이루어진다. 유아의 본능적 충동이 처음으로 외부의 통제를 받는 경험을 하게 된다. 만약 대소변 훈련이 언어능력 이전에 실시된다면 의사소통이 제대로 이루어지지 못하므로 상대방의 요구를 이해하지 못하고 자신의 의사를 제대로 표현할 수 없기 때문에 대소변 훈련의 경험은 긴장 및 불안과 관련될 것이고, 하나의 불쾌한 사건으로 무의식에 저장될 것이다.

구강기의 만족은 개인적 욕망이나 편의에 의해 아무 때나 얻어질 수 있었으며, 어떤 경우 사회적으로 승인을 얻지 못한다고 하더라도 그 결과는 중요하지 않았다. 그러나 항문기의 경험을 통해 아동은 자신의 욕구가 언제나 마음대로 충족될 수는 없으며, 사회의 규범을 무시할 때 그 결과가 어떠한 것이지 알게 된다. 타인에 대한 인식과 자아에 대한 구분이 증가되는 시기이다. 어떤 아동들은 일부러 자기자신을 더럽힘으로써 처음에는 부모에게 맞선다(Freud, 1905, p.591). 때로는 물건을 낭비하고 어지럽히고 자신을 지저분하게 함으로써 반항하기도 한다. 이러한 특질은 항문기의 폭발적인 성격의 일면으로써 때로는 성인이 되어서 까지 계속되기도 한다(Hall, 1954, p.108). 만일 부모가 대단히 엄격하고 억압적으로 훈련하게 되면 성인이 된 뒤에도 고착현상이 일어난다. 이런 아동들은 지저분하게 어질러 놓는 대신 더럽거나 냄새나는 것을 싫어하게 되고, 깨끗하고 질서정연하게 정돈하고 싶어하는 강박적 욕구가 발달한다. 항문기 강박적 성격이라 불리는 이러한 사람들은 또한 권위에 복종하는 것에 분노를 느끼나 자신의 분노를 감히 공개적으로 표현하지 못하며, 대신에 소극적인 완고함을 보인다. 대변배설을 참음으로서 항문근육 수축에서 오는 쾌감에 치우쳐 고착이 일어날 경우, 수전노와 같은 인색한 성격특성이 나타나기도 한다.

(3) 성기기

성기기(性器期, phallic stage)는 대략 3~5세까지 계속되는데 성감대는 항문으로부터 성기로 옮아간다. 아동의 성격발달에 중요한 심리적 변화가 일어나는 시기이다. 남아는 오이디푸스 콤플렉스(oedipus complex)를, 여아는 엘렉트라 콤플렉스(electra complex)를 가지게 된다. 오이디푸스는 그리스의 비극인 오이디푸스왕에서 그 이름을 취한 것으로, 오이디푸스는 우연히 만난 여자를 자신의 어머니인줄 모르고 사랑에 빠짐으로써 아버지를 죽이고 그의 어머니와 결혼하는데, 나중에는 이 사실을 알고서 자신의 두 눈을 파냄으로써 스스로를 벌한다는 비극의 주인공이다. 프로이트는 성적으로 어머니를 소유하려는 욕망이 성기기에 있는 모든 남아들의 특징이라고 생각한다. 이 시기의 남아는 곧잘 자신의 성기를 다른 남성들의 것이나 동물의 것과 비교해 보고 싶어지며, 여아나 성인 여자의 성기를 보려고 한다. 또한 자신의 성기를 보여주는 것을 즐기며, 보다 일반적으로는 성적 인간인 성인으로서의 자신을 상상하는 환상에 빠지기 시작하며 이를 실험해 보려고 한다.

남아는 어머니를 최초의 사랑대상으로 추구하고, 아버지를 어머니의 애정쟁탈의 경쟁자로 생각하여 적대감을 가지게 된다. 어머니에 대한 이러한 욕망과 아버지에 대한 적대감은 아버지와의 사이에 갈등을 야기한다. 때로 남아는 자신과 아버지의 성기를 비교한 결과 열등감을 느끼게 된다. 이러한 과정에서 남아는 아버지가 자신의 근친상간적 동기에 대해 분노를 느끼고 결국에는 자신에게 가장 중요한 부분인 성기를 없애버릴 것이라고 상상한다. 프로이트는 이를 거세불안(去勢不安, castration anxiety)이라고 하여 성기가 제거 당할 것이라는 공포라고 설명하였다. 이 시기의 남아는 거세불안의 두려움으로 인해 어머니에 대한 성적 욕망을 포기하고 아버지와의 동일시를 통해 성적 만족을 얻고자 한다. 즉, 아버지와의 동일시를 통해 남아는 어머니에 대한 성적 욕구를 간접적으로 해결하며, 아버지로부터 올 수 있는 공격에 대한 불안도 동시에 해결하게 된다. 그 결과 남아는 적절한 남성적 역할을 습득하게 되며, 아버지의 도덕률과 가치체계를 내면화하고 이로 인해 초자아를 내면화하게 된다. 다시 말해서 아동은 부모의 도덕적 금지를 자신의 것으로 받아들이고, 이렇게 하여 위험스러운 충동이나 욕망으로부터 보호해 줄 내적 감시자가 존재하게 된 것이다. 이는 우리가 양심이라고 부르는 것과 유사한 것으로서, 나쁜 생각이나 행동에 대해 우리를 나무라기도 하고 죄의식을 갖도록 하기도 하는 내적인 목소리이다. 아동이 초자아를 내면화하기 이전에는 단지 외부의 비판과 처벌로써만 고통을 받았지만, 이제는 자기가 자신을 비판할 수 있게 되어 금지된 충동을 견딜 수 있는 힘이 생긴다.

프로이트는 남아와 마찬가지로 여아에게 있어서도 이와 같은 심리적 현상이 나타난다고 생각하였으나, 남아에 비해 그 설명이 충분하지 않다. 여아의 경우 처음에는 남녀간에 어떤 뚜렷한 차이가 있다는 것을 깨닫지 못한다. 그러나 신체상의 차이를 발견한 후 남아와 같은 성기를 갖고 있지 않다는 사실을 알게 되면서 열등감을 갖게 되는데, 프로이트는 이를 남근선망(penis envy)이라고 불렀다. 여아의 성기에 대한 실망은 다음의 일화에서 찾아 볼 수 있다(Munroe, 1955, pp.217~218).

먼로(Munroe)는 어느 날 자신의 4세 된 딸이 오빠와 함께 욕조 안에 있는 것을 관찰할 때까지는 프로이트 이론에 매우 회의적인 심리학자였다. 그 딸이 갑자기 "나의 고추가 없어졌어."라고 소리쳤다. 딸은 처음으로 자기와 오빠의 신체를 비교해 본 것이다. 먼로는 딸을 안심시키려고 하였으나 허사였고, 딸은 몇 주 동안이나 여자아이라고 부르는 것을 완강히 반대하였다.

그러나 여아는 여성으로서 자존심을 회복한다. 아버지는 여아가 기저귀를 찬 어린 아기였을 때는 그다지 관심을 두지 않았을지 모르지만, 여성으로 성장해 가는 귀여운 딸을 칭찬하고 "귀여운 나의 공주님"이라고 부르면서 함께 장난을 치기도 한다. 이것이 자극이 되어 여아는 자신과 아버지가 함께 등장하는 낭만적인 환상에 빠지기 시작한다(Crain, 1985). 이와 같이 남근선망(男根羨望)은 아버지에 대한 사랑과 애착을 확대·강화시키며, 무의식적으로 자신에게 남성의 성기가 없는 것이 어머니의 책임이라고 생각하여 어머니에 대해서는 거부감을 느끼게 된다. 그러나 결국에 여아는 남근을 만들어 붙이는 것이 신체적으로 불가능하며, 자신의 욕망을 충족시키기 위해서는 어머니와 동일시하는 것이라고 여기게 된다.

이 시기의 중요한 과업은 초자아(超自我)가 형성되는 것이며, 적절한 성역할 정체감 확립이다. 그러나 성기기는 어떤 아동에게도 순탄하지 않으며, 대부분의 아동이 어느 정도 어려움을 겪는다. 이 단계에 고착하게 되면 두 가지 형태의 성기기적 성격이 형성된다. 즉, 적극적인 성기기적 성격은 과시적이고 거만하고 공격적이며 방종스러운 것이 특징인데 반해, 소극적인 성기기적 성격은 오만하면서도 겸손하다고 한다.

(4) 잠복기

성기기와 관련된 문제가 성공적으로 해결되었든 그렇지 못했든지간에 그 갈등은 잠시 잠복하게 된다. 이 잠복기(潛伏期, latency stage)는 약 6세부터 시작하여 11세까지 지속되며, 성적 욕구가 철저히 억압되고, 성적 욕망에 투자되었던 정신 에너지는 다른 행동으로 대체되거나 변화된다. 그러므로 이 시기에는 부모에 대한 애정을 발달시키고 동성 친구와 강한 사회적 유대를 확립하게 된다. 비록 아동이 여러 가지 활동에 적극적으로 참여하고 학습함에도 불구하고 심리성적인 입장에서 볼 때 이 단계는 이전의 힘들었던 갈등에서 풀려나 휴식하는 기간이며 다음 단계의 발달을 준비하는 시기이다. 그러나 일부 프로이트의 추종자들은 이 시기에 성적 혹은 공격적 환상이 프로이트가 암시했던 것처럼 그렇게 완전히 사라지지는 않는다고 주장하였다(Blos, 1962, pp.53~54). 예컨대, 8세된 남아는 여전히 여자아이의 몸에 관심을 보인다. 그럼에도 불구하고 대부분의 프로이트학파 이론가들은 이 시기에 왕성한 성적 특성이 사라지게 된다는 점에 동의한다.

(5) 생식기(生殖期, Genital stage)

사춘기가 시작되면서 무의식에 억압되었던 성적 특성이 의식세계로 뚫고 올라오면서 정신 에너지의 재분배가 이루어진다. 이 시기의 청년은 성적 충동을 현실적으로 수행할 수 있는 능력을 갖추므로, 이성에 대한 진정한 관심을 가지고 성숙한 사랑을 할 수 있게 된다.

프로이트는 사춘기 이후 개인의 주요과제는 '부모로부터 자유로워지는 것' 이라고 하였다. 남아의 경우는 어머니와 연결된 끈을 풀고 자기자신의 여자를 발견하는 것을 의미하며, 아버지와의 경쟁심을 버리고 아버지의 지배로부터 자유로워져야 한다. 여아의 경우도 마찬가지여서 부모로부터 독립하여 자기 나름의 삶을 확립해야 한다. 그러나 프로이트는 이러한 독립이 결코 쉽지는 않다고 하였다(1905, p.346). 오랫동안 부모에 대한 강한 의존심을 쌓아왔기 때문에 그들로부터 독립한다는 것은 여간 힘든 일이 아닐 것이다.

또한 이 시기에 자아와 초자아는 중요한 시험에 직면하며, 부적절하게 발달할 경우 비행(非行)이나 이상행동(異常行動)을 야기한다. 프로이트는 청년기를 지난 다음에는 성격변화를 가져오기 어렵다고 하였는데 그 이유는 유동적이었던 정신 에너지를 재분배하는데 전문적인 도움과 강력한 치료가 필요하다고 보기 때문이다.

프로이트는 잠복기 이전에는 자기애착적(自己愛着的)인 경향을 보이므로 자기자신의 신체에서 성적쾌감을 추구하고, 사춘기에 접어들면서 이성애착적인 경향을 보여 비로소 타인인 이성으로부터 성적 만족을 얻으려고 한다고 생각하였다.

만일 성기기를 성공적으로 거쳐 나오지 못한 경우에는 권위에 대한 적대감이 해소되지 않고, 동일시의 혼란을 가져오므로 생식기에서 야기되는 성적 에너지를 원만하게 처리할 수 없다. 이로 인해 권위에 대한 반항, 비행 또는 이성에 대한 적응곤란이 일어나기도 한다.

3. 유아기 성교육

부모는 자신이 원하든 원치 않든 간에 자녀의 성교육을 담당해야 한다. 문제는 이 책임을 어떻게 하면 잘 수행하느냐에 있다. 더욱이 부모들 자신이 성에 대한 개방 정도에서 사람에 따라 차이가 나기 때문에 성에 대해서 아동에게 어디까지 설명해야 할지 망설이게 된다. 그러나 무엇보다 중요한 것은 거짓말을 해서는 안되며, 자연스럽게 사실적으로 어린이의 연령에 맞추어 설명해 주어야 공연한 궁금증이나 두려움에 시달리지 않게 된다.

아동의 성발달은 출생 순간부터 시작된다고 볼 수 있다. 부모는 갓난아기를 안고 있을 때 온화한 음성으로 또는 부드럽게 안아줌으로써 사랑을 표현한다. 이러한 방법으로 돌보아지고 사랑을 받은 유아는 후에 성장하였을 때 따뜻하고 사랑을 주고받을 수 있는 사람이 되는 데 필요한 성격특성을 발달시키기 시작한다. 흔히 이러한 애정표현이 이성을 상대로 행해지므로 부모가 갓난아기에게 보여주었던 방법은 성교육 과정이 될 수 있다.

어떤 가족의 경우에는 가족들 간에 서로 좀처럼 부드러운 신체적 접촉을 하지 않는데 이와 같은 가족 속에서 자란 아동 또한 후에 신체를 통한 애정표현을 하기 어려울지 모른다.

보통 성교육은 신체적, 정서적, 사회적, 생물학적, 도덕적, 영적인 모든 측면에서의 성에 관한 정보를 제공하는 것을 뜻한다(Gordon & Wollin, 1983). 부모가 아동의 성교육을 주로 담당해야 함은 많은 사람들이 인정하지만, 부모가 이 역할을 충족시키기 위해서 의식적으로 노력할 때조차도 부모 혼자서 아동의 성교육을 담당한다고는 볼 수 없다. 아동은 성장함에 따라 학교와 종교단체에서도 성에 대한 정보와 지식을 얻을 수 있으나, 그럼에도 불구하고 가정에서 부모의 성교육은 중요하다. 그러나 많은 아동은 대중매체(라디오, TV, 신문, 잡지, 영화 등)로부터 정보를 얻으며, 때로는 친구와 다른 사람에게서 많은 정보를 얻기도 하며 때때로 그릇된 정보를 접할 수 있다.

모든 정보가 언어로 전달되는 것은 아니므로 어린 아동조차도 자기의 수준에서 부모가 성관계를 가진다는 것을 알고 있다. 부모간의 사랑이 따뜻하고 건강하며 사랑하는 애착관계로 지각된다면, 아동은 성을 더럽거나 은밀한 것보다는 긍정적인 면으로 생각하게 될 것이다. 이와 같은 긍정적인 태도를 가지는 것이 성교육의 가장 중요한 부분이다.

1) 바람직한 부모의 태도

전통 한국사회에서 부모들은 아동들 앞에서 포옹하고 입을 맞추거나 혹은 손을 잡는 등의 애정표현을 삼가하였다. 그러나 아동은 자신의 부모가 서로 사랑하고 있다는 것을 아는 것이 좋으며, 이러한 사랑은 아동이 이해할 수 있는 방법으로 개방적으로 표현되어야 한다. 부모가 아동 앞에서 신체적 접촉을 피할 때 아동에게 접촉이란 '나쁜 것' 이며, 꼭 성관계를 갖기 위한 예비조건으로서 만이 허락될 수 있다는 인상을 주게 될지 모른다. 부모는 아동이 태어난 후 서로에게 애정을 표시하는 것은 중요하며, 아동이 유아기를 지나 더 성장한 후에도 사랑하고 있음을 나타내는 신체적 접촉은 필요하다.

아동은 부모가 자신에게 애정을 표현하는 것을 언제나 좋아한다. 그러나 아버지들은 아들에게 애정을 표현하는 것이 남자답지 못하다고 생각하여 신체적 접촉을 삼가나, 아버지들은 좀더 부드럽고 친절하게 사랑과 애정을 표현해야 할 것이다.

호기심이 많고 언어발달이 잘 진행되고 있는 유아는 "아기가 어디에서 오나?" 라는 질문을 어머니에게 하기 마련이다. 이런 질문을 하는 아동은 적당하고 의미 있는 대답을 얻을 권리가 있다. 그럼에도 불구하고 부모들은 나이가 들면 다 알게 된다거나 아버지(혹은 어머니)에게 물어보라거나 하면서 그 대답을 회피한다. 대답을 회피할 때 아이들은 성에 관한 문제에는 비밀이 있고, 그 질문은 온당치 못한 것이 아닌가 하는 인상을 받게 된다. 거짓말을 하는 경우, 우리 나라에서는 흔히 다리 밑에서 주워왔다고 하고, 일본 사람들은 나뭇가랑이에서 주워왔다고 한다. 또 미국 사람들은 황새가 물어다 준다고 하고, 이탈리아 사람은 양배추 속에서 나왔다고들 거짓말을 해왔다.

유아의 질문에 의미있고 적당한 대답을 제공하는 부모는 자라나는 아동의 호기심 발달에 도움을 준다. 성에 대한 지식은 좀더 책임있고 현실적인 행동을 하게 한다. 또한 성에 대한 무지는 단순히 부정확한 지식 뿐 아니라 위험스럽고 비도덕적일지 모르는 대답을 상상하게 하며 방종스러운 생활을 꿈꾸게 할지 모른다. 아동의 질문에 대답하는 것은 어머니 뿐 아니라 아버지도 마찬가지이며 부모 모두 똑같이 책임을 져야 한다. 물론 부모 중에서 어느 한 사람이 이 역할을 감당해 나가는 데 편안함을 느낀다면 그 사람이 주로 책임을 맡게 되겠지만, 아동은 양쪽 부모가 참여할 때 좀더 균형된 태도를 얻게 될 것이다. 반드시 의도적으로 어머니가 딸을 아버지가 아들을 가르치는 것은 자연스럽지 못하다.

자연을 사랑하는 부모는 성교육의 좋은 기회를 보다 많이 가질 수 있다. 아이를 데리고 공원이나 야산을 가다 보면 포유동물들 이외에도 개구리, 잠자리, 나비, 또는 곤충알들을 보여줄 기회가 많다. 조그마한 동물의 유충이나 올챙이는 생명이 어떻게 시작하는가를 보여주는 좋은 자료가 된다. 집에서 개나 고양이를 어릴 때부터 길러보는 것도 좋다. 동물이 짝을 짓고 새끼를 낳고 어린 것을 보살피는 것을 관찰하면서, 모든 새 생명이 어떻게 시작되는가를 동물의 생활을 실제로 보는 가운데 저절로 알 수 있게 될 것이다. 이렇게 동물이나 식물 또는 그림을 가지고 예를 들어 설명할 수도 있고, 다음과 같은 비유를 통해 엄마와 아빠가 난자와 정자를 수정시키는 과정과 아기의 탄생을 설명할 수도 있다. 성교육에서 가장 중요한 것은 아기는 엄마, 아빠 두 사람이 서로 사랑하기 때문에, 그리고 원하기 때문에 아기를 만든다는 것이다. 아동기 성교육에서 서로 사랑하지 않으면서 아기를 갖게 되는 것은 죄악이며, 많은 문제를 야기할 수 있음을 교육할 필요가 있다.

"너희들이 그랬던 것처럼 아기는 엄마 뱃속에서 자란다. 처음엔 아주 작은 알이었지. 그 알은 엄마의 배꼽 밑쪽 뱃속에 있는 알집에 들어 있단다. 이 알은 혼자서 아기가 될 수 없고 아빠가 도와줘야 한단다. 아빠가 아기씨를 엄마에게 보내면 엄마의 알씨와 아빠의 아기씨가 만나 엄마 뱃속에 있는 아기집으로 가서 그곳에서 아기가 자라는 거야(주정일, 백경임, 1987, p.41)."

2) 성교육의 실제

성에 관한 아이의 질문에 대해서는 직접적이고 솔직하게 대답해 주도록 한다. 즉, 왜 비가 오는지 또는 무엇 때문에 텔레비전이 고장나는지 등의 질문에 대한 답변처럼 간단하고 사실적으로 대답해 주도록 해야 한다. 아이들의 질문은 어릴수록 주관적이기 때문에 아이들이 무엇을 물어보는 것인지 정확하게 알지 못하여 엉뚱한 대답을 하는 경우가 많다. 무엇을 물어보는 것인지 다시 질문을 함으로써 그 요지를 파악할 필요가 있다. 왜냐하면 아이의 성숙정도를 넘어서는 지나친 성교육을 할 우려가 있기 때문이다. 아동의 연령 수준에 맞추어 지나치지 않도록 주의하면서 거짓 없이 사실대로 일러주어야 한다. 예컨대, 아동이 "엄마, 아기는 어디서 와?" 하고 묻는다면 이때 대답의 내용은 아동의 연령에 따라 호기심의 정도에 따라 깊이가 달라야 한다. 만약 3~4세의 아동이라면 난자와 정자를 설명할 필요까지 없다. "엄마의 뱃속에서 자란단다. 다 자라면 의사의 도움으로 세상으로 나온단다" 라고 하면 된다. 5~6세 아동이라면, "엄마의 자궁이라고 하는 특별한 곳에서 아기가 자란다." 라고 설명하는 것으로 충분하다. 이때 아동들이 흔히 오해하는 것은 아기가 뱃속에서 엄마가 먹은 음식물과 섞이지 않을까 하는 점인데, 자궁은 아기를 위하여 특별히 마련된 안전한 아기방이라는 것을 알려준다. 8~9세의 아동이 그런 질문을 한다면 그가 알기를 원하는 것은 아기가 어디로 나오는가 하는 것을 알고 싶어서이다. 그러나 출산과정을 설명할 필요는 없다. "엄마 몸에 아기방이 있고 문이 열리면 아기가 나온다."라고 가르쳐 주면 된다. 만일 그래도 의아해 하면 소변이 나오는 곳이나 대변이 나오는 곳이 있는 것처럼 아기가 나오는 곳이 따로 있다고 설명하면 된다. 어떤 아이는 "그렇게 작은 곳으로 어떻게 나와?" 하고 묻는 경우도 있다. 한 어머니는 마침 자기 손목에 끼고 있던 동그란 작은 고무줄을 빼서 크게 늘려 보이며 "이것 보아라. 이렇게 작은 고무줄도 늘어나면 이렇게 커지지 않니? 이와 같이 아기 나오는 곳은 아기가 나올 때가 되면 크게 늘어나서 아기가 나오게 되며, 나온 뒤에는 다시 저절로 전과 같이 작아진단다." 하고 현명하게 답변했다고 한다(주정일, 백경임, 1987, p.84).

발달단계에 따른 성교육은 다음과 같다.

(1) 영아기의 성교육(0~1세)

아기는 태어나면서부터 성문화의 영향을 받기 마련이며, 특히 영아기 어린이의 성의식에 결정적인 영향을 주는 것은 수유방법과 피부접촉, 이유(離乳) 등 이다. 영아기에 꼭 필요한 피부접촉을 통한 애정의 충족은 만져주고 씻겨주고 기저귀를 갈아주며, 안고 젖먹이고 하는 동안에 이루어진다. 이 중에서 가장 큰 비중을 차지하는 것은 꼭 안고 젖을 먹이는 때일 것이다. 일반적으로 피부접촉이 부족할 때 나타나는 것으로 보이는 증세에는 대물애착(代物愛着)현상이 있다. 아기가 포대기나 담요 등 촉감이 부드러운 특정 물건에 특별한 애착을 보이는 현상이다. 잠이 오거나 허전할 때 그런 물건을 필요로 하며, 심지어는 다른 집에 가서 잠을 잘 때도 그 물건을 필요로 하기 때문에 어디를 가더라도 갖고 다니는 경우를 종종 보게 된다. 이 현상은 부족한 피부접촉을 나름대로 충족시키기 위한 적응방편이므로 야단치거나 이 대용물을 빼앗으면 오히려 역효과만 생긴다. 아기가 원할 때 그 애착물이 늘 곁에 있도록 배려해주고 따뜻한 보살핌으로 부모와의 충분한 피부접촉을 갖도록 노력해야 한다(주정일, 백경임, 1987, pp.63~64).

이유(젖떼기) 또한 유아기의 성적 발달에 중대한 분야이다. 아마도 어떤 사람들은 이유를 성적 발달의 측면으로 생각하는데 놀라움을 표시할지 모른다. 그러나 이유는 구강기적 측면에서 볼 때 입을 통한 쾌락과 관련되므로 유아의 성적 발달에 중요한 측면이다. 왜냐하면 젖이나 우유병을 빠는 것은 친숙하고 안정감을 주며 만족스러운 방법이기 때문이다. 그러나 부모는 이유를 시킴으로써 빠는 욕망을 좌절시키고 단단한 음식을 먹도록 요구하며 컵으로 물이나 우유를 마시게 한다. 이 변화는 아동에게 어려운 것이므로 이유를 억지로 강요에 의해서 하기보다는 점진적으로 서서히 부모의 편의에 따라 이루어질 것이 아니라 아동에게 가장 편안하도록 그의 상황에 보조를 맞추어야 할 것이다(Gordon & Wollin, 1983).

(2) 유아기의 성교육(2~6세)

사람의 배설기관은 생식기와 서로 인접해 있거나 동일한 까닭으로 배설 작용을 조절하고 자제하는 과정을 무난히 넘긴다는 것은 성교육에 있어서 중요한 부분이다.

대소변 훈련은 자신의 성에 대한 동일시가 이루어지는 과정을 통해 전반적으로 신체적인 자기-상(self-image)을 갖게 하는 데 큰 영향을 미친다. 약 1~3세의 연령에서 가장 의미 있는 성장경험은 좌절을 인내하는 능력이 증가하는 것이라고 볼 수 있다. 아동은 이제까지 전혀 문제가 없었던 신체의 자연스러운 기능에 통제를 가하는 연습을 하게 되므로 어떤 아동은 대소변 보는 것을 두려워한다.

이 시기의 아동들은 자신의 배설물에 흥미를 갖고 만지며 놀려고 한다. 이때 부모는 더럽다고 펄쩍 뛰는 경우가 많은데 이런 태도는 좋지 못하다. 부모가 배설물을 불결하게 취급하면 아동은 배설물 뿐 아니라 배설기관까지도 더럽고 수치스러운 것이라고 생각하게 된다. 얼굴을 찡그리지 말고 깨끗하게 씻어주고 치워주는 태도가 요구된다. 대소변에 대한 부모의 태도가 중요하듯이 그 훈련의 시기 또한 중요하다. 원래 대소변의 배출은 대뇌의 작용으로 괄약근을 이완시킴으로써 이루어지는 것이므로 영아기에는 불가능하다. 왜냐하면 영아기에는 방광이나 결장이 충만하면 반사적으로 괄약근이 이완되어 배설물이 나오기 때문이다. 그러므로 대소변 훈련시기는 의사표시를 할 수 있고 신경근육이 성숙하여 배설욕구를 알아차리며 욕구를 조절할 수 있는 능력이 있을 때가 되어야 한다. 보통 18~24개월에 시작하는 것이 좋으며, 이러한 능력이 없을 때 대소변 가리기를 강요하거나, 실수를 했다고 나무라거나 하면 영아는 용변의 자율성도 부족해지거니와 성기와 죄의식을 결부시켜 좋지 못한 영향을 받게 된다. 훈련에 대한 실패나 혹은 어쩔 수 없는 상황에서 참지 못했을 경우 벌을 주고 비난하는 것은 아동에게 좌절감과 무능력감 혹은 죄책감을 느끼게 할 것이다. 자기 성기가 매맞을 짓을 했다고 생각하는 것은 훗날의 모든 성행위와 죄의식을 결부시키는 원인이 될 수 있다. 이 대소변 훈련은 후의 성적 적응을 포함한 성격발달에 의미 있는 영향을 미칠지 모른다. 이와 같은 심리적 손상은 몇 달 더 기저귀를 채우는 불편을 감수해서라도 꼭 방지해야 한다.

아동이나 아기가 성기를 만질 때, 부모는 '성기를 가지고 노는 것' 이라고 표현하나, 전문적인 용어로 표현하면 자위행위(自慰行爲)인 것이다. 아동은 아주 어렸을 때부터 성적으로 흥분됨이 밝혀졌는데 며칠 안되는 아기도 성기로부터 쾌감을 느낀다고 한다. 남녀아 모두 따뜻하고 감각적인 느낌에 대한 반응으로서 성기의 변화가 발생함을 볼 수 있다. 아동이 성기를 가지고 노는 것에 대해 부모들이 명심해야 할 것은 거의 모든 아동에게 일어나는 자연스러운 행동이라는 것이다.

신체에 대한 이러한 탐색에 대해 부모가 화를 내거나 비난하는 것은 결코 현명한 방법이 아니므로 자위행위를 하는 아동에게 결코 벌을 주어서는 안된다. 자위행위에 대해 아동이 죄책감을 갖게 하거나 불안하게 할 경우, 이는 오히려 아동에게 자위행위를 은밀하게 하도록 격려하며 또는 전적으로 그것을 억압하게 만든다. 이러한 초기의 성적 느낌을 억압할 때 후에 정서적·행동적 혹은 성적 문제를 야기시킨다. 예컨대, 아동은 돌을 전후해서 성기를 만지작거리며 놀게 되며, 3~4세가 되면 성기를 자극하여 쾌감을 얻기도 한다. 이때 어머니들은 "왜 거기를 만지니?", "병 걸린다", "더럽다"와 같은 표현을 하면서 제지하는 경우가 있다. 그러나 못하게 하면 할수록 몰래 만지거나 심한 경우에는 화장실이나 다른 방의 문을 잠그고 계속하기도 하며 의식적으로 자극을 주는 경우도 있다. 정상적인 아이도 한 때 있을 수 있는 일이므로 지나치게 과민한 반응을 보일 필요는 없다. 자위행위 시 적당한 방법으로 사랑을 받고 보호받은 아이는 자위행위를 제한할 수 있으나, 오히려 부모로부터 벌이나 비난을 받거나 혹은 죄책감을 발달시킨 경우 문제를 일으킬 소지가 있다. 즉, 부모가 갑자기 장난하는 손을 때린다거나 소리를 지르거나 "고추 떨어진다."와 같은 말을 하거나 크게 야단을 치는 것은 죄의식을 갖게 할뿐이다. 이런 자위행위를 다루는 가장 좋은 방법은 그런 행동을 무시하거나 또는 아동의 관심을 바꾸기 위하여 손에 장난감을 쥐어주거나 하면 그런 놀이를 그만두고 다른 행동으로 옮겨가게 된다. 부모가 여유를 가지고 아이의 자위행동에 과민하게 반응하지 않으면 아무 것도 문제될 것이 없다. 그래도 자위행위가 계속되면 버릇이 되지 않게끔, 자꾸 만지면 아프게 되니까 만지지 말도록 친절하게 설명해줘야 한다. 가려워서 긁다가 버릇이 되는 수도 있으므로 깨끗이 씻어주고 자연스럽게 관심을 돌리는 것도 필요하다.

이러한 자위행위에 대한 예방 또는 치료방법으로는 우선 생활환경을 건전하게 해주며, 가족의 사랑 가운데서 흥미있고 보람있는 바쁜 생활을 할 수 있도록 해야 한다. 보통의 경우 아동이 혼자 있을 때 자위행위를 하게 되므로 먼저 되도록 혼자 있는 시간을 줄여 자위행위를 할 기회를 줄여주는 일이 제일 중요하다.

자위행위가 심할 경우 그 원인을 살펴보는 것도 중요하다. 심심해서 자위행위를 하게 되는 경우에는 흥미있는 다른 놀이로 유도하여 적목이나 퍼즐, 블록 끼우기와 같이 손을 다른 곳에 사용하도록 하는 놀이를 하는 것도 좋은 방법이며, 때에 따라 활발한 신체활동을 할 수 있는 바깥놀이를 하는 것도 도움이 된다. 또한 바지를 벗었기 때문에 생기는 일이라면 바지를 입고, 가려워 긁어서 생기는 일이라면 그곳을 잘 살펴서 구충제를 먹이거나 깨끗이 씻어주고 아기분을 발라 청결하게 해준다. 부모로서 달리 주의할 점이 있다면 아동 혼자 화장실에 너무 오래 들어가 있지 않도록 하며, 아침에 자고 일어나면 곧 이불 속에서 나와 자리를 정리하도록 가르쳐서 아동의 생활에서 성기에 관심을 집중시킬 기회를 주지 않는 것이 좋다(주정일, 백경임, 1987, pp.76~78).

(3) 학령기의 성교육(7~12세)

학령기의 성교육은 구체적으로 실시하는 것이 좋다. 유아기 때처럼 단순한 대답으로 그들을 만족시킬 수 없다. 여자와 남자의 인체 해부도를 보며 설명해 주는 것이 필요하며, 이차 성징에 대한 지도, 월경에 대한 지도 및 사정현상에 대한 지도까지 해야 하는 시기이다. 구체적인 성지식을 알고자 하는 질문을 받으면 아동의 성숙정도에 따라 대답하는 것이 좋다. 또한 곁들여 이성친구에 대한 부모의 세심한 지도가 필요하다고 본다.

이상에서와 같이 우리는 아동이 커가면서 부딪치게 되는 성교육 문제에 관해 살펴보았다. 특별히 남아를 둔 어머니들의 경우 초등학교 상급학년이 되어 성기가 커지는 것을 보거나 이차 성특징이 나타날 때 당황하기도 하며 자신의 아동이 혹시나 비정상적인 성욕을 가진 것은 아닌가 걱정이 되어 전문가에게 상담을 요청하기도 한다. 아동의 성적 발달과정을 정확히 알고 이해할 때 공연한 걱정에서 해방될 수 있고 적절하게 자녀를 지도할 수 있을 것이다.

한국 전통사회에서 사대부 가정에서는 이차성징이 출현되는 시기에 성인이 됨을

축하하는 성년식을 행하였다. 남자의 경우는 관례(冠禮)라 하고 여자는 계례(笄禮)라고 하여 남녀 모두 댕기머리를 끝내고 성년식에 남자는 상투를 짜올리고 여자는 쪽을 졌고 보통 가정에서는 이런 성년식을 결혼식에 많이 행하였다. 성년식에서 남녀 모두 성인 되어서 성인으로서 해야 할 행동과 몸가짐 등의 교훈도 가르쳤다.

현대에서도 우리 전통사회의 극히 일부 유학자 가정을 제외하고 성년문화인 관례와 계례가 사라진 것이 아쉽다. 현대 사회에서 행하는 성년식 사례(저자 수집)의 예를 들어보자.

예 승종이 엄마는 승종이가 중학교 1학년 때 아들에게 네 몸에 털이 나면 우리는 큰 잔치를 할 것임을 알렸다. 잔치날에는 부모가 아들에게 절을 받고 면도기 등 필요한 선물도 하고 승종이가 이제는 아동이 아니고 성인이 되었으므로 몸가짐과 행동도 귀중하게 다루어야 함을 가르친다. 그리고 성적 충동과 욕구가 생기며 이것도 지극히 건강한 것이며 나쁜 일이 아니므로 이 충동을 해소하기 위해 운동 등을 하도록 교육하였다.

예 지경이 엄마는 초등학교 4학년인 딸 지경이에게 생리가 시작되면 큰 잔치를 할 것임을 알렸다. 큰 잔치날에 지경이 부모는 지경이에게 큰 절을 받은 후 속옷이나 옥반지 등을 선물하고 다음의 당부를 하였다. "이제는 지경이가 어린이가 아니고 어른이 되었다. 여자는 어른이 되면 아기를 임신하고 출산할 수 있는 귀중한 몸이 되는 것이므로 몸가짐도 조심해야 한다."고 당부하였으며 여자 역시 주기적으로 배란일이 되면 성적 충동이 생기므로 그 해소방법으로 운동을 권했다. 그리고 남자의 성적 욕구 특징을 교육하였다.

4. 에릭슨의 사회성 발달

에릭슨(Erikson, 1902~1994)은 정신분석학파에 속하나 그의 관심은 자아 즉, 의식적 자아(conscious self)에 두고 있다. 사회·문화적 맥락을 중시한 에릭슨의 이론에서는 인간의 성장을 개인적 욕구 및 능력과 사회적 기대 및 요구 사이의 상호작용의 소산물로 보았다. 따라서 프로이트의 발달단계를 심리·성적 단계라고 하는 반면, 에릭슨의 발달단계를 심리·사회적 단계(psychosocial stages)라고 한다. 에릭슨은 인간이 유아에서 성인으로 성장해 가면서 어떻게 자신의 정체성을 발전시키는지에 관심을 두었다. 에릭슨은 발달단계를 8단계로 분류하여 처음 4단계는 영아기·

유아기(乳兒期), 유아기(幼兒期)·아동기, 다섯 번째 단계는 청소년기, 나머지 3단계는 성인기에 일어난다고 기술하였다. 특히 청소년기를 강조하였는데 이는 유아(幼兒)·아동기에서 성인기로 성장해 가는 전환기이기 때문이다. 각 단계에서 인간은 개인적 욕구, 기술과 사회적 욕구의 통합을 필요로 하는 특별한 문제에 직면하게 되는데 이를 심리적 위기라 불렀다. 이 위기의 문제해결을 위한 각 단계의 중심과제는 신뢰감, 자율성 또는 친밀감과 같은 특별한 '자아특질(ego quality)'의 발달이라 할 수 있다. 이와 같이 각 발달단계에서 발달과제 수행 여부는 인성형성에 지대한 영향을 미치게 한다.

유아가 각 단계의 심리적 위기를 성공적으로 극복하는 것은 거의 대부분이 유아와 부모 또는 유아와 교사 사이의 상호작용에 달려 있다. 각 발달단계에는 중요한

표 10-1 ➡ 에릭슨의 발달의 8단계

연령(세)	자아의 특성	각 단계의 과제 및 활동
0~1	기본적 신뢰감 대 불신감	어머니 또는 주요 양육인이나 자신의 능력에 대한 신뢰감이 형성된다. 이는 조기의 안정된 애착관계의 주요요인이다.
2~3	자율성 대 수치심, 의심	보행, 파악 및 다른 신체적 기술이 자유로운 선택을 가능케 해준다. 유아는 배설의 조절을 배우게 되나, 만약 이를 적절히 처리하지 못했을 때 수치심을 갖게 될 수 있다.
4~5	솔선성 대 죄의식	목표 지향적 활동을 조직하게 된다. 보다 자기주장적이고 공격적이 된다. 동성 부모에 대한 오이디푸스 콤플렉스와 같은 죄의식을 유발할 수 있다.
6~12	근면성 대 열등감	학업 기술과 도구 사용 등을 포함한 모든 기본적인 문화 기술과 규범을 습득하게 된다.
13~18	정체성 대 역할혼돈	사춘기의 신체적 변화에 자신을 적응시키고 직업을 선택, 성인의 성 정체성 확립과 새로운 가치관을 탐색한다.
19~25	친밀성 대 고립감	청소년기보다 깊이 있는 이성과 친밀한 관계를 형성하며, 결혼과 가정을 이룬다.
26~40	생산성 대 침체감	자녀 출산과 양육, 직업적 성취와 생산성에 역점을 두게 되며 다음 세대를 교육시킨다.
41세 이상	자아통합감 대 절망감	이전의 단계를 통합하고 기본적 정체성과 타협하게 된다. 자기를 받아들인다.

사회적 대행자(social agent)가 있으며, 이들에 의하여 사회적 요구가 주어지게 된다고 하였다. 영·유아기에는 부모가 학령기 때는 이웃이나 또래집단이, 청소년기에는 친구나 역할 모델이, 성인기에는 연인이나 배우자가 주요 사회적 대행자라고 할 수 있다.

한 단계의 심리적 위기를 성공적으로 해결하지 못하게 되면 다음 단계의 심리적 위기를 해결하는 데 방해가 된다. 에릭슨은 각 단계의 과제가 완전히 성취되지 않고 항상 조금씩 잔재물이 남게 된다고 생각하였다. 현 단계에서 발달과제의 수행 여부는 전 단계의 심리·사회적 위기 해결 여부에 따라 크게 영향을 받게 된다. 예컨대, 처음에 신뢰성 있는 인간관계를 갖지 못한 영아나 자신의 성적·직업적 주체성을 개발하지 못한 십대는 20~25세 때 타인과의 관계에서 어려움을 겪게 된다. 이 개념에서 에릭슨은 성숙되고 건전한 성인의 기능은 모든 발달단계에서의 발달과제를 성공적으로 해결해야만 된다고 생각한 프로이트 주장과 매우 유사하다고 할 수 있다.

에릭슨이 제시한 사회성 발달특징을 단계별로 살펴보면 표 10-1과 같다.

① 기본 신뢰감 대 불신감(basic trust vs. mistrust : 0~1세)

에릭슨은 생후 첫번째 맞게 되는 심리적 위기로 신뢰감 형성을 들었다. 이 단계의 과제는 세상에 대한 영아의 기대와 영아를 둘러싼 환경에 영향을 미치는 영아 자신의 능력에 대한 기본적 신뢰감 발달이라고 할 수 있다. 이 시기에 영아의 성공적 발달 또는 실패는 주요 양육인의 태도가 결정적 영향을 미친다. 확고한 신뢰감을 가지고 생후 첫해를 보낸 영아는 자애롭고 예측 가능하며 신뢰있게 반응하는 부모를 둔 영아들이다. 신뢰감이 형성된 영아는 평화롭게 잠들고, 잘 먹으며 잘 배설하게 된다. 또 신뢰감이 형성된 영아는 이 신뢰감을 바탕으로 다른 사람과도 좋은 관계를 갖게 된다. 신뢰감 발달도 매우 중요하지만 한편으로 영아는 건전한 불신감도 발달시켜야 한다.

무엇이나 전적으로 신뢰하는 것에는 위험이 있다. 즉, 주변 환경과 대상이 모두 자신에게 안전하고 신뢰를 주는 것은 아니라는 것을 알아야 할 것이다. 따라서 영아는 위험한 상황과 안전한 상황을 구분하는 것을 배워야 한다(Evans, 1969). 그러나 아직은 자신의 주변 사람이나 상황에 대한 불신감보다 신뢰감을 발달시키지 못한 것이 보다 위험한 일이다. 신뢰감을 형성하지 못한 영아는 불신감을 가지고 다른 모든 관계에 대처하게 되며 주변 세상과 주변 사람들에게 신뢰감이 형성된 영아는 세상에 대해 안정감을 갖게 되며, 이는 성인이 된 후 정체감(identity)의 기본이 된다.

② 자율성 대 수치심 또는 의심(autonomy vs. shame and doubt : 2~3세)

에릭슨은 독립심과 자율성의 기초를 형성하는 주요 요소로 이 시기 유아의 운동성 발달을 강조하였다. 이 시기에 유아는 새롭고 보다 행동 지향적인 체험을 추구하게 되는데, 이는 유아에게 이중의 요구를 하게 된다. 하나는 자기조절에 대한 요구이며 다른 하나는 주변 사람들(주로 부모)로부터 자신의 조절력을 인정받고자 하는 요구이다. 그러나 유아의 독립심과 자율성을 얻고자하는 노력이 부모에게 인정받지 못하거나 반복적으로 실패하게 되면 기본적인 자기 조절감과 자기 자신감 대신에 지나친 수치심과 의심을 가져올 수 있다. 자율성 발달은 부분적으로는 성숙에 의해 좌우된다. 이 시기의 유아는 근육발달을 통하여 혼자서 걷고, 먹고, 옷을 입고 배설하며 자신의 행동영역을 확장하게 된다.

③ 솔선성 대 죄의식(initiative vs guilt : 4~5세)

이 단계는 유아에게 있어서 새로운 기술이나 능력이 다시 시작되는 때이다. 이 시기에 유아는 신체적·정신적으로 보다 성숙하고 보다 균형 갖춘 모습을 보이게 되며, 자율적이고 솔선수범하여 새로운 것을 추구하고 계획하며 과제와 목표수행에 적극적이고 보다 능동적으로 행동한다. 유아는 이 시기에 새로운 인지기술을 사용하여 그 주변 세상을 다루고자 한다. 혼자서 거리에 나가려 하고 장난감을 분해해 보고 그것을 원상대로 복구할 수 없음을 알고는 어머니에게 내던져 버리기도 한다. 또한 이 때는 부모에게 공격적으로 보일 수 있는 활동과 행동이 넘치는 시기이다.

유아는 목표달성을 위하여 공격적이고 조정적인 방법을 사용할 수 있는 데 이것이 유아에게 죄의식을 갖게 할 수도 있다. 유아가 자신의 능력 이상의 일을 하려고 하거나 이런 아이를 부모가 너무 심하게 제지하거나 처벌하는 것 모두 유아에게 불균형과 지나친 죄의식을 유발할 수 있는 위험요인이 될 수 있다. 만일 이 시기에 유아의 초자아가 너무 강해 유아에게 지나치게 많은 죄의식을 심어준다면, 유아는 자신을 지나치게 억제하고 제한하여 자신의 개성을 발휘하지 못하게 되고 결국 무력하고 편협한 성인으로 성장하게 된다.

④ 근면성(자신감) 대 열등감(industry(competence) vs. inferiority : 6~12세)

학교에 입학하는 것은 이 단계의 변화로 들어가게 하는 주요 원동력이 된다. 유아는 이때 읽고 계산하는 것을 배우거나 또는 다른 특별한 기술로 인정을 받고 싶은 욕망을 갖게 된다. 따라서 이 시기의 과제는 사회가 유아에게 요구하는 일련의 능력을 발전시키는 것이다. 그렇지 못할 경우에 유아는 기대하는 기술을 발전시키지 못하고 대신에 열등감을 갖게 될 수 있다. 물론 정반대의 문제가 발생할 수도 있는데, 성취감에 지나치게 관심을 기울이게 되면 유아는 일 중독자가 될 수도 있다.

이 시기의 성공적인 과제수행은 유아에게 자신감을 심어준다. 이 단계의 유아에게는 삶을 살아가는 기본적 방식에 대한 교육을 필요로 하게 되는데 학교수업, 집안 청소, 음악감상, 자신이 책임질 수 있는 일을 맡기, 운동이나 여러 가지 손 기술을 익히는 놀이 등 다양한 활동을 통해서 성인의 삶을 위한 준비를 하게 된다.

⑤ 정체성 대 역할혼돈(identity vs. role confusion : 13~18세)

사춘기에 달성해야 하는 과제는 중요한 것으로, 이때 청소년들은 자기정체감과 자신이 습득해야 하는 역할을 재검증하게 된다. 정체성 형성의 주체는 의식적·무의식적 모든 측면에서의 자아라 할 수 있다. 이 시기에 자아는 좋아하는 대상을 동일시하고, 사회적 환경에 적응하여 위협과 불안에 방어할 수 있는 능력을 갖게 된다. 이러한 자아 특성의 모든 요소는 개인의 심리·사회적 정체성(psychosocial identity) 확립을 위해 조립되고 통합된다.

에릭슨은 정체성을 성적 정체성과 직업적 정체성으로 나누었다. 청소년은 이 시기를 통해서 자신이 하고 싶고 되고 싶은, 자아와 자신에게 적합한 성적 역할에 대하여 재통합하게 된다. 이 시기에 청소년은 유아 및 아동기로부터 성인기로 전환되는 어려운 시기라는 점과 사회적·역사적 변화에 대한 청소년기의 민감성 때문에 다른 어떤 시기보다 많은 정신적 고통을 겪게 된다. 또한 이와 더불어 이 시기의 청소년에게 부여된 수많은 역할로부터 혼돈이 생길 수 있는 위험요인이 공존할 수 있다.

역할혼돈이 일어났을 때 청소년들은 일관성이 없고 예측불허의 행동을 보일 수 있으며 스스로 퇴행하고 있다고 느낄 수 있다. 이는 일종의 위기감으로, 청소년들은 고립감·불안감을 느낄 수 있으며 우유부단해지거나 심지어 저항감을 불러 일으킬 수도 있다. 따라서 부모와 교사의 주의 깊은 배려와 관심이 어느 때보다 필요한 시기라 할 수 있다.

⑥ 친밀성 대 고립감(intimacy vs. isolation : 19~25세)

이 시기의 주요과제는 타인과 자신의 정체성을 통합하여 친밀감을 나눌 수 있는 관계를 형성하는 것이다. 이 시기의 위험요소는 친밀성을 유지하지 못함으로써 관계를 회피하는 데서 비롯된 고립감이다.

이들은 직업 목표를 발달, 성취시키도록 기대될 뿐만 아니라 동성 및 이성과 상호작용하는 발달과정을 시작하도록 기대된다. 결혼이나 동거를 통한 가족 단위의 정식 출발이다.

친밀감은 사람과 사람 사이의 일반적인 형태의 친밀감이다. 성숙한 성인은 다른 사람과의 친밀한 상호작용에 참여할 것이 기대된다. 중요한 것은 이 위기가 신뢰할 만하다고 생각되는 다른 사람에게 자신을 아낌없이 주려고 한다는 것이다. 그래서 에릭슨은 개인의 감정, 신념 체계, 가치, 목표는 그가 친밀하게 느끼는 사람에게 투자된다고 하였다. 그 같은 관계에 들어서기 위해서는 기본적인 신뢰와 다소의 자율감을 느껴야만 하고 적절한 수준의 친밀감으로 이르게 하는 진정한 정체감을 가져야 한다.

타인과의 관계에서 거의 혹은 전혀 친밀감을 갖지 못한 결과는 배척감 또는 '고립감' 이다. 소외감은 낮은 자존감으로 나타날 수 있다. 이는 개인의 자아 개념에 해롭고, 다른 단계로의 진행을 방해한다.

성인 초기는 또 다른 흥미있는 변화가 일어나는 시기이다. 보다 유능해짐에 따라 외부 원조자에게 덜 의존하게 되고, 좀 더 자율적이 되며 안전감을 갖게 된다. 사회적 상황은 보다 적어진다.

⑦ 생산성 대 침체감(generativity vs. stagnation : 26~40세)

성년기 자녀 양육과 차세대에 대한 교육·지도·감독을 함으로써 인류 사회의 문화를 전달·발전시키는 단계라 할 수 있다.

성공적인 직업 및 친밀한 인간관계가 순조롭게 진행되고 있는 사람들에게 적절한 과업은 삶의 유형 또는 역할을 정의하는 데 필요한 것이라면 어떤 것이든 생산하는 것이다. 중년 남성의 경우, 역할 기대와 실제 행동 사이에서 보다 큰 조화를 이루기 위해서 직업에서의 변화가 필요하다고 느끼는 것일 수도 있다. 20년간 종사한 후 갑자기 방향을 바꿔 새로운 공부나 직업에 뛰어드는 사람이 있다. 이런 사람들에게 그 이유를 물어보면 그들은 흔히 "나는 평생을 이 일이 하고 싶었는데 지금에서야 비로소 내가 이것을 할 수 있음을 깨닫게 되었다." 고 대답한다.

이들이 말하고 있는 것은 그들의 역할이 만족스러운 것이기는 하나, 충분히 충족되지 못한 것이라는 의미일 것이다. 다음 발달단계로 계속 진행되지 못하는 사람들은 개인적 욕구에 지나치게 집착하게 되거나 타인의 욕구를 무시하여 점차 '침체' 하게 된다.

⑧ 자아통합감 대 절망감(ego integrity vs. despair : 41세 이상)

중년기 이후는 통합의 단계로, 자신의 존재에 대한 성공과 실패를 받아들임으로써 도달하게 되는 단계로 설명될 수 있다. 인간은 이전의 일곱 단계로부터 유익한 교훈을 얻을 수 있으며, 자신의 삶이 보다 큰 범위 내에서 어떤 질서와 의미를 갖고 있는지 인식할 수 있게 된다. 따라서 성공적인 성인기의 발달은 친밀한 관계의 수립, 자녀 출산과 양육, 창조적 업적, 젊은이들에게 조언자로서 역할을 하는 것과 같은 형태의 생산성을 필요로 한다. 또한 자신의 존재와 자신이 이루어놓은 업적을 받아들임으로써 최종적인 통합을 이루게 된다.

에릭슨은 성공적으로 갈등을 해결하고 인생을 보낸 후 그들이 의미있고, 생산적이고 가치있는 삶을 살아왔다고 인식하는 노년기의 사람들을 묘사하는데, '자아 통합' 이라는 용어를 사용하였다. 개인이 '자신의 과거를 갖는 것' 과 반드시 자신에 국한된 것이 아닌, 인간 자아에 대한 새로운 애정을 느끼고, 창출하는 것의 중요성을 강조한다. 중년기 이후는 젊은이에게 지혜를 나누어 줄 수 있으며 과거에 일어난 일에 대한 관조를 하게 된다.

에릭슨에 의하면 건강한 개인은 과거를 되돌아 볼 수 있고, 그 내용에 관계없이 만족스럽게 느낀다고 한다. 그들은 자신의 존재가 삶의 이유, 목적과 조화된다고 보며, 이러한 인식으로부터 '자아 통합' 또는 막대한 '자신의 힘(ego strength)' 을 경험한다.

자신의 인생을 의미있는 것으로 받아들이는데 성공하지 못한 사람은 그럴만한 시간적 여유가 없는데도 잃어버린 시간을 보상하고자 필사적인 노력을 한다. 그러나 일이 제대로 되지 않으면 공허감이 앞으로도 계속될 것임을 깨닫게 된다. 이 경우에는 '절망' 이라는 비극적인 상태에 이르게 된다.

5. 성격 연구의 최신경향

또래 표상이 아동의 사회적 능력에 미치는 영향력을 알아본 결과, 남아와 여아 모두 유의미한 영향력을 미쳤다. 아동의 사회적 관계에 대한 표상은 아동의 사회적 행동을 이해하는 데 중요한 매커니즘이 된다.

어머니의 친사회적 행동발달과 관련된 양육신념 중 유아가 또래 관계에서 좀 더 적극적이며 주도적으로 놀이를 먼저 제안하고, 놀이상황을 리드할 수 있거나, 맡은 놀이 역할을 충실하게 이행할 수 있고, 나아가 혼자서 문제해결이 가능한 것을 의미하는 '지도성' 에 관하여 중요하게 인식하는 것이 자녀의 친사회적 행동에 부정적인 영향을 미치는 것으로 나타났다.

취학 전 유아들의 경우 어머니들이 내적 보상전략보다는 외적 보상전략(언어적 칭찬, 물리적 보상 등)을 많이 사용한다는 연구결과와 관련지어 생각해 볼 수 있다 (서소정, 2006).

아동의 행복감에 가장 든든한 정서적 지원자이자 부정적인 정서 또한 심화시킬 수 있는 본질적인 대상자인 부모의 역할에 대해 아동에 대한 부모의 역할 중에서 가장 보람된 일은 자녀의 긍정적 정서와 특성을 계발하는 것이지, 부정적 정서와 특성을 줄이거나 완전히 제거하는 것이 아니라고 한 점을 상기할 필요가 있다 (Seligman 저, 김인자 역, 2006). 아동의 전반적 행복감 및 인지적·정의적 행복감과 아동이 무엇을 할 때 가장 행복한가와의 차이를 보기 위해 분산분석을 실시한 결과, 아동은 칭찬을 받을 때 모두 행복감이 가장 높았으며, 가족과의 여행이나 대화, 개인 취미활동 순으로 동일하게 나타났다.

인지적 행복감은 건강, 놀기 및 휴식을 취하는 것, 긍정적인 정서나 마음 순으로, 정의적 행복감은 긍정적인 정서나 마음, 부모님, 경제력 순으로 나타났다.

어머니의 인상특성 중 반사회성, 편집증, 강박증, 정신분열증을 보일 때 남아는 가장 심한 심리적인 갈등을 보이고 있었는데, 특히 남아는 자신의 병리적 특성인 우울감과 위축감, 분노감 쪽으로 가장 높은 자신의 감정을 보였다면, 여아는 남아에 비해 억압/억제, 열등감의 정서표현에 국한된 병리적 특성을 보인다.

최근 아동의 정서 문제 중 우울에 대한 관심이 증가하고 있는데 이는 아동기에 시작된 우울이 성인기 우울에 비해 오래 지속될 확률이 높고(Kovacs, Gastonis, Paulauska, &Richard, 1989), 다른 정신과 장애군에 못지않은 부정적인 예후와 결과를 나타내기 때문이다(Kovacs & Goldston, 1991). 부정적 자기 평가는 우울증의 가장 흔한 증상 중의 하나로(Stark, 2002/1990), 우울을 겪는 아동의 95% 이상이 낮은 자존감을 경험하는 것으로 나타났다(Mitchell, McCauley, Burke, & Moss, 1998). 이는 낮은 자존감은 우울에 대한 취약성을 증가시키는 위험요인이 되는 반면, 높은 자존감은 스트레스나 외상을 주는 상황에서 보호 역할을 하기 때문으로 볼 수 있다(Roverts & Monroe, 1992) (노경선 · 심희옥, 2004).

Chapter 11

자아개념 발달

1. 자아개념의 정의
2. 자아개념의 구성요소
3. 아동기 자아개념 발달
4. 자아개념 연구의 최신경향

Chapter 11

자아개념 발달

자아개념은 "개인으로서 자신은 어떤 사람인가?" 또는 "개인으로서 자신은 누구인가?" 에 관한 문제이며, 그리고 자아는 어떻게 발달하는 것인가에 관한 모든 것을 말한다.

자아를 찾은 아이 『딥스』는 자녀에 대한 부모의 거부적인 태도로 인하여 마음속 깊이 감추어져 있고 잃어 버렸던 자아를 심리치료를 통하여 되찾게 된 6살 짜리 어린이 딥스에 관한 감동적인 이야기이다. 딥스는 우수한 지적능력을 가지고 있음에도 불구하고 정신적으로 지진아이고 자폐아처럼 행동한다. 그러나 딥스가 다니고 있는 유치원의 교사인 버지니아 액슬린(Virginia Axline, 1964)은 어린이 심리치료법 중의 하나인 놀이치료(play therapy)를 통하여 딥스의 잃어 버린 자아를 찾도록 도와주고 숨어 있던 천재적인 능력을 발휘하도록 도와주었다. 잃었던 자아를 되찾아서 인생을 성공적으로 마친 경우로 유명 헬렌 켈러 여사를 들 수 있다. 헬렌 켈러는 후천적인 질병으로 인하여 인간의 중요한 세 가지 감각기능을 상실하게 되었으며 감각장애와 더불어 자아성장에도 장애가 왔다. 그러나 그녀의 가정교사인 설리반은 헬렌 켈러에게 그녀의 감각기능과 더불어 상실되었던 자아를 일깨워 줌으로써 볼 수도 없고 들을 수도 없으며 말할 수도 없었던 헬렌 켈러에게 어려운 감각장애를 극복할 수 있게 하였다. 보다 중요한 것은 헬렌 켈러의 자아를 찾도록 도와주었으며 이로 인하여 정상인을 능가하는 능력을 발휘하도록 하였다. 이와 같이 성장이나 발달은 자신의 세계 밖에 있는 것이 아니기 때문에 그 자신의 세계를 다루는 힘인 '자아' 를 발전시킬 필요와 그 자신의 세계를 잘 다룰 수 있는 능력을 경험해야 한다.

한 인간이 자신의 자아를 발견하는 것은 대부분 우연한 기회에 나타난다. 어린이를 양육한다는 것은 궁극적으로 볼 때 부모들이 어린이의 자아가 상실되지 않고 잘 성장·발달할 수 있도록 도와주는 역할이라고 할 수 있다.

1. 자아개념의 정의

'자아(自我)' 또는 '자아개념(自我概念)' 이란 용어는 대단히 광범위하게 사용되고 있으며 다양한 관점에서 그 정의를 개념화 할 수 있다.

자아개념이란 "나는 누구인가?(Who am I?), 또는 '개인으로서의 자신은 어떤 사람인가?' 라는 질문을 전제로 하는 총체적 영상(total picture)으로서 자신(self), 자아(ego), 자기지식(self-knowledge), 자기정체(self-identity), 자기이해(self-understanding), 자아상(self-image), 자아존중감(self-esteem), 현상적 자아(phenomenal self) 등은 모두 자아개념과 동일한 개념으로 사용되고 있다(송인섭, 1995).

철학적인 시각에서 볼 때 자아는 영혼과 같다. 플라톤은 영혼은 진자아(眞自我)이고 실제의 사람이며, 영혼은 지성, 이성, 사고, 그리고 재능과 같으며 합리적인 자아로서의 역할을 하며 자아의 핵심은 인지적인 요인(Descartes)이라고 하였다. 자아에 관한 지식은 경험을 통해서 발전하며 자아는 객체와 다른 사람과의 상호작용으로부터 추론되어지는 것(Pierce)이라고 하였다.

심리학적인 시각에서 보면 자아란 한 개인이 자기 것이라고 말할 수 있는 모든 것(James)이며, 자아는 실행적 기능을 가진 인식아(철학적 영역)와 개인이 자신에게 속한 것으로 지각하는 대상(객체)으로서의 자아가 있다고 하였다. 자아개념을 일으키는 느낌은 주로 자아만족과 자아불만감이며, 이들 느낌을 고무하는 행동은 자아추구와 자아보존이다. 프로이트는 심리적 관점에서의 자아를 'ego' 라고 부르고 각 개인이 자기자신을 지칭하는 개념으로 'self' 란 용어를 사용하였는데 자아에 역동성을 부여했다. 자아란 내재적 실재를 향한 인성의 모든 측면 즉, 고유자아(proprium)가 있으며 이 고유자아란 한 개인에 속해있거나 개인의 독특한 그 어떤 것을 가리키며, 더 나아가 개인에게 중요한 일신상의 문제와 과정들로 구성되어 있다. 이런 관점에서 볼 때 자아존중감은 자신을 사랑하는 자신의 능력과 관련이 있다.

행동주의적 시각에서 볼 때 자아란 자신이 중요하다고 생각하는 타인의 행동과 모방을 통해서 발달하며, 반두라(Bandura, 1969)에 의하면 대표적인 모델들에서 나타나는 표준들이 자아강화에 적용된다고 보고, 각 개인은 그 표준을 준거로 하여 자신의 성취를 평가하고 강화 대행자로서 내재화된 표준에 따라서 자신을 보상하게 된다고 한다. 그래서 자아를 긍정적인 강화와 부정적 강화의 상대적인 비율로 정의하였다.

로저스(Rogers)에 의하면 심리요법적 시각에서 자아란 성격체계 내에서 유기체를 유지하고 실현시키며, 향상시키기 위한 하나의 기본적인 동기로 가정하였으며 유기체란 모든 경험의 소재지로 보았다. 자아는 행동 결정과 인성형성에 기본적인 요인이며 자아란 학습되어지지만 타인으로부터의 긍정적인 관심 즉, 따뜻함, 사랑, 연민, 인정, 그리고 존중과 관련된 욕구라고 하였다. 그리고 자아에는 현상적 자아와 자신이 되고자 하는 이상적인 자아가 있다고 하였다. 즉, 자아개념은 개인의 의식 속으로 들어올 수 있도록 용납된 자아지각의 조직된 형태로 정의하고, 인간의 모든 적응행동을 설명하는 중심개념으로서 자아이론을 정립하였다.

이상과 같이 자아란 다양한 측면에서 다양한 각도로 정의할 수 있으나 그 공통성을 추론해보면 자아란 개인 행동연구를 위한 기본적 단위라는 것이다. 자아개념을 종합해 보면 자아란 '개개인이 자신을 보는 눈'이라고 요약할 수 있으며, 인간이 그의 개인적 존재를 알고 그가 누구이며 무엇인가에 대한 개념으로 구성된 사고와 느낌이다. 인간이 어떤 행동을 하는 것은 단순히 내적 충동이나 외적 자극의 산물만은 아니며, 자극과 반응 사이에는 인간의 의식적이고 활동적인 측면이 있다. 따라서 인간의 행동은 자신에 대해서 가지고 있는 자아개념의 긍정적·부정적 경향에 따라 그 방향이 결정되며 적용 유형도 달라지게 된다. 자아란 개인 행동의 기본적인 준거틀이며 자아개념은 현상적 장(phenomenal field)으로써 개인이 행동하는 순간에 지각하는 모든 것으로서 개인의 모든 행동은 현상적 장과 관련되어 결정된다고 볼 수 있다. 또한 자아란 다른 사람의 지각에 의한 것이며 한 인간의 내적 잠재력이라고 볼 수 있으며 자아는 개인발달에 있어서 중요한 요소임을 알 수 있다.

2. 자아개념의 구성요소

1) 제임스(James)의 자아개념 구성요소

자아개념은 긍정적이며 바람직한 측면과 부정적인 측면의 양면성을 가지고 있으며, 대인관계를 통하여 형성된다.

제임스(James)는 자아개념에는 자아의 구성요소, 의식과 정서 그리고 행동의 세 가지 측면이 있다고 하였다.

자아는 물질적 자아, 사회적 자아, 정신적 자아, 순수자아로 구성되어 있으며 경험적 차원에서의 자아는 개인과 사회환경과의 상호작용을 통해 형성된다.

물질적 자아란 신체는 물질의 가장 내적인 부분이며 가장 밀접한 자신의 것이다. 그 외에 옷과 가족과 가정이 있는데 개개인은 모두 신체를 지키고자 할뿐만 아니라 신체를 가꾸고, 부모와 자녀들을 부양하며, 보호하려고 한다. 또한 열심히 일하며 부의 축적에 관심을 갖는 것 등은 모두 물질적인 자아이다.

주위 사람들로부터 얻게 되는 사회적 자아는 우리 스스로가 인식하고 지각하는 내재적인 경향이 있다. 그래서 개인에게는 그를 기억하는 만큼의 사회적 자아가 있다. 즉, 그 자신이 관심을 갖는 집단 수만큼의 사회적 자아가 있다는 것이다. 그런데 사람은 자신의 사회적 자아를 높이고자 하는 욕구를 가지고 있으며 이는 일종의 본능이다. 인간의 자아존중감에 대한 고양욕구(高揚欲求)는 그 자신의 주관적 열망과 객관적인 사회적 자극사이의 상호작용에 의해서 결정되며 한 개인의 자아존중감은 다음과 같은 공식으로 나타낼 수 있다.

$$\text{자아존중감(self-esteem)} = \frac{\text{성공(success)}}{\text{욕구(pretensions)}}$$

이 공식은 크게 성공한 사람은 주관적인 자기 욕구보다 자아존중감이 높다는 설명이다. 즉, 자아존중감은 성취에 의존하며 우리가 소유하는 것, 성취하는 것, 그리고 경험에 의한 일차적인 느낌이며 이들은 자아존중감 향상을 돕는다. 그리고 자기 자신을 사랑하는 능력과 관련있다(Samuels, 1977).

자아존중감은 내가 얼마나 가치 있는 사람인가에 대한 개인의 판단이기도 하며, 아동은 그가 지니고 있는 자아상과 그의 생활에서 중요한 역할을 하는 사람의 반응으로부터 자아존중감을 형성한다. 자아존중감은 점차적으로 발달되나 아동 중기에

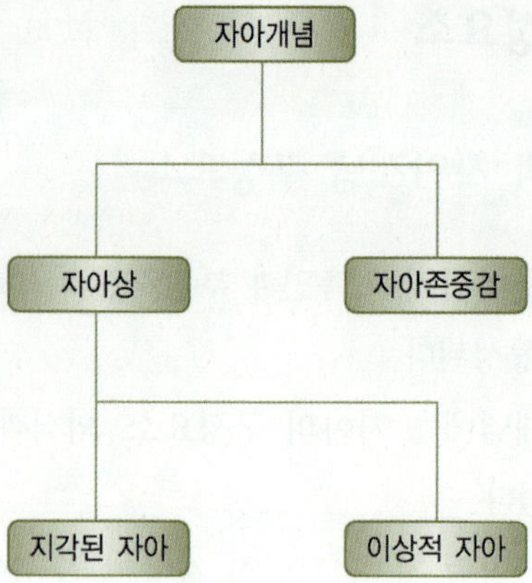

그림 11-1 ➡ 자아개념의 요소들

특히 현저해 진다. 자아존중감의 형성과 함께 어떤 태도는 무시되고 과소평가 되는 반면, 어떤 태도들은 지나치게 강조되고 과장된다. 비슷한 지능과 건강, 체격, 사회·경제적 배경을 갖는 아동들도 서로 상이한 자아존중감을 가질 수 있는 것이 사실이다.

개인의 자아개념과 실제 생활에서 경험하는 개인적 행복 그리고 효율적인 자아기능 사이에 상관이 있다는 것은 널리 알려진 사실이다(Wylie, 1979).

세 번째 요소인 정신적 자아는 내적 혹은 주관적인 존재이며 자아의 가장 지속적이고 본질적인 부분이다. 정신적 자아는 굉장히 가치로운 것이기 때문에 이것을 잃게 되면 친구, 명예, 그리고 소유물을 포기하고 더 나아가 삶 자체를 포기하게 된다. 정신적 자아는 반사적인 과정이고 '나' 중심의 차원이며 위치상 의지의 명령을 따른다.

네 번째 요소는 개인이 자신의 생명을 유지시키고자 하는 순수한 자아이다.

그러나 자아의 구성요소들 간에는 위계성이 있으며 물질적 자아는 하위차원에 있지만 다른 자아를 위한 기초적인 역할을 한다. 사회적 자아는 물질적인 자아보다 상위에 있다. 우리는 외모나 돈보다 명예, 친구, 인간관계를 중시함에 틀림없다. 그 위계는 그림 11-2와 같다.

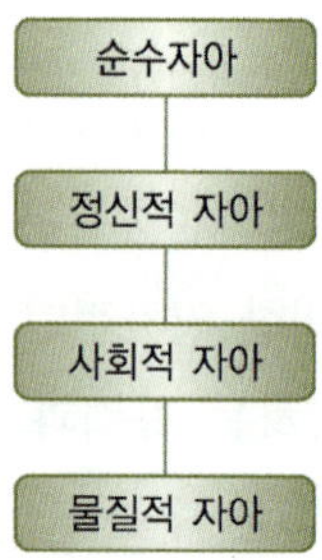

그림 11-2 ➡ 자아개념의 위계적 모형

2) 쿠퍼스미스(Coopersmith)의 자아개념 구성요소

쿠퍼스미스에 의하면 개인의 자아개념은 일반적 자아, 사회적 자아, 가정과 부모 관련 자아, 학업자아 네 가지 영역으로 구성되어 있다고 하였다. 또한 중요성(그들이 중요하다고 생각하는 사람에 의해 사랑을 받으며, 인정받는다고 느끼는 것), 유능성(그들이 중요하다고 생각하는 직업을 수행하는 데 있어서 능력이 있다고 느끼는 것), 영향성(자신이 다른 사람에 대해 영향을 미치는 정도), 가치(도덕적 · 윤리적 규범의 달성)의 네 가지 측면에서 자아개념이 발달해 간다고 보았다.

3) 하터(Harter)의 자아개념 구성요소

학년기 아동은 적어도 학업, 신체, 사회성의 세 측면에 대한 자아개념을 형성하게 되며, 이처럼 분리된 자아개념은 전반적인 자아개념으로 통합되어 다음과 같은 위계적인 모양의 형성하게 된다고 하였다.

일반적으로 아동은 자신의 신체적 특성, 소유물, 활동, 능력과 관련시켜 자신을 규정한다. 자아개념은 성숙해 감에 따라 점차 안정적인 것으로 변하며, 더 추상적이고 분화된 개념으로 발달하게 된다. 아동 초기에는 주로 자신의 신체적 특성, 소유물, 좋아하는 놀이활동 등을 통해 자신을 묘사하는 반면, 아동 중기에는 자신의 묘사는 구체적인 사실에 대한 진술이나 심리적 특성을 중심으로 이루어진다.

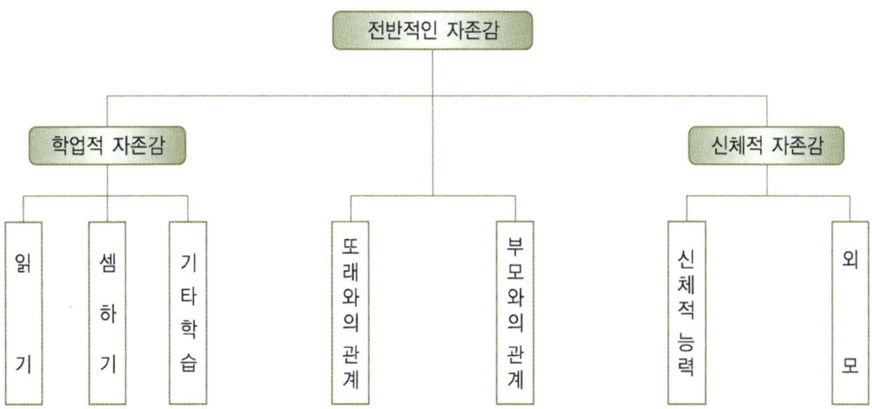

그림 11-3 하터의 자아개념 구성요소

3. 아동기 자아개념 발달

올포트(Allport, 1955)는 자아 혹은 자아실현, 자아주장 같은 보조개념을 사용하기보다는 내재적 실재를 향한 인성의 모든 측면 즉, 고유자아(proprium)라는 용어를 사용하였다. 고유자아는 한 개인에 속해 있거나 개인에 있어서 독특한 그 어떤 것을 가리키며 더 나아가 개인에게 중요한 일신상의 문제들과 과정들로 구성되어 있다. 고유자아는 '느껴지는 알려진 대로의 나' 이고 나 자신에 관련된 것이다. 고유자아는 일곱 가지 단계를 거쳐 발달한다.

첫 번째 단계는 생후 15개월이 되었을 때 고유자아가 발달되며 이것을 신체적 자아라고 한다. 신체적 자아는 유전적으로 부여받는 것이 아니고 복잡한 학습과 지각경험을 통해서 '내 안의 어떤 것' 과 '밖에 있는 다른 것들' 간에 막연한 구별을 하게 한다. 이러한 신체적인 나에 대한 인식이 총체적인 자아를 이룬다고 하며 이것이 인간의 총체적인 자아는 아니라고 하더라도 자아인식에 대한 평생 동안의 닻이라고 불렀다.

두 번째 단계에는 자아동일성이 나타난다. 아동은 자기가 독립된 사람으로서 변함없이 동일한 사람이라는 것을 알게 된다. 여러 가지 경험에도 상관없이 '나' 혹은 자아에 대한 인식은 존속된다고 믿는다. 자아동일성에 영향을 주는 가장 중요한 요인은 사람의 이름이라고 보았다. 자기의 이름은 자아를 동일시하고 세상의 모든 사람들과 구별되게 하는 자기존재의 상징인 것이다. 자아동일성은 최상의 고유자아는 아니지만 자아고양 혹은 자아추구의 기초가 된다.

세 번째 단계는 자아존중감으로 자아발달에 있어서 결정적인 단계라고 볼 수 있다. 이 단계에서 만약 부모들이 어린이들의 탐색적인 욕구를 저지시킨다면 자아존중감 발달에 손상을 입힐 수도 있으며 이로 인하여 굴욕과 분노에 대한 감정이 일어날 수 있기 때문이다. 그러므로 아동의 자율성에 대한 욕구는 자아존중감을 발달시키는 데 중요하다.

네 번째 단계는 자아확대감 단계이다. 이 단계에서는 주위의 다른 사람들과 사물을 알게 되며, 그들 중 일부가 자기 것에 속한다는 사실도 알게 된다. 어린이는 '나의 것' 으로 동일시되었던 대상과 사람들의 제한된 범위로부터 더 큰 실재(국가, 직업, 종교 등)가 '나의 것' 이 되는 과정을 구축해 간다. 이것은 사물뿐만 아니라 추상적 개념, 가치 신념까지를 포함하는 인간의 자아확대 능력의 시작인 것이다.

이렇게 자아발달의 두 번째 단계부터 네 번째 단계는 주로 자아추구, 자아고양, 추상적 개념, 종교적인 가치를 통해서 '나의 것' 이라 불리는 것과 객체들을 구별하는 단계들이다.

다섯 번째 단계에서는 자아이상이 발달한다. 이 단계에서 어린이는 자신에 대해 생각하는 방법과 자기자신에 대한 생각을 가지고 있다. 어린이는 부모와 상호작용으로부터, 자기 부모들이 상과 벌을 통해 어떤 행동을 하고 어떤 행동은 하지 않기를 기대하고 있는지 알게 되며, 부모들의 기대를 깨닫게 됨으로써 어린이는 도덕적인 책임의식과 목적이나 의도를 형성하기 위한 기초가 발달된다.

여섯 번째 단계는 이성적 대처자로서의 자아의 형성이다. 이것은 실제의 접촉을 통해 조직의 의미를 이해하는 시기로, 특히 학교에서 교사와 급우들로부터 제시되는 여러 가지 활동과 설명을 통해 새로운 규칙과 기대를 배우게 된다. 이 시기 동안에는 논리적이고 합리적인 과정에 의해 문제를 해결할 수 있다는 것을 알게 된다.

일곱 번째 단계는 아동기의 최종단계이며 청년기에 나타나는 자아 동일성의 새로운 탐구에 사로잡힌다. 이 단계에서는 "나는 누구인가?" 라는 질문이 대부분을 차지한다. 자아상을 실험하고 성인의 성격을 찾고자하는 자신의 정체와 역할을 실험한다. 이러한 정체성 탐색의 핵심은 생의 목표를 정하는 일이며, 급진적인 동기와 추진력을 발달시키는 것이다. 청년의 의도, 포부와 희망은 성숙된 성격의 소유자에게 동기를 유발시킨다.

이러한 자아발달의 여러 단계 중에서 어느 한 단계에서의 실패와 좌절은 다음 단계를 출현시키지 못하게 하기 때문에 고유자아의 조화로운 경험은 건강한 성격발달에 있어서 대단히 중요하다.

올포트에 의한 고유자아의 발달단계를 모형화하면 그림 11-4와 같다.

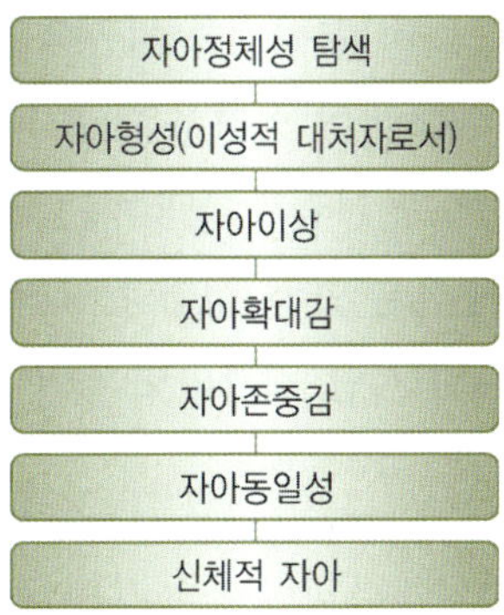

그림 11-4 ➡ 올포트의 자아발달의 7단계 모형

4. 자아개념 연구의 최신경향

부모의 합리적 지도, 적절한 한계설정, 온정적 양육태도 및 개방적 의사소통 등 긍정적인 양육행동이 아동의 높은 사회적 능력이나 자아존중감과 관련이 있는 것으로 보고되어 왔다. 반면에 부모의 과보호, 허용 그리고 강압적 행동은 아동의 낮은 사회적 능력과 관련된다. 또한 긍정적 정서표현을 많이 할수록 아동의 자기조절능력이 된다고 한다.

Rosenberg(1965)의 연구에 의하면 자존감이 낮은 청소년들은 낮은 성취수준을 보였고, 사회적 고립감이 높은 반면 자존감이 높은 청소년은 자기표현 능력, 자기 확신, 인내, 사회적 기술, 실용적 지식의 수준이 높았다. 자아존중감과 학교생활 적응과의 관계를 본 국내 연구들에서도 높은 자아존중감을 가진 아동과 청소년은 학교생활에 쉽게 적응하는 반면, 자아존중감이 낮을수록 학교생활 적응도 떨어지는 것으로 나타났다(김혜경, 1999 ; 김희화, 1998 ; 이숙희, 2007).

높은 자아존중감이 학업성취나 직업적 성공 등 객관적인 결과의 강력한 예언 변인이 되지 못한다는 연구(baumeister, Campbell, Kreuger, & Vohs, 2003)와 높은 자존감은 오히려 대인관계를 악화시키고 미래의 어려움을 극복하는 데 필요한 기술의 습득을 방해한다는 연구 결과가 보고되었다(Tennen & Affleck, 1993, Kernis, 2005, 재인용). 따라서 연구자들은 안정된 높은 자존감과 불안정한 높은 자존감을 구별할 필요성이 있다고 지적했다(Harter, 2005). 불안정한 자존감을 가진 아동은 자아가 위협받는 상황에 처했을 경우 화, 적대감 등의 공격성을 나타내고, 높은 자존감을 유지하기 위해 자신을 비판하거나 위협하는 사람과 부딪치는 경향을 보였다(Baumeister, 1998).

자아존중감은 학업 성취와 긍정적인 관계 뿐 아니라 파괴적인 행동과 폭력집단 가입 등 부정적인 결과와도 높은 상관을 보였다(Baumeister, Smart, & Boden, 1996).

Chapter 12

도덕성 발달

1. 도덕성의 개념
2. 도덕성의 기능
3. 도덕성 발달이론
4. 아동기 도덕성 발달

Chapter 12

도덕성 발달

아동은 자라면서 부모 또는 다른 성인들이나 또래와의 상호작용을 통해 자기가 속한 사회의 행동 규준을 습득하게 되고 도덕적으로 성숙하게 된다. 특히 아동기는 양심과 자아발달이 이루어지는 중요한 시기이므로 아동기에 올바른 도덕성이 발달할 수 있도록, 그 사회가 가지고 있는 되는것과 안되는 것에 대한 명확한 규준을 제시해야 한다.

아동을 사회화시키는 가장 중요한 목표 중의 하나는 옳고 그른 것을 구별할 수 있도록 가르치는 것이다. 내면화(internalization) 과정을 통해 아동의 도덕성 발달이 이루어지는데, 아동은 아동기 초기에 다른 사람의 규칙과 표준을 자신의 행동을 위한 지침으로 사용하면서 올바른 행동에 대한 가치관과 원리를 확립하기 시작한다.

도덕성 발달은 도덕적 태도와 신념 및 가치관의 획득과 함께 도덕적 행동을 수행할 수 있어야만 한다. 도덕적 행동 속에는 나누어 갖기, 도움 행동 및 협동과 같은 친사회적(prosocial) 행동이 포함된다.

이 장에는 도덕성 발달의 여러 이론들을 조명하여 봄으로써 아동이 어떻게 도덕적으로 성숙되어 가는지를 알아보고자 한다.

1. 도덕성의 개념

도덕(道德)이란 라틴어의 mores라는 말에서 유래되었는데, 그 어원이 의미하는 바는 예의, 범절, 습관, 생활양식을 의미한다. 도덕이란 사회생활의 규범이며 인간

행위의 준거라고 할 수 있다. 도덕성이란 이러한 규범에 합치한 행동을 하려는 마음과 무엇이 도덕적 규범에 합치하는가를 판단하는 도덕적 판단과 이에 합치된 행동을 하는 사회적 습관과 습성이라고 말할 수 있다. 즉, 도덕성은 도덕적 판단, 도덕적 심성, 도덕적 의지의 통일체로서의 내면적인 도덕의식과 외적 표현으로서의 도덕적 행동을 말하며 도덕적인 사람이란 이 내면적 도덕의식과 도덕적 실천이 일치되어 행동으로 나타나는 사람이라고 할 수 있다.

피아제(1965)는 도덕성을 옳고 그름에 대한 판단 즉, 어떤 규범을 근거로 행동할 것인지를 판단하는 능력이라고 하였고, 버코위츠(Berkowitz, 1964)는 도덕적 가치란 일정한 사회 구성원들에 의해 옳거나 그른 것으로 보편적으로 믿어지는 행동의 값을 말한다고 하였다. 쉐퍼(Shaffer, 1988)는 도덕성을 개인으로 하여금 옳은 것과 그른 것을 구별하고 그 구별한 것에 따라 행동하도록 돕는 일련의 원칙들이라고 정의하였다. 또 콜버그(Kohlberg, 1964)는 도덕성을 개인에 의해 내면화된 사회적 행위의 문화적 규범이라고 정의했다. 결국 도덕성이란 옳고 그른 것에 대한 사회적 규범을 자신의 것으로 받아들여 그에 따라 행동하게 하는 규준이라고 정의할 수 있다.

도덕성이란 대체로 인성의 종합적 특성이라고 볼 수 있으며 여기에는 인지적 차원, 정의적 차원, 행동적 차원이 있다. 인지적 차원에는 도덕적 개념과 판단이 포함되며, 정의적 차원에는 도덕적 감성과 태도 등이 있고, 행동적 차원에는 도덕적 실천력 등이 포함된다.

2. 도덕성의 기능

1) 지적(知的) 기능

도덕성의 지적 기능은 도덕을 인식하는 능력으로서 도덕적 이상을 인식하는 작용과 행위의 옳고 그름, 좋고 나쁨을 식별하는 작용으로 구분된다. 도덕적 가치판단에 불가피한 것은 도덕판단의 대상인 행위 및 품성이 규범으로서의 이상, 원리, 법칙으로 접근되어 판단의 규범, 기준을 확립하는 것이다. 그래서 판단의 대상에 대한 인식과 판단에 대한 규범의 확립, 규범과 대상 인식의 상관성이 지적 기능으로서 도덕적 판단을 성립시키기 위한 필요 조건이라고 할 수 있다. 도덕 판단의 공정성은 대상에 대한 명확한 인식과 공평한 관찰과 성실한 태도에 의해서 대상을 확실히 파악하는 것이다. 그러므로 어린이의 도덕성 발달은 지적발달 즉, 인지능력의 발달과 병행한다.

도덕성이 도덕적 행동으로 되는 것은 도덕적 판단력이 중요한 요소도 되고 조건도 되며, 행동은 판단의 적부(適否)에 따라서 도덕적으로도 되고 반도덕적으로도 된다. 도덕적 판단력을 갖는 것은 도덕적으로 사고하고 결정해서 당면 문제를 합리적으로 해결하는 능력으로서 이같은 능력의 함양은 자신의 사고 방식과 행동의 방향을 단련하여 일관성이 있어야 한다.

2) 정적(情的) 기능

행동단계에 들어가기 전에 지적 기능이 옳고 그름, 좋고 나쁨으로 인정했던 것에 대해 바르고 선한 대상에는 만족과 칭찬의 즐거움이 사악한 대상에는 불만족과 비난의 고통이 생기는 감정의 경향을 정적 기능이라고 부른다. 도덕적 판단력이 실천행동화되는 것에의 추진적 동력으로서 심성이 바르고 선함에는 즐거운 감정이 생기고, 삿되고 악함에 대해서는 불쾌한 감정이 생기게 된다면 도덕적 행위가 가능하게 되는 것이다.

그러므로 어린이의 도덕성의 행동화를 위해서는 바르고 착함에 대해서는 쾌락과 만족을, 삿되고 악함에 대해서는 고통과 불만족과 혐오를 감수하는 기능을 훈련시키는 정적 기능의 훈련이 필요하다. 만약에 부정, 태만, 사기 등의 반도덕적 행위에 대해서 쾌감의 정서가 생기고 선한 행위에 대해서 불쾌의 감정이 생긴다면 아동의 도덕성의 정적 기능에 결손을 초래하게 되는 것이고 아동의 도덕적 행위는 기대할 수 없게 된다. 선하고 아름다움에 대한 풍부한 감수성은 도덕적인 행동을 위해서 필요한 요소이기 때문에 가정, 학교, 사회에서 어린이의 정서를 육성시키기 위한 바람직한 환경의 제공이 필요하다.

3) 의적(意的) 기능

도덕성의 의적 기능은 도덕실천의 기능으로써 지적·정적 기능에 의해서 바르고 착함이 생겨서 삿되고 악함이 생기지 않도록 하는 기능으로서 결국 착하고 바름을 발현시키고 삿되고 악함에 대해서 억제하도록 하는 기능이다. 즉, 이 의적 기능에 의해서 도덕성이 행동적 실천으로 이어지는 것이다.

도덕성에 대한 내면적 경향으로서의 태도의 특성은 ① 행동에 대한 준비, ② 행동의 방향 만들기, ③ 지적인 상태와 감정을 결합하기, ④ 외적 경향으로서 도덕적으로 행동하기의 순서로 구성된다. 의적 기능은 바르고 착함에 대해서 발동을 하고 삿되고 악함에 대해 억제하는 작용을 하고 있지만 바르고 착함은 꼭 그것을 수행하고 삿되고 악함을 단절해서 배제하는 강한 의지가 필요하며 바르고 착함의 수행에는 강한 덕(德)이 필요하다.

도덕생활은 선의 실현을 위해 적극적 태도를 갖고 부단히 정진하며 반도덕적 욕정에 대해 억제 작용을 함으로서 가능하므로 어린이의 도덕적인 생활습관을 위해서는 어린이들에게 다양한 현실적 생활을 통해서 도덕적 의지의 수련이 필요하다.

3. 도덕성 발달이론

1) 콜버그의 도덕성 발달이론

콜버그(1984)는 도덕성의 세 가지 측면 중 인지적 측면 즉, 어떤 것이 옳고 어떤 것이 그른가를 판단하는 도덕판단 능력의 발달과정을 연구한 학자로서 도덕발달을 여섯 단계로 나누어 설명하였다.

콜버그는 피아제의 도덕성 발달단계이론을 연구하여 청소년기 및 성인기까지 도덕성 발달단계를 확장시켜 나갔다. 그는 10~28세까지 미국 남성들에게 아홉 가지의 도덕적 갈등 상황을 제시해서 인간 생명 가치에 대한 판단이나 옳은 일을 하는 이유를 추론케 하여 젊은이들의 도덕추론 경향을 조사하였다.

다음 이야기는 콜버그가 인간은 연령에 따라 도덕적 판단을 어떻게 하는지 알아보기 위해서 사용한 도덕적 갈등 상황에 대한 질문으로 유명한 '하인츠 딜레마(Heinz Dilemma)' 이다.

유럽에서 한 여인이 특별한 종류의 암에 걸려 죽음 직전에 와 있었다. 의사들이 그녀를 살릴 수 있을 것으로 생각하는 한 가지 약이 있었다. 그것은 같은 도시에 있는 약사가 최근에 발견한 것으로 라듐의 한 형태였다. 그 약을 제조하는 데 비용이 많이 들기는 했지만 약사는 약값으로 제조 비용의 10배를 불렀다. 그는 라듐 구입에 200불을 지불하고 그 약의 소량 처방에 2,000불을 요구했다. 환자의 남편 하인츠는 돈을 꾸기 위해 아는 사람을 모두 찾아 다녔지만 약값의 반인 1,000불 밖에 구하지 못했다. 그는 그 약사에게 자기 아내가 죽어가고 있다는 것을 말하고 약을 좀 싸게 팔거나 아니면 외상으로 달라고 부탁했다. 그러나 약사는 "안돼요. 나는 그 약을 개발했고 그걸로 돈을 벌려고 합니다."라고 거절했다. 그래서 하인츠는 절망한 나머지 아내를 위해 문을 부수고 들어가 약을 훔쳐왔다. 하인츠는 약을 훔쳐야만 했을까? 그 이유는 무엇이겠는가?

콜버그는 사람들에게 위의 예를 들려주고 질문을 하였다. 응답자들은 연령에 따라서 다르게 응답하였으며, 그는 이 응답을 정리하여 발달단계별로 도덕판단 특성을 제시하였다.

(1) 1단계 : 처벌과 복종지향의 단계

"부인이 죽으면 고통스러워지므로 그는 약을 훔쳐야 했다."
"약을 훔치다가 잡히면 감옥에 가야하므로 그는 훔치지 말았어야 했다."

이 단계는 벌과 복종에 의한 도덕성을 발달시키는 단계로서 구체적이고 외부적인 결과만으로 도덕적 판단을 하며, 벌이나 고통을 피하기 위해서 도덕적 행위를 하는 단계이다. 즉, 보상을 받는 행동은 옳은 것이고 벌을 받는 행동은 그른 것이라고 생각한다.

(2) 2단계 : 수단적 쾌락주의 지향 단계

"부인의 생명을 구하기 위해 약을 훔치는 것은 괜찮다."
"약제사는 돈을 벌기 위해 약을 만들었으므로 하인츠는 훔치지 말았어야 했다."

이 단계는 욕구충족 수단으로서의 도덕성을 발달시키는 단계로 자신의 욕구를 만족시킬 수 있는지 없는지를 도덕적 판단의 근거로 택하는 단계이다. 즉, 자신의 욕구를 만족시켜 주는 것은 옳은 것이며 그렇지 않은 것은 그른 것이라고 판단한다.

(3) 3단계 : 상호성의 단계

"그는 약을 훔쳐야 했다. 왜냐하면 아내를 사랑하니까."
"그는 약을 훔치지 말았어야 했다. 왜냐하면 절도행위는 가족이나 자신에게 불명예스러우니까."

이 단계는 대인관계의 조화를 위한 도덕성을 발달시키는 단계로서 다른 사람의 인정을 받고 비난을 피하기 위해서 도덕적 행동을 한다. 이 단계의 아동은 타인의 승인을 받는 것은 옳은 것, 그렇지 못한 것은 그른 것이라고 생각한다. 이때 어린이에게 영향을 미치는 사람은 주로 부모, 교사, 또래집단이다.

(4) 4단계 : 법과 사회적 규칙의 단계

"약제사에게 후에 돈을 지불하려 한다면 약을 훔쳐도 괜찮다."
"하인츠가 아내의 목숨을 구하려고 하는 것은 당연하다. 그러나 훔치는 것은 어쨌든 나쁜 행동이다."

이 단계는 법과 질서준수로 도덕성을 발달시키는 단계로서 법과 질서의 권위 및 책임을 존중하며 이를 준수하는 것을 절대의무로 받아들일 뿐 아니라, 이를 도덕적 판단의 근거로 삼는 단계이다. 즉, 법과 사회적 질서에 어긋나지 않는 것은 옳은 것이고, 그렇지 않은 것은 그른 것이라고 판단한다.

(5) 5단계 : 공공복지의 단계

"단지 법률에 따라 이러한 상황을 해결할 수는 없다. 이 상황에서 약을 훔친 것은 정말 옳지 않지만 정상을 참작해야 한다."
"피치못할 상황이라고 하여 누구나 다 훔치지는 않는다. 목적이 선하다하더라도 그것이 수단을 정당화할 수 없다."

이 단계는 사회계약 정신으로서의 도덕성을 발달시키는 단계로서 법의 절대성과 고정성에서 벗어나 사회적 유용성을 고려하여 바꿀 수도 있음을 파악할 수 있고, 반면 개인을 희생시켜서라도 법을 존중할 줄 알게 된다. 또한 개인의 권리를 존중하며 개인의 존엄성과 의견의 상대성을 인정하며 도덕적 판단을 할 수 있다.

(6) 6단계 : 보편적 도덕원리의 단계

> "그는 약을 훔쳐야만 했다. 생명을 존중해야 하기 때문이다."
> "그는 약을 훔쳤기 때문에 타인으로부터 비난을 받을 것이다. 그러나 훔치지 않았다면 즉, 생명을 구해야 한다는 양심의 소리를 무시했다면, 자책하게 될 것이다."

이 단계는 인간의 존엄성을 가장 우선시하는 차원에서 보편적 도덕원리에 대한 확신으로서의 도덕성을 발달시키는 단계로서 사회의 법과 질서를 준수할 뿐 아니라 스스로 선택한 양심의 결정을 도덕적 판단의 기준으로 삼는다. 여기에서 말하는 양심의 의미는 정신분석에서와 같은 비합리적 요소가 아니라, 논리적이고 포괄적이며 일관성있는 어떤 개인적 지상명령을 의미한다.

2) 피아제의 도덕성 발달이론

도덕성 발달에 있어서 인지발달 이론은 도덕성의 인지적인 요소 즉, 도덕적 추론(moral reasoning)을 중요시한다. 즉, 아동의 도덕성 발달은 인지적인 발달특성 및 발달정도에 따라 달라진다고 주장한다. 아동의 도덕적 추론은 아동의 인지발달의 특성을 반영하기 때문에 자아 중심적으로 행위의 도덕성을 판단하는 단계에서 규칙과 원리에 따라 판단하는 단계로, 행위결과의 보상에 따른 단계에서부터 행위의 의도 및 동기를 추론하는 단계로 발전한다는 것이 인지발달 이론의 주장이다.

피아제는 도덕적인 성숙이 규칙에 대한 존중 및 사회적 정의에 대한 존중과 관계가 있다고 보았다. 다시 말해서 피아제는 도덕성이란 규칙에 대한 존중이며 나아가서는 규칙을 만드는 사람에 대한 존경이라고 생각하였으며(Kohlberg, 1984), 사회적으로 정의된 질서의 규칙 밑에서 만인이 공정하고 동등하게 취급받는 것이라고 보았다(Shaffer, 1988).

피아제는 4～13세의 아동들에게 여러 가지 다양한 상황의 이야기를 들려주고 이야기 주인공들의 행동을 판단해 보게 하였다. 피아제는 아동의 게임 규칙에 대한 존중, 과실 및 훔치기, 거짓말에 대한 판단, 정의에 대한 판단 등을 연구하여 도덕적 절대주의 대 상대주의, 내재적 정의 대 처벌에 대한 객관적 관점, 행동의 결과 중시 대 의도 중시, 속죄적인 벌 대 상응하는 벌, 성인의 권위에 따르기 대 또래의 기대에 따르기 등과 같은 도덕적 속성을 개념화하였고 아동의 도덕성 발달단계를 제시하였다.

피아제의 『아동의 도덕 판단(*The moral judgment of the child*, 1932/1965)』을 중심으로 아동의 도덕성 발달에 대한 이론을 살펴보면 다음과 같다.

(1) 게임 규칙에 대한 존중

피아제는 어린 아동들은 각기 다른 규칙들을 서로 분별하지 못하고 모두 같은 것으로 생각하므로 도덕적 규칙에 대한 발달이나 게임 규칙에 대한 발달양상이 같다고 하였다. 유아들은 규칙은 변경할 수 없는 고정된 것이며, 그것이 게임의 규칙이든 부모가 세운 규칙이든 간에 상황에 관계없이 무조건 복종해야 하는 것으로 생각하는 도덕적 실재론(moral realism) 경향을 나타낸다. 도덕적 실재론이란 유아들이 규칙이란 밖에서부터 주어진 것이며 절대적인 것으로 행위의 결과에 따라 잘못한 정도로 판단하는 것을 말한다. 유아들이 성인의 권위에 대해서 뿐 아니라 성인이 만든 규칙에 대해서도 일방적인 존중을 보이는 것을 피아제는 타율적 도덕성(heteronomous morality) 또는 도덕적 절대주의(moral absolutism)라고 불렀다. 반면 아동들이 또래들간의 상호존중을 나타내며 규칙이 상호협동에 의해서 만들어지고 바뀔 수도 있다고 생각하는 것을 자율적 도덕성(autonomous morality) 또는 도덕적 상대주의(moral relativism)라고 하였다. 게임 규칙에 대한 존중을 통해서 알아본 아동의 도덕성 발달은 이렇게 타율적 도덕성에서 자율적 도덕성으로 발달하는 것으로 나타났다. 타율적 도덕성 단계의 유아는 행위자의 의도보다 행위의 결과에 따라 엄격하고 융통성 없는 도덕판단을 하는 반면 자율적 도덕성 단계의 아동은 행위 결과에 의해 판단하기보다는 행위자의 의도를 고려하여 도덕성 판단을 하게된다.

(2) 실수 및 훔치기에 대한 도덕 판단

아동들은 실제로 일상생활에서 부주의나 불복종으로 인해 물건을 깨고, 쏟고, 망가뜨리는 등 여러 가지 실수를 한다. 아동의 입장에서 보면 이러한 과실은 어른 중심 환경과의 갈등이며 어쩔 수 없이 일어나는 경우가 많지만 주위 사람들을 당황하게 만든다. 아동이 그런 실수에 대해 어떤 판단을 하는지, 또 훔치기와 같은 행동에 대해서는 어떻게 판단하는지 알아보기 위해서 피아제는 한 쌍씩 대비되는 이야기들을 제시하였다.

- 문 뒤의 의자 위에 컵이 놓인 쟁반이 있는 것을 모르고 밥 먹으러 식당에 들어가다 문이 의자에 부딪히는 바람에 컵 15개를 깬 아이와, 엄마 몰래 의자를 딛고 천장에 있는 잼을 꺼내 먹으려다 부딪혀 컵 하나를 깬 아이의 이야기
- 아버지가 안 계신 동안 아버지의 잉크 단지를 가지고 놀다가 탁자보에 작은 잉크 얼룩을 만든 아이와, 아버지를 기쁘게 해드리기 위해 잉크 단지에 잉크를 채워 놓으려다 탁자보에 큰 얼룩을 만든 아이 이야기
- 어머니를 기쁘게 해 드리려고 바느질감을 마름질하다가 자기 옷에 큰 구멍을 낸 아이와, 어머니가 안 계신 동안 어머니의 가위를 가지고 놀다가 자기 옷에 작은 구멍을 낸 아이 이야기
- 저녁을 굶은 가난한 친구를 위해 빵집에서 빵을 훔쳐와 친구에게 준 아이와 자기 옷에 달려고 가게에서 리본을 훔친 아이 이야기
- 새장에 갇힌 새가 불쌍해서 놓아주고 다시 가두지 못하게 새장을 감춘 아이와, 엄마가 안 계실 때 사탕과자를 훔쳐서 감춰두었다가 모두 먹은 아이 이야기

좋은 의도로 했던 일이 잘못되어 큰 손상이 생긴 이야기와 나쁜 의도로 했으나 손상이 크지 않은 이와 같은 이야기를 대비하여 아동들에게 제시하고 두 이야기의 주인공들에게 똑같이 잘못이 있는지, 둘 중 누가 더 나쁜지, 누가 벌을 더 많이 받아야 하는지, 왜 그런지 등을 물었다.

그 결과 6~7세 아동들은 물질적인 손상의 정도에 따라(예 ; 컵을 15개나 깼으니까. 더 큰 얼룩을 만들었으니까, 빵이 리본보다 크니까 또는 비싸니까, 새장이 사탕과자보다 크니까) 도덕성을 판단했으며, 9~10세 아동들은 의도를 고려하여(예 ; 잼을 먹으려고 했으니까, 자신을 위해서 리본을 훔쳤으니까) 도덕성을 판단하였다. 이로써 아동의 도덕성 판단은 주로 물질적인 손상의 정도에 따라 판단하는 객관적인 책임과 의도를 고려하는 주관적인 책임단계로 나누어진다는 것을 알 수 있다. 객관적인 책임은 타율적 도덕성 단계의 특징으로 대개 평균 7세경에 나타났고, 주관적인 책임은 자율적 도덕성 단계의 특징으로 대개 평균 9세 정도에 나타났다. 즉, 과실 및 훔치기에 대한 아동의 도덕판단에 있어서도 아동의 도덕성은 물질적인 손상

정도 즉, 행위결과에 따라 판단을 하는 타율적인 도덕성 단계에서 행위자의 의도를 고려하는 자율적인 도덕성 단계로 발달하는 것을 알 수 있다.

어린 아동이 단지 행위의 결과에 의해 객관적인 책임 위주로 도덕 판단을 하는 것을 두고 피아제는 성인에 의해 강화된 결과라고 하였다. 실제로 성인들은 의도를 고려하지 않고 컵을 1개 깬 아이보다 15개 깬 아이를 더 야단치는 경우가 많다는 것이다. 다시 말해서 성인들은 부주의해서 일어난 물질적인 손상에 대해 야단칠 뿐 그런 행위 자체의 도덕적 잘못을 따져 야단치지는 않기 때문에 어린 아동들은 물질적인 손상의 정도에 따라 도덕성을 판단하게 된다는 것이다.

(3) 거짓말에 대한 도덕적 판단

피아제는 거짓말이 아동의 자아 중심적인 사고에서 비롯되는 것이라고 보았으며, 거짓말에 대한 아동의 도덕 판단도 좋은 의도와 큰 손해, 나쁜 의도와 작은 손해로 대비되는 이야기들을 제시하여 알아보았다. 거짓말에 대한 아동의 도덕판단은 사실과의 거리와 물질적인 결과에 의해서 거짓말 정도를 판단하는 객관적 책임에 의한 판단에서 의도를 고려하는 주관적인 책임의 단계로, 권위에 대한 일방적인 존중을 나타내는 타율적인 단계에서 규칙과 처벌을 별개로 생각하여 판단하는 자율적인 단계로 발달하는 것으로 나타났다.

5~7세 아동은 거짓말을 '나쁜 말'이라고 정의했으며 '바보'라는 말도 나쁜 말이니까 거짓말이라고 생각했다. 또 '2+2=5'라고 대답하면 그것은 실수라고 하면서도 그것 역시 거짓말이라고 생각하며, 나쁜 거짓말(욕이나 저주의 말)과 나쁘지 않은 거짓말(실수)이 있다고 하였다. 의자를 넘어뜨리고서 자기가 하지 않았다고 하는 것도 거짓말이라는 것을 알았으나 몰라서 실수로 한 말과 속일 의도를 가지고 고의로 틀리게 한 말을 구별하지 못했다.

거짓말의 나쁜 정도를 판단하는 데 있어서 어린 아동들은 있음직하지 않은 내용의 거짓말일수록 그 내용이 사실과 거리가 더 멀기 때문에 더 나쁜 것으로 생각하는 객관적인 책임에 의한 판단을 하는 것으로 나타났다. 예컨대, 어린 아동들은 '좋은 성적을 받았다'고 거짓말을 한 아이보다 '소만큼 큰 개를 보았다'고 한 아이를 더 나쁘게 생각했는데, '소 만한 개'는 있을 수 없으므로 사실과 거리가 멀고 따라서 더 심한 거짓말이며 거짓말이라는 것을 엄마가 금방 아실 것이기 때문에 더 나쁘다는 것이다. 반대로 학교에서 좋은 점수를 받는 것은 있을 수 있는 일이므로 사실과 가깝고 따라서 작은 거짓말이라고 생각하며, 엄마가 쉽게 믿기 때문에 그다지 나쁘지 않다고 하였다. 어린 아동들은 거짓말이 금방 드러나고 속이지 못했을수록 나쁜 거짓말이라고 생각하는 것이다. 반면, 나이 든 아동들은 행위의 동기(속이려는 의도)를 중요하게 생각하였다. 나이 든 아동들은 '소 만한 개' 이야기는 거짓말이 아니라고 생각하였는데 거짓임이 금방 드러나는 이야기는 속일 의도가 있다기보다는 허풍이거나 실수이기 때문에 그런 거짓말은 그다지 심한 거짓말이 아니라고 생각함으로써 의도를 고려하는 주관적인 책임에 의한 판단을 하였다.

또 어린 아동은 실수나 훔치기에 대한 판단에서 보여준 것처럼 의도를 고려하지 않고 나타난 결과만을 중시하였다. 어린 아동들은 골탕먹이려는 의도로 고의로 다른 길을 가르쳐 주었으나 다행히 상대가 길을 잃지 않게 된 경우보다 잘 모르고 다른 길을 가르쳐 주어 상대방이 길을 잃게 만든 아이가 더 나쁘다고 생각했다. 왜냐하면 결과적으로 길을 물었던 사람이 길을 잃었기 때문이다. 그러나 나이든 아동들은 거짓말로 목적을 달성했을수록 또 다른 사람을 속이는 데 성공했을수록 나쁘다고 생각한다.

어린 아동들은 또 어린이에 대한 거짓말보다 어른에게 거짓말하는 것이 더 나쁘다고 생각한다. 어린 아동들은 어른들은 그것이 거짓말인 줄 알고 있으며 또 어른들은 나이가 많기 때문에 어른에게 거짓말을 하면 안되고, 반면에 아동들은 작기 때문에 또 거짓말인지 모르기 때문에 아동들 상호간에는 거짓말은 해도 괜찮다고 생각한다. 그러나 나이 든 아동들은 아동과 성인에 대한 거짓말이 모두 나쁘며, 아동들은 거짓말인지 아닌지 잘 알지 못하고 믿을 것이기 때문에 아동에게 거짓말하는 것이 더 나쁘다고 생각한다.

'왜 거짓말을 해서는 안되는가' 하는 문제에 관해서 어린 아동은 신이 처벌할 것이기 때문에 안되며, 신이 처벌하지 않으면 거짓말을 해도 된다고 대답한다. 똑같은 거짓말을 했을 때도 발각되어 벌받은 아동은 나쁘고 발각되지 않아서 벌받지 않은 아동은 나쁘지 않다고 한다. 즉, 거짓말은 신 또는 성인이 금지하기 때문에 해서는 안된다는 것이다. 권위에 대한 일방적인 존중을 나타내는 어린 아동들의 이러한 거짓말 개념은 바로 타율적인 도덕성을 나타낸 것이다. 반면 나이 든 아동들은 거짓말은 사람들간의 신뢰를 무너뜨리고 상호 존중에 반하는 일이기 때문에 나쁘며, 처벌을 받든 받지 않든 나쁘다고 생각하여 규칙을 처벌과는 별개의 독립적인 것으로 이해하는 자율적인 도덕성을 나타낸다.

4. 아동기 도덕성 발달

1) 도덕적 행위와 자기규제

아동의 도덕적 추리나 사고가 도덕적 행동으로 옮겨질 때 아동은 완전한 도덕성의 발달을 이루었다고 말할 수 있을 것이다. 그러나 도덕적 사고와 행동은 항상 일치하지 않으며 둘 사이의 상관관계는 그렇지 않은 것으로 알려져 있다(Mischel & Mischel, 1976 ; Rest, 1983).

특히, 레스트(Rest, 1984)는 도덕적 행동의 수행은 다음과 같은 4가지의 요소를 포함한다고 제안하고 개인의 인지와 정서 및 행동의 상호작용결과로서 도덕적 행동이 가능하다고 주장한다.

① 해석

행동이 요구되는 상황에서 관찰자는 우선 해석을 한다. 특정의 상황 속에서 다양한 행동들이 어떤 결과를 야기시킬 것인가를 인지적으로 해석하는 동시에 행동의 결과에 기인된 고통이나 감정적 동요에 대한 감정이입을 경험한다. 해석과정은 인지적 측면과 정서적 측면 양자를 포함한다.

② 계획

어떤 행동을 수행할 것인가를 계획한다. 도덕적 논리나 태도 및 가치관이 요구되며 도덕적 표준을 적용하는 과정이다.

③ 평가와 결정

계획한 행동을 평가한다. 다양한 행동의 상대적 유용성을 계산하고 비도덕적 충동을 억제하는 방법을 고려한다.

④ 실행

행동계획을 실행한다. 자아의 힘과 자기규제능력이 요구된다. 레스트는 이 과정에서 개인의 결심과 인내 그리고 기질적 특성이 발휘된다고 하였다.

2) 만족과 지연

유아들은 어떤 일을 지금 당장 하기를 원하는 반면, 아동들은 몇 일 혹은 몇 주 동안 기다릴 수 있다. 만족을 지연시킬 수 있는 능력은 연령과 함께 증가하고 다양한 사회적 및 인지적 능력과 연합되어 있다(Mischel, 1965, 1974). 일반적으로 하류계층의 아동들이 중류계층의 아동들보다 더 즉각적인 보상을 요구하는 경향이 있다. 또한 보상이 눈앞에 보이지 않거나 보상에 대해서 잊고 다른 일을 수행할 때 아동들은 더 오래 기다릴 수 있다.

만족을 지연시키는 것이 더 바람직하다는 아동의 생각은 그들의 실제 행동과 일치하지 않아 만족을 지연시키는 능력에 대해서도 행위와 사고가 이분되어 있음을 확인할 수 있다. 유치원 아동들에게 적은 양의 즉시적인 보상과 24시간 후의 큰 보상을 선택하게 하였을 때 아동들은 큰 보상을 얻기 위해 기다려야 한다고 하였으나 즉시적인 보상을 보자마자 그것을 선택하였다.

3) 유혹과 속이기에 대한 저항

도덕적 표준을 내면화한 아동들은 모든 종류의 유혹에 저항한다. 그러나 아동들은 때때로 유혹에 굴복하고 죄책감을 느끼며 그 결과 자신의 잘못을 고백하게 된다. 유혹에 저항하는 아동의 능력은 그들이 저항한 결과가 보상적이냐 처벌적이냐에 달려 있을 뿐만 아니라(Harter, 1983), 아동들이 관찰한 모델이 비행 후 처벌을 받느냐 받지 않느냐에 의존한다(Bussy & Perry, 1977).

유혹에 저항하는 모델을 관찰하게 함으로써 아동의 자기규제능력을 증진시킬 수 있다. 또한 아동들은 혼자 있을 때보다 여러 아동이 함께 있을 때 그리고 자신의 신원이 알려지지 않을 때 더 많이 비행을 저지르는 경향이 있었다. 아동은 혼자 있을 때보다 집단의 일부일 때 개인적 책임감이 약화되기 때문에 훔칠 가능성이 더 컸으며 익명일 때 유혹에 대한 저항능력이 급격히 감소되었다.

Chapter 13

놀이발달

1. 놀이의 의의
2. 아동기 놀이 특징
3. 놀이이론
4. 놀이와 아동발달
5. 놀이에서 성인의 역할
6. 놀이발달 연구의 최신경향

Chapter 13

놀이발달

1. 놀이의 의의

1) 놀이와 학습

놀이는 아동에게 단순히 즐거움을 주는 것일 뿐 아니라, 놀이가 곧 학습이라는 점에서 의의가 있다. 아동은 놀면서 배우는데, 효과적인 학습과정은 학습자의 자발적인 동기를 전제로 한다. 또한 학습자의 적극적인 행동은 학습의 효과를 높이는 데 필수적이며 유아기 아동에게는 구체적인 경험을 통한 학습이 효과적이다. 이런 학습의 원리가 놀이 활동 중에 가장 이상적으로 실현된다.

2) 놀이와 교육

놀이시간은 단순히 노는 시간일 뿐 아니라 교육시간이 되기도 한다. 놀이가 유아교육방법으로 적절한 이유를 김광웅(1975)은 놀이는 아동이 가장 즐기는 활동이고, 자발적인 활동인 동시에 놀이는 체험적이고 다양한 경험을 포함하면서, 반복적이고 탐구적·창의적이기 때문이라고 하였다.

따라서 아동놀이가 교육적이고 가치 있는 활동이 되기 위해서는 정비된 놀이환경을 제공하고 효율적으로 지도할 필요가 있다.

3) 놀이와 평가

놀이시간은 평가의 시간이 될 수도 있다. 아동은 놀이를 통해 자신의 모든 것을 표현하는데, 자신의 정서 상태는 물론이고 신체적, 인지적, 정서적, 사회적인 모든 발달이 놀이에 반영되기 때문에 놀이시간은 아동의 평가 자료를 수집하는 시간으로 활용된다. 특히 놀이는 아동이 자발적으로 참여하는 활동이기 때문에 인위적으로 아동을 조사하는 방법보다 자연스러운 상황에서 아동의 있는 그대로를 관찰할 수 있다. 또한 놀이를 통해 아동의 전반적인 발달수준을 평가하고 아동의 정상적인 발달뿐 아니라 발달상의 문제점이 표출되므로 이를 진단할 수 있다.

4) 놀이와 치료

놀이에는 아동의 기쁨, 슬픔, 불안, 좌절, 질투, 공포, 분노 등 모든 감정이 표현되는데, 이러한 감정 표출을 통해 아동의 정서 부적응이나 기타 문제행동이 자연스럽게 치료될 수 있다. 아동의 치료에 놀이가 유용한 이유에 대해, 게르니(Guerney, 1984)는 놀이가 욕구를 만족시켜주는 매체의 역할을 하며, 놀이에서 얻은 만족은 놀이결과에 의한 것이 아니라 놀이과정 중에 맛보게 되고, 아동에게 인상 깊었던 사건이나 경험이 놀이 속에 반복적으로 재현되므로 그 상황에 숙달되거나 동화되어 해결된다는 등 세 가지를 지적하였다. 놀이가 치료에 활용되는 방법은 치료자의 역할이나 부모의 참여여부, 치료과정의 구조화 정도 등에 따라 다양한 접근법이 시도되고 있다.

2. 아동기 놀이 특징

그래비(Gravey, 1977)는 놀이의 특징을 기쁘고 즐거운 것, 외재적 목적이 없는 것(실용적인 면에서 비생산적), 무의식적 및 자발적인 자유로운 선택, 능동적 참여, 놀이가 아닌 것과 체계적인 관계를 갖는 것으로 설명한 바 있다.

놀이의 특성을 정리하면 다음과 같다.

(1) 비사실성(非寫實性, nonliterality)

놀이사건은 매일의 경험에서 놀이를 구별짓는 놀이구조 혹은 경계의 특징을 갖는다. 이 놀이구조 안에서는 내적 현실이 외적 현실에 우선한다. 놀이 안에서 일어나는 행위는 비놀이 상황에서 일어나는 것과 다르다. 놀이 시 '척하는(as if)' 행동은 현재에 처한 제한을 빠져 나와 새로운 가능성을 실험하게 한다.

(2) 내적 동기(intrinsic motivation)

내적 동기는 개인 내에서 유래되며, 행동 자체에서 만족을 얻게 되는 목적을 위해 놀이활동을 추구한다.

(3) 수단이 목적보다 중요(process over product)

아동의 놀이는 목적 지향적 행동보다 융통성이 있으며, 목적보다는 놀이과정이나 그 수단 자체를 중요하게 여긴다.

(4) 자유선택(free choice)

이 특성은 특별히 중요한 요인으로 킹(King, 1979)은 유치원 아동이 블록 쌓기와 같은 활동을 스스로 선택했을 때는 놀이로 생각하나 교사가 지시했을 때는 같은 활동이라도 일 또는 작업으로 여긴다는 것을 관찰하였다. 그러나 자유선택 요인은 아동의 연령이 증가하면서 놀이의 특성을 나타내는 데 덜 중요한 요인이 되었다. 5학년 아동의 경우 놀이를 자유롭게 선택했는지의 여부보다는 활동을 하면서 기쁨이 있는지가 놀이와 작업을 구별하는 중요한 요인이 된다고 한다(King, 1982).

(5) 기쁨과 즐거움(positive affect)

때때로 놀이는 가파른 미끄럼 길을 내려가려고 준비할 때처럼 걱정과 약간의 공포를 수반하거나, 이러한 공포조차도 아동이 반복해서 미끄럼을 타는 것은 놀이가 유쾌한 것이기 때문이다.

3. 놀이이론

놀이이론은 고전이론과 현대이론으로 분류할 수 있다. 고전적 놀이 이론은 19~20세기 초에 발생하였으며, 주로 놀이가 왜 일어났는지 그 목적을 논하는 이론으로, 현대 놀이이론에 큰 영향을 미쳤다.

고전적 이론은 놀이행동의 부분만을 설명함으로써 여러 제한점을 가지고 있으나 그럼에도 불구하고 여전히 중요하다. 첫째, 놀이에 대한 역사적인 관점을 제시한다. 예컨대, 잉여 에너지 이론은 놀이를 목적없고 비생산적인 행동으로 보나, 연습이론은 놀이가 종의 생존을 위해 꼭 필수적이라고 생각한다. 둘째, 고전적 이론 중에서 어떤 것은 지금까지도 존재하며, 특별히 잉여 에너지 이론은 지금까지도 받아들여지고 있다. 셋째, 현대이론의 기초가 된다. 예컨대, 홀의 반복이론은 연령에 따라 다른 놀이단계를 주장하였는데, 이는 피아제의 단계이론에 영향을 미쳤으며 아동의 놀이를 체계적으로 관찰하도록 자극하였다. 또한 적응의 의미를 지닌 그로스의 연습이론은 놀이의 진화를 설명한 브루너의 이론에 영향을 미쳤다.

고전놀이 이론으로는 잉여 에너지 이론, 연습이론, 반복이론 및 휴식이론 등이 있다. 현대놀이 이론은 놀이의 존재이유를 단순히 설명하기 보다는 놀이의 원인이 되었던 이전 상황을 상술하면서 아동발달에 미치는 놀이의 역할을 규명하고자 노력하였다. 현대 놀이이론으로는 정신분석학 이론, 인지발달 이론, 각성 조절이론 및 베이트슨(Beateson) 이론 등이 있다(Johnson, Chirst & Yawkry, 1987). 최근에는 아동기 놀이의 중요성에 관한 많은 이론들이 발표되고 있다. 이 장에서는 일부 이론들에 대하여 그 내용을 살펴 보고자 한다.

1) 잉여 에너지 이론

잉여 에너지 이론(surplus energy theory)은 쉴러의 영향을 받은 스펜서의 주장으로 그로스(Gross)는 『동물의 놀이』란 저서에서 이 이론을 잉여 에너지 이론이라고 하였다. 스펜서는 아동의 놀이행동을 '증기가 뿜어 나오는 것' 혹은 '잉여 에너지의 분출' 이라고 설명하면서 사람들은 기본욕구를 충족시키기 위해 일을 하게 되는데 기본욕구가 충족된 후에 남겨진 과잉 에너지의 소산이 놀이라고 하였다. 특히 아동은 자신의 생존을 위하여 일해야 하는 입장이 아니기 때문에 과잉 에너지가 많으므로 성인에 비해 더 많은 놀이를 한다고 주장하였다.

고등동물은 광범위한 기술을 가지고 있기 때문에 생존하기 위해 시간을 그리 많이 필요로 하지 않지만, 하등동물은 먹이를 찾거나 적을 피하는 데 많은 에너지를 소모하기 때문에 노는 데 쓸 에너지가 많지 않다고 본다. 그러므로 고등동물은 더 잘 먹고 더욱 건강하기 위해 필요한 에너지를 더 많이 가지고 있기 때문에 놀이란 고등동물에게서 발생하는 것으로 본다.

톨먼(Tolman)은 사람이란 음식, 성, 휴식 등에 대한 기본 욕구가 충족되면 생리학적으로 활동정지 상태에 이르게 되고, 그 후 에너지가 과다해지면 놀이욕구가 생긴다고 스펜서를 지지한 바 있다.

잉여 에너지 이론은 그 시사하는 바가 크나, 아동은 에너지의 과잉상태가 아닌 경우에도 놀이를 하므로 이에 대한 반대입장도 있다.

2) 연습이론

연습이론(practice theory)은 일찍이 아리스토텔레스(Aristoteles)에 의해 주장된 바 있는데, 그는 어른이 되어서 할 일을 어려서부터 시키도록 권장하였다. 이 이론은 그 후 그로스에 의해 발전되었는데 그는 동물들이 놀이를 한다면 생존하기 위한 투쟁을 위한 것이며 성년기에 필요한 기술을 연습하며 익히기 위해서라고 주장하였다. 동물의 본능적 행동이 처음 시도될 때 완벽하게 된다면 놀이를 할 필요가 없다. 그러나 그렇지 못하므로 실제적 필요를 느끼기 전에 선천적으로 불완전하게 타고난 기술을 익혀야 한다. 행동양식이 불충분한 어린 동물에게 있어서 모방에 의한 학습은 중요한 것이며, 적응을 잘하고 지능이 높은 종족일수록 놀이나 모방을 통해 연습할 시간이 길어진다. 예컨대, 어린 아기는 끊임없이 손이나 손가락, 발을 움직이고 옹알거리며 기어다니는데 이는 자신의 신체를 조정하기 위한 것이며, 고양이가 살그머니 뒤를 밟거나 털실뭉치를 쫓아다니는 것은 쥐잡는 일을 연습하는 것이라고 볼 수 있다.

연습이론의 가치는 목적도 없고 쓸모 없는 것으로 여겨졌던 활동들이 진지한 목적 하에 생물학적으로 행해지고 있음을 가르쳐준다. 그러나 놀이를 통해 특정행동이나 기술이 연습된다고 주장한 점은 놀이의 기능을 너무 제한한 것으로 생각된다. 왜냐하면 놀이를 통해 어떤 특정행동이 발달된다기 보다는 성격, 인지발달 등 전인

발달이 이루어지기 때문이다. 게다가 성인들도 계속 놀이를 하므로 연습이론 자체만 가지고 모든 놀이를 설명하기는 어려운 면도 있다.

3) 반복이론

반복이론(recapitulation theory)은 놀이의 목적을 조상으로부터 전해 내려온 본능을 제거하기 위한 것으로 보는 견해로서 홀(Hall)이 주장하였다. 이는 인간이 하위동물로부터 진화되었다고 하는 다윈(Darwin)의 진화론을 근거로 한다. 홀은 아동의 놀이를 보면 조상들의 경험이 전수되고 원시시대에 살았던 조상들의 관심이나 일들이 재연된다고 하였다. 예컨대, 아동들이 물장난을 하며 즐거워하는 것은 물고기를 잡았던 조상들의 행동과 관계가 있으며, 나무에 오르고 나뭇가지 사이를 건너뛰는 행동들은 원숭이를 닮았던 조상들의 자취를 보여주며, 8~12세의 남아들은 고기잡이나 사냥, 노젓기, 텐트 치는 일 등을 좋아하는데 이는 원시종족의 생활과 유사하다고 보았다.

홀은 놀이의 기능을 정화작용으로 보았으므로 신프로이드 학파의 견해와 밀접한 관련이 있다. 즉, 유아기 때 놀이를 통해 종족적 본능을 모두 발산시키므로 초기의 본능은 약화되고 좀 더 복잡한 행동으로 발전된다고 하였다.

홀의 반복이론의 장점은 각 연령층의 아동행동에 흥미를 갖게 한 것을 지적할 수 있으나, 놀이에 있어서의 인간의 진화과정이 반영되지 않은 점을 단점으로 지적할 수 있다. 이 이론으로는 현대의 다양한 놀잇감이나 게임에 의한 놀이를 설명할 수 없다.

4) 휴식이론

휴식이론(recreation theory)은 잉여 에너지 이론과 반대되는 것으로서 패트릭(Patrick)에 의해 주장되었다. 이 이론은 놀이를 일로 인해 소비된 에너지를 재생시키는 것으로 보았다. 잠을 자거나 일과 전혀 관계없는 활동(예 ; 운동, 레크리에이션)을 한다든가 함으로써 에너지를 재생시키는 것을 의미한다.

이 이론은 성인의 놀이를 잘 설명해준다. 예컨대, 사무실에서 정신적 활동으로 인해 하루종일 스트레스를 받은 후에도 퇴근 후에 신체적인 활동(예 ; 볼링, 수영)을 하는 것이 이에 해당된다. 유아교육에서도 이 이론의 원리를 인식하여 앉아서 하는 정신적 작업이 끝난 후 활동적인 놀이로 바꾸도록 구조화하였다.

그러나 휴식이론은 아동의 놀이를 설명하는 데 미흡하다. 만약 놀이가 일에서 생긴 피로를 회복하려는 욕구에서 동기화 된다면 스트레스가 쌓일 정도로 일을 하지 않는 아이가 놀이에 열중하는 이유를 어떻게 설명할 수 있는가 하는 점이다.

5) 정신분석 이론

프로이트(Freud)는 놀이가 아동의 정서발달에 중요한 역할을 한다고 주장하면서 놀이의 정화기능을 강조하였다. 그에 따르면 아동들은 놀이를 통해 고통스러웠던 사건과 관련된 부정적인 느낌을 제거한다. 아동이 같은 놀이를 반복해서 하는 것은 불쾌한 사건을 다루기 위한 기제로 이는 나쁜 경험을 자신이 다룰 수 있는 작은 요소로 나누기 위한 것이다. 이러한 경우를 잘 설명해주는 예는 브라운(Brown), 커리(Curry)와 틸트닉(Tiltnich, 1971)의 관찰에서 볼 수 있다. 즉, 유치원에서 어느 날 아동들이 건물을 수리하던 인부가 사다리에서 떨어져 다치는 장면을 목격하였는데, 이 사건이 발생한 이후 아동들은 인부가 떨어지고 응급처치를 받고 병원차로 이송되는 내용의 역할놀이를 자주 했으며, 반복놀이를 통해 감정을 해소한다는 것을 관찰하였다.

정신분석학 이론(psychoanalitic theory)에 따르며 놀이란 현실에서 벗어나 수동적이고 수모를 당하는 피해자의 입장에서 가해자의 입장을 경험하게 한다고 본다. 예컨대, 부모에게 매를 맞은 후 아동은 인형에게 매를 가함으로써 감정을 정화시킨다. 프로이트는 아동이 수동적으로 받아들인 경험을 놀이에서는 왜 적극적인 활동으로 전환시키게 되는가에 관심을 가졌다. 그 이유로 아동은 주변의 사물이나 사람을 통제하고 지배할 능력이 없기 때문에 수동적인 놀이에서는 자신이 어른인 것처럼 가정할 수 있으므로 막강한 힘을 발휘해 보고 싶은 강한 욕구를 지니게 된다고 하였다.

또한 놀이를 쾌락원리로 설명하고 있으며 아동은 놀이를 통해 희망을 성취하고 쾌락을 경험한다고 주장하였다. 예컨대, 우주비행사, 경찰관 등 현실에서 불가능한 역할을 해 보면서 만족을 얻게 된다. 그러므로 불유쾌한 정서(불안, 긴장감, 공격욕구)가 놀이를 통해 감소된다고 생각한다.

6) 인지발달 이론

놀이가 인지발달에 중요한 역할을 하며, 창의성과 융통성을 촉진시킨다고 주장하는 대표적인 이론가들은 피아제(1962), 버고츠키(1972), 써튼 - 스미스(Suton - Smith, 1967), 프로스트와 클라인(Frost & Klein) 등을 들 수 있다. 이중 피아제, 프로스트와 클라인의 이론을 소개하면 다음과 같다.

(1) 피아제

피아제는 인지발달 수준과 일치하여 놀이가 발달한다고 보았는데 그 순서는 연습놀이, 상징놀이, 규칙 있는 게임으로 이어진다고 하였다. 예컨대, 2세 전의 아동은 연습놀이(신체 움직임을 반복)만을 할 수 있을 뿐 상징놀이나 극적 놀이를 할 수 없다. 왜냐하면 상상놀이시 표상 하는 데 필요한 인지적 능력을 갖지 못했기 때문이다.

피아제는 놀이가 단순히 인지발달 수준을 반영하는 것이 아니라 인지발달에 공헌한다고 생각하였다. 아동들은 최근에 습득한 기술을 놀이를 통해 연습하고 강화한다고 한다. 만약에 연습을 하지 않으면 새로운 기술을 빨리 잊어버리므로 연습하고 강화하는 놀이의 역할은 매우 중요하다. 그는 놀이란 조절보다 동화가 우세할 때 이루어지며 조절이 강해지면 모방이 이루어진다고 하였다.

(2) 프로스트와 클라인

프로스트와 클라인(Frost & Klein)은 놀이발달이 인지발달 수준에 따라 인지적 놀이행동은 5단계로 진행된다고 주장하였다.

1단계는 기능놀이(functional play)로 감각운동기의 어린이가 기능적인 즐거움을 위해 장난감 잡아 당기기, 공굴리기 등과 같이 반복적으로 되풀이하는 단순한 놀이행동을 말한다. 예컨대, 유아가 우연히 장난감을 건드려서 장난감이 이리저리 흔들거리면 자기행동의 결과를 보고 매우 기뻐하며 반복한다.

2단계는 구성놀이(construction play)로 기능적 활동으로부터 창조적 활동으로의 전환을 의미한다. 사물을 조작하는 단계로부터 사물을 구성하는 단계로 발전한다. 예컨대, 적목으로 자동차, 성, 터널 만들기 등이 포함된다.

3단계는 상징놀이(symbolic play)로 2세말 경이 되면 손에는 아무 것도 없는데 무엇을 마시는 시늉을 한다든가, 작은 막대기로 담배를 피우는 등의 상징놀이를 하게 된다. 피아제는 상징놀이를 하는 이유를 설명하기를, 아동은 성인이 지배하는 세상에 살므로 그의 지적·정서적 욕구를 충족할 수 없기 때문에 자기자신을 현실에 조절하기보다는 현실을 자신의 욕구에 동화시켜 새로운 세계를 창조한다고 하였다.

4단계는 사회극 놀이(sociodramatic play)로 상징놀이가 더욱 발전된 놀이 형태로서 한 명 이상의 친구와 함께 참여하는 놀이를 의미한다. 주로 사람의 역할을 모방하는 사회극 놀이가 많으며, 아동이 완전하게 모방할 능력이 없기 때문에 가작화(假作化) 요소가 개입된다고 주장하였다.

5단계로 규칙 있는 게임(games with rules)은 게임을 하는 경우 정해진 놀이규칙을 지켜야 하며, 규칙을 변경하기 위해서는 놀이친구의 동의를 얻어야 한다는 것을 인식해야 한다. 즉, 규칙에 대한 이해와 자신의 행동을 통제해야 하는데, 예컨대, '공기' 를 가지고 놀이를 할 때 연령에 따라 다르게 놀 수 있다. 2세 이전의 아동들은 공깃돌을 굴리거나 컵에 담아 흔들거나 하는 등의 기능놀이를 한다면, 3세경의 아동들은 공깃돌을 나열하거나 모래 케이크에 장식을 하며, 4세경의 아동들은 공깃돌을 사탕으로 가상하여 상징놀이 및 사회극 놀이를 하고, 6세경의 아동들은 공깃돌을 가지고 목표물 안에 던져 넣는 게임이나 공기를 하나씩 집어 올리는 공기놀이 게임을 하고 논다.

4. 놀이와 아동발달

놀이와 아동발달의 제 측면 즉, 신체, 인지, 언어, 사회성, 정서, 창의성 발달을 정리하면 다음과 같다(이숙 외, 2003).

1) 놀이와 신체발달

놀이를 통하여 아동은 자신의 신체를 조절하는 능력을 터득하며, 운동능력을 발달시키기 때문에 아동의 신체발달과 놀이 동작은 서로 밀접한 관계를 가진다. 놀이 동작은 유아기 아동의 신체성장을 촉진시키고, 아동은 다양한 놀이동작을 함으로써 바른 자세를 형성할 수 있으며, 놀이동작을 통해 기본 운동능력이 증진된다. 예를 들어 공을 던지거나 미끄럼을 타는 동작은 대근육운동의 발달에 도움이 되고, 가위

질을 하거나 블록 쌓기를 하는 것은 소근육 발달에 도움이 된다.

2) 놀이와 인지발달

아동은 놀이를 하면서 스스로 인지적 측면의 학습을 하게 되는데, 다양한 놀잇감과 구체적인 사물을 가지고 노는 동안 물리적 지식을 학습하고 여러 가지 논리적 · 수리적 지식도 습득하게 된다. 놀이와 인지발달과의 관계에 대해, Athey(1984)는 놀이는 여러 정보에 쉽게 접근할 수 있는 통로의 기능을 하고, 놀이를 통하여 제반 기술과 개념에 숙달될 수 있으며, 놀이 중의 인지적 조작을 통하여 지적 기제기능을 효율적으로 유지하고 촉진시킬 뿐만 아니라 여러 개념과 기술을 재미있게 활용함으로써 창의력도 촉진된다.

3) 놀이와 언어발달

놀이와 언어는 상호강화의 관계에 있다. 즉 놀이는 언어발달의 수단이 되며, 언어는 놀이진행에 필수적인 매체의 역할을 한다. 아동은 놀이를 하면서 다양한 어휘를 배우고 역할에 알맞은 적절한 언어를 사용할 뿐만 아니라, 놀이친구와 사회적 관계를 맺음으로써 자기중심적 언어에서 탈피하여 남의 말에 귀를 기울여 이해하고 자신의 의견을 교환하는 의사소통능력을 기르게 된다. Levy(1984)는 놀이는 새로운 언어고안을 자극하고, 놀이를 통해 새로운 단어와 개념이 소개되고, 명료화될 뿐만 아니라 언어사용과 연습을 유도하며, 상위 의사소통 인식을 발달시키고 언어적 사고를 고취시킨다고 하였다.

4) 놀이와 사회성발달

아동은 놀이를 하면서 사회적인 존재로 성장하게 되는데, 아동이 점차 성장하여 친구들과 놀이할 기회가 많아지면 사회적 능력이 더욱 발달하게 된다. 놀이를 통해 아동은 그 속에서 풍부한 사회적 경험을 할 수 있고, 친구들과 함께 협동하고 사이좋게 놀거나 경쟁하고 싸움을 하면서 다른 아동과 함께 살아가는 지혜를 배우고 도덕적 기준이나 규칙, 성역할 등 수많은 사회적 학습을 하게 된다.

5) 놀이와 정서발달

아동은 언어 사용능력이 제한되어 있기 때문에 놀이를 통해 자신의 감정이나 생각을 나타내는 경우가 많은데, 특히 놀이에서는 부정적인 정서를 통제받지 않고 있는 그대로 표출할 수 있기 때문에 정신건강에 도움이 될 수 있다. 또한 놀이를 하면서 아동은 자신의 감정을 통제하는 방법의 습득, 갈등 상황극복, 친구들을 통한 다양한 정서 표현방법의 관찰, 다른 사람과의 정서에 감정이입하는 방법 등을 습득하게 된다.

6) 놀이와 창의성 발달

창의성이란 과거 경험의 재생에 의하지 않고 그와 다른 방법에 의해 문제를 해결하는 방법이나 태도를 말한다(유아교육학회, 1996). 즉 창의성에는 새로움이라는 개념이 내포되며 평범 이상의 발명이나 천재적 사고만을 일컫는 것이 아니라, 상상적 활동을 통해 자기 나름의 혁신성을 드러내는 모든 행위라 할 수 있다.

놀이와 창의성의 관계는 다음 두 가지 관점에서 논의되고 있다(Pepler, 1986). 첫째, 놀이에는 실험행동이 많이 내포되어 아동이 놀이를 하면서 다각적인 탐색을 하며, 이로 인해 다양한 기술과 광범위한 반응 레퍼토리를 습득하게 되고 아울러 융통성 있는 사고를 하게 되며, 그 결과로 창의성이 발달하게 된다고 보았다. 둘째, 놀이를 통해 아동은 구체적인 사고력이 창의적인 사고력으로 전환되기 때문에 놀이와 창의성 발달은 밀접한 관계가 있다고 본다. 예를 들어 피아제는 아동이 놀이에서 장난감 강아지를 진짜 강아지로 생각하는 상징적 표상화가 일종의 추상적 사고라고 보고, 아동은 이런 놀이과정을 통해 구제적 사물 이외의 것에 주목하고 새로운 연상을 하여 창의성이 발달되는 것이라고 보았다(이숙재, 2009).

5. 놀이에서 성인의 역할

아동 놀이에 성인의 참여는 매우 중요하다. 1960년 전에는 대부분의 조기 유아교육자들이 정신분석학의 영향을 받아 놀이의 주기능을 아동의 내적인 갈등을 발산하는 것이라고 생각했었다. 예컨대, 놀이는 동생이 태어났을 경우 질투를 느낀 아동에게 아기에 대한 부정적인 느낌을 해소하도록 아동에게 안전한 수단을 제공하는 것이었다. 그러므로 부모나 교사로서의 성인의 역할은 놀이를 위해 놀이장면을 설정하고 그들의 정서적 문제에 관한 실마리를 잡기 위해 아동의 놀이를 가까이에서 관찰하는 것이었다.

1960년 후에 들어와서야 인지이론의 영향을 받아 사회·지적 발달에서의 놀이의 역할에 관심을 가지게 되었다. 그러므로 아동이 노는 동안 성인의 중재를 반대하던 견해는 다소 후퇴하게 되었다. 놀이훈련(play training) 실험들은 아동의 놀이에 대한 성인의 직접적인 참여가 아동의 인지발달에 도움이 될 수 있다는 것을 증명하였다.

아동의 놀이에 성인이 참여할 때 아동이 받는 도움은 다음과 같다(Johnson, et al., 1987).

(1) 승인(approval)

성인의 승인은 놀이활동에 흥미를 보여줌으로써 놀이가 가치있다는 것을 아동이 알게 한다. 이 승인은 교사나 부모가 아동의 놀이에 실제로 참여할 때 더 강하게 나타난다. 그러나 성인이 놀이를 무시하면 놀이활동이 가치없다는 것을 아동에게 전달하게 된다. 특별히 가상놀이를 할 때 성인의 승인은 중요하다. 교사나 부모가 아동의 가상놀이를 받아들이고 있다는 것을 표현하는 것은 아동이 놀이에 적극적으로 참여하게하고 가상놀이를 모방하게 한다.

(2) 래포(rapport)

성인이 아동의 수준에 맞추어 놀이에 참여할 때 아동은 성인이 권위적이라기보다 접근할 수 있는 사람이라는 것을 배우게 된다.

(3) 지지(persistence)

성인의 지지는 놀이를 방해할 가능성이 있는 어수선함에 대해 완충제 역할을 한다. 가정에서 2세아를 관찰한 결과 어머니가 아동의 놀이에 참여할 때 놀이가 더 길게 계속되었다. 또한 성인이 놀이를 지지해줄 때 아동이 과제에 몰입할 수 있는 집중 능력을 길러준다(Sylva, 1980).

(4) 모방의 대상

성인은 아동에게 모방의 대상이 됨으로써 아동의 놀이를 정교화 시키며, 높은 수준의 놀이에 참여하도록 이끈다. 2세아의 경우 거의 과반수 이상이 그들의 어머니에 의해 가장놀이가 시작되었으므로 부모참여가 사회극 놀이발달에 중요한 역할을 한다(Dunn & Wooding, 1977).

(5) 교 수

성인의 놀이참여는 실제로 놀이방법을 가르침으로써 아동의 인지발달 및 사회성 발달에 도움을 준다.

6. 놀이발달 연구의 최신경향

'놀이의 부재' 는 비단 우리나라에만 국한된 문제는 아닌 것으로 보인다. 정도의 차이는 있겠으나, 외국 학계의 놀이 전문가들도 현대의 어린이들이 빈곤, 전쟁, 학대, 산업화, 학업적 성취의 강조, 차별 등 여러 가지 원인으로 인하여 지구촌 곳곳에서 놀이실조의 위기를 겪고 있다고 우려한다.

일상에서 늘 할 수 있는 자연스러운 놀이의 실조는 장기화될 경우 여러 유형의 발달적 장애를 초래할 수 있으며, 폭력성이나 일탈 행위로 이어지기도 한다는 연구 보고도 있다. 아동의 발달단계에 적합한 놀이와 게임은 아동이 겪은 불안감을 완화시키고 집단원들 간의 관계형성을 촉진시키며 흥미와 에너지를 자극함으로써 참여와 집중도는 높인다(정문자·김은영, 2005).

1) 놀이와 다중지능발달

(1) 놀이와 뇌발달

뇌발달에 관한 연구들이 영유아에게 반드시 필요하다고 공통적으로 언급하는 것, 즉 적합한 자극과 도전, 선택의 기회와 피드백, 정서의 개입, 다양한 기능의 통합, 스트레스의 해소 들을 제공하는 최선의 방법 중 하나가 놀이이다(Jensen, 1998; Shore,

1997). 아이의 출생 후 뇌발달에 부정적으로 영향을 미치는 것으로 보고된 스트레스, 지루함, 지속적인 혼란이나 무질서 상태, 부적절한 자극 등은 놀이와 대조되는 것이다(Shore, 1997). 아동의 뇌가 지닌 속성과 기제에 적합한 교육실행의 가능성을 모색할 때 놀이가 그 중심적 역할을 할 수 있다는 주장은 아동을 위한 교육과정 및 일상의 삶에서 놀이가 정당한 위치를 되찾는 데 기여할 수 있을 것이다.

(2) 언어놀이와 다중지능

언어놀이에 대해 살펴보면 언어지능, 논리수학지능, 신체운동지능, 개인내지능, 대인지능 간에 정적 상관이 나타났다. 이는 놀이와 언어기술 간에 상관이 있다는 연구결과와 유사하다. 유아의 언어놀이는 놀이에서 단어나 어휘를 사용하여 놀이상황과 놀이역할을 언어로 표현할 수 있고 자신의 감정을 적절히 표현하여 대화하는 능력이 필요하며 놀이의 유형을 살펴보아도 혼자놀이뿐만 아니라 또래와 관계를 통한 놀이가 많이 이루어지고 있어 언어지능과 더불어 신체운동지능, 개인지능, 대인지능이 상관을 나타났을 것이다(정대현·윤현숙·채영란, 2004).

(3) 사회놀이와 다중지능

사회놀이와 다중지능 간의 관계에서는 사회놀이와 언어지능, 논리수학지능, 신체운동지능, 개인내지능, 대인지능 간에 정적상관이 나타났다(김희연, 2004; 유영의, 2006). 유아는 사회놀이를 통하여 다양한 사회관계를 형성하고, 사회적 기술 습득 및 타인의 생각이나 감정을 이해하게 됨으로써 유아의 사회놀이가 언어지능, 논리수학지능, 신체운동지능, 개인내지능, 대인지능과 상관이 있음을 보여주고 있다. 정서놀이와 다중지능 간의 관계를 보면 정서놀이와 언어지능, 논리수학지능, 공간지능, 개인내지능, 대인지능 간에 정적 상관이 나타났다. 놀이를 잘하는 유아가 활동적이고, 인내심이 강하며, 다른 사람을 잘 배려한다고 보고하고 있어 놀이와 다중지능 간에 상관이 있음을 간접적으로 시사하고 있다(김영희, 1995).

(4) 운동놀이와 다중지능

운동놀이와 다중지능 간의 관계를 살펴보면 운동놀이와 언어지능, 논리수학지능, 개인내지능, 대인지능 간에 정적 상관이 나타났다. 유아가 신체활동을 할 때 다양한 지능을 활용하여 동작이 이루어지고 있음을 보여줌으로써 신체동작활동의 중요성을 재인식하는 결과를 보여주고 있다(최인수·최기란, 2003).

2) 또래놀이와 놀이상호작용

상호작용적 또래놀이에서의 놀이상호작용은 창의적 행동에 긍정적인 효과를 보였다. 상호작용적 또래놀이와 창의적 행동의 관련성을 직접적으로 밝힌 선행연구는 없지만, 상호작용적 놀이의 놀이상호작용은 놀이성과 관련이 있으며(박화윤 외, 2004), 유아의 놀이성향은 또래유능성과 친사회적인 행동을 많이 하는 유아들의 행동 특성인 것으로 선행연구에서 보고하였다(김수영, 2000). 이러한 놀이맥락에서 놀이상호작용을 포함한 유아들 간의 긍정적인 상호작용은 유아의 창의적 행동 특성 및 창의성 발달의 긍정적인 요소임을 확인할 수 있었다.

창의적 행동특성에는 놀이성의 사회적 자발성, 인지적 자발성, 유머 감각, 상호작용적 또래놀이의 놀이상호작용이 영향을 미친다는 것으로 확인하였다. 즉 유아의 창의적 행동 특성에는 개인적 차원으로 제안된 놀이성의 사회적 그리고 인지적 자발성이 영향을 미쳤다.

3) 요리놀이

구성주의 접근의 요리활동은 동시 활동의 교육적 효과를 극대화하기 위해 활용될 수 있음을 시사한다. 동시는 다른 문학작품보다 비유와 상징, 함축적인 언어를 포함하기 때문에 내용을 이해하고 파악한 후 재구성하는 과정이 필요하다.

4) 사회적 놀이

유아의 사회적 능력에 따라 사회적 놀이와 사회적 놀이의 연속적 변화 패턴에는 차이가 있었다. 사회적 능력이 높은 유아는 또래에게 쉽게 다가가 함께 놀고 싶은 의사나 자기가 하고 싶은 것을 잘 이야기하고 이러한 행동은 또래에게 긍정적으로 받아들여져 또래와의 협동적 놀이를 가능하게 한다. 또한 이렇게 원만한 또래와의 놀이를 통하여 유아의 사회적 능력은 더욱 향상된다. 반면 사회적 능력이 낮은 유아는 또래의 놀이에 참여하려고 시도하지 않거나 또래에게 접근하는 방법이 서툴러서 또래로부터 더욱 회피당한다. 결국 사회적 능력이 낮은 유아는 또래와의 놀이 경험이 적으므로 사회적 기술을 증진시킬 수 있는 기회가 적고 이는 다시 또래와의 놀이에 참여하는 것을 어렵게 만든다.

유아의 사회적 능력은 성인이 지시적으로 가르쳐서 배울 수 있는 것이 아니다. 다른 사람들과의 관계 속에서 직접 경험하고 그것을 반복해서 연습할 수 있을 때 사회적 능력은 향상된다(Katz & McClellan, 1997).

5) 쌓기놀이

유아들은 쌓기놀이를 통해 자신도 모르는 사이에 자신의 깊고 원초적인 내면세계를 실제의 세계와 연관시켜 나가며(Isaacs, 1972 ; Cuffaro, 1996, 재인용), 세계 내 존재로서 성장하게 된다. 유아들은 모방과 상징적 표상을 통해 이루어지는 구조물 쌓기와 구조물을 이용한 사회극놀이를 통해 자기의 세계를 발견하고, 소유하고, 창조하는 등 자기의 세계를 이해해 가게 된다. 유아들은 블록구조물을 통해 자연스럽게 상황에 영향받는, 상황을 창조하는, 상황을 결정하는 존재(Langeveld, 1960)로서 타자와의 관계 형성과 상호작용을 통해 세계에 대한 공유된 이해 및 지식의 확장 등 상호 주관적인 세계를 이해하고, 소유하고, 재구성해 가는 것이다. 아울러 유아들은 쌓기놀이를 통해 신체, 인지, 정서, 사회, 언어, 예술적 표현의 발달 등 전인적인 발달에도 큰 도움을 받는다.

유아들은 대부분의 시간을 놀이로 보내며, 이를 통하여 그들이 성장하는 데 필요한 기술, 아이디어, 가치들을 습득하게 되고, 또래들과의 놀이를 통하여 새로운 과업을 과감히 시도하며 신체를 발달시킨다. 또한 말과 언어를 사용하여 게임 및 극놀이를 만들어 사회적 기술과 도덕적 규칙들을 학습한다(Oliver & Klugman, 2003). 이러한 놀이는 유아를 둘러싸고 있는 주변세계와 접촉할 수 있는 매개체이며 유아가 효과적으로 학습할 수 있도록 한다. 유아의 전인적 발달을 도모하는 데 중요한 역할을 하고 있어 유아가 자유로운 환경 속에서 자발적으로 자신을 표현할 수 있는 기회를 제공하는 것은 물론 인지, 창의성, 사회성, 신체발달과 같은 다양한 분야를 하나로 통합하는 기능을 가지기 때문에 현대 유아교육에서 놀이에 대한 관심이 부각되고 있다(박정옥·김준희, 2000).

6) 흙놀이

흙은 유아들에게 원초적인 체험과 행복감을 제공해 주는데, 유아는 흙을 통해 감각을 민감하게 발달시키고, 관찰력과 이해력, 정신력 등을 높게 배양시킬 수 있으며, 흙과 같은 자연적인 재료를 마음껏 접한 후 몸으로 놀이를 하는 과정을 통해 즐거움과 행복감을 느끼고 자연을 사랑하며 존중할 수 있는 기회를 제공받을 수 있다(강경자, 2000 ; Lowry, 2007).

특히 유아들이 흙놀이를 할 때, 즐거운 마음으로 놀이를 경험하게 됨으로써 저절로 행복해진 것은 물론이고, 최근 흙이 사람에게 행복감을 느끼게 해준다는 영국 Lowry(2007)의 연구에서 Mycobacterium Vaccae라는 토양박테리아로 흙속 박테리아와 정신건강의 상관관계를 밝히고 있다. 이 박테리아는 사람의 호흡기를 통해 몸속으로 들어와 스트레스 받은 뇌에 전달되어, 세로토닌의 분비를 증가시키고, 스트레스를 보다 잘 견디게 해주어 인간의 행복감을 증진되게 해준다.

Chapter 14

인지발달

1. 인지의 구성요소
2. 인지발달의 접근방법
3. 인지발달과 창의성

Chapter

14 인지발달

사람은 살아가면서 크고 작은 선택들을 해야만 한다. 우리는 또 항상 해결해야할 문제에 부딪치게 된다. 이런 모두는 각 개인이 사물을 어떻게 지각하느냐에 따라, 또는 어떻게 사고하고, 기억·연상하며, 판단·이해하고, 상상·추리해 나가는 방법에 따라서 각각 다른 결과와 효과를 가져올 수 있다. 이러한 일련의 과정들을 모두 지적(知的)인 활동이라고 하며 이것은 곧 우리들의 생활이며 개인을 둘러싸고 있는 환경의 영향과 개인의 의지에 따라서 얼마든지 성장·발달할 수 있는 것이다. 특히 지적발달과 성장은 아동기 경험이 대단히 중요하며, 지적발달의 90%가 아동기에 이루어진다는 것은 많은 학자들의 연구결과에 의해서 밝혀졌으며, 이것은 지적발달의 결정적인 시기 역시 아동기라는 것을 증명하는 것이다.

부모들 또한 아동기의 여러 발달 중에서 어느 발달영역보다도 자녀의 지적발달에 가장 큰 관심을 갖고 있다. 그 이유는 자녀가 자신의 삶을 살아가는 데 있어서 지적발달이 가장 큰 역할을 한다고 믿기 때문이다. 때때로 부모의 과잉기대가 여러 가지 부작용을 낳기도 하지만, 아동이 자신과 타인을 구별하고, 언어를 획득하여 사고하고 사회생활에서 타인과 상호작용하기 위해서 의사소통하는 과정 등은 실제로 지적인 성장에서 비롯되며, 학동기의 여러 가지 학습활동과 과업수행 및 사회활동도 지적능력의 결과라고 할 수 있다. 그러므로 아동이 지적으로 잘 발달한다는 것은 매우 중요한 일이며 아동이 지적으로 잘 발달할 수 있도록 가족이나 부모의 역할이 어느 시기보다도 중요하다.

이 장에서는 지적발달에 있어서 아동기의 중요성에 대하여 그 내용과 접근방법과 발달단계에 따른 발달특징에 대하여 살펴보고자 한다.

1. 인지 구성요소

1) 지각발달

사람이 환경에 적응하기 위해서는 그 사람을 둘러싼 외계의 상태나 변화를 파악해야만 한다. 이와 같이 내외환경의 상태나 변화에 대한 정보를 얻는 것을 지각이라고 한다. 다시 말하면 지각은 무의미했던 자극으로부터 정보를 탐색하고 이해하며, 해석하는 과정을 말한다. 지각이 성립되기 위해서는 자극에너지 즉, 외부자극을 수용할 수 있는 감각기관이 발달해야하며 이러한 감각자극을 처리할 수 있는 대뇌의 발달이 수반되어야 한다. 지각발달은 아동 전기에 많은 향상을 보인다. 유아기에는 자극의 어떤 특징에 집중하면 그것에만 몰두하여 부분적인 파악만 하는데, 연령이 증가함에 따라서 아동의 지각양상은 달라진다. 그러나 지각이 성립되기 위해서는 단순히 자극을 수용하여 이러한 감각자극이 대뇌에 전달됨으로써만 이루어지는 것이 아니다.

사물을 지각하기 위해서는 자극의 변화 또는 차이가 있어야만 되고 이러한 자극 차이가 주위의 다른 자극과 구분되어야만 된다. 이러한 현상은 역전이 가능한 도형에서 잘 나타나 그림 14-1을 보면 잘 알 수 있다.

그림 14-1에서와 같이 위의 역전도형은 '술잔' 또는 '마주 보는 두 얼굴'로 지각할 수도 있다. 이와 같이 지각이 성립되기 위해서는 수용된 감각자극을 재구성하고 의미 있는 형태로 구조화하지 않으면 안된다.

그림 14-1 ➡ 역전 도형

출처 : Rubin, 1921

형태주의 심리학에서는 특정된 자극배치를 가진 대상은 유기체의 발달 수준에 따라서 누구에게나 동일한 형태로 구조화되어 자극된다고 주장하였다.

연령이 증가함에 따라 아동의 지각양상은 달라지는데 피아제(Piaget)의 첨가설(enrichment theory)에 의하면 아동이 사물을 볼 때마다 그 사물에 대해서 전보다 약간씩 더 학습하게 된다는 것이다. 즉, 처음 보았을 때보다 여러 번 보았을 때 그 속성에 대해 더 많은 지식을 갖게 된다는 것이다.

깁슨(Gibson)의 분화설(differentiation theory)에 의하면 아동은 사물의 형상, 크기, 색채 등으로 변별해가고 이를 차차 분명하게 지각하게 되는 것을 말한다. 아동은 스스로의 경험을 통해서 사물의 속성을 알아내고, 또 사물간의 차이도 구분할 수 있게 된다.

자극이 가지는 특성과 아동의 심리적 특성, 이 두 가지는 아동의 지각에 영향을 주는 요소인데 자극이 강하거나 현저한 속성을 가지면 아동은 쉽게 선택적 주의집중을 할 수 있으며, 언어능력의 발달을 보면 아동은 언어를 통해서 자극 변별을 쉽게 할 수 있게 된다. 그 외에 아동의 동기나 기대, 성격은 아동의 지각형성에 중요한 요인이 된다.

워너(Werner, 1948)에 의하면 발달이란 미분화된 상태에서 분화되고 이것이 다시 통합된다고 보았으며, 이와 같은 현상은 유아의 지각발달에서도 나타난다고 하였다. 그 특징을 살펴보면, 첫째, 아동의 지각은 주관적이다. 즉, 유아는 사물을 자신의 관점에서만 보며 이것은 자기중심적이기 때문이기도 하다.

둘째, 상모적(相貌的, physiognomistic)이다. 유아는 지각에 있어서 주체와 객체를 명확하게 구분하지 못하고 미분화되고 혼연된 지각을 나타내며 지각대상에 감정을 넣어 지각한다는 것이다. 예컨대, 컵이 쓰러져 있으면 컵이 피곤해 하고 있다고 보며 사물을 사물로 보지 아니하고 인간과 같은 감정을 가진 것으로 보며, 이러한 지각은 연령이 증가함에 따라 점점 감소된다.

셋째, 고정적이어서 유아는 자극 중에서 가장 눈에 잘 띠는 부분에 주시하는 경향이 있으며 일단 주시하기 시작하면 좀처럼 다른 부위로 시선을 돌리지 못한다.

넷째, 공감각(共感覺, synaesthesia) 특성이 있다. 유아지각의 미분화성으로 인해서 공감각이 나타나는데 두 가지 이상의 지각이 동시에 일어나는 현상을 의미한다. 즉, 피아노 소리를 들으면서 어떤 색이 보인다든지 또는 어떤 소리를 들으면서 딱딱하거나 또는 부드럽게 느끼게 되는 지각을 말한다.

2) 기억발달

기억발달은 언어와 인지발달의 중요한 요인 중의 하나이다. 기억은 아동의 성격, 교육, 사회적 관계, 지각 및 사고와 문제해결에 영향을 미친다.

기억발달에 관한 연구는 두 가지로 구분할 수 있다. 피아제 학파는 기억이란 단순히 저장되었다가 인출시키는 경험의 복사가 아니며, 오히려 능동적인 과정으로 처음의 경험이 회상되기 전에 많은 변형을 겪게 된다는 것이다. 그러므로 연령이 증가됨에 따라 재구성됨으로써 기억의 개선이 이루어진다고 보고, 기억을 지각, 심상(心象) 등과 같이 지능 속에 통합된 것으로 해석한다. 행동주의 학파는 기억을 정보의 투입, 저장, 인출과정에서 일어나는 능동적·즉각적인 추론 및 이들의 재구성을 강조하는 정보처리 입장이다. 일반적으로 기억과정은 필요한 정보를 획득하고 정신적 표상을 형성하여 부호화(encoding)하고 파지(把持, retention)·저장(storage)하여 인출(retrival)하는 과정이 있으며 아동기에는 이러한 과정들이 분화된다.

아동은 외부세계로부터 받게되는 여러 가지 자극을 감각기관을 통하여 의미있는 인상(印象)으로 전환하여 부호화하여 보유하게 되며, 획득된 정보를 후에 다시 사용하기 위하여 파지 또는 저장하며 저장된 정보는 필요한 시기에 인출한다. 과거의 경험이 현재의 장면과 동일한 장면임을 알아내는 것을 재인(再認, recognition)이라고 하는데 저장된 정보가 꼭 필요한 상황이나 시기에 재인되지 않으므로 인해서 학습수행에 실패하는 경우도 있다. 일반적으로 기억과제가 있을 때 이를 효율적으로 기억하기 위해서는 여러 가지 기억전략을 사용하게된다. 기억전략에는 상위기억(上位記憶, metamemory), 암송(rehersal), 조직(organization) 등이 있다.

(1) 상위기억

상위기억(metamemory)이란 기억에 대한 여러 가지 지식이나 인식을 광범위하게 묶어서 사용하는 개념으로 사람들이 기억할 때 의도적으로 기억활동의 결과를 예측하고, 이러한 활동의 순서를 설계하며, 또는 활동의 작용을 감시·검토하는데 관련된 여러 가지 지식을 말한다. 즉, 기억용량에 관해 얻어진 실제적인 지식과, 기억하기 위해서 우리가 행해야 하는 것을 상위기억이라고 한다(Flavell & Wellman, 1977). 즉, 자신의 기억에 대한 지식 및 기억이 어떻게 작용하는가에 대한 지식을 의미한다. 유치원 아동의 경우 그들이 배우고, 기억하고, 망각하는 것이 무엇을 의미하는가를 안다

(Kreutzer 등, 1975). 효과적으로 기억하는데 상위기억은 중요한 역할을 한다.

상위기억을 구성하는 지식의 종류는 세 가지 범주로 나누어지는데 그 세 가지 범주는 기억과제나 학습상황의 특정 국면에 관한 지식을 나타낸다. 이 범주들은 첫째, 기억과 관련된 그 개인 고유의 특성에 관한 지식, 둘째, 과제가 기억되는 방식에 관한 중요한 과제들 사이의 차이에 관한 지식, 셋째, 기억에 유용한 전략과 규칙에 관한 지식이 있다(Flavall & Wellman, 1977).

첫째, 기억에 관련된 개인 고유의 특성에 관한 지식은 그 개인이 정보를 획득하고 사용해야 하는 상황과 연결시켜 준다. 여기에는 과제를 기억할 때의 태도도 포함된다. 예컨대, 어떤 과제를 기억해야 할 때 눈으로 보기만 하는 것보다는 소리내어 읽거나 또는 한번 써보아야 한다는 것을 알고 있어야 한다.

둘째, 과제가 기억되는 방식에 대한 중요한 과제들 사이의 차이에 관한 지식은 기억과제의 어떤 특징이 특별한 어려움을 주며(정보량, 항목의 유사성) 과제의 어떤 측면이 그 과제를 특히 쉽게 만드는지(과거 학습과의 관련, 체제화 등)를 알아내는 것이다.

셋째, 각 개인은 학습의 기억전략과 규칙에 관한 지식을 갖고 있다. 정보의 인출 또는 재인을 위한 가장 적절한 전략은 과제의 형태에 따라 다르다. 어떤 특정한 사건이 '언제' 일어 났는지와 '어디서' 일어났는가를 회상하는 것은 각각 다른 단서들을 탐색해야 하며, 다양한 상황에서 기억하려는 노력과 결부된 경험을 필요로 하고 있다. 상이한 형태의 과제에 대해 어떤 전략이 적절한지를 학습하는 것은 다양한 상황에서 기억하려는 노력과 결부된 경험을 필요로 하고 있다.

케니(Keeney, 1967) 등의 연구에서는 나이 어린 아동에게는 효율적으로 기억하도록 여러 가지 기법을 가르쳐도 이 기법을 자발적으로 사용하지 못하는 것으로 나타났다. 다시 말해서 어떻게 하면 효율적으로 기억할 수 있다는 사실 즉, 기억에 대한 실제적인 지식(메타 기억)이 있을 때만이 효율적으로 기억하기 위해 여러 가지 책략을 사용할 수 있는 것으로 보인다. 취학 전의 아동은 어떠한 기억정보를 저장·인출해야 하는 것은 알고 있지만 어떻게 하면 기억을 효율적으로 할 수 있는냐에 대한 지식은 거의 없다. 자기 자신이나 타인의 기억능력을 평가한다거나 기억과정이나 상태를 검토하거나 또는 정보의 종류에 따라서 저장이나 인출의 곤란도가 다르다는 것을 모르며 또한 기억과제에 따라서 기억전략이 달라져야 된다는 것도 모르고 있다. 그러나 아동이 6~8세가 됨에 따라 기억전략을 자율적으로 수행하기에 필요한 여러 가지 지식(메타 기억)이 급격하게 발달한다(Flavell & Wellman).

웰맨(1977)은 어떤 기억정보가 장기기억 되는지의 여부를 조사했는데 유치원아동도 장기기억에 대한 추적이 명확한 것으로 알려졌으나 정보를 유효하게 이용하는 데는 실패한다고 하였다.

(2) 암 송

기억전략으로서 암송(rehersal)은 회상을 하기 위해서 미리 기억해야할 대상과 정보를 눈으로 여러 번 보아 두거나 말로 되풀이해 보는 것이다. 기억할 대상을 언어화해서 반복 암송할 때 기억이 촉진된다는 것은 알려져 왔다. 플라벨의 연구에 의하면, 연령이 증가할수록 기억책략으로서 언어적 반복암송이 증가하였으며, 적극적인 암송을 하는 아동은 회상율이 높았다고 한다(Stein & Naus, 1978). 적극적인 암송이 기억을 증진시키는 이유는 아동이 암송해 보는 동안에 정보를 조직화하여 고정시키기 때문인 것으로 해석하였다.

(3) 조직화

조직화(organization)는 제시된 기억과제를 그것이 가지고 있는 속성에 따라 의미있는 단위로 묶어서 기억하는 전략으로써, 예컨대, 123234345456이란 일련의 숫자들을 123/234/345/456으로 세 숫자씩 묶어서 기억하는 것이다. 효과적인 기억전략을 사용하는 것은 6~7세 경에야 가능하며 그 이전에는 제한되고 초보적인 약간의 전략을 사용하게 된다. 유아는 연상의 아동이나 성인에 비해 대상을 기억하는 데 많은 전략을 가지지 못하는데, 이는 조직화가 이루어지지 않기 때문이다. 조직화 전략에는 개별적인 요소들을 일반적인 범주와 관계시키는 범주화(categorization) 기술과 군집화(群集化, grouping), 절편화(絶片化, clustering), 정교화(精巧化, elaboration) 등이 있다.

범주화와 군집화는 자료가 가지는 공통된 속성으로 유목화하는 것을 말하며, 절편화는 주어진 정보를 주관적이든 객관적이든지 간에 어떤 의미를 갖는 단위로 잘라서 기억하는 방법이다.

정교화 전략은 일상의 연상적인 방법으로 두 사상간의 관계에 주목하여 두 정보를 어떤 의미를 가지도록 연결지어서 저장하는 방법이다. 즉, 쌍으로 짝지어진 과제에서 일상생활에서는 전혀 무관한 두 항목간에 공통된 의미를 부가하는 전략이다. 예컨대, 의자, 아이, 인형이란 단어를 기억해야 할 때 '의자에 앉은 아이가 인형을 갖고 논다'는 식으로 문장화하여 기억하는 것이다. 이러한 전략을 사용하는 것은 연령과 더불어 증가한다.

3) 기억유형

기억을 지속시간에 따라 구별하면 감각기억(sensory memory), 단기기억(short term memory), 장기기억(long term memory)으로 분류된다. 우리가 환경에서 접하는 많은 자극들은 시간적 계속성을 가지는데 이것은 지각을 돕는다. 감각기억은 눈에 보이는 상에 대한 시상기억(iconic memory), 청각적 인상에 대한 음향기억(echoic memory), 그리고 접촉감각에 의한 촉각기억(tactile or haptic memory)이 있으며 감각기억은 감각적 인상을 단지 순간적으로(1초 이내) 보유한다. 시각적인 자극은 0.5초 이상 계속되지 않으며 청각적인 정보는 약 1~2초 정도 지속 될 수 있다. 이와 같이 자극대상에 대한 표상이 짧은 기간 동안만 간직되는 기억이 감각기억이다.

단기기억(short - term memory)은 감각저장된 정보 중에서 유의미한 정보를 30~60초 이상 간직될 수 있는 기억이며(유안진, 1992), 일차기억(primary memory), 활동기억(active memory), 또는 작업기억(working memory) 등으로 다양하게 불리며 감각기관에 의해 수용된 자극들은 단기기억에서 처음으로 처리된다. 단기기억의 기능은 두 가지로 구분할 수 있다(Klatzky, 1980). ① 인지한 인상을 짧은 시간동안 보존하는 것을 목적으로 하는 저장기능과, ② 활용 가능한 기억의 기능 즉, 계속되는 지적인 활동으로 예컨대, 단어의 의미 있는 교정이나 암산과 추리력과 같은 활동에 수반되는 부호의 조직을 가능케 하는 기능이 있다. 정보의 처리 형태에서 볼 때 장기기억은 관념(idea)의 저장장소, 또는 인간의 과거경험에서 획득된 정신적 구조(mental construction)이다.

장기기억은 단기 저장된 기억 중 암송이나 체제화 같은 전략을 사용하여 전이된 정보를 비교적 영구적으로 보유하며 두 가지 주요기능이 있다. ① 전체 정보처리 체제의 작동을 지시하는 것과, ② 과거의 경험에서 획득된 부호화된 자료를 저장하는 기능이 있다. 단기기억의 능력은 매우 한정된 것인 반면에 장기기억의 능력은 무한한 양의 자료를 수용할 수 있으며 무한히 오랫동안 자료를 보존한다.

감각기억, 단기기억 및 장기기억은 모두 정보처리에 있어서 고정된 구조로서 각각은 특정한 용량, 자극을 지탱하는 전형적인 지속시간, 그리고 특수하고 필요한 기능을 갖는 정보의 흐름에 있는 한 단계이며 서로 상호작용하여 기억내용을 처리한다. 기억전략이란 감각저장에서 단기저장으로 그리고 단기저장에서 장기저장으로 전이하는데 효과적인 방법이다. 한편 기억용량이란 감각저장과 단기저장 그리고 장기저장 속에 기억될 수 있는 정보의 양을 의미하는데 일반적으로 감각저장과 장기저장은 비교적 무한대의 기억용량을 보유하며 영아기에서부터 성인과 동일한 수준의 용량을 갖추고 있다고 한다. 그러나 72개의 청크(chunks ; 단기기억에서 정보를 묶는 기법)로 구성되는 단기기억용량은 연령에 따른 발달적 변화를 나타낸다고 한다. 뎀프스터(Dempster, 1981)는 성인은 7개의 청크로 구성된 정보를 저장하며 7세 된 아동은 5개의 청크 그리고 5세 미만의 유아들은 3개의 청크를 저장한다고 보고하였다.

그러나 피아제는 과거의 행위가 기억 속에 저장되고, 필요에 따라 재생된다고 하는 사실은 인정하지만, 기억이 단지 과거 사상의 이미지를 기억으로부터 불러일으키고 의식으로 옮겨, 박물관의 진열장과 같이 수동적으로 이전과 변화 없는 형태로 있다는 사실에 대해서는 의견을 달리하고 있다. 과거의 기억을 재생한다는 것 즉, 능동적 기억(active memory)은 '내적 암송' 또는 '과거의 재구성' 이라고 했다(piaget, 1946).

기억한다는 것은 지식을 얻을 때의 과정을 재현하는 것이지만, 그것은 단순히 반복되는 것은 아니다.

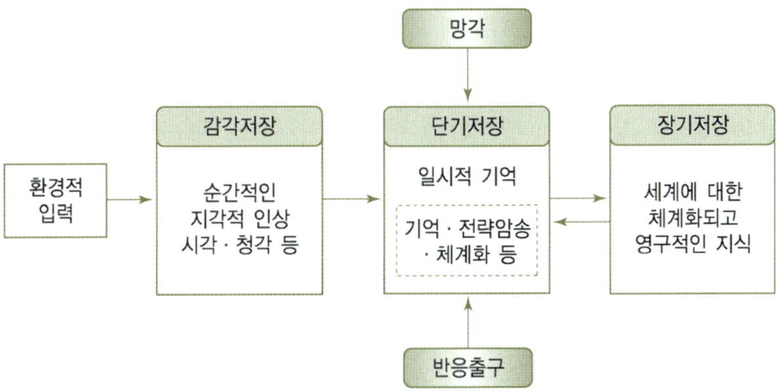

그림 14-2 기억과정

왜냐하면 아동의 정신은 항상 새로운 체험이나 정보를 얻거나 내적 성숙도를 증가시켜 끊임없이 변해가고 있기 때문이다. 그러므로 기억한 것의 내적 암송이라던가 리허설이라는 것은 경험이나 성숙에 의해서 변화한 정신 상태 속에서 행해지는 것이다. 피아제는 아동은 현실의 사상을 그대로 자기 속에 넣지 않고, 아동이 그때의 지각구조의 상황에 따라 다른 사상을 인지한다고 한다. 그렇기 때문에 아동의 과거 경험과 내적 성숙단계의 수준과 각도에 따라서 두 사람의 아동이 똑같은 사상을 경험했다고 하더라도 그 사상은 서로 다르게 인식될 수 있다는 것이다.

4) 개념의 발달

개념이란 사상이 갖고 있는 공통성을 정리·추상화하여 하나의 범주로 묶는 것을 의미한다. 즉, 하나의 특정 사물이 아니라 여러 사상들간의 공통되고 추출된 특징들을 대표한다. 아동은 환경과 상호작용하면서 새로운 개념을 획득하고 이미 갖고 있던 개념을 수정해 간다. 아동이 성장하면서 개념이 발달한다는 것은 개념의 속성이 변화하는 것을 말한다(Flavall, 1970). 개념의 속성이란 개념의 타당성, 지위, 접근성을 말한다. 개념의 타당성이란 아동이 어떤 개념에 대한 이해도와 일반 사회에서 이해하고 있는 것과의 일치하는 정도를 가리킨다. 아동이 성장함에 따라서 차차 개념의 타당성을 갖게 된다. 개념의 지위란 그 개념을 사용할 때 사고의 정확성을 말한다. 연령이 증가함에 따라서 어떤 개념에 대한 이해는 더 명백해지고 정확해지며 안정성을 유지하게되는 것은 그 개념에 대한 지위가 높아졌기 때문이라고 볼 수 있다. 개념의 접근성이란 한 개념이 사고에 얼마나 유용하며 다른 사람에게 자신의 개념을 전달할 수 있는 정도를 말한다.

아동들은 개념을 상대적인 것보다는 절대적인 것으로 보는 경향이 있다. 따라서 아동에게는 개념이 절대성과 상대성의 양면성이 있다는 것을 가르쳐야 한다. 한 사물의 특성을 그 사물의 전후관계와 다른 사물과의 비교에서 상대적임을 배워야 한다. 즉, 두 개의 다른 차원에서 개념을 보는 것을 배워야만 한다.

아동기에는 시간, 형태 및 공간 등에 대한 지각이 발달됨에 따라서 여러 가지 개념-시간개념(time concept), 수개념(number concept), 공간개념(space concept) 등이 발달된다.

2. 인지발달의 접근방법

인지(認知)란 아동이 개념을 이해하고, 생각하는 기술을 습득하여 문제해결에 응용하는 능력을 말한다. 즉, 지적능력이라고 할 수 있으며 지적능력에는 지각, 기억, 상상, 표상, 이해, 판단, 사고, 추리, 반성, 통찰과정 등 모든 정신활동이 포함된다. 이러한 지적과정과 인지발달 접근방법에는 크게 세 주류로 분류할 수 있다.

첫째, 심리측정 학자들이 중심이 되어 지능의 측정을 시도하고 지능의 양적 발달에 관심을 두는 심리측정적 접근(psychometric approach)이며, 둘째, 피아제를 중심으로 지능의 질적 발달에 관심을 두는 인지발달적 접근(cognitive developmental approach)이며, 셋째, 미국 실험심리학을 중심으로 활발히 진행되고 있는 정보처리 접근(information processing approach)이 있다.

1) 심리측정적 접근

프랑스의 심리학자 비네(Binet)를 선두로 한 심리측정론자들의 주된 관심은 지능의 구조와 지능을 정확하게 측정하는 문제, 그리고 측정된 인간의 지적 자아능력이 어떠한 과정을 거치면서 발달해 가느냐 하는 것이었다. 이들 심리학자들은 지적능력을 양적으로 개념화하여, 일정한 조건하에서 지적능력이 어느 정도 존재하며 연령에 따라 어떤 변화를 거치느냐 하는 문제에 초점을 두고 주로 지능검사를 사용하여 접근하였다.

지능검사를 최초로 제작한 비네는 지능을 잘 판단하고 이해하고, 추리하는 능력(Remmers & Gage, 1955)이라고 정의하였으며, 그 후 여러 학자들에 의해 지능은 단일한 능력이라는 것이 밝혀졌다. 지능에 어떤 구조가 존재한다는 이와 같은 이론은 1920년대 요인분석 방법이 발달하면서부터 대두된 것이다.

스피어맨(Spearmen, 1927)에 의하면 지능(intelligence)이란 말을 처음으로 심리학에 도입한 사람은 19세기의 스펜서(Spencer)라고 한다. 그는 '사람의 적응능력은 지능에 기인하며, …… 지능이란 여러 가지 다른 인상(印象)을 종합하는 능력' 이라고 정의하였다. 그 후로 지능이란 '적응하는 능력' 또는 '학습하는 능력' 으로 알려졌다.

20세기 후반에 이르러 웩슬러(Weschler)는 "지능이란 자율적으로 행동하고 합리적으로 사고하며, 효과적으로 환경을 다루는 개인의 종합적·전체적 능력을 말한

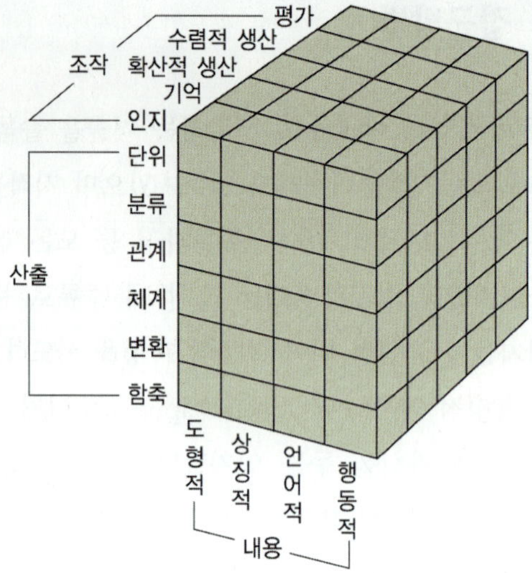

그림 14-3 ➡ 길포드의 지능 구조 모형

다." 고 정의함으로써 지적능력에 행동과 사고를 포함시켰다.

스피어맨(1927)은 지능이란 지능검사가 공통적으로 가지고 있는 일반요인(general factor)과 각 요인만이 가지고 있는 특수요인(special factor)으로 구성된 지능의 2요인론을 주장하였으며, 그의 제자인 버트와 버몬(Burt & Vermon)은 이를 약간 수정하여 지능은 일반요인, 특수요인, 집단요인으로 구성되어 있다고 하였다. 설스톤(Thurston, 1938)은 다요인(多要因) 분석론에 따라 지능에는 7개의 기본정신능력(primary mental abilities, PMA)이 존재한다고 하였다. 7개의 기본 정신능력이란 언어요인(verbal factor), 수요인(number factor), 공간요인(spatial factor), 지각요인(perceptual factor), 기억요인(memory factor), 추리요인(reasoning factor), 언어유창성요인(word fluency factor)을 말한다.

그 후 길포드(Guilford, 1959)는 3차원적인 가설적 모형으로 지능구조론을 제시하였다. 길포드에 의하면 지능이란 일반적인 능력이 아니라 어떠한 내용(content)을 어떠한 정신적 조작(operation)으로 어떻게 산출(production)하느냐에 따라 120개의 서로 다른 능력으로 구성되어 있다고 주장하였다. 내용, 조작, 산출에는 각각 하위요인이 4×5×6의 120가지 능력으로 구성되어 있으며 그림 14-3과 같다.

내용차원에는 첫째, 구체적 도형이나 형상을 다루는 도형적(figural) 요인, 둘째, 무엇을 상징하는 기호, 문자, 숫자를 다루는 상징적(symbolic) 요인, 셋째, 무엇을 의미하는 단어나 문장을 다루는 언어적(sementic) 요인, 넷째, 인간상호간의 행동상태를 다루는 행동적(behavioral) 요인의 네 가지 하위요인이 있다.

조작차원에는 첫째, 기초적인 지각으로서 주위의 사물을 발견·지각하는 조작기능으로서 인지(cognition)요인, 둘째, 외부의 인상을 보존하고 재생하는 기억(memory)요인, 셋째, 창의력, 문제해결력, 계획력 등을 포함하는 확산적 생산(divergent production)요인, 넷째, 주어진 정보 속에서 정답 하나를 집약적으로 발견하는 능력으로 수렴적 생산(convergent production)요인, 다섯째, 어떤 이론적 기준에 비추어 사태나 자료를 비판, 판단, 결정하는 능력으로 평가(evaluation)요인의 다섯 가지 하위요인이 있다.

산출차원에서는 첫째, 원소와 같이 분리된 지식이나 정보에서의 단위(unit), 둘째, 어떤 공통적인 특징을 지닌 일련의 사물을 분류하는 것으로 동물을 포유동물, 파충류 등으로 분류하는 분류요인(calss), 셋째, 두 사물 사이의 상황을 관계짓는 것으로 지구는 달보다 크다든지 기체는 액체보다 가볍다 등의 표현으로 관계(relation)요인, 넷째, 상호 관련된 여러 부분의 복합적인 조직으로서 오진법, 십진법 등의 체계(system)요인, 다섯째, 지식, 정보를 다른 모양으로 표현하는 것으로, 7/5을 1 2/5로 또는 인수분해 등의 변환(transformation)요인, 여섯째, 어떤 지식, 정보가 함축하고 있는 의미로서 함축(implication)요인이 있다.

연령단계에 따라서 지능이 어떻게 발달하는가에 관한 연구는 버클리 성장 연구(Berkeley Growth Study)로 알려진 베일리(1955)의 지능성장 곡선에 관한 연구이다. 이 연구결과에 의하면 지능발달은 생후 1~10세까지 거의 직선적으로 급격하게 발달하지만 그 이후에는 발달속도가 완만해져서 약 20세 전후에 이르러 정체현상을 나타내고, 각 연령 단계에서 지능의 개인차는 연령이 증가할수록 점차 커진다는 두 가지 사실을 제시하고 있다. 암스트롱(Armstrong)은 이와 같이 지능에 있어서 개인차는 사춘기를 전후해서 그 차이가 매우 크게 나타나기 시작한다는 것을 지적하였다. 그러나 이러한 연구결과들에 의하면 지적능력 발달은 상당한 개인차가 있음을 알 수 있다.

연령에 따른 지적능력의 양적 변화를 다룬 연구에서 지능발달 과정 중에서 어느 시기가 보다 더 중요한가 하는 결정적 시기에 관한 보고를 보면, 블룸(Bloom, 1964)은 40여 년간의 종단적인 연구 분석결과 "지능이란 발달하는 기능이며 측정된 지능의 항상성은 연령 증가에 따라 커지는데, 이 두 가지 특징은 만 17세에 측정한 지능을 기준으로 해서 볼 때 약 50%의 발달이 임신에서부터 4세 사이에, 약 30%의 발달이 4~8세에 그리고 나머지 20%의 발달이 8~17세에 이루어진다."고 하였다. 이 연구 결과는 유아기에 지능의 상당률이 급격히 발달하고 또 이 시기가 지능의 발달에 매우 중요하여 조기의 주위환경이 지적발달에 큰 영향을 미칠 수 있다는 가정을 할 수 있게 하였으며 이것은 심리측정론자들의 연구 결과에 의한 것이다.

2) 발달단계적 접근

지적발달 과정에서 사고능력이나 구조의 질적 변화에 관심을 두고 인지발달을 연구한 학자들은 피아제, 브루너(Bruner) 그리고 플라벨을 들 수 있으며, 이들은 고차적인 인지능력을 포함하는 반응일수록 고도의 구조화된 내적 기제가 있음을 가정하고 이러한 기제의 질적인 변화를 곧 지적능력의 발달로 받아들였다. 피아제는 아동의 인지발달을 질적 변화에 따라 4단계로 나누고 이 순서는 모든 문화권을 초월하여 동일하게 나타나며 전단계가 이루어지지 않고는 다음 단계로의 이동이 불가능하다고 하였다.

피아제는 인지발달 단계를 크게는 네 단계로 나누고 다시 하위단계로 세분화하였다.

(1) 피아제의 인지발달단계

피아제는 1896년 스위스에서 태어났으며 20세기 아동발달 심리학에 커다란 영향을 미쳤다. 그는 아동 인지발달의 새로운 모델을 제시하였으며 '인간의 지식은 어떻게 발달하는가?' 또는 '시간이 지나감에 따라, 인식하는 자기와 인식시키는 사실 간의 관계는 어떻게 변화해 가는 것일까?'라는 발생적 인식론에서 출발하였다.

피아제는 지능을 유기체로 하여금 환경을 효과적으로 처리할 수 있게 하는 적응행동의 형태라고 규정하며 지능의 발달을 인지구조의 변화로 보고 있다. 여기서의 인지구조는 고정적인 것이 아니라 유동적이며 또 인지구조 자체가 적응하는 과정에서 새로운 인지구조로 분화, 혹은 통합되어 간다는 것이다. 또 인지발달은 명확히 질적으로 구분될 수 있는 몇 개의 단계를 거치는 비연속적인 과정이라고 주장하였다. 그러나 각 단계는 통합된 구조를 갖고 있으며, 각 단계는 선행 단계에서 생기고 다음 단계를 준비하면서 그 다음 단계의 구조로 통합되어 간다. 이러한 각 단계가 나타나는 순서는 어느 아동에게나 일정하지만 각 단계에 도달하는 연령단계는 개인의 경험, 동기 및 사회문화적 환경에 따라서 다르다고 가정하였다.

피아제는 지식은 획득된 정보의 총체라든지, 정보를 보유하고 있는 상태라는 것에 동의하지 않고 신체적·정신적 활동과정으로 보았다. 그에 의하면 인지발달이란 아동이 자기가 지닌 지식 즉, 정신활동의 목록을 증가시키고 세련되게 해 나가기 위한 끊임없는 노력을 쌓아 가는 과정으로서 파악할 수 있다는 것이다. 다시 말하면 모든 지식은 발달도상에 있고, 미숙한 단계로부터 더욱 완전하고 효과적인 것으로 끊임없이 변해 가는 것이라고 하였다(Piaget, 1972).

인지발달 개념

피아제는 모든 행동이나 사고의 목적은 유기체 즉, 아동이 환경에 적응해 나가는 과정이며 이 적응 기법에는 도식, 동화, 조절, 균형의 네 가지 기제가 있다고 하였다.

① 도 식

도식(scheme, schema)은 인지적 구조(cognitive structure)인데 유사한 환경 가운데서 반복에 의해 변화되고 일반화된 행동의 구조 내지 조직화를 말한다(Piaget & Inhelder, 1969). 즉, 어떤 동작을 되풀이하는 가운데 일반화될 수 있는 하나의 행위이며 일종의 범주나 개념과 같은 것이며 행동의 정신적 조직화이다.

이러한 도식은 빨기반사와 같이 감각운동적 도식에서 비롯하여 성장함에 따라 개념적·조작적 도식으로 확대되어 간다. 도식에는 항상 감정이 포함되어 있으며 감정적 도식(affective scheme)이라고 부르는 것은 도식의 정서면을 의미하고 있는 것이며, 또한 지적인 것도 있다(Piaget, 1962).

② 동 화

동화(assimilation)는 기존의 인지구조에 따라서 환경에 반응하는 과정을 말한다. 즉, 이미 갖고 있는 도식에 의하여 새로운 대상이나 사건을 해석하고 이해하는 인지과정이다. 아동은 자신의 욕구를 만족하는 과제에 직면했을 때, 자신이 현재 지니고 있는 도식과 그 과제의 구조를 잘 조화시키기 위해서 주위의 환경을 잘 조사해 보는 것이다. 예컨대, 지금 주변에서 들려오는 멜로디가 자신이 알고 있는 선율과 같은 것인지 아닌지를 결정하거나 또는 어떤 문제에 부딪쳤을 때 자기의 과제 해결책에 대한 도식, 또는 전략에 그 상황이 잘 조화하는가를 결정하려고 할 때 주위의 상태를 탐색하는 것 등이다. 이와 같이 동화라고 하는 기능은 지각하는 사상의 특징을 현존하는 도식에 조화시킴으로써 사상을 거두어들이며, 이해하는 과정이며 '사상을 도식에 동화시킨다는 것은 그 사상에 몇 개의 의미를 부여하는 것' 이라고 한다.

③ 조 절

기존의 인지구조로 새로운 대상을 받아들일 수 없는 경우에 기존의 구조를 변경시켜 가는 과정을 조절(accommodation)이라고 한다. 지각된 사상의 구조가 다소 변형되어 아동이 적응하지 못할 때 즉, 지각된 사상과 적응하려고 하는 도식의 접촉이 잘 이루어지지 않을 때 제2의 가능성을 완전히 거부하는 것이 아니고, 여전히 조화하려고 노력하지만 사상이 아직 동화되어 있지 않고 따라서 불명료하며 막연한 것이다. 그러므로 불균형 상황이 생겨 늦거나 빠르거나 간에 동화를 위한 새로운 도식이 분화된다.

이와 같이 도식은 지각된 환경 현실로부터 압력을 받고, 형태를 바꾸거나 잘 조화하기 위해, 조절하는 도식을 증가시켜 간다. 도식은 사상을 동화하고 이해할 수 있도록 하기 위하여 현존하는 도식을 수정하는데 이 과정을 조절이라고 한다.

④ 균 형

아동은 과거의 도식을 형성하는 데 사용된 사상과 현재의 새로운 사상이 완전히 일치하는 것이 아니기 때문에 항상 새로운 사상과 도식의 부조화가 일어날 수 있다. 이러한 경우에 동화와 조절간에 균형(equilibrium)을 취하는 대응행동으로써 보상을 한다. 동화는 외계의 사상을 존재하고 있는 도식 가운데 조화시키는 것이다. 즉, 입력(入力)을 여과 또는 수정하는 것을 동화라고 하고, 생활체 내부의 도식을 현실의 사상과 조화하도록 수정하는 것을 조절이라 한다. 조절은 쉽게 무시하거나 변형시킬 수 없도록 사상의 특징에 재적응하기 위해서 도식을 수정하거나 부가시키는 것이다. 적응은 동화와 조절의 균형상태라고 한다(Piaget, 1963). 인지과정에서 동화만 일어날 경우 아동은 소수의 커다란 도식들간의 차이를 알아내지 못할 것이며 반대로 조절만 일어나는 경우에는 구체적인 도식들은 풍부하게 지니고 있지만 공통된 집단 속으로 도식을 분류하거나 통합하지는 못할 것이다. 이와 같이 아동은 인지과정에서 불균형을 초래하지 않기 위해서 동화와 조절의 균형을 유지하고자 하는 경향이 있다.

발달단계

피아제는 아동의 인지발달단계는 자기의 환경에 어떠한 현실적 지식도 지니지 않은 자기중심적 유아기로부터, 자신이 처한 환경구조를 보다 현실적·지적으로 조작하여 이해하기 위해 논리와 언어를 이용하게 되는 청년기로 진행된다고 하였다. 아동의 인지발달은 표 14-1과 같이 질적 변화에 따라 주단계와 하부단계로 분류된다.

① 감각운동기(sensorimotor stage ; 0~2세)

출생에서 2년까지의 아동은 정신적 표상(mental representation)이나 상징적 언어에 의존하는 사고과정을 가질 수 없다. 어린이는 자신의 사고를 언어화시킬 수 없기 때문에 어린이가 외계를 시각, 청각, 촉감, 미각, 후각을 통해서 지각하고, 이에 영향을 미치는 감각운동으로부터 지적발달이 이루어짐을 예측할 수 있다.

인지발달은 처음에는 단순한 반사와 환경에 대한 막연한 의식에서부터 시작하여 보다 변별적이고 정확한 지각을 하게 된다. 또한 체계적이고 정확한 지각을 하면서부터 점차 조직된 반응을 할 수 있게 된다. 감각운동기는 6개의 하위단계로 구분할 수 있다.

■ 1단계 : 반사기(reflaxing period ; 0~1개월)

이 시기는 생득적으로 학습에 의하지 않고 반사행동에 의해서 환경에 적응하는

표 14-1 ➡ 피아제의 인지발달 단계

주단계	하부단계
I. 감각운동기	① 반사기 ② 일차 순환반응기 ③ 이차 순환반응기 ④ 이차 도식협응기 ⑤ 삼차 순환반응기 ⑥ 사고의 시작
II. 전조작기	
III. 구체적 조작기	
IV. 형식적 조작기	

시기이다. 아기는 출생시부터 환경에서 받는 자극에 적응할 수 있는 내적 체계를 갖고 있다. 아기들이 손가락, 이불, 베개 등 입에 닿는 것은 모두 빨려고 하는데, 빨고 울고 기침을 하는 등 전체적 신체운동 등은 의도적인 것은 아니고 단지 반사적인 것일 뿐이다. 그러나 이러한 단순한 반사도 환경과 접촉해 나가면서 점차 적응적이고 적절한 것이 되어간다. 그러므로 단순한 반사작용이라도 인지발달의 기초가 된다.

■ 2단계 : 일차 순환반응기(primary circular reaction ; 2~4개월)

일차 순환반응기는 간단한 습관형성의 단계이다. 이 시기는 서서히 경험의 결과로서 적응적 행동이 획득되는 시기이다. 아기는 우연히 행한 반사행동이 자신에게 만족을 주면 그 행동을 반복하게 된다는 것이다. 손가락 빨기와 같은 반사적 행동을 우연히 하게된 아기는 그것이 자신에게 만족을 주면 그 행동을 반복하게 된다. 이러한 반복은 팔과 손 그리고 입과의 협응이 이루어져야 가능한 것이며, 이와 같은 운동근육의 협응을 일차적 순환반응이라 한다.

1단계에서는 동화와 조절이 미분화된 상태이지만 2단계가 되면 환경으로부터의 반응에서 일어나는 감각운동 패턴(도식)을 수정하기 시작하고, 동화와 조절의 분화를 시작하게 된다. 그래서 영향을 미친 환경으로부터의 반응에 따라서 도식을 조절 또는 수정하는 것이다. 피아제는 새로운 연합이나 지식의 획득이 환경으로부터 강요되어 달성되는 것이 아니라 감각운동기에 아동은 자기자신이 탐구하는 데서 발견되고 창조된다고 하였다. 그러므로 유아의 반복행동은 목적을 가진 것이며, 내면의 가능을 보존하고 재발견하기 위해 계획되고 있다는 것이다.

■ 3단계 : 이차 순환반응기(secondary circular reaction ; 5~8개월)

3단계는 행동이나 관심이 자신의 신체에 국한되어 나타나던 일차 순환반응기와는 달리 영아가 외계 사상과 자신을 구별하는 시기이며, 자신의 신체적 순환반응에서 환경의 사물로 확대되어 간다. 3단계에서 영아들은 반복활동을 좋아하게 되어 주변에서 관심을 끄는 사건을 발견하게 되면 그 사건을 일으킨 행동을 반복하게 되는데 이러한 단계를 이차적 순환반응이라고 한다. 아기들이 한 번 딸랑이를 흔들어 보고 재미있으면 딸랑이를 반복해서 흔들면서 좋아한다든지 보행기를 타고 앞뒤로 반복해서 왔다갔다 한다던가 또는 어머니가 자꾸 집어주어도 장난감을 계속해서 집어던지는 등의 반복적인 행동을 즐겨한다. 그러나 아기는 이러한 반복적인 활동을

표 4-2 대상영속성 개념의 발달

단 계	연령(개월)	발 달 양 상
1	0~1	사물이 존재한다는 사실을 모르며, 시야에서 사라진 물체는 마음에서도 사라진다. 어떤 기대나 탐색을 보이지 않는다.
2	2~4	대상이 사라져도 특별한 반응이 없으나 단, 대상이 사라진 곳을 잠깐 동안 바라본다. 수동적으로 기댄다.
3	5~9	부분적으로 숨겨진 대상을 찾을 수 있으며, 완전히 보이지 않는 대상은 찾지 않는다.
4	10~12	완전히 숨겨진 대상을 찾을 수 있다. 그러나 장소의 위치이동을 이해할 수 없으며, 첫번째 장소에서 찾으려 한다.
5	13~18	보고 있는 동안 옮겨진 대상을 찾을 수 있다. 마지막 감춘 장소에 가서 찾을 수 있다.
6	19~24	보지 않은 동안 옮겨진 대상을 이동과정을 추적하여 찾을 수 있다(보이지 않는 위치이동 이해할 수 있음).

함으로써 실제로 매우 중요한 발견을 하게 되는 것이다. 이와 같은 반복적인 실험을 통해서 대상영속성(對象永續性, object permanence) 즉, 눈에 보이던 것이 눈에 보이지 않는다 하여도 완전히 없어진 것은 아니라는 생각을 확인해 가는 것이다.

일차 순환반응기에는 아기가 눈앞에 보이는 사물에만 반응을 보여 눈에 보이지 않는 것은 존재하지 않는 것이라고 믿는 것처럼 행동하며, 4단계에 이르러서야 아기는 없어진 사물에 대한 기억을 형성하기 시작한다. 이 단계의 아기는 환경과의 상호작용이 아직 우연한 수준을 넘지 못하기 때문에 행동하기 전에 마음속에 어떤 목표를 갖고 행동하는 것이 아니라 행동을 하다가 우연히 새로운 사물이 발견되고 이것이 흥미를 끌면 반복하는 단계이다.

■ 4단계 : 이차 도식 협응기(coordination of secondary circular reaction ; 9~12개월)

이 단계에서 아기는 명확한 지적활동이 생기게 되며 자신의 시야로부터 사라진 사물을 찾으려고 한다. 왜냐하면 대상영속성에 대한 개념이 점차 발달하여 사물이 보이지 않게 되어도 아주 없어진 것이 아니라 잠시 보이지 않을 뿐이라는 것을 알게 되지만 완전하게 대상 영속성을 이해하는 단계는 아니다. 그러나 사물의 영속성을 인식하게 되는 초보적 단계와 병행해서, 어떤 행동에 대해서 결과를 예측할 수 있게 되어 그 다음의 결과를 예측하고 그것에 행동을 적응시킨다. 즉, 전 단계에서 획득한 도식을 기초로 새로운 도식을 형성하여 새로운 상황에 사용하기 시작한다. 예컨대, 엄마가 코트를 입고 가방을 들면 아기는 엄마가 외출할 것이라는 예측이 가능해져 엄마에게로 빨리 다가가거나 엄마의 옷깃을 꼭 잡거나 한다.

이 단계에서 아기는 종종 의도적인 행동을 보이게 되는데 이는 목표와 결과를 예측할 수 있게 되고, 그 목표달성을 위해 행동을 하게 되며 이러한 의도적인 행동은 실천적 지능(practical intelligence)의 시작이다(Piaget & Inhelder, 1969). 예컨대, 아기가 가지고 있는 유리구슬을 엄마가 주먹 속에서 꺼내주면 아기는 구슬이 굴러가서 안 보일 때마다 엄마의 손바닥을 펴보려고 노력한다.

■ 5단계 : 삼차 순환반응기(tertiary circular reaction ; 13~18개월)

이 단계에서 아기는 흥미를 끄는 신기하고 새로운 결과를 위하여 일련의 창의적이고 실험적인 행동을 되풀이하는 것이 특징으로 나타난다. 아기는 흥미를 끄는 새로운 결과가 일어나면 이것을 반복하는데, 이 때의 반응은 기계적으로 반복하는 것이 아니라 반응방식을 조금씩 변화시켜 보고 이 변화가 대상에 미치는 영향을 보아서 대상의 성질을 탐색한다고 한다. 아기는 굴러간 구슬을 꺼내기 위해서 엄마의 주먹을 펴다가 안되면 깨물어보고 그래도 안될 때는 울어보는 등 문제해결을 위해서 여러 가지 도식들을 협응해서 사용하게 된다. 숨겨진 물체를 다시 찾을 수 있는 것은 대상영속성 개념이 발달되었음을 나타낸다. 그러나 유아가 시간적·공간적 영속성에 있어서 사상을 자기와 분화시켜 생각하기 시작한다고 해도 이 시기에 아동의 인과관계에 대한 개념은 자기중심적이다.

이 단계 이전의 지적활동은, 현존하는 도식에 새로운 상황을 동화시켜 가는 것으로 이미 가지고 있는 도식에 유사한 대상이나 사상의 특징에만 주목하면서 기존의 도식에 새로운 사상을 동화시켜 가는 것이다. 그러나 삼차 순환반응기인 5단계에서 아기는 현존하는 정신구조와는 다른 새로운 대상이나 사상을 다루는 방법에 한층 주위를 기울이게 되고, 현존하는 도식을 분화시켜 새롭고 더욱 더 사상에 적응하는 조절기능을 배우게 된다.

그래서 삼차 순환반응은, '분화된 의도적인 조절기능을 수반한 재생산적 동화(Piaget, 1950)' 이며 '능동적인 실험을 통해서 새로운 수단을 발견하는 시기(Piaget, 1963)' 이다. 일차적 순환반응기는 단지 사상을 보존해두기 위해 활동을 반복하는 일종의 연습과 같은 행동이며, 이차 순환반응기에서는 처음에 만족하고 있었던 행동

표 14-3 감각운동기의 인지적 특징

단 계	연령(개월)	특 징
1	반사기	반사가 효율적으로 되며 좀더 수의적인 운동이 반사를 대신하게 된다.
2	일차 순환반응기	흥미로운 몸의 움직임을 반복한다.
3	이차 순환반응기	흥미로운 외부사건을 반복한다.
4	이차 도식의 협응기	목적을 이루기 위해 도식을 결합한다.
5	삼차 순환반응기	새로운 것을 위해 다양하게 반복한다.
6	사고의 시작	행동하기 전에 사고한다.

을 반복하는 목적을 지닌 반복이다. 그러나 삼차 순환반응기에서는 최초로 획득한 행동을 그대로 반복하는 것이 아니고, 오히려 처음 행동을 수정하는 즉, 최초의 테마를 수정하는 조절행동이 나타난다. 따라서 아기가 어떤 장애에 부딪쳤을 때, 이 단계 전에는 자기가 갖고 있는 도식에 의해서만 해결하려고 하였으나 이 단계에서는 그 장애물을 없애는 새로운 수단을 발견하게 되어 새로운 미지의 세계의 적응도 어느 정도 가능해지기 시작한다.

■ 6단계 : 사고의 시작(beginning of thought ; 19~24개월)

이 단계는 감각운동적 탐색이나 행동이 상징적 사고로 전환되는 시기이다. 과제를 해결할 때 사물을 정신적 심상(心象, image)으로 표상하고, 인지적으로 그들을 연결짓거나 조작할 수 있게 된다. 따라서 행동 이전에 가능한 문제해결 방안을 먼저 생각하고 행동으로 옮기는 양상이 나타나며 아기의 행동은 더욱 더 발달하게 된다.

문제를 해결하는 과정에서 단순한 시행착오적 시도를 넘어서 의도적인 탐색행동이 나타난다.

감각운동기의 인지능력 발달특징은 표 14-3과 같다.

② 전조작기

전조작기(preoperational stage ; 3~7세)에는 환경에서 사물에 대한 상징과 심상을 사용하는 능력이 증가된다. 즉, 아동은 정신적 상징이나 언어를 사용하여 현존하지 않는 대상을 표현할 수 있는 능력이 발달된다. 아동이 주위에 현존하지 않는 사물을 표상할 수 있다는 것은 사고의 발달을 의미하며, 이 시기에서는 상징적인 기능이 발달되어 언어나 그림을 인지과정에서 사용할 수 있다. 특히 이 시기의 아동은 다른 사람과의 의사전달을 시도하며 생각을 표현하는 수단으로서 사용할 수 있는 말을 획득하게 된다. 전조작기의 인지적 특성은 다음과 같다.

■ 상징적 활동(symbolic activity)의 증가

이 시기에는 비언어적 상징행동이 많이 나타난다. 유아가 놀이 속에서 자기 자신이나 또는 다른 물건들을 현실과 다른 것으로 간주해서 놀이를 한다. 베개를 아기처럼 업고 다니거나, 나무토막을 자동차나 비행기로 생각하고 노는 등 가상적 놀이(make-believe play)가 증가한다.

전조작기 초기에는 언어가 중요한 상징적 기능 역할을 하며 다른 기호나 상징 등 비교적 개인적인 것에 비해 언어는 사회적으로 이미 형성된 언어체계로서 외부에서 주어진다는 것이 특징이다. 언어에 의한 기호적 상징으로 활동이 내면화되어 표상으로 작용하는 것이 사고에 근본적인 변화를 가져온다. 피아제는 이 시기 지능발달에는 언어가 중요한 역할을 수행하고 있다고 한다. 첫째, 언어는 아동이 다른 사람과 의사전달을 하는 수단이 되고, 그것에 의해 행동에 대한 사회화 기회를 부여하며, 둘째, 말은 사고와 신호체계 형태로 내면화하며, 셋째, 언어는 과제해결을 직접적으로 행할 필요가 없도록 행동을 내면화한다. 그래서 이미지에 의해서 대치된 구조행동을 수행할 수 있으며 시간과 공간에 구속되는 일이 없어지고, 눈에 보이지 않는 사상이나, 먼 사상, 과거 사상 등의 상상이 점차로 가능하게 된다. 그러나 피아제는 언어가 아동의 사고과정을 반영하지만 사고의 유일한 근원은 아니라고 한다 (Piaget, 1964).

■ 직관적 사고(intuitive thought)

이 시기에는 사고가 균형된 조작을 할 수 있는 체계로 되지는 않지만 논리적인 유추와 판단을 하기 시작하는데 실제에 있어서는 외형적인 지각에 근거를 둔 유추가 반복되는 것으로 다만 좀더 객관성을 추구하려고 한다.

이 시기의 아동은 아직 사물이나 사건의 여러 측면 속에 내재된 규칙이나 조작을 이해하지 못한다. 이 시기에는 지각과 사고가 완전히 분리되어 있지 않으므로 지각과 사고가 대립된 경우 지각이 우위에서 결정을 하게 된다. 유아의 직관적 사고의 특징은 그림 14-4와 같다.

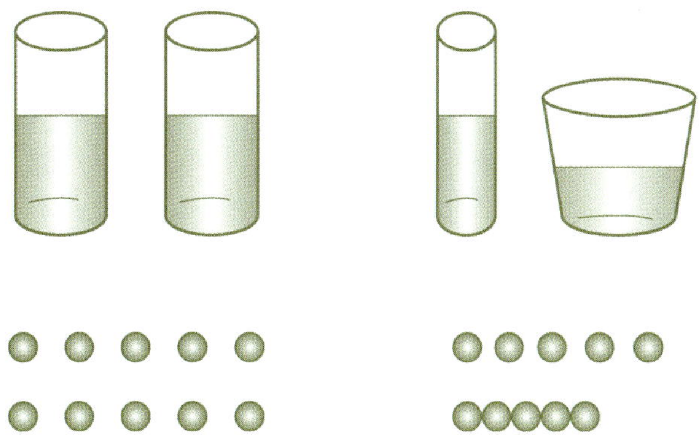

그림 14-4 ➡ 유아의 직관적인 사고에 대한 실험

이 시기의 아동은 양이나 수에 대한 보존개념이 발달되어 있지 않아서 그림 14-4의 a, b의 같은 크기의 용기에 같은 양의 주스를 아동이 보는 앞에서 a′, b′의 컵에 부으면 이 시기의 아동들은 당연히 a′의 주스가 b′의 주스보다 더 많다고 생각한다. 이러한 지각우위의 직관적인 사고는 수의 개념에서도 잘 나타난다.

같은 수의 c와 d의 단추를 c′, d′의 형태로 다시 배열해 놓으면 c′ 단추가 d′의 단추보다 더 많다고 생각한다.

■ 자기중심성(egocentrism)

이 시기의 아동은 모든 것을 자기중심적으로 생각한다. 자기중심성이라는 것은 아동이 자신의 입장에서만 사물을 보고 타인의 관점을 충분히 이해하지 못하므로 타인의 조망을 고려하지 못하는 것을 말한다. 피아제에 의한 '세 산 실험(Three mountain experiment)'에 의하면 아동은 자기와 마주 앉은 인형도 자신이 보이는 산의 배치도와 같이 작은 산이 먼저 보이고 그 다음에 큰산이 보인다고 생각한다(그림 14-5).

이 실험은 이 시기의 아동에게 아직 조망수용능력(眺望受容能力, perspective taking ability)이 발달하지 않았기 때문에 자기중심적 조망능력을 갖고 있다는 것을 보여준다. 조망수용이란 다른 사람의 입장, 생각, 사고 등을 이해하는 능력을 말하는데, 여기에는 다른 사람의 위치에서 바라보는 공간을 이해할 수 있는 공간조망 능력과 어떤 상황에서 다른 사람의 감정을 이해할 수 있는 정서조망 능력, 그리고 다른 사람의 사고과정이나 행동의 원인을 이해할 수 있는 인지조망 능력이 있다.

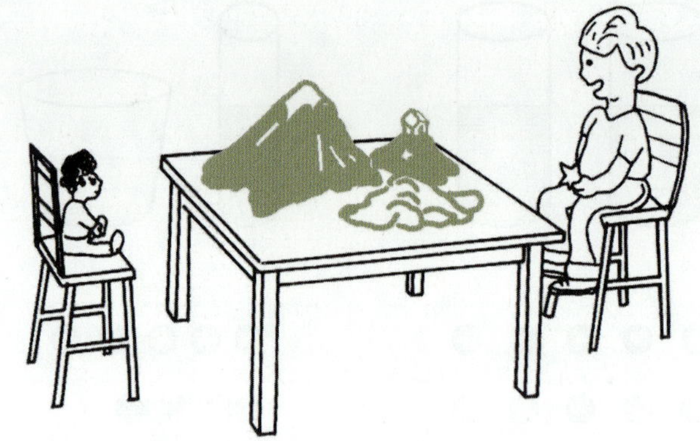

그림 14-5 아동의 조망능력, 세 산 실험

이 조망수용 능력은 연령에 따라 다르게 나타난다. 공간조망 능력은 7~9세에 부분적으로 이루어지나, 주어진 위치에서 다른 사람이 보는 것을 정확하게 이해할 수 있는 것은 9~10세가 되어야 한다. 정서조망 능력은 3~4세 경우에도 가능하고, 인지조망 능력은 6~7세가 되면 가능하다.

아동은 주관과 객관이 미분화되어 있고 아동 정신의 내면과 외계와의 구분이 충분하지 않아서 유아의 사고가 주관적이고 자기중심적인 독특한 특징을 갖고 있으며, 물활론(物活論), 실재론(實在論), 인공론(人工論), 목적론(目的論)적 사고를 가진 것으로 그 특징을 해석할 수 있다.

- 물활론(物活論, animism) : 아동은 모든 사물에도 생명이 있으며 살아있다고 생각한다는 것이다. 동·식물은 물론 인형, 탁자, 태양, 구름, 나무 등 동화 속에 나오는 모든 사물이 사람처럼 감정·의지 및 사고를 갖는다고 믿는다. 물활론은 연령 증가와 함께 다음 네 단계를 거쳐 변화된다. 제1단계는 사람에게 어떤 영향을 주는 사물은 모두 살아 있다고 생각하며, 제2단계는 움직이고 이동(移動)할 수 있는 것은 살아 있다고 생각하는 단계이다. 그리고 제3단계는 스스로 움직이는 것은 생명이 있다고 믿는 단계이며, 제4단계는 과학적인 생물학적 생명관에 기초를 두는 단계로 변화 발달된다. 그래서 구름은 움직이므로 살아있는 것이며, 나무는 움직이지 못하므로 죽은 것이라고 본다. 자동차는 움직이기 때문에 살아있는 것이고 꽃은 움직이지 못하므로 죽은 것이라고 본다. 또한 태양은 빛을 발하기 때문에 살아있고 산은 아무 것도 하지 않으므로 죽어 있다고 말한다(Piaget, 1926).

그러나 아동은 사람의 죽음에 대해서는 이해하지 못한다. 죽음에 대한 완전한 이해는 첫째, 불가역적이고 최후를 의미하며, 둘째, 생명기능의 부재를 수반하며, 셋째, 죽음은 보편적이므로 모든 사람은 죽어야만 한다는 세 가지 측면을 포함하는데 이 시기의 아동은 위의 세 가지에 대한 이해가 부족하다는 것이다(Speece & Brent, 1984). 어린이들은 죽음이란 잠을 자거나 멀리 가버리는 것과 같은 일시적인 상태이기 때문에 잠시 후에 다시 깨어나거나 다시 살아난다고 생각한다. 또는 죽음은 보편적이라는 사실을 이해하지 못하기 때문에 자기가 좋아하는 사람들 즉, 가족이나 유치원 선생님들은 죽음과 상관이 없으며 자신이 기도를 많이 하면 죽지 않는다고 생각하기 때문에 이 시기의 어린이들에게 죽음을 이해시킨다는 것은 어려운 일이다. 더욱이 질병이나 다른 원인에 의해 가까운 사람이 사망했다는 것을 인정하지 않는다. 그러므로 아동은 "내가 나쁜 행동을 했기 때문에 할머니가 돌아가셨으므로 내가 착한 행동을 한다면 할머니는 되돌아오실 것이다."라고 생각하기도 한다. 또한 죽음을 잠자는 것과 동일한 상태로 생각하는 아동은 죽을지도 모른다는 공포감 때문에 잠자거나 눈감는 것을 두려워하기도 한다. 그러므로 어른들이 어린이에게 "네가 말을 안 들어서 할머니가 돌아 가셨다."든지 또는 "네가 미워서 할머니가 돌아가셨다."라고 무책임하게 말하는 것은 아동에게 근거 없는 죄책감은 심어줄 수 있으므로 삼가야 한다. 대부분 아동들의 죽음에 대한 개념 획득은 조작기에서 구체적 조작기로 전환되는 사고 발달과 함께 이루어진다(Speece & Brent, 1984).

• 실재론(實在論, realism) : 아동은 마음에 생각한 것이 객관적으로 실재하는 것으로 믿는다. 아동의 꿈에 대한 해석을 보면 아동들은 자신의 꿈의 내용이 실재적인 사건으로 실재로 존재한다고 생각하며 실재와 상상을 혼동한다. 그러므로 자신의 꿈속에 등장한 사람들은 꿈이 깬 후에도 그 꿈의 내용을 알고 있을 것이라고 생각한다. 한 예로 아동이 꿈에 아버지와 함께 호랑이를 보았다면 이 어린이는 꿈에서 깨어난 후에 아버지에게 "아빠도 호랑이 봤지?" 하고 묻는 것은 꿈이 실재적 사건이라고 생각하기 때문이다. 이러한 것을 꿈의 실재론(dream realism)이라고 한다. 아동의 이러한 사고는 사회적 인지에서도 나타나는데 아동은 공놀이에 규칙이 있다는 것을 모르는 단계에서 규칙이란 반드시 지켜야 되고 아무도 변경할 수 없는 절대적인 것으로 믿는다. 규칙이란 밖에서부터 주어진 것이며 절대적인 것이며 행위의 결과에 따라 잘못한 정도를 판단한다. 이

러한 것을 도덕적 실재론(moral realism)이라고도 하는데 예컨대, 일부러 컵 하나를 내던져서 깨뜨린 아동과 실수로 쟁반의 컵 두 개를 깨뜨린 아동이 있을 때 아동들은 행위가 일어난 동기보다 결과를 보고 컵 두 개를 깨뜨린 아동이 더 많이 잘못했다고 판단하는 것 등이다.

- 목적론(目的論, finalism) : 목적론적 인과개념(因果槪念)에 의하여 유아는 이 세상의 모든 사물은 사람에 의해서 그리고 인간을 위해서 만들어진 것이라고 생각하며 호수나 시냇물은 사람이 파서 물을 넣은 것이며 태양도 사람이 만들어 놓은 것이라고 생각하는 것이다. 이러한 사고를 인공론(人工論, artificialism)이라고 하며, 여기에다 모든 사물에는 그것이 추구하는 목적이 있기 때문에 존재한다고 생각하는 것이 목적론이다. 어린이가 왜(why)라고 질문을 자주 하는 것은 유아 특유의 목적론적 인과개념의 사고 때문이라고 할 수 있다. 예컨대, 해는 왜 뜨느냐, 달은 왜 날 따라 오느냐, 꽃은 왜 빨간색이냐 등의 질문은 여러 현상의 목적을 알고 싶다는 의도에서 나온 것이므로 유아의 이러한 질문에 적절히 대답을 해주면 유아는 대단히 만족해한다.

③ 구체적 조작기

구체적 조작기(具體的 操作期, concrete operation stage ; 8~11세)는 논리적 사고가 추상적이거나 복잡한 수준에 달하지는 못하지만 사고에 있어서 급격한 진전을 보이게 되어 성숙한 인지구조가 형성된다. 따라서 내적 표상(internal representation)을 여러 가지 방식으로 조정할 수 있게 된다. 구체적 조작기의 아동의 인지발달은 다음과 같다.

■ 탈중심화

전조작기의 특징인 자기중심성은 사회적 경험이 증가함에 따라 감소되고 구체적 조작기에는 아동이 한 상황에 여러 견해가 있다는 것을 인식하게되며, 다른 사람에 대한 역할수행능력이 증가한다. 이 시기에는 지각적으로 두드러진 대상에만 관심을 집중하는 경향이 감소하고 일반적인 것으로 관심이 확대되고, 여러 특징이나 여러 측면을 고려하는 다면적인 사고를 하게된다. 또래 친구들과의 관계에서 언어의 사용이 증가되면서 생각이나 사고를 비교할 수 있게 됨으로써 자신의 판단에 대한 평가가 증가된다. 즉, 다른 사람과의 상호작용 과정에서 아동들은 새로운 사고의 모순이나 또는 승인에 대한 것 등을 발견하여 자신의 생각 외에 여러 생각이 가능하다는 것을 알게 된다(Piaget, 1966). 사회적 경험과 상호작용은 아동의 지적 자기중심성을 감소시켜 아동의 사고과정에 자유를 부여하여 준다. 아동은 탈중심화가 나타나면서 자극의 여러 특징에 주의를 기울일 수 있게 되며 주의를 기울이면서 얻게 되는 새로운 지식을 협응시켜 지각적 오류를 감소시킬 수 있게 된다. 구체적 조작기에는 지각의 탈중심화(脫中心化, decentring)와 협응이 일어나 자극의 기본 특성을 기초로 한 사고가 나타난다.

■ 보존(保存)개념 획득

구체적 조작기에는 물체에 외형적인 변화가 일어나더라도 특정한 양과 질에는 변화가 일어나지 않는다고 판단할 수 있는 보존개념이 발달하여 그림 14-4를 이해하고 모든 물체는 그 속성과는 상관없이 지각적 변형에 영향을 받지 않는다는 것을 알게 된다. 즉, 외형적 지각에 변형이 생겨도 그 물체의 본질적 속성에는 변화가

표 14-4 구체적 조작기 동안의 보존개념 획득

조 작	제1단계	제2단계	전조작적 사고(오답)	조작획득 연령(세)
수	두 줄의 점들이 동일한 간격으로 놓여 있다.	아래 줄의 점들 사이의 간격을 넓힌다.	아랫줄의 점들이 윗줄보다 더 많다.	6
길이	두 개의 막대기	막대기를 엇비슷하게 놓는다.	위(혹은 아래)의 막대기가 더 길다.	6~7
면적	큰 사각형 속에 4개의 작은 사각형이 있다.	한 개의 큰 사각형의 작은 사각형을 흩어 놓는다.	왼쪽 사각형 속에 남아 있는 공간이 더 넓다.	7~8
액체(양)	동일한 2개의 유리컵에 동일한 양의 물이 담겨 있다.	하나의 컵에 있는 물을 길고 가는 컵에 옮겨 붓는다.	왼쪽(혹은 오른쪽) 물이 더 많다.	7~8
고체(양)	동일한 양의 찰흙	한 개를 납작하게 만든다.	왼쪽(혹은 오른쪽)이 더 많다.	7~8
무게	두 개의 풍선이 동일한 무게를 갖는다.	하나의 풍선에 공기를 첨가시킨다.	오른쪽이 더 무겁다.	8~10
부피	2개의 알루미늄 공은 액체의 부피를 동일하게 변화시킬 것이다.	같은 크기의 놋쇠 공을 오른쪽의 알루미늄 공과 바꿔놓는다.	오른쪽 액체의 양이 더 많아질 것이다.	11~12

일어나지 않는다는 것을 알게된다. 대체로 양(量)의 보존개념은 6~7세 경에 이루어지고, 무게의 보존개념은 8~10세 경에, 그리고 부피의 보존개념은 11~12세 경에 이해된다.

아동의 보존개념 획득은 다음과 같은 세 가지 원리를 이해하기 때문에 가능하다.

첫째, 동일성(同一性, identity)의 원리로 모양이 변하더라도 질량의 양은 변화하지 않는다. 그러므로 그림 14-4의 a, b와 a′, b′ 컵의 물은 동일한 양이라는 것을 이해하게 된다.

둘째, 가역성(可逆性, reversibility)의 원리로 지각의 변화과정을 역으로 거쳐가면 본래의 상태로 되돌아갈 수 있음을 이해하는 것으로 조작상태를 역으로 수행할 수 있는 능력을 말한다.

그림 14-4에서 a′, b′ 컵의 물을 a, b 컵에 다시 부으면 원래의 양으로 되돌아갈 수 있으므로 a′, b′ 컵의 물은 동일하다.

셋째, 보상성(補償性, compensation)은 어떤 차원에서의 변형에 의한 양의 손실은 다른 차원에서 얻어진다는 것으로, 한 차원 즉, 높이나 넓이로 인해 잃은 것은 다른 차원에 의해 보상될 수 있다는 것을 인식하는 것으로 그림 14-4에서 a'는 높이가 높지만 b′는 더 넓기 때문에 서로 같다고 이해한다.

액체의 양 외에 다른 물리적 차원에 대한 보존개념의 획득은 표 14-4와 같다. 일반적으로 수에 대한 보존개념이 가장 먼저 획득되며 그 다음으로 길이, 면적, 양, 무게 그리고 부피 순서로 획득된다. 부피는 삼차원에 대한 이해를 필요로 하기 때문에 구체적 조작기에서 형식적 조작기로 발달하는 과정에서 획득된다.

■ 서열화

서열화(序列化, seriation)는 구체적 조작기에 획득되는 논리적 조작으로, 사물을 증가하는 또는 감소하는 순서로 배열하는 능력을 말한다. 즉, 사물의 특성을 어떤 특정의 속성이나 특징에 기준하여 서로간의 양립이 불가능한 유목으로 나누면서 동시에 상호관계에 따라 사물들을 잘 어울리게 배열하는 것이다. 일반적으로 길이에 관련된 서열개념은 7~8세 경에 나타나고 무게에 대한 서열은 9세 경에, 부피에 대한 서열은 11~12세 경에 나타난다. 서열화에는 세 가지가 있는데 첫째, 한 가지 속성에 기준하여 두 대상씩을 비교하며 순서대로 배열하는 단순 서열화(單純序列化), 둘째, 속성을 동시에 고려하면서 순서대로 배열하는 중다 서열화(重多序列化),

셋째, 변환적 추론(變換的 推論)으로서 이는 두세 가지 사물간의 관계를 이해하며 그것의 관계를 기준하여 순서대로 배열하는 것이다. 예컨대, A<B, B<C이라면 A<C라는 서열관계를 추론할 수 있는 능력이다. 일반적으로 7세 아동을 유목화 및 단순 서열화 개념을 이해하지만, 중다 서열화 개념이나 변화적 추론의 개념은 9세 이후에 획득된다.

■ 분류개념, 유목화

구체적 조작기에 이르면 아동은 대상물이 지니고 있는 공통적인 차원에 따라 사물을 분류할 수 있을 뿐만 아니라 전체와 부분과의 관계, 상위유목과 하위유목과의 관계를 완전히 이해하게 되어 위계적인 방식으로 하위 그룹을 나열하여 하나의 새로운 그룹으로 묶을 수도 있게 된다. 즉, 여러 사물이 지닌 공통 특성을 기준으로 분류하여 한 가지 사물이 한 가지 유목에 소속되도록 하는 것이 유목화(類目化, classification)이다. 유목화는 단순 유목화(單純類目化), 중다 유목화(重多類目化), 그리고 유목포함(類目包含, class inclusion)의 조작으로 나누어진다. 단순 유목은 아동에게 피아노, 기타, 나팔, 드라이버, 망치, 톱, 사과, 포도 그리고 딸기를 제시하면 이들을 악기, 연장, 과일의 3개로 유목화할 수 있다. 이렇게 하나의 속성이나 특성에 기준해서 분류하는 것을 단순 유목이라고 한다. 중다 유목화는 두 개 이상의 유사성을 바탕으로 사물을 동시에 분류하는 것을 말한다. 즉, 기준이 되는 속성이나 특성이 두 개 이상일 때 두 개 이상의 속성에 의하여 분류하는 것으로, 노란색 삼각형과 원, 그리고 두 개의 빨간색 삼각형과 원을 제시하면 형태와 색깔을 고려하여 원과 삼각형을 동시에 분류할 수 있다. 유목포함은 한 가지 유목이 나머지 여러 유목도 포함할 수 있는 상위의 포괄적 유목보다는 작다는 것을 이해하는 것으로, 파란 구슬 일곱 개와 하얀 구슬 세 개가 있을 경우 '구슬'이라는 상위유목과 '색깔'이라는 하위유목을 설정할 수 있다. 구슬과 파란구슬 중에서 어느 것이 더 많은가를 물으면 전조작기의 아동은 파란 구슬이 더 많다고 대답하지만 구체적 조작기의 아동은 구슬이 더 많다고 대답할 수 있다.

④ 형식적 조작기

사춘기가 시작되면서 인지적으로 성숙하게 되고 이 시기에는 현실적 세계를 넘어서 가상적인 추론을 할 수 있다. 구체적인 사상이 없어도 추상적으로 생각하여 문제에 대한 추리를 할 수 있는 능력이 있다. 귀납적 추리 즉, 일정 수의 사실들을 사용하여 과학적인 사고를 할 수 있으며, 가설적·연역적 논리를 사용하여 사고할 수 있고, 가설적, 연역적 추리는 언어에 의존하는 정도가 크다. 가설을 설정하고 그 가설로부터 사례를 연역할 수 있다. 또한 일반 이론을 이해하고 그들을 결합시켜 문제 해결을 하는 것도 가능하게 된다.

형식적 조작기(形式的 操作期, formal operation stage ; 12세 이후)의 사고 특징은 조합적 사고(combination thinking)와 가설검증적 사고(hypothesis testing thinking) 그리고 명제적 사고(interpro-positional thinking)이다. 아동은 문제가 제시되었을 때 가장 타당한 해결방안이나 정답을 찾기 위해서 그 문제를 해결할 수 있는 모든 가능한 방법들을 인출하여 그것을 차례로 검토해 본 다음 결론을 내리는 조합적인 사고를 할 수 있다.

제시된 문제에 내포된 정보나 자료에서 어떤 하나의 가설을 도출하고 그에 입각해서 결론이나 해결방안을 논리적으로 연역해낸다. 청소년들은 만일 연역적 사고과정에서 논리전개에 잘못이 발견되면 몇 번이고 가설을 바꾸어 가면서 사고를 전개해 나가는 것을 가설 검증적 사고라고 한다. 명제적 사고란 주어진 상황에서 둘 또는 그 이상의 명제를 구성하고 이들 간에 존재하는 논리적인 관계를 따져 보는 것을 말한다.

3) 정보처리적 접근

미국 실험심리학에서 그 전통을 찾아볼 수 있는 정보처리 이론가들은 아동의 내면에서 연속적으로 정보가 처리되는 과정에 대하여 연구하였다. 즉, 아동이 정보를 처리하기 위하여 사용하는 내적 구성요소를 밝히고자 하였으며, 이러한 구성요소들은 아동의 행동이 어떻게 상호작용하는가를 기술하였다. 정보처리 이론은 아동이 능동적인 상호작용자라는 피아제의 견해와 기본 가정면에서는 공통된 입장을 취하고 있지만 피아제와는 달리 인간은 실제 인지발달에서 이루어지는 세 가지 사고 과정(지각, 기억, 가설생성과 검증)을 모든 연령에서 갖게 되며, 연령에 따라 양적인 변화만을 나타낸다고 주장한다. 예컨대, 아동이 기억할 수 있는 사건의 수와 사건을 저장하는 전략은 연령에 따라 다르지만, 어떤 연령에서도 정보를 저장하고 인출하는 과정에서 '기억과정'이 작용한다는 것이다. 정보처리 접근에서는 상위인지 구조의 존재를 부정하고, 인지발달을 양적인 변화라는 비단계 이론으로 설명하고 있다.

정보처리에 관해 일반적으로 받아들여지고 있는 생각은 인간의 처리체제는 4개의 중요한 요소로 구성되어 있다는 것이다.

즉, ① 환경에서 오는 어떤 느낌을 받아들이는 귀, 눈, 미각, 피부의 압박과 통증 감각 등과 같은 감각기관(sense organs), ② 짧은 시간동안 비교적 적은 양의 정보를 보존하고 있는 단기기억(short-term memory) 또는 작업기억(working memory), ③ 무한히 많은 양의 정보를 저장하고 있는 장기기억(long-term memory), ④ 책을 읽고, 말하고, 달리기를 하고, 기계를 조립하는 것과 같은, 사람이 수행하는 모든 운동신경계통의 행동을 하게 하는, 신경의 충격에 의해 활기를 얻게 되는 근육체계(muscle system)의 4가지 요소가 있다. 이러한 네 가지 요소로 구성되어 있는 인간의 처리체계는 각각의 요소와 그 상호작용 속에서 요소의 기능 또는 과정을 포함한다. 인간의 정보처리 과정은 감각기관을 통한 입력에서부터 근육기관을 통한 출력까지 단순히 하나의 방향에 따라 움직인다기보다는 더욱 복잡한 모형 즉, 몇 가지 방향으로 요소가 동시에 서로 상호작용 하는 다양한 정보처리 구조를 이룬다고 하며 그 과정은 그림 14-6과 같다.

인지발달의 정보처리 과정에서는 네 가지의 인지단위가 작용하며 세 가지 사고과정이 있다. 인지단위 정보처리론자들은 아동의 사고과정에서 네 가지인지 단위인

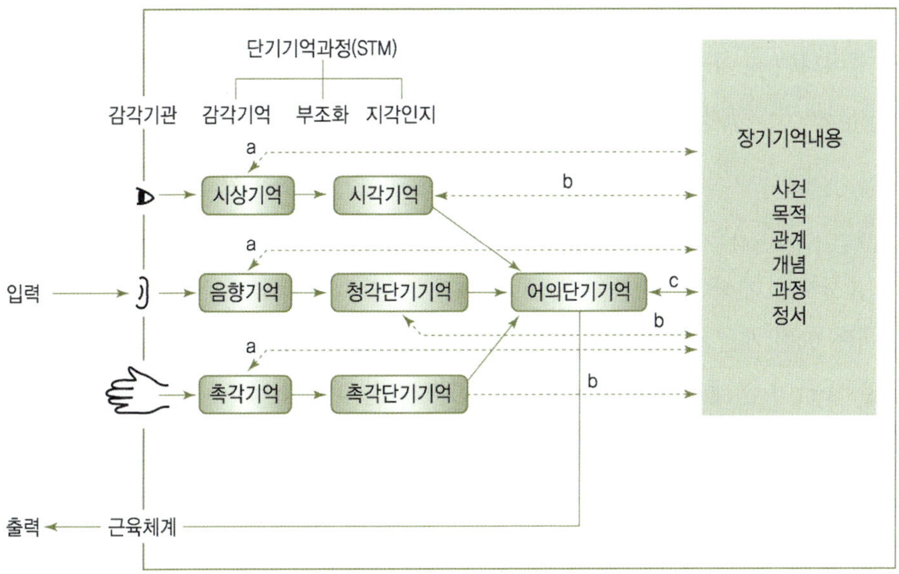

그림 14-6 ➡ 인간의 정보처리 과정

셰마(schema), 상징(symbol), 개념(concept), 규칙(rule)과 같은 인지단위가 작용하며 이러한 인지단위들은 아동 초기부터 사용이 가능하며 연령이 증가하면서 발달적 변화를 보이게 된다고 한다.

(1) 인지단위

① 셰 마

셰마(schema)란 세상에서 일어난 사건의 정신적 표상을 의미하는 것으로, 조직화된 행동패턴을 의미하는 피아제의 도식과는 구별된다. 즉, 어떤 대상이나 풍경을 보았을 때 가장 중요한 측면이나 특징을 마음속으로 표현하는 청사진(blue print)과 같은 것이다. 그러므로 셰마는 경험이 저장된 상태로서 이전의 감각사상을 조직하거나나 분류하는 데 사용된다. 어린시절을 생각할 때 특별했던 집의 모양, 벽돌색깔, 친구의 괴상한 옷차림 등 몇 가지 중요한 요소만을 떠올리는 것은 바로 셰마가 존재하기 때문이다. 셰마는 아동초기부터 나타난다.

② 상 징

상징(symbol)은 셰마와는 달리 어떤 사고 또는 대상을 임의적으로 표현하는 방식이다. 예컨대, 빨간색 십자표시는 병원을 의미하며, 담배 위에 '×' 표시는 '금연'을 의미하는 것 등이다. 어린이가 베개를 안고 아가라고 부르거나, 블록으로 자동차가 달아나는 흉내를 내는 것은 사고과정에서 상징이 사용되고 있다는 것을 의미한다. 보통 만 2세가 되면 상징을 사용한다.

③ 개 념

개념(concept)은 어떤 한 집단의 셰마나 상징들 사이의 공통된 속성을 나타내거나 표상하는 것이다. 상징과 개념의 중요한 차이는 상징이 특정한 단일 사상을 나타내는 반면 개념은 여러 사상의 공통된 속성을 표상한다. 즉, 여러 가지 꽃과 나무들을 통틀어 '식물'이라는 단어를 사용하건, 엄마말을 잘 듣지 않는 아이, 거짓말을 하는 아이, 게으른 아이 등을 '나쁘다'라고 말하는 것은 개념이 형성되어 있는 것이다.

④ 규 칙

규칙(rule)이란 두 개 이상의 개념들 간에 관계를 구체화하는 진술이다. 규칙에는 형식적 규칙과 비형식적 규칙이 있다. 일반적으로는 진실이지만, 그렇지 않을 수도 있는 진실을 말할 때(예, 뱀은 무섭다) 비형식적 규칙이 작용하는 것이고, 특정조건이 충족될 때에는 언제나 진실이 될 수 있는 사실(예, 1+1=2)은 형식적 또는 비형식적 규칙을 획득하고 그 규칙을 더욱 정확하게 사용할 수 있게 된다.

(2) 인지과정

정보처리 접근에서는 사고과정을 지각, 기억, 그리고 가설생성과 검증의 세 과정으로 구별하였다. 정보처리론자들은 이들 과정 상호간에 상위과정이 존재하는 것이 아니라 연령에서 세 과정이 모두 일어나며, 다만 지각이나 기억 또는 가설생성과 검증에 사용되는 인지단위들의 수나 기법이 달라질 뿐이라고 하였다.

① 지각과정

지각은 무의미했던 외부의 자극으로부터 정보를 탐색하고 이해하며, 해석하는 과정을 말한다. 자극에는 책, 나무와 같은 정적이고 물리적인 사물, 손을 씻고 얼굴을 씻는 것과 같은 시간상의 역동적 사건, 문자, 말과 같은 기호, 그리고 근육긴장이나 심장박동과 같은 신체상의 감각 등을 들 수 있다.

아동은 발달하면서 이러한 자극들에 대해 선택적으로 주위를 기울이게 되어, 주의집중 시간도 증가하고 주위의 변화속도도 빨라져서 신속하고 정확한 지각을 하게 된다. 일반적으로 5~7세에 지각이 급격히 발달하는 것을 볼 수 있다.

② 기억과정

경험의 한 부분을 상징화하고 마음속에 저장한 후 시간이 지나 그 저장된 표상을 인출해낼 때 우리는 기억과정을 사용한다. 기억을 측정하는 방법에는 저장된 정보를 모두 인출하는 재생(recall)과 입력된 정보가 기억속에 저장되어 있는지 혹은 아닌지를 판단하게 하는 재인(recognition)이 있으며, 아동은 연령이 증가하면서 재생 기억과 재인 기억이 점차 발달하는데 특히 재생 기억이 더욱 발달된다(Kagan, Kieim, Haith & Marrison, 1973).

③ 가설생성과 검증

아동은 어떤 문제에 직면하면 문제에 대한 지각과 해석 및 기억의 저장과 인출을 먼저 한 후 일련이 가능한 해결책을 모색하게 된다. 문제에 대한 좋은 해결책을 찾기 위해서는 필요한 지식이나 인지적인 단위를 가지고 있어야 하며 또 그 지식을 활용해야 하며, 그 지식을 활용할 때 실수를 하지 않을까 하는 지나친 불안을 갖지 않아야 한다. 따라서 가능한 문제해결책을 적절히 세우는 것은 아동이 과거에 유사한 문제를 경험했느냐 아니냐에 따라 영향을 받게된다. 만약 아동이 과거에 유사한 경험을 하였다면, 쉽게 가능한 해결책을 이끌어 낼 수 있을 것이다. 일반적으로 아동은 연령이 증가할수록 새로운 문제를 더 잘 해결할 수 있게 된다. 다시 말해서 여러 종류의 인지단위를 많이 가지고 있을수록 아동은 더 많은 지식을 끌어낼 수 있는 것이다. 이러한 과정을 통하여 가설이 만들어진 후에는 아동이 지니고 있는 정보나 새로운 기술정보의 획득을 통해 그 가설을 확인 또는 부정하는 과정이 이루어진다.

3. 인지발달과 창의성

현대사회는 과거와 달리 빠르게 변화하고 있으며 이러한 사회적 흐름에 대처하기 위해서는 창의성에 대한 교육이 필수적이라 할 수 있다. 창의성의 개발 및 증진하기 위해서는 무엇보다 유아기에 대한 이해가 중요하며 이 시기는 창의성 발달의 중요한 시기라고 주장하였다. 유아기의 창의성이 중요한 이유는 태어날 때부터 지능을 가지고 태어나는 것처럼, 창의성 역시 선험적인 능력으로 지능이 발달하듯 창의성도 발달하기 때문이다(Csiikszentmihalyi, 1996).

특히 현대사회는 지식기반 사회로 특징지을 수 있으며, 이러한 사회에서는 창의성을 매우 중요하게 여기고 있다. 따라서 창의성 교육 또한 매우 중요한 이슈로 제기되고 있다. 특히 유아기에 있어 창의성이 강조되는 이유는 창의성 발달에 결정적 시기라는 점이다(최인수, 1998). 유아기가 창의성 발달의 결정적 시기라는 점에 대해 많은 선행연구들이 이를 지지해 왔다. 유아의 창의적 상상력이 4세에서 5세 사이에 발달 속도가 절정을 이루었다가 학교교육이 시작되는 5세 이후부터 제도화된 학교교육 속에서 그 속도가 감퇴한다고 보고하였다.

유아의 창의성을 증진시키기 위한 방법 중의 하나로 동화를 활용한 창의성 교육을 강조하는 연구가 활발히 이루어지고 있다(신금호, 1999 ; 이춘희, 1997 ; Cullinan, 1992).

동화를 활용한 창의성 교육이 강조되고 있는 주된 이유는 동화 속에 포함되어 이는 문제에 대해 간접경험을 함으로써 유아들이 확산적인 사고를 할 수 있을 뿐만 아니라 동화와 관련된 다양한 놀이 활동에 몰입하고 도전적 과제에 적극적으로 시도하도록 내적인 동기를 자극해 주기 때문이다.

창의성에 대해 어떤 사태에 직면하였을 때, 새로운 통찰과 사고를 산출하는 과정을 거쳐 기존의 것과는 다른 아이디어나 형태, 관계양식 및 해결방법을 산출해 내는 능력으로 모든 사람이 지니는 속성으로 본다. 또한 창의성을 복합적이고 다원적 요소로 이해하는 합류의 관점으로 그 이해의 폭을 넓혀가고 있다. 즉 합류적 관점이란 창의성을 지능, 지식, 사고 유형, 성격, 동기, 환경 등의 요소들이 서로 복합적으로 상호작용하여 발현하는 특성이다. 이러한 합류적 관점에서 창의성을 측정할 때는 인지적 사고 측면만을 평가하기보다 동기나 성격, 행동특성과 같은 정의적인 측면을 포함하는 것이 필요하다(이영 외, 2002).

과거에 비해 요즘 아이들이 더 영리하고 똑똑해진 것처럼 보이지만 오히려 감성적, 사회적 기술은 급격하게 떨어지고 있다는 지적이 많다(강문희 외, 2007). 따라서 지적인 기능만을 강조하는 관점에서 벗어나 필요한 지식을 갖추고, 자신의 행동에 책임질 수 있고, 타인에 대해 관심을 갖고 감정이입할 수 있게 하는 것이 교육의 진정한 목적임을 강조하는 견해가 대두되었다.

Chapter 15

언어발달

1. 언어의 기능
2. 언어와 사고
3. 언어발달 이론
4. 언어발달
5. 언어지도
6. 언어발달에 영향을 주는 요인
7. 언어발달 연구의 최신경향

Chapter 15

언어발달

우리는 말을 배우기 시작한 후부터 자연스럽게 언어를 사용하여 사고하고, 다른 사람과 의사소통하며 자기의 생각을 표현한다. 언어란 인간이 동물과 구별되며 인간다운 생활을 영위하는 데 필수적인 것이다. 지구상에 사는 모든 인간들은 동물과 다른 고등정신을 소유하고 있으며 각 나라마다 고유한 언어를 사용하고 있다.

물론 동물들도 의사소통하기 위한 표현으로 언어가 아닌 다른 매체를 사용하기도 한다. 예컨대, 꿀벌의 경우는 꿀이 있는 곳을 다른 꿀벌에게 알리기 위해 날개짓을 함으로써 그 방향과 거리를 가르쳐주고, 다른 여러 동물들도 위험에 처했을 때 큰 소리로 위급 신호를 보내기도 한다. 그러나 이러한 신호들은 아주 간단하고 고정적인 것으로써 상당히 제한적인 정보만을 교환할 수 있다. 이에 비하여 인간의 언어는 복잡하고 체계적이며 조직화되어 있다.

동물의 신호와 구별되는 것으로서 인간의 언어란 과연 무엇일까? 언어는 어떻게 습득되는 것일까? 태어나면서부터 그런 능력을 가지고 있는 것일까? 언어가 사고발달을 촉진시키고 정규교육을 받기 위해 꼭 필요한 요소인 것만큼 언어에 대한 관심은 부단히 계속되어 왔다.

또한 아동이 언어를 배우는 과정에 대한 탐색도 언어 연구학자들의 주의를 받아왔다. 첫 단어를 습득하기 이전부터 말하기까지 음성발달이 어떻게 이루어지며, 어휘발달을 중심으로 단어의미의 이해가 어떻게 이루어지는지에 대한 체계적인 연구들이 시도되었다. 또한 이러한 요소들을 기초로 아동들이 문장을 어떻게 형성하는지 문법발달에 관한 연구들도 인기있는 주제가 되어왔다.

인간의 의사소통은 음성언어인 말하기와 듣기를 통해서 뿐만 아니라 문자언어인 읽기와 쓰기를 통해서도 이루어진다. 이로 인해 인간은 더욱 광범위한 의사소통을 하게 되며 다른 유기체와 더욱 구별된다.

본 장에서는 언어의 개념과 언어발달 이론에 대해 살펴보고 언어발달이 어떻게 이루어지는지, 언어지도는 어떻게 해야 하는 지에 대해 알아보고자 한다. 또한 언어발달에서는 다른 영역에 비해 개인차가 심하므로 개인차를 가져오는 요인 즉, 언어발달에 영향을 미치는 요인에 대해서 검토해 보고자 한다.

1. 언어의 기능

언어의 주된 기능은 우선 자기 자신의 생각, 느낌 및 의사를 누군가에게 전달하고 이해시키는 데 있다고 보아야 할 것이다. 또한 언어는 긴장감을 완화시키기 위한 수단으로서도 사용된다. 예컨대, 스트레스가 심할 때 우리는 혼자서 중얼거리거나 욕을 퍼붓고 나면 기분이 나아지는 것을 경험한다.

언어기능 중 가장 중요한 부분에 해당하는 것은 사고와 관련된 부분이다. 즉, 사고는 언어의 질과 범주에 의해서 상당한 정도로 통제 받는다. 언어는 문화의 전달 도구로서 유용하다. 모든 문화가 구전(口傳)이나 혹은 문자로 역사를 통해 전해 내려옴은 명백한 사실이다.

인간관계에서 언어의 중요성을 강조한 할리대이(Halliday, 1973)는 언어의 기능을 다음과 같이 7가지로 설명하고 있다(이연섭·강문희, 1989, 재인용).

- 도구적 기능(instrumental function) : 언어는 인간의 물질적인 욕구와 소망을 표현하고 충족시키기 위한 수단으로 사용된다.
- 조정적 기능(regulatory function) : 언어를 통해서 타인의 행동, 감정 및 태도를 통제한다.
- 상호작용적 기능(interactional functuon) : 언어는 사회 생활에서 자기 자신과 타인 간의 사회적 관계를 형성하는 데 사용된다.
- 개인적 기능(personal function) : 언어를 통해서 인간은 자신의 독특한 생각, 감정 및 태도를 표현하게 되고 자기자신의 개인적 정체감을 의식하게 된다.
- 발견적 기능(heuristic function) : 언어는 개인이 자기주변의 환경을 탐색하고 이해하며 나아가서는 학습하기 위한 수단으로서의 기능을 가진다.

• 상상적 기능(imaginative function) : 언어는 개인이 상상의 세계에 몰입하도록 도와주며 창의적인 활동을 하도록 하는 기능을 가진다.

• 표상적 기능(representational function) : 언어는 개인에게 새로운 정보를 전달해 주며 이를 설명하고 표현하도록 하는 기능을 가진다.

2. 언어와 사고

언어는 뇌의 어떤 부분과 관계가 있는 것일까? 대뇌에서 사고하며 기억한다고 할 때 언어 또한 대뇌와 관련된다고 볼 수 있다. 인간은 대뇌피질의 작용으로 말을 하므로 대뇌의 어느 부분에 손상을 입게 되면 실어증(失語症)이나 언어장해를 일으키게 된다. 브로카는 수술도중 언어중추가 뇌의 좌측에 있음을 발견하고 그 부위를 브로카 부위(Broca' s area)라고 불렀으며, 베르니케 또한 뇌의 좌측에서 말을 알아듣는 작용을 하는 부위를 발견하고 그 부위를 베르니케 부위(Wernicke' s area)라고 불렀다. 이 두 부위 중에서 어느 하나나 혹은 두 부위 모두 손상을 입게 되면 여러 가지 종류의 언어장해를 일으킨다(주정일, 1985. p.222).

이와 같이 두뇌의 두 개의 반구 중에서 대부분의 경우는 좌(左)반구가 언어를 지배한다. 2~3세된 유아가 좌반구에 손상을 입게 되면 언어능력은 어느 정도 결손될 가능성이 있으나, 중추신경이 아직은 가소성이 있으므로 우(右)반구가 언어활동을 맡아서 발달시키기 때문에 일반적으로 언어발달의 결손을 회복시켜 나갈 수 있다.

그러나 청년기 이후에는 이러한 회복이 매우 어렵게 된다. 언어능력의 회복은 뇌손상의 시기가 언제였느냐에 따라 결정되는 것 같다.

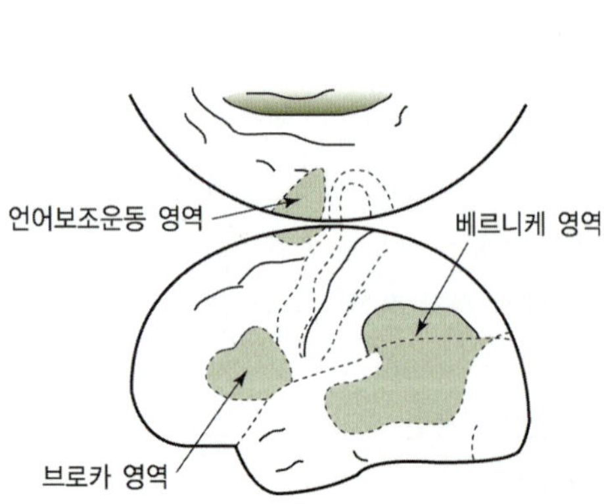

그림 15-1 ➡ 뇌의 좌반구의 언어영역

언어와 사고의 관계를 설명했던 소련의 언어학자 루리아는 교육도 받지 못하고 글도 못 읽는 농부들과 이야기를 나누면서, 생각의 수준이 낮을 때 언어의 내용을 제한하고 언어의 수준이 낮으면 생각의 떠오름도 낮은 수준이 된다는 것을 보여주었다. 이는 곧 언어력의 미개함을 의미한다(김병원·이성구, 1986. pp.87~89).

루리아의 연구 대상이었던 무식한 농부들은 추상적 개념에 의한 종합과 일반화 표현을 하지 못한다. 또 논리적 표현을 거듭 들려줘도 자신의 일방적인 생각을 끝까지 고집한다.

언어발달과 사고능력을 불가분의 관계이다. 무엇이 우선이 되는지는 명확히 밝혀지지 않았지만, 인간이 사고하는 활동은 인지발달을 도우며 이러한 발달의 과정에서 언어의 역할을 무시할 수 없다. 게다가 유아의 경우는 언어표현 이전에 이미 어느 만큼은 개념과 사고가 발달되기 때문에 이러한 개념과 사고가 언어발달을 가져온다. 그러므로 언어와 사고의 관계는 상당히 밀접하다고 할 수 있다.

3. 언어발달 이론

아동들은 어느 문화권에서 살던지 간에 자기의 모국어를 습득하는 단계는 거의 비슷하다. 인간은 누구나 옹알이를 하다가 음성적 상징과 의미를 연결지음으로써 언어를 습득하게 된다. 보통의 경우 신체발달과 더불어 언어발달은 일정한 순서에 의해 진행된다.

이와 같이 모든 아동들은 자연스럽게 언어를 획득한다. 그러나 아동의 언어습득에 관해서는 이론가에 따라 다르다. 어떤 학자들은 언어발달이 타고난 능력에 의해 자연스럽게 이루어진다고 믿고 있으며, 어떤 학자들은 환경과 인간과의 상호작용에 의해 이루어진다고 믿고 있다. 여기에서는 언어습득을 설명하는 행동주의 이론, 선천적 이론 및 인지이론을 중심으로 살펴보고자 한다.

1) 행동주의 이론

행동주의 이론(behaviorist theory)은 모든 발달이 학습을 통해 이루어진다고 주장하나, 학습할 수 있는 기제(機制, mechanism)는 타고난다고 믿는다. 즉, 이 기제로 하여금 아동이 자극과 반응을 연결시키고 언어적인 소리를 발성한다고 본다.

이 이론의 대표적인 학자는 스키너(Skinner)로서 아동의 언어습득을 조작적 조건화와 강화로 간략하게 설명하였다. 그는 아동이 생후 초기에 우연히 어떤 소리를 냈을 때 부모가 이에 관심을 가지고 반응하거나 칭찬을 해주어서 강화시키면 그 언어는 습득되고 강화를 받지 못하면 습득되지 못한다고 주장한다.

이를 좀더 구체적으로 설명하면 언어학습을 반향반응(echoic response)으로 설명하고 있는데, 맨드(mand)와 택트(tact)의 두 가지 방법에 의해 이루어진다고 주장하였다. 맨드는 아동이 어떤 요구상황에서 그 요구를 충족시키기 위해 전에 들었던 발음을 되는대로 발음했을 때 부모가 그 요구를 충족시켜준다면 아동은 그 발음을 강화 받게 된다고 보는 것으로써 이러한 강화로 인해 그 발음과 단어의 의미를 학습하는 것을 의미한다. 또한 택트는 아동이 어떤 사물을 접했을 때 보이는 특정한 언어반응 즉, 명칭에 대해 보상을 받음으로써 언어를 습득하는 것을 말한다. 예컨대, 아빠가 있을 때 '빠 빠' 라고 말하면 부모들은 칭찬을 하게 되며, 아기는 아빠라는 실제와 '빠 빠' 를 연결하게 된다. 부모들은 점차로 더욱 정확하고 복잡한 표현에 칭찬을 함으로써 유아의 언어습득을 돕는다.

행동주의 이론에 따르면 성인은 아동이 발성하는 비언어적인 소리로부터 언어 형태까지 아동의 언어를 수정한다. 아동이 물체나 사람을 보고 그것에 적합한 어떤 소리를 낼 때 부모는 강화함으로써 아동의 소리를 구체화시킨다. 그 후 명명하는 기술이 증가하면 아동은 단어들을 합성하고 원시적인 문장을 만들도록 강화를 받는다. 이때 아동은 성인이 사용하는 문장을 단순히 모방하고 이 모방(模倣)을 통해 언어적 형태를 학습할 가능성을 증진시킨다.

사회학습 이론가인 반두라(Bandura)는 아동의 언어발달이 주로 모방에 의해서 이루어진다고 주장한다. 때때로 아동은 성인의 문장을 모방하나, 아동은 그들이 다룰 수 있는 몇 개로 단어 수를 제한시킨다. 사실 이러한 모방이 바로 언어규칙의 기초가 되는지에 대한 의문이 제기될 수도 있다. 아동의 자발적 모방에 대한 얼빈(Ervin, 1964)의 연구는 모방한 문장이 모방하지 않은 문장보다 통사구조(統辭構造, syntax, syntatice)[1]에서 좀더 앞서지 않는다는 것을 보고했다. 더욱이 그의 연구에서는 직접적인 모방을 거의 발견할 수 없었기 때문에 아동이 언어를 획득하는 데는 다른 방법이 있을 것이라고 결론지었다. 일반적으로 학자들이 언어학습을 설명하기 위해 모방을 고집하지 않는 부가적 이유는 아동이 창조하는 문장 때문이다. 창조는 단순히 모방을 통해 언어를 학습하는 특성 이상의 것으로써 아동은 배우지 않은 문장을

1) ① 어떤 언어에서 명확한 표현이나 문장구성에 필요한 일련의 규칙, 동의어 : 문장 구조
② 변형생성 문법의 세중심 구성부의 하나로서 음운부, 의미부가 핵심적인 역할을 담당하는 구성부인데 반하여 통사부는 이 두 구성부를 연결하는 교량적인 존재로서 문법이론의 핵심을 이룸

끝도 없이 창조해낼 수 있다.

그럼에도 불구하고 모방을 통해 어휘가 획득됨은 부정할 수 없다. 아동은 어휘를 획득하기 위해서는 물체 및 행위에 대한 성인의 명명에 노출되어야 한다. 예컨대, 아동이 단어를 학습하기 위해서는 먼저 물체와 '우유' 라는 단어를 연결시켜야 한다. 그것이 연결된 후 아동은 우유라는 음성적 단어를 모방할지 모른다. 그리고 아동이 우유라고 말할 때 부모로부터 강화를 받을 것이다. 이렇게 모방은 단어학습에 결정적인 것이다. 그러나 모방은 통사규칙을 습득하는 데는 생산적인 과정이 되지 못한다.

스키너와 그의 추종자들도 자극과 반응 및 강화학습이 매우 느린 과정이기 때문에 유아의 빠른 언어발달을 설명하지 못한다는 것을 인식하였다. 그들은 유아들이 특정한 언어적 행동을 배웠을 때 배운 것을 신속하게 새로운 상황에 일반화시킨다는 것을 보여주었다. 예컨대, 한 단어에 대해 복수로 만드는 법을 배운 아동은 더 이상의 훈련없이 자동적으로 새 단어들을 복수로 만드는 것을 볼 수 있다. 더욱이 정상아들은 부모들의 조건형성을 통해 언어를 획득하는 것 같지 않다는 것이다. 왜냐하면 부모들은 아동의 비문법적인 언어표현을 들었을 때 그들의 표현을 거의 교정해주지 않았고 단지 자녀들이 말하는 내용이 맞는지 틀리는지에 주목하여 대답하곤 하였기 때문이다. 그러므로 아동의 언어는 오직 부모가 제공하는 상과 벌에 의해서 또한 모방에 의해서 만이 학습되는 것은 아니라는 것을 알 수 있다.

2) 천성주의 이론

천성주의 이론(nativistic theory)은 그가 태어난 곳과 그가 살고 있는 곳 그리고 그가 학습한 언어가 어떤 문화권에 속하든지간에 언어의 출현시기는 동일하다는 것이다. 전세계에 있는 아동들은 거의 동시에 언어를 습득하며 동일한 발달순서를 거친다. 천성주의를 주장하는 사람들은 언어와 운동발달 간에 동시성이 있는 것으로서 언어발달의 선천성을 주장한다. 그 증거로서 미국, 중국, 스페인, 러시아 어디에서 태어나든지간에 태어난지 5~6개월경 아기가 앉기 시작할 때 자음을 옹알거리기 시작하고, 한 살 경에 걷기 시작하면서 한 단어 말을 하기 시작하며, 두 살경에 뛰고 한 발로 층계를 올라가기 시작할 때 두 단어 말을 하기 시작함을 예로 든다.

천성주의의 대표적 이론가인 촘스키(Chomsky)에 따르면 모든 아동들은 언어습득기제(language acquisition device, LAD)라고 불리는 구조를 선천적으로 가지고 태어난다고 한다. 그는 환경은 언어의 모델을 제공하나, 아동이 모델로 제시된 언어로부터 언어의 형태, 구조 및 규칙을 인식할 수 있도록 언어를 분석하게 한다고 주장한다. 행동주의 이론과는 아주 다른 설명을 하고 있는 천성주의 이론은 아동이 단순히 인간이라는 이유로 환경내의 언어로부터 귀납적으로 언어를 획득한다고 가정한다.

맥닐(McNeill, 1970)은 촘스키가 제시한 언어습득기제와 비슷한 것을 통해 언어발달 과정이 이루어짐을 설명한 바 있다. 그는 촘스키가 제시한 LAD란 관찰할 수 있는 기제로서 존재하는 것이 아니라 단지 가정(hypothesis)일 뿐이나, LAD에 발생한 것은 바로 아동에게 발생한 것으로서 관찰 가능한 것으로 보았다. 예컨대, LAD는 환경 내의 언어로부터 언어적 자료를 입력시키며, LAD는 입력된 자료를 분석하고 언어규칙체계(language rule system)를 산출하므로(우리는 이 규칙체계에 의해서 단어들이 문장으로 어떻게 조직되는지 내재적인 면을 이해하게 된다), 이 규칙체계가 산출된 언어형태의 기본이 된다고 주장한다. 그러므로 LAD가 들을 수 있는 언어와 산출된 언어는 밖으로 관찰이 가능하다고 보았다.

그림 15-2에서와 같이 아동은 자기 주변의 관찰 가능한 언어를 듣는다. 그들은 준비가 되었을 때 언어산출에 기본이 되는 체계를 형성하도록 청각을 통해 들은 언어(수용언어)를 조직하고 복잡한 것을 단순화시킨다. 아동이 성숙해감에 따라 좀더 복잡한 언어자료를 입력시킬 수 있으므로 새롭게 환경으로부터 들어온 복잡한 입력자료는 조직화되고, 규칙체계는 이 새롭고 복잡한 입력자료에 적응한다. 그 결과 산출된 언어는 새로운 규칙을 반영하고 통사적 형태를 점점 더 이해한 것으로 나타난다.

LAD의 개념은 가정적인 것이지만, 아동에 의해 수용된 언어와 산출된 언어간의 관계를 증명해 준다. LAD의 언어획득에 관한 개념은 첫째, 언어발달은 아동의 일반적인 발달능력에 따라 언어적인 형태를 들을 수 있음으로써 이루어진다. 둘째, 아동은 자신의 성숙수준에서 언어입력 자료를 이해한다. 셋째, 아동은 언어입력 자료를 설명하는 규칙을 형성한다. 넷째, 그들은 규칙체계를 기초로 언어를 산출한다.

그림 15-2 ➡ 언어습득기제

이와 비슷한 설명을 하고 있는 린버그(Lenneberg, 1967)도 아동에게서 발견되는 언어가 선천적인 경향을 가지고 있다고 하여 천성주의 이론가로 종종 불려진다. 그의 견해에 따르면 언어획득 동기는 아동 내부에 있다고 본다. 즉, 아동은 자연스러운 언어학습 능력을 가지고 있으며, 어떤 면에서 볼 때 아동은 언어학습을 위해 이미 선천적으로 만들어져 있다고 믿는다. 그는 장애를 가지고 있는 아동의 경우라도 심각한 경우를 제외하고 어느 정도 언어를 학습할 수 있는 것을 그 증거로 들고 있는데, 그는 거의 말을 하지 못하는 언어장애를 가진 남아를 4~9세까지 종단적으로 연구하여 보고한 바 있다. 즉, 연구대상이었던 남아는 4세에도 옹알이를 할 수 없었고 거의 발음하지 못했으나, 9세까지 상당한 훈련을 받은 후에 상당히 어려워하긴 했지만 어른과 함께 발음을 했을 때 단어를 발음할 수 있었다. 더욱이 언어이해력에 대한 테스트에서는 언어와 언어구조에 정상적인 이해능력을 가지고 있음을 보여주었다. 그러므로 그는 언어이해는 어려운 상황에서조차 대부분 발달하는 것이 분명하고, 말하는 것 자체가 언어성장에 반드시 필요한 것은 아니라고 주장하였다.

이와 같이 그는 아동이 선천적인 언어학습 능력을 가지고 있음에도 불구하고 언어습득에는 결정적인 시기가 있음을 시사하였다. 우리의 두뇌가 구조상으로나 생물학적·신경생리적인 면에서 성숙이 이루어지는 시기인 사춘기 이후에는 단순히 특정 언어를 말하는 문화권에 있다고 해서 언어가 자동적으로 습득되지는 않는다고 보았다.

천성주의자들은 언어는 일반적으로 아동의 환경과 관계없이 일정한 범위의 시간 내에 시작한다는 것을 강조한다. 린버그는 청각장애를 가진 부모의 경우 자신들이 들을 수 없기 때문에 아동의 말을 강화할 수 없지만 그들의 자녀들도 정상가족 내에서 자라는 아동들과 같은 시간에 말을 하기 시작한다고 하였다. 덧붙여 그는 형제의 출생 순위가 아동이 언어를 시작하는 시기에 영향을 미치지 않는다는 사실을 밝혀냈다. 그의 발견은 첫아이를 가진 부모가 아기의 언어시작에 더 흥미를 보임에도 불구하고 둘째, 셋째 아동이 첫 아이와 똑같은 연령에서 말하기 시작함을 보여준다. 첫아이는 보통 말하기 시작하면 더 많은 언어를 학습하나, 정상아들은 대략 같은 시기에 언어를 획득하기 시작한다.

린버그는 언어가 주목할 정도로 변화할 때도 환경은 그다지 변화하지 않는다는 사실을 보임으로써 어린 아동의 언어발달의 선천적 특성에 대한 또 다른 증거를 제시한다. 그는 언어의 변화를 설명하는 환경적 요소를 발견하는 것이 불가능하며, 가정은 아동이 새로운 언어형태를 갖도록 이를 특별히 촉진시키는 상황을 제공하지 않는다고 주장하였다.

3) 인지이론

인지이론(認知理論, cognitive theory)은 아동이 언어를 획득하는 데 있어서 인지 및 사고와의 관련성을 주장하는 이론으로, 대표적인 인지이론가들은 피아제, 비고츠스키(Vygotsky), 브루너를 들 수 있다. 이들은 저마다 다소 다른 견해를 가지고 있으나 세 이론가들은 모두 인지(認知)와 언어(言語)의 상호작용에 흥미를 갖는다. 즉, 이들은 인지발달이라고 하는 좀더 큰 구조 내에서 언어발달을 설명하고자 하였다.

(1) 피아제

그는 언어가 발달하기 위해서는 먼저 인지발달이 이루어져야 함을 주장하였다. 그러므로 유아는 출생 후 첫 해 동안(감각운동기)에 언어를 습득하기 전에조차 자신의 현실을 스스로 해석하기 시작한다고 생각하였다. 이 단계 동안에 유아의 사고는 행위나 자극의 특별한 감각적 특성과 관련이 있다. 아동의 첫 단어 또한 그들이 실제로 행한 행위나 관찰한 행위와 관련이 있다. 감각운동기에서 18개월쯤에 아동은 자신이 하나의 분리된 개체이며 단순한 문제를 해결할 수 있다고 생각하고 물체를 자기자신과 분리된 것으로 보기 시작한다. 전조작기가 시작된 후(약 2~7세) 아동의 인지발달에 중요한 변화가 발생하나, 이 기간 동안의 새로운 인지능력은 주로 아동의 상징화하는 능력에 따라 결정된다. 감각운동기에서 물체가 영원히 존재한다는 물체영속성 개념을 획득한 유아는 전조작기가 시작했을 때 표상능력(表象能力)을 획득함으로써 상징놀이를 할 때 어떤 물체와 상황을 나타내기 위해 다른 물체를 사용하는 것을 배운다. 예컨대, 가족을 나타내기 위해 여러 크기의 블록을 사용한다. 이들의 상징놀이는 다른 매개물로 친숙한 가족구성원을 표상한다는 것을 보여준다. 이 시기의 아동은 그들의 사고를 조직하기 위해 그림을 그리기 시작한다. 이들의 그림은 성인에게는 사실적인 것처럼 보이지 않지만 그들은 그렇다고 생각한다. 그림은 물체의 정신적인 상(象)을 발달시키는 것을 도와준다. 그러므로 이 시기의 초기단계에는 존재하지 않는 물체의 정신적 상을 형성하는 능력을 발달시킨다. 아동이 정신적 상을 형성하고, 이들의 이름을 붙이기 시작할 때 존재하지 않는 물체와 과거 사건에 대해 이야기하고 묘사할 수 있게 된다(Piaget & Inhelder, 1969).

피아제는 『언어와 사고(The Language and Thought of the Child)』란 저서에서 아동들과 함께 노는 동안 그들의 언어기능을 검토하였다. 그는 학령전 아동에게서 자기중심적 언어(自己中心的 言語, egocentric speech)가 우세하고, 7세 이상의 아동에게는 사회화된 언어(社會化 言語, socialized speech)의 양이 많다는 것을 발견하였다. 자기중심적 언어는 본질적으로 자기자신의 행동에 초점을 맞춘 것으로서, 이는 아동이 다른 아동이 곁에 있을 때조차 자기자신에게 큰소리로 말하는 것을 의미한다. 이에 비하여 사회화된 언어는 아동간의 대화를 의미하며, 상호작용 상황에서 정보가 제공되고 질문을 주고받는 것을 뜻한다. 피아제와 인헬더(Inhelder, 1969)는 학령전 아동의 자기중심적 언어는 일반적으로 아동이 자신의 놀이와 활동에 관해 자신에게 말하는 것으로 나타나지만 어떤 상황에서(예, 아동이 성인과 대화할 때)는 감소한다는 것을 발견하였다. 또한 피아제는 어린 아동의 자아중심적 언어는 그들의 행동을 결정하며, 언어는 행동에 수반되어 나타난다고 하였다.

피아제에 의한 아동의 자기중심적 언어와 사회화 언어는 다음과 같다.

① 자기중심적 언어

어린이의 사고가 자기중심적인 동안에 사용하는 언어는 다음과 같이 세 가지로 나누어진다. 첫째, 반복(反復, repetition)으로 이것은 전혀 사회성(社會性)은 없으며, 누가 듣거나 말거나 상관없이 자기 혼자의 기분으로 어떤 낱말을 되풀이 발음할 뿐이다. 그것이 뜻이 있는 낱말인지 아닌지 분간하지 않고 발음한다. 예컨대, 첫돌 전에 '다 다 다 다' 하는 것이나, 두 돌쯤 해서 '빠빠, 빠빠' 하는 따위이다.

둘째, 독백(獨白, monologue)으로 다른 사람이 자기의 말을 들어주거나 말거나 상관없이 자기의 생각을 어휘로 표현하는 형태의 말이다. 물건을 찾다가 발견하면 "여 다" 하는 것이나 어떤 일에 열중하다가 싫증났을 때 혼잣말로 "에이 그만 해야지" 하는 따위이다.

셋째, 집단적인 독백(collective monologue)으로 자기 주위에 누가 있기 때문에 하는 말이기는 하지만 꼭 대답을 바라면서 하는 말은 아니고 그저 들어주기만을 바라는 정도의 말이다. 그림을 그리면서 "이것은 집이고, 이것은 나무이고, 이것은 사람인데…" 등의 표현과 같이 자기가 하는 일을 과시하고는 있지만 꼭 반응을 요구하지는 않는 형태이다.

② 사회화된 언어

사회화된 언어는 어린이가 타인을 고려해서 사용하는 언어로서 다음과 같이 다섯 가지로 나누어진다.

첫째, 적응을 위한 정보교환(adapted information)으로 이것은 꼭 상대가 있어야만 하는 말이다. 예컨대, 친구에게 "야, 이리와, 이것 봐, 여기 파리 있다." 하면 친구가 뛰어 와서 "어디, 어디, 정말 파리구나." 하고 반응하는 따위의 이른바 정보교환을 위해서 하는 말이다.

둘째, 비평(criticism)으로 만일 파리인 줄 알고 뛰어온 친구가 "그게 어디 파리야, 벌이지, 넌 벌도 모르는구나." 했다면 이것은 비평이다. 자기의 우월성을 나타내고 싶어서 하는 말로 약간 감정적인 성질을 띤다.

셋째, 명령(command) · 요구(request) · 위협(threat)으로 친구간에 우위에 있는 어린이가 종속적인 어린이에게 "너 물 떠와." 한다든지, "그 장난감, 나줘." 한다든지 "안주면 두고봐, 너하고 안 놀아." 하는 말들이다.

넷째, 질문(question)으로 친구에게 "너, 구슬 몇 개 가졌니?" 하거나 "우리 집에 가서 놀래?" 하고 물으면서 분명한 대답을 기대하면서 하는 말이다.

다섯째, 대답(answer)으로 위에서 "어디, 어디, 정말 파리구나." 한 것은 대답이 아니고 "너, 구슬 몇 개 가졌니?" 에 대해서 만일 "나, 다섯 개 가졌어." 한다면 이것이 대답언어이다.

어린이는 나이가 어릴수록 자기중심적 언어를 더 많이 쓰고 성장하면서 점점 사회화된 언어를 더 쓰게 되는 것이 보통이지만 피아제는 그가 관찰한 7세의 두 어린이의 말 중에서 43~47%가 자기 중심적인 표현이었다고 지적하였다.

피아제는 사고에 관련된 언어의 역할에 대한 그의 입장을 40년 동안 고수하였다. 즉, 일반적으로 언어능력은 인지발달 수준에 의해 결정된다고 믿었다. 언어는 어느 정도 인지적 성장을 자극하는 것 같다. 예컨대, 언어는 전조작기의 초기에 행위로부터 사고를 분리시키며, 사고가 상징적이 되면 언어 역시 내재적으로 상징적이기 때문에 존재하지 않는 물체와 과거사건을 표상하는 데 자연스러운 매체가 된다. 이 표상능력은 전조작기의 초기특징이고, 언어는 이시기에 아동에 의해 사용되는 중요한 자원이다. 그럼에도 불구하고 피아제와 인헬더는 연령이 좀더 많은 아동을 대상으로 실험한 결과 언어가 논리적 발달에 중요한 역할을 하지 않는다는 것을 발견하였다. 그들의 입장은 피아제를 추종하는 미국의 심리학자들에게도 지지되어, 아동이 사춘기가 되어 성숙하고 형식적인 사고를 성취하기까지 언어가 지적발달에 중요한 영향을 미치지 않는다는 견해를 갖게 하였다.

그러므로 피아제의 견해를 받아들이는 교육학자들은 취학 전과 초등학교 1학년 동안에는 언어가 인지성장에 그다지 크게 영향을 미치지 않으므로 읽기 및 쓰기는 이 연령 이후가 될 때까지 학교에서 강조하지 않아야 한다고 주장한다.

(2) 비고츠스키

피아제가 『언어와 사고』를 출간한 후 몇 년이 지나 러시아 심리학자인 비고츠스키(Lev S. Vygotsky)는 『사고와 언어(Thought and Language)』라는 책을 발표하였다. 그러나 그는 서유럽 및 미국의 심리학자에게 그다지 영향을 미치지 못하였는데 1962년 그 책이 번역이 되면서 다시 거론되었다.

비고츠스키는 어린 아동의 사고와 언어사용 발달에 성인언어의 역할에 대한 설득력 있는 해석을 제공하였다. 그는 성인과 아동간의 대화는 아동의 언어발달에 영향을 미치는 결정적 요소이고 인지적 성장을 자극한다는 것이다. 즉, 아동은 성인과의 대화로부터 명칭과 언어구조를 배운다. 성숙한 개념구조에 도달하기 위해서는 수년이 걸리지만 언어와 사고의 시작은 성인이 제공한 모델로부터 온다고 믿었다. 그는 개념발달이 성인 모델에 의해 시작되며, 더 발달된 대화를 하는 사람에 의해 구조화되고 마침내 아동에 의해 성숙한 개념이 독립적으로 조직화될 때 인지적·언어적 발달이 성취된다고 하였다.

이와 같이 비고츠스키는 아동기의 인지발달에 영향을 미치는 대화의 기능에 대해 자신의 입장을 피력하였고, 또한 개념 성장에 대해 강력한 설명을 제시한 바 있다. 아동의 초기 의사소통에 대한 비고츠스키의 분석을 요약하기 전에 그가 설명하는 외적 언어(外的 言語, outer speech)와 내적 언어(內的 言語, inner speech)를 살펴보면, 외적 언어란 다른 사람과의 대화 및 독백 모두에서 들을 수 있다. 성인은 처음 말하기 시작하는 아동에게 대화의 언어적 모델을 제공한다. 모방을 통해 아동이 나타내는 반응형태는 외적 언어에 존재하는 형태이며, 이것은 아동의 내적 언어를 구조화하는 데 사용된다. 내적 언어란 자기 스스로에게 말하는 개인적인 것이고, 외적 언어는 성숙한 사고에 선행하며 내적 언어에 꼭 필요하다.

이와 같이 성인에 의해 제시된 모델은 아동에게 사물의 명칭을 가르치는 데 필요하고 어린 아동의 언어구조를 설명해주며 그 구조를 연습하는 데 필요하다. 성인 모델로부터 아동은 사고를 구조화시키며 조직화하는 언어형태와 구조를 습득한다.

(3) 브루너

브루너와 동료들(1966)은 『인지적 성장에 대한 연구(*Studies in Cognitive Growth*)』란 책에서 언어와 인지발달의 상호관련성에 대한 그의 견해를 피력하였다. 어떤 면에서 보면, 분석은 피아제와 비고츠스키의 입장 중에서 그 가운데에 위치한다. 왜냐하면 그는 언어의 역할에 대해 설명할 때 피아제가 주장하는 것보다 언어가 사고를 자극하는 데 좀더 강한 역할을 한다고 보나 비고츠스키가 주장하는 것처럼 압도적인 역할을 한다고 보지 않기 때문이다.

언어는 일단 획득되기 시작하면 인지를 자극시키는 주된 원천이 된다. 왜냐하면 유아가 언어를 획득할 때 그에 의해 사용된 세련된 전략이 인지학습을 할 때 일반적으로 이용되기 때문이다. 아동의 첫 언어 구조는 규칙에 의해 지배되며, 이 초기 규칙은 연령과 경험이 증가하면서 발달되어 좀더 세련된 규칙으로 변하고 아동은 이를 기초로 문장을 사용하게 된다. 이와 같이 아동이 언어규칙을 발달시키면서 획득한 전략은 인지발달에 결정적이라고 주장하였다.

또한 언어는 일반적으로 그의 추상적인 특성 때문에 인지발달을 돕는다. 아동은 출생 후 첫 해 동안에 물체를 지각할 수 있으나, 이 지각은 오직 표면적인 외적 현상에 관한 것이다. 아동은 점진적으로 표면을 초월하는 능력을 획득하고 물체를 내적 특성에 의해 분류하게 된다. 예컨대, 자기가 갖고 있는 빨간색 공을 '공' 이라고 말할 수 있는 유아를 상상해 보자. 그에게 공은 자기가 잡을 수 있는 둥근 것을 의미한다. 유아는 시간이 지나면서 다른 많은 둥근 것도 공이라고 부르는 것을 깨닫는다. 둥글고 튕기는 것이 공이라는 것을 알 때, 공은 자기가 갖고 있는 둥글고 빨간 공 뿐만 아니라 그와 비슷한 둥근 것들의 이름이라는 것을 알게 된다. 이것은 사물이 어떻게 명명되는가를 보여주는 좋은 예이며, 물체를 분류할 때 필요한 개념이다.

브루너는 언어가 인지발달에 큰 영향을 미친다는 것을 인식한다. 언어는 학령 전기 동안에 아동에게 복잡한 구조를 제공함으로써 일반적인 인지구조를 조직하는 데 도움을 주는 사고를 자극하며, 이 시기를 지나서도 사고와 밀접한 관계를 맺는다. 즉, 언어는 좀더 나이든 아동이 경험의 특징을 추상화하고 이들을 합리적인 체계로 재조직화 하도록 도와준다.

4. 언어발달

유아는 말을 시작하기 전에 언어발달 기초가 되는 울음, 쿠잉(cooing), 및 옹알이(babbing)의 단계를 거친다. 말을 하기 위해서는 우선 소리의 산출로서 울음이 산출되어야 하는데 이는 아기의 욕구를 나타내므로 의사소통 면에서 중요한 의미를 지닌다. 아기가 출생한지 2개월이 지나면 '우우우' 라는 소리(주로 모음으로 구성됨)를 내기 시작하는데 이는 주로 아기가 숨을 쉴 때 호흡에 맞추어 내는 소리로서 아기들이 주로 'U' 자 소리를 낸다 하여 쿠잉이라고 부른다. 이것은 울음보다 더 다양한 소리를 포함하며, 곧 이어 옹알이로 변한다. 옹알이는 같은 음절을 반복하므로 아동에게는 일종의 놀이가 되며, 발성 연습의 효과를 갖기 때문에 언어발달에 중요한 의미를 갖는다.

출생 후 1세가 되면 보통 첫 단어가 산출되며 곧 이어 몇 개의 어휘들이 획득되고 유아의 옹알이도 계속된다. 어휘의 수가 점차로 증가하면서 문장이 구성되고, 문법이 발달됨에 따라 성인의 언어와 유사해진다. 이 시기를 대략 5세로 보며, 이 시기 이후에도 계속적으로 어휘와 문법이 발달되고 점차로 세련된 어휘와 문장을 구성하게 된다.

1) 일어문(一語文)

1세가 지나면 한 개의 단어를 사용하여 자신의 의사를 전달하고자 하는데 이를 일어문이라고 한다. 일어문은 주로 명사와 형용사 한 개로 이루어져 있으나 그로 인해 의사소통이 이루어진다. 예컨대, 유아가 빵을 손에 들고 빵을 보면서 '맘마' 라고 할 때 '이것은 맘마다' 라는 의미를 나타낸다. 또 엄마가 물을 마시는 것을 보고 '무 무' 라고 말하는 것은 엄마가 물을 마신다는 것을 의미한다. 이와 같이 단어 하나이지만 완전한 문장구실을 하므로 그린필드와 스미스(Greenfield & Smith,

1976)는 일어문이 복잡한 문장을 학습하기 위한 전조 행위라고 주장한 바 있다.

2) 이·삼어문(二·三語文)

그 후 어휘가 증가하면서 두세 단어를 합쳐 문장을 구성하기 시작하는데 여기에는 어떤 특징이 존재함을 발견할 수 있다. 그 특징은 첫째, 유아가 만든 문장이 주축문법을 사용한다는 것이다. 주축문법(主軸文法)이란 브레인(Brain)이 유아들이 만든 두 단어의 결합을 분석하여 그들이 사용하는 규칙을 발견한 것으로서, 두 단어로 구성된 유아의 문장은 주축어(主軸語, pivot word)와 개방어(開放語, open word)로 이루어져 있다고 주장하였다. 주축어는 이 시기의 유아들이 자주 사용하며, 그 수가 비교적 적은 단어들로서 다른 단어가 합쳐지는 축의 역할을 한다. 개방어는 주축어에 속하지 않는 어휘군으로서 그 수가 많고 습득 속도가 빠르며 사용빈도가 적다. 그러나 주축문법은 어느 기간 동안의 두 단어조합을 설명해 줄 뿐 모든 단어 조합을 설명하지 못한다(주영희, 1985). 우리 나라의 경우 유아들이 주축문법을 사용하는 것은 문장구성의 과도기적 표현이라는 전제 하에(조명한, 1982) 표 8-1과 같이 주축어와 개방어를 실용어와 내용어의 관계로 설명하고 있다.

둘째, 아동이 두세 단어를 사용하여 문장을 구성한 것을 보면 꼭 있어야 할 핵심적인 낱말만을 나열했으므로 전보문과 비슷하다하여 전보문장식 언어라고 한다. 이 문장에서는 전치사나 조동사, 동사의 과거형은 찾아볼 수 없으며, 단지 명사, 동사,

표 15-1 주축 문법적인 단어 조합

주축어(실용어)	개방어(내용어)
엄마	쉬
아빠	이리와
애기야	얘야
언니야	우유
아	이거
우	아찌
또	이뻐
·	추워
·	무거
·	여기

형용사 및 부사로 구성된 중요한 단어만으로 구성된다. 예컨대, 엄마가 유아에게 "아빠는 회사에 가셨어요"라고 말할 때, 유아는 "아빠 회사 가"와 같이 말한다. 여기에서 전치사, 동사의 과거형은 생략된 것을 볼 수 있고, 오직 명사와 동사만으로 구성된 것을 알 수 있다.

셋째, 많은 연구자들이 유아들이 만든 문장을 주축문법과 전보문장식 언어에 의해 분석하여 보았으나 두 가지 모두 부분적인 설명을 하고 있으며, 특별히 이 시기의 어린 유아들은 주어와 목적어간의 관계에 대해 잘 알지 못하기 때문에 위의 두 가지 방법은 설명력이 약하다고 생각하게 되었다. 그러므로 그 후의 연구자들은 아동이 만든 두 단어 조합을 분석하여 두 단어간의 의미관계에 초점을 맞추어 연구하기 시작하였다.

3) 삼어(三語) 이상의 문장

이어문을 시작한 후 약 2개월이 지나면 3개의 단어를 연결시켜 사용하게 된다. 이어(二語) 관계는 순수한 의미에서 사고가 언어로 부호화된 것이라 할 수 있는데, 이 점에서는 삼어(三語) 관계도 마찬가지이다. 이어문에서는 동사가 보통 생략되던 것이 이제는 필수적으로 사용되며, 동사가 언어표현에 중요한 구실을 한다. 또한 삼어문(三語文)은 이어문(二語文)에 비해 소통의 효율성을 높이도록 구조화된 것이다. 이어문의 기초가 되었던 이어 관계가 그 이후의 의미관계의 발달에 기초가 됨은 물론이다.

이 시기의 언어적 특징은 단지 어휘 수의 증가뿐만 아니라 성인과 비슷한 문법적 문장을 사용하기 시작한다는 점에 있다. 영어의 경우는 전치사와 복수가 출현하기 시작하고 불규칙 동사의 과거형도 나타나기 시작한다. 우리 나라의 경우는 문법적 형태소가 점차로 증가하여 주격조사 및 동사의 과거형, 미래형, 현재진행형, 수동형의 사용이 발달하기 시작한다. 5~6세경이면 성인의 언어와 흡사해져서 접속 문이나 내포문 등 복잡한 문장을 구성하게 된다.

아동이 문법적인 것을 획득해 나갈 때 재미있는 현상을 발견하게 되는 데 이는 아동이 규칙을 과잉일반화(overgeneration)함으로써 발생한다. 즉, 아동이 문법을 습득해 가면서 새로 알게 된 규칙을 확대 적용하는 과정에서 생겨난다(이연섭·강문희, 1989). 예컨대, 영어의 경우에는 아동들이 go, see, am, come, do와 같은 불규칙 동사의 과거형을 만들 때 규칙동사인 것처럼 동사의 어미에 ed를 첨가하는 현상을 발견하게 된다. 우리말의 경우에는 주격조사를 붙일 때 과잉일반화시키는 것을 보게 되는데 "선생님이 우리를 기다리신다"라고 불러야 할 노래를 "선생님이가 우리를 기다리신다"하고 노래를 불러 '가'라는 주격조사를 확대 적용하는 예를 발견할 수 있다.

5. 언어지도

부모가 유아 및 아동의 언어를 지도할 때 고려해야 할 점은 다음과 같다. 언어발달은 듣기, 말하기, 읽기 및 쓰기영역으로 분류할 수 있다. 위의 네 가지 영역 중에서 가장 먼저 습득되는 것은 듣기이다. 유아의 언어발달 과정을 보면 말하기 전에 들을 수 있어야 하고, 읽기 전에 말할 수 있어야 하며, 쓰기 전에 먼저 읽기를 하게 된다. 그래서 듣기를 일차적인 언어 기능이라고 한다(김병원·이성구, 1986, p. 217.). 그러나 많은 부모들은 읽기와 쓰기에 너무 많은 관심을 보인다. 읽기와 쓰기에 앞서서 듣기가 중요하고, 그것을 성취하기 위해선 여러 가지 요인들이 선행되어야 함을 인식해야 한다.

1) 듣 기

페티(Petty)와 젠슨(Jensen, 1980)은 사람의 듣는 과정을 4단계로 설명하고 있다. 첫번째는 소리나 단어 혹은 문장을 듣는 단계이고, 두 번째는 들은 단어와 문장을 이해하는 단계이며, 세 번째는 이해된 의미를 수용할 것인지 거부할 것인지를 평가하는 단계이며, 네 번째는 들은 내용을 생각이나 신체 동작, 얼굴 표정 또는 음성으로 표현하게 된다고 한다(이숙재·박인숙, 1986, p.47, 재인용). 이와 같이 듣기활동은 복잡한 과정이므로 정상적인 아동이라고 하더라도 듣기능력을 증진시키기 위해서 많은 학습의 기회가 주어져야 한다.

초등학교에 들어가면 모든 학습이 듣기를 통해 이루어진다. 랜킨(Rankin)은 초등학교 학생들이 하루 동안의 언어활동 중 듣기에 45%, 말하기에 30%, 읽기에 16%, 쓰기에 9%의 시간을 보내고 있다고 발표하여 듣기의 중요성을 크게 각성시킨 바 있다. 빌트(Wilt) 또한 학생들이 학교의 하루생활 중 57.5%를 듣는 시간으로 보내고 있으며, 그 듣는 시간의 대부분은 교사의 말을 듣는 것이라고 보고한 바 있다(박경현, 1980, p. 3, 재인용). 그러므로 듣기능력이 부족한 아동은 학교수업에 지장이 있으며, 학업성적에도 영향을 미칠 수 있다.

위의 연구를 통해 우리가 알 수 있는 것은 아이가 학교에 입학하기 전에 듣기지도를 할 필요가 있다는 것이다. 우리가 무엇을 듣는다는 것은 두 가지 경우를 생각해 볼 수 있다. 저절로 들려오는 것을 듣는 것(hearing)과 귀담아 잘 듣는 것(listening)으로 구분 할 수 있는데 후자는 전자에 비해 보다 높은 정신 기능을 말하며, 말의 의미를 이해하고 의미내용을 우리의 경험과 관련시키고 비판하는 것이다. 그러므로 듣기지도는 잘 듣는 것(listening)에 대한 지도를 말한다(김병원 · 이성구, 1986).

듣기 지도를 위해 부모는 유아가 잘 듣는 것이 일상생활에 얼마나 필수적인가를 우선적으로 알게 하는 것이 중요하며, 어떤 상황에서 유아가 잘 듣는지 관찰하여 그러한 상황을 만들어 주는 것이 중요하다. 예컨대, 어떤 말을 전할 때에는 조용한 곳에서 아이가 집중할 수 있도록 만든 후, 아이의 키만큼 자신의 키를 낮추어 너무 크거나 작지 않은 적당한 소리로 천천히 말을 해주는 것이 도움이 될 것이다. 유아가 잘 듣기 위해서는 부모 자신이 유아의 말을 잘 들어줌으로써 경청자로서의 좋은 모델을 보여줄 때 더욱 가능해진다. 예컨대, 열심히 듣고 있음을 나타내기 위해 머리를 끄덕이거나 유아의 눈을 응시하거나 "응, 그래", "그렇구나" 하고 반응해 준다면 유아는 자신의 말을 열심히 듣고 있음을 알 수 있을 것이다. 유아가 말을 할 때 딴청을 피우거나 무관심하다면 유아의 듣는 태도도 그와 같이 형성될 것이다.

2) 말하기

말하기 또한 듣기와 마찬가지로 학교교육을 하기 전에 가정에서 이미 습득되어 어느 정도 말하는 습관이 이루어지므로 부모가 좋은 모델이 되어야 함은 물론이다. 부모는 먼저 유아가 말할 때에 적절한 음조와 상황에 알맞은 음성으로 이야기하도록 지도해야 하며, 또한 올바르고 정확한 발음을 할 수 있도록 지도해야 한다. 유아의 발음이 잘못되었을 때는 발음을 교정해 주어야 한다. 교정시 주의해야 할 점은 직접적으로 "그렇게 하는 것이 아니라 이렇게 하는 거야." 하고 말하는 것보다 간접적인 표현이 바람직하다. 예컨대, 유아가 "엄마, 저기 뱅기가 가." 하고 말할 때, "뱅기가 아니라 비행기야. 비행기" 하고 말하는 것보다 유아의 말에 응답해 주면서 "응, 저기

비행기가 있구나. 비행기" 하고 뱅기를 비행기로 바꾸어 들려주는 것이 좋다. 보통의 경우 아이는 교정된 말을 스스로 반복하기 마련이다. 아동의 반복을 이끌어내기 위해서 두세 번 비행기라는 말을 천천히 발음하여 반복해 주는 것도 효과적이다.

다음으로 부모는 유아의 문장구성 능력을 돕기 위해서 반복확장, 의미부연, 촉진의 방법을 사용할 수 있다. 반복 확장이란 불완전한 문장을 완전한 문장으로 만들어 이야기해 주는 방법이다. 예컨대, 유아가 "이거, 사탕."이라고 말할 때 부모가 "그래 이것이 사탕이야."라고 대응해 주는 것이다. 그러나 의미 부연이란 유아가 표현한 문장에 대해 그 의미까지 확대시켜 반응하는 것으로서, 앞의 예에 대한 대답으로 "그래, 이것이 사탕이야. 참 맛있겠다."라고 말해주는 것이다. 또한 촉진을 유아에게 질문을 하여 완전한 문장구성을 하도록 자극하는 방법으로서 앞의 예의 경우 "사탕이 어떤 거니?"라고 질문하는 것을 말한다.

이와 같은 방법을 사용하여 발음이나 음성, 문장구성을 도울 수 있으며, 또한 일상적인 생활에서 유아의 질문에 적절하게 대답해 주는 것도 유아의 말하기 지도에 중요한 역할을 한다. 유아는 1세 반~2세에 "이거 뭐야?"라고 물건의 이름을 부지런하게 묻곤 한다. 3~4세에는 "왜?", "언제?"라는 질문이 많아진다. 끊임없이 계속되는 질문에 부모는 두 손을 들고 만다. 그러나 그 시기의 유아는 호기심이 많기 때문에 열심히 묻는다. 때로 짜증스럽더라도 유아의 질문에 끈기 있게 그리고 정확하게 대답해주는 것이 바람직하다.

말하기 지도에 또 하나 중요하게 생각하는 것은 사회적 표현언어의 사용이 습관화되도록 격려해야 한다. 사회적 표현언어는 '안녕하세요, 고맙습니다, 감사합니다, 실례합니다, 미안합니다, 잘못했어요' 등의 인사말을 의미하는데, 이는 타인과의 상호작용을 촉진시켜 사회성 발달을 도와준다. 가끔씩 길거리를 걸어가다 보면 유아들이 같은 또래의 유아를 만날 때 혀를 날름거리며 약을 올리는 경우를 보게 된다, 그들은 같은 또래의 친구들을 만나면 서로 어떻게 인사하는지 알지 못하기 때문에 그러한 반응을 하는 것이다. 유아들은 적당한 사회적 언어를 학습함으로써 타인과의 관계를 원활히 할 수 있다.

3) 쓰 기

쓰기 지도는 읽기 지도와 마찬가지로 글자를 쓰기 위해 필요한 기본 능력이 발달되어 있어야 한다. 그러므로 쓰기 지도를 하기 위해서는 먼저 쓰기를 할 기본 능력이 있는지 관찰해 보고, 그 준비가 되어 있을 때 시작하는 것이 바람직하다. 다음은 쓰기를 위해 요구되는 기본 능력과 그러한 기본 능력을 길러주는 놀이방법에 대해 간단하게 소개하고자 한다.

첫째, 글자에 대한 홍미가 있어야 하며, 또한 쓰기가 왜 필요한지 유아 자신이 인식해야 한다. 예컨대, 엄마가 유아에게 편지를 써서 읽어 준다거나 혹은 유아의 말을 적어주어 그것을 다시 읽어줌으로써 그러한 인식을 도울 수 있다.

둘째, 소근육이 발달되었는지를 검토해야 한다. 글씨를 쓰려면 연필을 쥐고 적절히 움직일 수 있어야 하므로 손과 손가락 운동을 촉진시킬 수 있는 다양한 활동을 제시해야 한다. 예컨대, 퍼즐 맞추기, 밀가루 반죽, 가위질하기, 점토놀이 등을 통해 소근육 발달을 촉진시킬 수 있다. 글씨를 쓰기에 앞서서 크레파스나 굵은 싸인펜 등으로 점과 점을 연결하여 직선과 곡선을 충분히 그어보고, 세모나 네모, 동그라미를 자유롭게 그려봄으로써 연필을 잘 쥐도록 도와줄 수 있다.

셋째, 눈과 손의 협응력이 이루어졌는지 살펴보아야 한다. 이 기능은 쓰기에 필수적인 것으로서 단추 끼우기, 본뜨기 등의 놀이가 도움이 된다.

이상과 같이 쓰기에 필요한 기본 능력이 준비되어 있고, 쓰기에 홍미를 보이는 유아에게는 적절한 쓰기 재료를 제시해 준다. 처음 글씨를 써보는 유아에게는 줄이 그어져 있지 않은 커다란 종이가 좋은데 그 이유는 유아가 글자 형태에만 관심을 집중하는 데 도움을 줄 수 있기 때문이다. 필기도구는 심이 진한 연필, 크레파스, 사인펜 등이 좋고, 쉽게 쓰고 지울 수 있는 칠판도 좋은 자료가 된다. 처음부터 '가, 나, 다' 순으로 글자를 반복해서 쓰기보다는 좋아하는 물건이나 친구의 이름 혹은 유아 자신에게 즐거웠던 경험이나 사건 등을 중심으로 간단하게 전보문장식 언어 형태로 글씨를 써보게 하는 것이 바람직하다. 예컨대, 우리 식구는 누구누구인지 그 명칭을 써보게 하고, 그들의 이름은 무엇인지 써 본다던가 혹은 좋아하는 TV 프로그램은 무엇인지 써보는 것도 좋은 방법이다. 가족끼리 소풍을 갔다온 뒤에는 그 곳에 가서 보았던 것들을 하나하나 써보는 것도 무작정 '가, 나, 다'라고 써서 외우는 것보다 훨씬 효과적이다. 엄마나 아빠에게 전보문장식으로 편지를 써서 문자언어로 의사를 전달하는 경험도 유아에게 쓰기의 즐거움을 제공할 것으로 본다. 또는 매일 같이 그날 일어났던 일들을 요약하여 한두 줄로 '오늘의 뉴스'로 써보게 하는 것도 유아의 언어와 사고발달을 자극하는 좋은 지도방법 중의 하나이다. 이상과 같이 유아와 관련된 내용이나 경험을 쓰게 하는 것이 효과적이다.

4) 읽 기

글씨를 읽기 위해서는 여러 가지 선행되어야 할 것이 있다. 첫째, 무엇을 기억할 줄 알고, 사물이나 느낌 등을 내용적으로 구분할 줄 알며, 어떤 간단한 문제를 풀기 위해서 생각할 줄도 알아야 한다. 또한 비록 짧은 기간이나마 정신을 집중해서 무엇을 할 수 있어야 하고, 지시를 받을 줄 알며, 간단한 이야기를 꾸며 낼 수 있어야 한다.

둘째, 물건의 모양을 서로 비교해서 같은 모양을 알고 다른 모양을 구별할 수 있어야 한다. 특히 그림을 보고 세부적인 것의 차이를 구별할 수 있어야 한다. 그러기 위해서는 시각발달이 정상적이어야 하며, 또한 비슷한 소리들을 확실하게 구별할 수 있어야 한다. 이와 같이 읽기를 위하여 필요한 감각적 기능은 시각과 청각이며, 왼쪽에서 오른쪽으로 방향을 옮기면서 인쇄 글자를 추적할 수 있는 능력도 요구된다.

셋째, 정의적·사회적 성숙이 필요하다. 아동의 세계에 부모가 관심을 보이고 애정과 격려를 더하여 주면 아동은 자기자신에 대하여 확신을 갖게 되고 정서적인 안정을 유지할 수 있게 된다. 또한 일관되고 적절한 책망을 가할 줄 아는 교사나 부모 밑에서 자라는 아동은 자립하여 문제의 해결을 시도할 수 있게 되고, 실패를 몇 번 거듭하여도 한번 더 노력할 수 있는 기질을 갖게 된다. 이런 면들이 글 읽기에 간접적으로 작용하여 처음 글을 배울 때 성패요인이 된다(김병원·이성구, 1986).

글씨를 읽도록 지도하기 전에 선행되어야 하는 읽기 준비교육 및 구체적인 읽기 지도로서 다음과 같은 것을 생각해 볼 수 있다.

첫째, 시각적 변별력을 돕는 놀이를 한다. 예컨대, 물건을 모양, 크기 및 색깔 등에 따라 구별하고 같은 것끼리 모으는 활동, 같은 글자나 모양의 짝맞추기, 글자모양을 보고 차이점 찾아내기 등의 활동이 이에 속한다.

둘째, 청각적 변별력을 돕는 놀이를 한다. 예컨대, 물체나 악기를 통해 여러 가지 소리를 내보고 같은 소리를 찾아보게 한다.

셋째, 주의집중을 연장시킨다. 읽기 학습은 상당한 주의집중력이 요구되므로 주의집중이 짧은 유아들에게는 특별히 집중 시간을 늘릴 필요가 있다. 그러기 위해서는 어떤 구체적인 사물을 관찰하게 하거나 특정한 사물을 찾아보게 하거나 하여 주의집중 시간을 늘릴 수 있도록 계획해야 할 것이다.

넷째, 왼쪽에서 오른쪽으로의 방향감을 갖도록 돕는다. 즉, 문자가 쓰여져 있는 줄을 따라 왼쪽에서 오른쪽으로 시선을 옮기도록 손으로 방향을 잡아주면서 읽어준다.

다섯째, 읽기에 흥미를 갖게 하기 위하여 자극적인 환경을 마련한다. 예컨대, 집에 있는 사물에 글자를 크게 써서 유아가 잘 볼 수 있도록 사물아래나 옆에 붙여둔다.

여섯째, 위에서 요구된 것들을 검토함으로써 읽기를 할 준비가 되었는지에 주의를 기울인다.

환경의 조성 여부에 따라 혹은 유아의 타고난 능력에 따라 일찍 글을 깨우치려는 유아에게는 거기에 맞는 협조가 필요하고, 유아가 관심을 보이지 않을 때에는 조금 기다려 보는 인내와 지혜가 필요하다. 일찍 글을 깨치는 일은 이미 정신적·육체적으로 또는 사회적으로 문자를 학습할 수 있는 정도로 발달이 이루어진 유아에게만 좋은 영향을 미친다. 아직 글을 읽을 준비가 되지 않은 유아에게 억지로 문자를 가르칠 때 오히려 문자에 대한 관심과 흥미를 잃게 한다는 것을 명심하기 바란다.

6. 언어발달에 영향을 주는 요인

여러 가지 발달영역 중에서 가장 개인차가 많은 것 중의 하나가 언어발달이다. 선천적인 능력에도 차이가 있겠지만 환경적인 요인은 언어발달에 중요한 요인으로 꼽힌다. 여기에서는 언어발달에 차이를 가져오는 지적 능력, 성별 및 가정환경요인에 대하여 설명하고자 한다(이숙재·박인숙, 1986).

1) 지적능력

유아의 지적능력과 언어능력 간의 관계를 입증하는 연구들은 상당히 많다. 즉, 지능검사에서 높은 점수를 얻은 아동일수록 언어를 빨리 습득하며, 유창하게 이야기하는 것을 볼 수 있다. 우수아의 큰 특성 중 하나가 언어능력이라는 것을 생각해 볼 때, 지적능력과 언어발달의 정적 상관은 쉽게 예측해 볼 수 있다. 그러나 말을 많이 할수록 지적 능력이 높아진다거나 지적능력이 높다고 해서 반드시 말을 잘하는 것은 아니다. 한편 두 능력간에 상관이 없음을 보고하는 연구자들도 있어 두 능력간의 관계를 반드시 정적상관의 관계로 보는 것에는 무리가 있으나, 사고가 언어에 미치는 영향을 생각해 볼 때 지적능력이 언어능력에 영향을 미치는 것으로 해석할 수 있다.

2) 성 별

성별에 따라 뚜렷한 차이가 있음을 보고하는 영역 중에 빼놓을 수 없는 것이 바로 언어능력이다. 여아가 남아보다 말하기 시작하는 시기나 문장을 사용하는 시기에서 또 유창성에 있어서도 우수하다는 사실은 이미 널리 알려진 사실이다. 물론 연구자에 따라서 상치되는 결과를 제시하기도 하지만 아동발달 분야에서는 거의 통념으로 받아들여지고 있는 것 같다.

연구자들은 그 이유에 대해서 관심을 갖기도 하였다. 어떤 학자들은 여아와 남아의 뇌구조나 기타 생리학적인 차이 때문에 언어발달에 차이가 난다고 주장하였지만, 그것보다도 사회·문화적인 요인을 강조하며 부모가 여아와 남아에 대해 언어표현을 달리한다는 사실을 지적하고 있다.

3) 가정환경

언어발달에 영향을 미치는 가정환경 변인은 크게 사회계층, 형제 순위 변인 및 부모와의 상호작용으로 분류할 수 있다.

먼저 사회계층에 대해 살펴보면 중류계층의 유아가 하류계층의 유아에 비해 언어발달이 빠르다고 보고되었는데, 중류계층 아동이 하류계층 아동보다 작문의 길이가 길고 복문을 많이 사용하며 형용사의 사용빈도가 높고 추상화 능력, 일반화 능력 및 내용의 일관성에 있어서 더 우수한 경향이 관찰되었다(조문현, 1979).

계층간 차이에 대해서도 많은 연구자들이 관심을 표명하였다. 중류계층 아동이 하류계층의 아동보다 더 발달되고 정교하며 복잡한 문법구조를 가진 문장을 사용하는 데는 부모의 언어표현양식이 다르기 때문이라는 연구들이 제시되었다. 예컨대, 번스타인(Bernstein)은 하류계층 부모는 중류계층 부모에 비해 소위 정교한 어법(elaborated code)보다 제한된 어법(restricted code)을 많이 사용한다고 주장한다. 제한된 어법이란 부모가 유아와 이야기를 나눌 때 설명이 별로 없는 언어표현을 많이 하며, 상호 의사소통보다는 일방적으로 아동의 행동을 통제하기 위해 명령적·지시적 언어를 더 자주 사용하는 것을 의미한다. 반면에 정교한 어법은 제한된 어법과 반대되는 것으로서 이야기를 나누거나 책을 읽어줄 때 모르는 단어가 나오면 이에 대해 아동이 쉽게 알아들을 수 있도록 풀어서 설명해 주는 언어 형태를 뜻한다(이연섭·강문희, 1989).

형제지위 변인 또한 아동의 언어발달과 관계가 있는 변인이다. 형제수나 출생순위, 형제간 연령차가 유아의 언어발달과 관계가 있다. 형제수가 많을 때보다 형제수가 적을 때, 또 출생순위가 낮을 때보다 높을 때, 형제간 연령차가 적을 때보다 많을 때 언어발달이 빠르다고 보고되었다. 그 이유는 유아가 가정 내에서 언어를 모방할 대상이 성인일 경우 언어발달에 도움을 받으나, 같은 또래의 아동이 모방할 대상이 되는 경우에는 그들이 좋은 언어모델이 되지 못하므로 언어발달에 도움이 되지 못한다는 것을 들고 있다.

언어발달에 영향을 미치는 가장 중요한 변인은 부모이다. 왜냐하면 부모는 항상 아동과 이야기하고 책을 읽어주고 질문하고 설명해줌으로써 아동과 끊임없는 대화를 나누는 상대이기 때문이다. 부모와 어떤 언어적 상호작용을 하느냐에 따라 언어발달은 빨라지기도 하고 늦어지기도 한다. 5세 유아를 대상으로 연구했던 이지영(1973)은 어머니가 추상적인 단어를 사용하여 사태를 보다 추상화, 일반화시키며 긴 문장으로 상세하게 설명해 줄 때 유아의 언어발달이 빨리 이루어짐을 보고하였다.

이상에서와 같이 부모가 유아의 언어발달을 위해 적절한 환경을 마련해 주고 여러 가지 놀이를 통해 언어지도를 해 나갈 때 유아의 언어는 그렇지 않은 가정에 비해 더 빨리 발달될 수 있다.

우리 나라 전통사회에서 아동의 언어발달을 위하여 어려운 발음을 반복시키는 연습으로 '꼬부랑 할머니' 노래, '나무이름' 노래와 한글의 기본글자를 연습시키는 노래가 있는데 이를 소개하고자 한다(유안진, 1984).

다음의 '꼬부랑 할머니' 노래 가사에는 발음하기 어려운 된소리를 유아들이 즐기는 의성어를 사용하여 학습시키며, 유아들이 이 노래를 좋아하는 이유는 노래 가사가 의미하는 상황도 재미있지만, 한 편으로는 언어발달이 이루어지는 4~5세는 프로이드가 주장하는 성기기에 해당하므로 유아들이 '성기와 대소변, 방귀' 등의 용어에 관심을 갖기 때문이라고 볼 수 있다.

꼬부랑 할머니

꼬부랑 할머니가
꼬부랑 지팡이를 짚고
꼬부랑 길을 가다가
꼬부랑 똥이 마려워서
꼬부랑 대추나무에 올라가
꼬부랑 똥을 누다 가니
꼬부랑 강아지가 와서 먹다
꼬부랑 지팡이로 때리니깐
꼬부랑 깨갱 꼬부랑 깨갱
니똥 먹고 천 년 살까
내똥 먹고 만 년 살제

가자가자 감나무

가자가자 감나무
오자오자 옻나무
십리 절반 오리나무
따끔따끔 가시나무
칼로 찔러 피나무
입 맞춘다 쪽나무
방귀 뽕뽕 뽕나무
늙었구나 느름나무
시름시름 시무나무
솔솔바람 소나무
가다보니 가닥나무
오다보니 오동나무
귀신 쫓는 복숭나무
살살녹는 살구나무
덜덜 추워 사시나무
말라빠진 살대나무
깔고 앉자 구기자나무
마당 쓸어 싸리나무

한글연습노래

가갸 가다가
거겨 거렁(냇물)에
고교 고기잡아
구규 국을 끓여
나냐 나도 먹고
너녀 너도 먹고
노뇨 노놔(나누어)먹자
누뉴 누가 먼저
다다 다 먹었나
더뎌 더 다고
도도 돗다(두었다)먹자
두듀 두지 말고
라랴 소리(노래)하며
러려 너럼너럼
로료 료리(요리)하여
루류 누룽지까지
마마 마자(마져)먹자

우리는 유명한 서양 영화 '사운드 오브 뮤직(Sound of music)' 에서 나오는 '도레미 송' 은 잘 알고 있는데 비해서 한국 전통 사회에서 어른들이 어린이들에게 가르쳤던 '한글연습노래' 나 '가자가자 감나무' 등과 같이 아동의 언어와 사고발달에 좋은 자극이 되는 이러한 노래들이 소개되지 않아서 어린이들이 잘 알지도 못하고 즐겨 부르지 않는 것은 안타까운 일이다.

일상생활에서도 아동에게 줄 수 있는 언어적 자극은 거리에서 간판 읽기, 슈퍼마켓에서 상품명 읽기, 카드 쓰기 등 다양하다.

우리는 가정에서 부모가 제공하는 언어적 환경이 얼마나 중요한지 깨닫고, 어린이들에게 옛날 이야기와 동요를 불러주시던 한국전통사회 어른들의 지혜로움을 본받아 부모의 역할에 충실하도록 노력해야 할 것이다.

7. 언어발달 연구의 최신경향

1) 책읽어주기와 언어발달

어머니가 잠자기 전에 아동에게 책을 읽어주는 장면은 사실 서구 문화에서는 흔하지만 우리나라에서는 아주 일반적인 것이 아니었다. 하지만 최근이 국내 연구들(김명순·권희경, 2002 ; 장유경·최유리, 2009)은 우리나라 부모들 대부분이 영아기부터 아동에게 책을 읽어주고 있으며, 유아에게 매일 책을 읽어주는 부모도 많다고 보고하였다.

유아기는 감수성이 예민한 시기로 동화는 유아들이 쉽게 접근하고 친근해질 수 있는 매체로서 유아에게 주는 교육적 가치는 매우 크다. 동화는 유아에게 문학작품 속의 주인공에 동화되게 하고 그 느낌이나 판단에 공감을 느끼면서 삶을 배우고 경험을 확대해 주며 상상력, 사고력, 창의력, 언어능력 및 심미적 감상력 등을 기를 수 있도록 해준다. 여러 연구결과에 따르면 성인이 동화를 읽어주고 그것에 관해 이야기를 나누거나 교육적 게임을 통해 유아에게 고유한 가치를 인식하게 하고 사고력을 키우는 데 도움을 주어 동화에 대한 유아의 반응을 촉진시킬 수 있다(김수영·김경미, 2006 ; 채종옥, 1996 ; Silva & Delgado-Larocco, 1993).

2) 전래동화와 언어발달

전래동화의 초현실성, 개방성 및 열린 결말의 특성이 유아의 창의성 신장에 큰 영향을 주므로 여러 연구결과에 따르면 전래동화를 이용하여 다양한 활동을 한 후 유아의 창의성이 향상됨을 입증하였다. 전래동화를 활용하여 상상력을 자극하는 다양한 활동들을 제시하여 유아들로 하여금 기존의 사고에서 탈피하여 희귀하고, 참신하며 독특한 아이디어나 해결책을 산출하는 창의적인 생각을 가질 수 있다(박숙희, 1998 ; 전경원, 1997 ; 홍용희, 2001).

3) 동화 읽고 토론하기와 언어발달

유아대상 동화 읽고 토론하기 연구는 일반적으로 유아의 정의적인 특성과 관련된 내용들을 밝혀보고자 수행되었다. 즉, 친사회성, 사회적 관계, 타인조망능력, 도덕적 판단능력 중심으로 분석되었으며(김현희 · 박상희, 2001), 모델이 될 만한 성인이 참여하여 책의 내용에 관하여 토론하고 발산적인 대화를 돕는 반응을 해주는 것이 중요하다는 것을 강조하였다. 동화책을 읽고 이야기를 나눌 때 유아들의 사고의 상상력을 촉진시키는 성인의 역할은 매우 중요하다고 주장하였다.

동화를 통한 토론활동이 언어표현능력의 증진에 효과적이며(심선경 등, 2002 ; 신인숙 · 임은주, 2004 ; 김희태 · 김경희, 2005) 언어발달에 긍정적인 영향을 미친다.

4) 그림책과 언어발달

아동들이 유아기에 쉽게 접하는 그림책은 문학적 즐거움과 감동을 주는 본래의 기능 이외에도 가정과 유치원 등에서 교육적 매체로 널리 사용되고 있다. 그림책은 다양한 그림, 단어, 문장을 포함하고 있기 때문에 아동의 어휘 및 문해 발달을 증진시키며(Hood, Colon, & Andrews, 2008; Izabell, Sobol, Lindauer, & Lowrance, 2004), 예술적이고 창의적인 경험을 제공하는 것으로 알려져 있다(김수향 · 정대련, 2004; Feeney & Moravcik, 1987). 또한 그림책을 사용한 대인 문제해결 훈련은 사회정서발달에 도움이 되는 것으로 나타났다(이영자 · 오진희, 2007 ; Adrian, Clemente, Villanueva, & Rieffe, 2005).

참고문헌

■ 화 보

Newsweek－한국판 특별호(1999). 중앙일보.

Kathieen Stassen Berger(1998). The Developing erson Throught the Life Span. fourth edition, New York : Worth Publishers, Inc.

F.Philip Rice(1998). Human Development. third edition, U.S.A. : Pretice-Hall, Inc.

■ 본 문

가족환경연구회(1996). 가족과 환경. 서울 : 교문사.

강경자(2000). 흙 체험활동을 통한 유아의 창의적 표현력 신장. 경기교육, 14(9), 35-38.

강문희·정옥환·김승경(2007). 아동을 위한 감성지능 촉진 프로그램. 서울 : 시그마프레스.

강문희 외(2007). 놀이치료 사례연구. 서울 : 시그마프레스.

강문희(2004). 아동발달. 서울 : 교문사.

강병재(2007). 동화 읽고 토론하기에서 토론 유형에 따른 유아 언어 발달의 차이. 아동학회 지, 28(1), 1-15.

고정자(2005). 부모의 감독정도와 청소년의 자기통제력이 청소년의 문제행동에 미치는 영향. 대한가정학회지, 43(2), 1-17.

김경미(2003). 과보호적 양육행동에 관련된 어머니와 아동의 특성. 충북대학교 교육대학원 석사학위청구논문.

김경중 외(1998). 아동발달심리. 서울 : 학지사.

김광웅(1975). 유아교육 방법의 탐색. 행동과학연구소, 연구노트, 4(7), 55-62.

김광웅(1989). 유아생활지도. 서울 : 교육과학사.

김광웅(1993). 아동발달. 서울 : 형설.

김말경·박혜원(2008). 모의 양육행동 및 양육 스트레스와 K-BSID-II 수행간의 관계 : 양육 스트레스의 중재효과 탐색. 아동학회지, 29(1), 243-355.

김명자(1986). 배우자 선택과 결혼. 가족·환경 연구회편, 「가족과 환경」, 서울 : 교문사.

김명자(1993). 가족의 성립과 적응. 한국가족 연구회편, 「가족학」, 서울 : 하우.

김문정(2003). 아동이 지각한 부모양육행동과 아동의 행동문제간의 관계. 연세대학교 석사학위논문.

김미경·김연화·한세영(2008). 어머니와 유아의 분리불안과 어머니의 과보호적 양육 행동이 유아의 또래유능성에 미치는 영향. 대한가정학회지, 46(7), 71-84.

김민정·도현심(2001). 부모의 양육행동, 부부갈등 및 아동의 형제자매관계와 아동의 공격성 간의 관계. 아동학회지, 22(2), 149-166.

김병원·이성구(1986). 유아언어지도. 서울 : 동문사.

김선아(2007). 요소중심의 탐색적 음악활동이 유아의 음악능력과 언어능력에 미치는 효과. 전남대학교 교육대학원 석사학위논문.

김선영·박미라(2009). 구성주의 접근의 요리 활동에 기초한 동시활동이 유아의 언어능력에 미치는 효과. 아동학회지, 30(2).

김성희(1990). 유아기 아버지의 역할수행 인식에 관한 연구. 이화여자대학교 대학원 석사학위청구논문.

김순정·김희진(2007). 유아의 사회적 능력에 따른 사회적 놀이의 연속적 변화 패턴. 아동학회지, 28(1), 17-35.

김애순·윤진(1997). 청년기갈등과 자기이해. 서울 : 중앙적성출판사.

김영희(1995). 아동의 놀이성 군 확인과 관련변인 탐색연구. 숙명여자대학교 박사학위논문.

김용미 외(2006). 결혼과 가족의 의미. 서울 : 양서원.

김재은(1988). 유아지능검사요강. 서울 : 중앙적성출판부.

김향은(1999). 자녀의 힘을 북돋우는 부모 프로그램이 어머니와 자녀에게 미치는 효과 : 어머니의 역할만족, 의사소통 및 자녀의 자아존중감, 사회적능력을 중심으로. 고려대학교 대학원 가정학과 박사학위논문.

김혜영·황정미·신보영·김동기(2008). 남성의 부성경험과 갈등에 관한 연구. 한국여성개발원 연구보고서, 1-344.

김호권(1988). 유아지능검사요강. 서울 : 중앙적성출판부.

김희연(2004). 놀이의 기쁨 : 정서표현과 그 맥락적 특성. 아동학회지, 25(5), 193-208.

김희태·김경희(2005). 동화에 대한 토의활동이 유아의 창의성과 언어능력에 미치는 영향. 아동교육, 14(2), 71-85.

나유미(2000). 또래에 대한 아동의 내적 표상모델과 또래수용 및 친구관계의 질. 아동학회지, 21(4), 143-158.

남기심·이정민·이홍배(1981). 언론학 개론. 서울 : 탑출판사.

노경선·심희옥(2004). 학령기 아동이 자각한 부모의 양육행동 및 또래 괴롭힘 경험. 아동학회지, 25(6), 241-257.

도현심·이희선·김상희·최미경·이사라(2005). 인간발달과 가족. 서울 : 교문사.

문혁준(2005). 취학 전 아동을 둔 어머니의 양육효능감 관련 변인 연구. 아동학회지, 26(5), 139-149.

문혁준(2009). 아동의 또래유능성에 영향을 미치는 변인 연구 ; 어머니의 취업유무를 중심으로. 아동학회지, 30(2), 57-69.
민하영·윤혜경(2002). 부모교육. 서울 : 도서출판 양지.
박경현(1980). 듣기교육에 관한 이론적 고찰. 한국 국어교육연구회, 논문집 제16집.
박덕규(1987). 도덕교육. 서울 : 교학연구사.
박숙희(1998). 전래동화를 이용한 창의성 증진 프로그램의 효과. 숙명여자대학교 대학원박사학위논문.
박주희·이은혜(2001). 아동의 또래 유능성에 관련된 어머니의 양육목표, 양육행동 및 또래 관계 관리 전략. 아동학회지, 22(4), 1-15.
박혜인(1993). 한국가족의 성격. 가족·환경연구회 편, 「가족과 환경」, 서울 : 교문사.
박희경·정계숙(2010). 유아-부모 애착과 애착 일치여부가 또래 지위에 미치는 영향. 아동학회지, 31(2), 229-242.
부성숙(2009). 유아의 사회적 능력에 따른 사회적 상황에 대한 개념과 반응. 아동학회지, 30(6), 505-522.
빅영호·박미정(2003). 어머니의 취업여부에 따른 아동이 지각한 모성애 및 심리적 성장 환경. 교육이론과 실천, 13(2), 193-210.
서봉연·이순형(1983). 발달심리학 - 아동발달. 서울 : 중앙적성출판부.
서소정(2004). 양육효능감 : 자녀양육행동 모델. 대한가정학회지, 42(4), 11-27.
서수정·김태련·이경숙·신의진(2007). 어머니-영아 안정애착 형성을 위한 예방부모 교육프로그램 실시 효과. 한국심리학회지(여성), 12권, 1호, 21-42.
송요현·현온강(2006). 아버지의 역할수행과 아동 및 청소년의 사회성. 아동학회지, 27(5), 19-34.
송인섭(1984). The higher order structure of self-concept. 서울 : 교육학연구, 제22권, 제11호, 55-64.
송인섭(1988). The structure of academic self-concept: Achievement, ability and classroom self-concept. 서울 : 교육학연구, 제 26권, 제 1호, 117-123.
송인섭(1989). 인간심리와 자아개념. 서울 : 양서원.
송인섭(1997). 가정환경의 지위변인과 작용변인이 아동의 자아개념형성에 미치는 영향. 고려대학교 대학원 석사학위논문.
신금호(1999). 이야기꾸미기 활동이 유아의 창의성 및 언어능력에 미치는 효과. 전남대학교 대학원 석사학위논문.
신용주·김혜수(2006). 자녀지도와 부모교육. 서울 : 형설출판사.
신의진·이순행·이경숙·전여숙·노경선·민성길(1996). 반응성 애착장애 아동의 애착유형. 신경정신의학지, 제35권, No 6, 1330-1338.
신인숙·임은주(2004). 동화프로젝트활동이 유아의 언어 및 사고능력 발달 및 사고능력 발달에 미치는 영향. 미래유아교육학회지, 11(4), 51-76.
심성경외(2002). 동화짓기 및 관련 활동이 유아의 읽기 흥미와 언어표현력에 미치는 영향. 유아교육연구, 22(1), 231-252.
양명숙(1991). 부모전환기에서의 결혼만족도 연구 : 한국의 첫 자녀와 둘째자녀를 출산하는 부모를 중심으로. 가족학논집, 제3집, 31-53.
양옥승(1991). 탁아연구. 서울 : 양서원.
양주동(1987). 현대국어 대사전. 서울 : 일중당.
양진희(2010). 유치원의 아버지 참여 프로그램이 아버지의 자녀양육 참여도와 역할수행 및 어머니의 양육스트레스에 미치는 영향. 아동학회지, 30(6), 417-442.
연미희·김진숙(2001). 부모교육의 이론과 실제. 서울 : 동문사.
우남희·김유미·신은수(2010). 조기교육/사교육. 아동학회지, 30(6), 249-265.
유안진·김연진(1993). 유아를 위한 부모교육. 서울 : 정민사.
유안진(1980). 한국 전통 사회의 유아교육. 서울 : 정민사.
유안진(1984). 육아론. 서울 : 문음사.
유영주(1985). 신가족관계학. 서울 : 교문사.
유은희·임미옥(2006). 부모의 정서표현성과 아동의 자기조절 능력과의 관계. 아동학회지, 27(6), 97-106.
이경님(2004). 초기 청소년의 애착이 자아존중감과 행동문제에 미치는 영향. 생활과학연구 논문집, 12, 43-54.
이경순(2007). 쌓기놀이에 대한 여아들의 인식과 여아들의 선호도 증가를 위한 교사의 전략. 아동학회지, 28(1), 95-113.
이경희(1994). 아동발달과 양육. 서울 : 형설출판사.
이경희(1982). 한국아동의 공간개념 발달에 관한 실험연구. 연세대학교 대학원 석사학위논문.
이동원(1986). 현대사회의 부모의 역할. 한국교육학회 유아교육연구회 편. 「부모교육 프로그램 탐색」, 서울 : 창지사.
이민자(1986). 아동의 보존개념 학습에 있어서 피드백 훈련 효과에 관한 실험연구. 연세대학교 대학원 석사학위논문.
이봉섭(1993). 어머니의 취업이 아동의 학업성취도와 자아개념에 미치는 영향에 관한 연구. 고려대학교 교육대학원 석사학위청구논문.
이사라·박지숙(2010). 학령기 자녀를 둔 부모를 위한 부모교육 프로그램의 효과에 관한 연구. 대한가정학회지, 48(1), 1-14.

이숙·최정미·김수미(2003). 현장중심놀이치료. 서울 : 학지사.
이숙재(2009). 유아를 위한 놀이의 이론과 실제. 서울 : 창지사.
이숙재·박인숙(1986). 유아를 위한 언어교육의 이론과 실제. 서울 : 창지사.
이숙현(1990). 부모기로의 전환에 다른 부부관계의 변화. 가족학논집, 제2집, 1-27.
이승은·서현(2007). 어머니의 부모 효능감 및 양육 스트레스와 유아의 감성지능과의 관계. 아동학회지, 28(4).
이연섭·강문희(1989). 유아의 언어교육. 서울 : 창지사.
이연섭·권경안·정인식(1980). 한국아동의 어휘발달(1). 한국교육개발원.
이영·조연순(1995). 아동의 세계. 서울 : 양서원.
이원영(1986). 부모교육론. 서울 : 교문사.
이재연(1989). 부모교육. 서울 : 양서원.
이재연·서영숙·이명호(2004). 아동상담과 치료. 서울 : 양서원.
이종희·조은진·김송이(2010). 놀이. 아동학회지, 30(6), 309-321.
이주리(2008). 어머니의 수용-거부에 영향을 미치는 요인에 관한 모형분석. 아동학회지, 29(2).
이지영(1973). 어린이의 언어발달에 영향을 미치는 외적요인. 이화여자대학교 대학원 석사학위청구논문.
이지희·문혁준(2007). 아동이 지각한 부부갈등과 아버지의 양육행동 및 아동의 공격성과의 관계. 한국가정학회지, 45(6), 77-88.
이채호·최인수(2009). 유아 창의성에 관한 연구동향 분석. 아동학회지, 30(5).
이채호·최인수(2008). 유아의 놀이와 기질 및 다중지능간의 관계. 아동학회지, 29(6).
이춘재(1983). 공간조망에 있어서의 아동의 해결방략. 서울대학교 대학원 박사학위 청구논문.
이춘희(1997). 동화제시 및 질문유형이 유아의 창의성과 동화 구조 이해에 미치는 영향. 서울여자대학교 대학원 박사학위논문.
이혜란(1984). 부모역할의 전환에 따른 어려움 및 만족도 분석연구. 연세대학교 대학원 석사학위청구논문.
이혜상(2003). 취업모의 양육태도와 유아의 부적응 행동 간의 관계. 열린유아교육연구, 13(2), 73-89.
이효재(1983). 가족과 사회. 서울 : 경문사.
임승권(1993). 정신위생. 서울 : 양서원.
장석경·이지현(2008). 아버지의 부모효능감과 양육참여도에 따른 유아기 자녀의 자기능력에 대한 지각. 열린유아교육연구, 13(2), 73-89.
장휘숙(1990). 아동심리학. 서울 : 박영사.
전경원(1997). 창의성을 잡아요 확. 서울 : 창지사.
전인옥·이경옥(1999). 유아의 자기효능감에 대한 인과모형 탐색: 사회경제적 지위, 어머니의 교육신념과 양육에 대한 자기효능감, 양육행동을 중심으로. 유아교육연구, 19(1), 169-187.
정계숙(2009). 정서 관련 아동 및 부모 양육 변인에 따른 초등학교 아동의 신체화 증상. 아동학회지, 30(4), 155-171.
정미경·김영희(2003). 어머니의 아동기 양육경험, 우울, 부부갈등 및 양육행동과 학령기 아동의 부적응. 대한가정학회지, 41(8), 123-137.
정승희·최성규(2006). 장애아동을 둔 아버지의 역할 수행에 따른 어머니의 양육스트레스 및 언어유형. 언어치료연구, 15(3), 163-194.
정옥분·정순화(2004). 부모교육. 서울 : 양서원.
정옥분(1991). 인간발달의 이론. 서울 : 교육과학사.
정현숙 외(1998). 결혼학 개론. 서울 : 상명대학교출판부.
조명한(1982). 한국아동의 언어획득 연구 : 책략모형. 서울 : 서울대학교출판부.
조복희·선화용(1990). 아동발달의 이해. 서울 : 교육과학사.
조성연(2010). 유아의 학습준비도에 대한 창의적 측정과 성격 및 사회인구학적 변인. 대한가정학회지, 48(1), 127-136.
조옥라(1986). 전통사회에서의 부모역할. 한국교육학회 유아교육연구회 편, 「부모교육 프로그램 탐색」, 서울 : 창지사.
조혜정(1988). 자녀수 결정에 관련된 변인에 대한 연구: 한 자녀 및 두 자녀 이상을 원하는 어머니를 중심으로. 연세대학교 대학원 석사학위청구논문.
주영희(1985). 유아를 위한 언어교육. 서울 : 교문사.
주정일·백경임(1987). 성·아기 때부터 사춘기까지. 서울 : 샘터.
주정일(1985). 아동발달학. 서울 : 교문사.
주정일(1993). 태교·출산의 지혜. 서울 : 샘터.
지성애(2007). 유아의 성, 놀이성, 기질 및 발달수준과 사회구성놀이 질과의 관계. 열린유아교육연구, 12(5), 209-230.
최경숙(1990). 아동심리학. 민음사.
최미경·신정희·구현경·박선영·한현아·최단비(2008). 청소년 자녀를 둔 어머니의 양육효능감 및 양육스트레스와 부모교육 지식수준 및 요구도. 아동학회지, 29(5), 227-242.
최신덕(1981). 결혼과 가족. 서울 : 이화여자대학교 출판부.
최인수·최기란(2003). 유아 다중지능에 대한 부모 평가 척도의 타당화 연구. 미래유아교육학회지, 10(1), 119-145.
최인숙(2008). 어머니의 인성특성과 아동의 병리적 특성 및 진단유형의 연관성. 아동학회지, 29(3).
하지영·서소정(2010). 영아의 기질과 발달수준 및 어머니의 양육 특성 변인이 양육효능감에 미치는 영향. 아동학회지, 31(2), 151-168.

한국부모교육학회(1998). 부모교육학. 서울 : 교육과학사.

한국인구보건연구원(1985). 전국 심신 장애자 실태조사 보고. 서울 : 한국인구 보건연구원.

한미녀(2004). 부와 모의 양육태도 차이가 아동의 문제 행동에 미치는 영향. 아동교육, 13(2), 279-291.

한유미·오경숙(2008). 부부간의 부모효능감 유형에 따른 양육분담 및 양육스트레스. 한국지역사회생활과학회지, 19(4), 107-134.

한항문(1982). 취업모와 비취업모 자녀의 학업성적 및 인성특성과 태도에 관한 비교연구. 교육논총, 2권, 399-435, 서울 : 동국대학교 교육대학원.

홍용희(2001). 전래동화를 활용한 창의성증진프로그램이 창의력신장에 미치는 효과. 현장특수교육연구보고서, 특수교육총연합회.

홍혜란(2008). 유아의 친사회적 행동발달에 관한 연구. 아동학회지, 29(6), 15-34.

황윤세(2007). 유아의 놀이성과 또래유능성과 교사-유아간의 관계. 열린유아교육연구, 11(2), 211-228.

황윤세(2008). 창의적 행동특성과 놀이성, 상호작용적 또래놀이, 교사-유아관계 간의 구조분석. 아동학회지, 29(6), 245-257.

황혜정(1999). 유아의 사회적 능력과 정서지능과의 관계에 대한 연구. 아동학회지, 20(3), 139-151.

Adams, B. N.(1980). *The Family: A sociological interpretation.* Chicago: Rand McNally Publishing Company.

Ainsworth, M. D. S.(1973). *The development of infant-mother attachment.* In B. M. S.(1973). Caldwell & H. N. Ricciuti(Ed.), *Review of Child Development Research,* vol.3. Chicago : University of Chicago Press.

Ainsworth, M. D. S., & Bell, S. M.(1974). *Mother-infant interaction and the development of competence.* In K. Connolly & J. Bruner(ed.), *The Growth of Competence.* London: Academic Press.

Ainsworth, M. D. S., & Wittig, B. A.(1969). *Attachment and exploratory behavior of one-year-olds in a strange situation.* In B. M. Foss(eds.), Determinants of Infant Behavior. 4, London: Methuen.

Ainsworth, M. D. S., Blehar, M. C., Waters, E., & Wall, S. N.(1978). *Pat-terns of Attachment.* Hillsdale, N. J.: Lawrence Erlbaum Associates.

Allport, G., Attitudes. C.(1935). *Murchison(Ed.), A handbook of social psychology.* Worcester, Mass: Clark University Press, 798-844.

Allport, G.(1955). *Becoming.* New Haven: Yale University Press.

Amster, F.(1943). *Differential uses of play in treatment of yong children.* American Journal of Orthpsychiatry, 13, 62-48.

Anderson, J. (1983). *A Spreading Activation Theory of Memory.* Journal of Verbal Learning and Verbal Behavior, Vol.22, 261-295.

Andrews, M. W., & Rosenblum, L. A.(1991). *Attachment in monkey infants raised in variable-and low-demand environments.* Child Development, 62, 686-693.

Andry, R. G.(1960). *Delinquency and Parental Pathology.* London: Methuen.

Anisfeld, E., Casper. V., Nozyee. M., & Cunningham, N.(1990). *Dose infant increased physical contact on the development of attachment.* Child Development, 61, 1617-1627.

Apgar, V., & Beck, J.(1972). *Is My baby Allright?.* New York: Basic Books.

Aries, P.(1962). *Centuries of Childhood.* (Translated by R. Baldick), New Yok: Knopf.

Asher, S. R.(1983). *Social competence and peer staus: Recent advances and future direcions.* Child Development, 54, 1427-1434.

Aslin, R. N., & Dumais, S. T.(1980). *Binocular vision in infants: A review and theoretical framework.* IN H. W. Reese & L. P. Lipsitt(Eds.). *Advances in child development and behavior(Vol. 15).* New York: Academic Press.

Aslin, R. N., Pisoni, D. B., Jusczyk, P. W.(1993) *Auditory development and speech perception in infancy.* In P. H. Mussen(Ed.), Handbook of Child Psychology (4th ed., Vol.2), New York: Wiley.

Axline, V. (1947). *Play Therapy,* Cambridge, MA: Houghton Mifflin Company._(1969). *Play Therapy.* 놀이를 통한 아동의 심리치료(서영숙 역, 1988), 서울 : 학문사.

Axline, V. (1964). *Play therapy.* New York: Ballantine Books.

Ball, W., & Tronik, E.(1971). *Infant responses to impending collision: Optical and real.* Science, 171, 818-820.

Bandura, A.(1977). *Social Learning Theory.* Englewood Cliffs, N. J.: Prentice Hall.

Barker, Lunn, J. C.(1970). *Streaming in the primary school.* Slough: NFER.

Bates, J., & Pettit, G.(1981). *Adult individual differences as moderators of child effects.* Journal of Abnormal Child Psychology, 9, 329-340.

Battistich, V., et al.(1992). *Effects of a program to enhance prosocial development on adjustment.* ED326825.

Baumrind, D.(1966). *Effects of authoritative parental control on child behavior.* Child Development, 37, 887-907.

Baumrind, D.(1971). *Current patterns of parental authority, Development.* Psychological Monograph, 4(1. pt.2).

Bayley, N.(1969). *Bayley Scales of Infant Development.* New York : Psychological Corporation.

Belsky, J.(1984). *The determinants of parention: A process model.* Child Development, 55, 83-96.

Belsky, J.(1981). *Early human experience: A family perpective.* Developmental Psychology, 17(1), 3-23.

Belsky, J.(1985). *Exploring individual differences in marital change across the transition to parenthood: The role of violated expectation.* Journal of Marriage and Family, 47, 1037-1044.

Belsky, J.(1986). *Infant day care: A cause for concern?.* Zero to Three, 6, 1-7.

Belsky, J.(1987). *Risks remain.* Zero to Three, 7, 22-24.

Belsky, J.(1990). *Parental and nonparental child care and children's socioemotional development: A decade in review.* Journal of Mattiage and the Family, 52, 885-903.

Belsky, J., & Rovine, M.(1984). *Social-network contact, family support, and the transititon to parenthood.* Journal of Marriage and the Family, 46, 455-462.

Belsky, J., & Rovine, M.(1988). *Nonmaternal care in the first year of life and infant-parent attachment security.* Child Development, 59, 157-176.

Belsky, J., & Rovine, M.(1990). *Patterns of marital change across the transition to parenthood : Pregnancy to three years postpartum.* Journal of Marriage and the Family, 52, 5-19.

Belsky, J., Lang, M. E., & Rovine, M.(1985). *Stability and change in marriage across the transition to parenthood: A second study.* Journal of Mattage and the Family, 47, 855-865.

Belsky, J., Spanier, G. B., & Rovine.(1983). *Stability and change in marriage across the transition to parenthood.* Journal of Marriage and the Family, 45, 567-577.

Benbow, C. P., & Minor, L. L.(1990). *Cognitive profiles of verbally and mathematically precocious students: Implications for identification of the gifted.* Gifted Child Quarterly, 34, 21-26.

Bigner, J. J. (1985). 부모교육입문 : 부모-자녀관계(이은화·이경우 역). 서울 : 창지사.

Birde, G. W., Stith, S. M., & Schladale, J.(1991). *Psychological resources, coping strategies, and negotiation styles as discriminators of violence in dating relationships.* Family Relations, 40, 45-50.

Bjorklund, D. F., & Zeman, B. R.(1982). *Children's organization and metamemory awareness in their recall of familiar information.* Child Development, 53, 799-810.

Blehar, M. C.(1974). *Anxious attachment & defensive reactions associated with day care.* Child Development, 45, 682-692.

Blood, S.(1966). *Stability and Change in Human Characteristics.* N. Y. : John Wiley & Sons.

Blos, P.(1962). *On Adolescence.* New York: Free Press.

Blurton-Jones, N.(1972). *Categories of child-child interaction,* In N. Blurton-Jones(ed.), Ethological Studies of Child Behavior. Cambridge: Cambridge University Press.

Bogal-Allbritten, W. L.(1985). *The hidden victims: Courtship Violence among collge students.* Journal of College Students Personnel, 26, 201-204.

Bower, T. G. R.(1976). *Notion de l'objet: Lee yeux les main et les paroles.* In H. Hecaen(Ed.), De la motricte a la geste. Paris: Presses Universitaires de France.

Bower, T. G. R.(1986). 영아발달(이원영 역). 서울 : 교문사.

Bowlby, J.(1969). *Attachment and Loss.* Vol. I, Attachment. New York: Basic Books.

Bradley, R. H., Caldwell, B. M., & Rock, S. L.(1988). *Home environment and school performance: A ten-year follow-up and examination of three models of environment action.* Child Development, 59, 852-867.

Brazelton, T. B., Koslowski, B., & Main, M.(1974). *The origins of reciprocity: The early mother-infant interaction.* In M. Lewis & L. A. Rosenblum(Eds.), The Effect of the Infant on its Caregiver. N. Y.: John Wiley & Sons.

Bristor, M. W.(1984). *The birth of handicapped child-A wholistic model for grieving.* Family Relations, 33, 25-32.

Bronfenbrenner, U.(1976). *Research on fathering : Social policy and emergent perspective.* IN skolnick, A. & Skolnick, J.(Eds), Family in transition(1980), Boston : Little, Brown and Company, 339-410.

Bronstein, A. I., & Petrova, E. P.(1967). *The auditory analyzer in young infants.* In Y. Brackbill & G. G. Thompson(Eds.), Behavior in Infancy and Early

Childhood. New York: Free Press, 163-172.

Bronstein, M. H. (1981). *Psychological studies of color perception in human infants: Habituation, discrimination and categorization, recognition and conceptualization.* In L. P. Lips, H & C. K. Rovee-Collier(Eds.), Advance in infants: Habituation, discrimination and categorization, recognition and conceptualization. In L. P. Lips, H & C. K. Rovee-Collier(Eds.), Advance in infant research (Vol.1), New York: Ablex.

Brook-Gunn, J., & Lewis, M.(1982). *Affective exchanges between normal and handicapped infants and their mothers.* In T. Field & A. Fogel(Eds.), Emotion and Early Interaction, Hillsdle, N. J.: Erlbaum.

Brown, N., Curry, N. E., & Tiltnich, E. J.(1971). **How groups of children deal with stress through play.** In N. E. Curry & S. Amaud(eds.), Play: The Child's Drive toward Self-Realization. Washington, D. C.: NAEYC.

Bugental, D. B., Blue, J., & Cruzcosa, M.(1989). *Perceived control over caregiving outcomes: Implications for child abuse.* Developmental Psychology, 25, 532-539.

Bullock. M.(1985). *Animism in childhood thinking: A new look at an old question.* Developmental Psychology, 21, 217-225.

Burghardt, G. M.(1984). *On the origins of play.* In P. K. Smith(ed.), Play in Animals and Humans. Oxford: Basil Blackwell, 5-41.

Burke, P., Stets, J., & Pirog-Good, M.(1989). *Gender identity, self-esteem, and physical and sexual abuse in dating relationships.* In M. Rirog-Good & J. Stets(Eds.), Violence in Dating Relationships. N. Y.: Praeger, 72-93.

Burr, W.(1982). *Families under Stress.* In H. I. McCubbin, A. I. Cauble, & J. M. Patterson(Eds.), Family Stress, Coping and Social Support(pp. 5-25). Springfield, IL: Thomas Publisher.

Callan, V. J.(1980). *The Value and cost of children.* Journal of Cross-cultural Psychology, 11, 482-497.

Callan, V. J.(1985). *Perceptions of parents, the voluntarily and involuntarily childless: A multidimensional scaling analysis.* Journal of Marriage and the Family, 47, 1045-1050.

Callan. V. J.(1986). *The impact of the first birth: Married and single women preferring childlessness, one child, or two children.* Journal of Marriage and the Family, 48, 261-269.

Canfield, K. R.(1995). *Effective fathering practices and fathering satiesfaction related to father's life course.* Unpublished doctoral dissertation, Kansas State University.

Cate, R. M., Lloyd, S. A., & Long, E.(1988). *The role of rewards and Fairness in development premarital relationships.* Journal of Marriage and the Family, 50, 443-452.

Clarke-Stewart, K. A.(1973). *Interactions between mothers and their young children: Characteristics and consequences.* Monographs of the Society for Research in Child Development, 38, Serial number, 153.

Clarke-Stewart, K. A., & Fein, G. G.(1983). *Early childhood programs.* In P. H. Mussen(Ed.), Handbook of Child Psychology 2. New York: Wiley.

Cohn, D. A.(1990). *Child-mother attachment of six-year-olds and social competence at school.* Child Development, 61, 152-162.

Coleman, P. K. & Karraker, K. H.(2003). *Parenting self-efficacy among mothers of school-age children : Conceptualization, measurement, and predictors.* Family Relation, 42, 13-24.

Consulting Psychology(1959). 23, 378-379. Caldwell, B. M., Wright, C. M., Honig, A. S., & Tannenbaum, J.(1970). *Infant day care and attachment.* American Journal of Orthopsychiatry, 40, 397-412.

Coopersmith, S.(1967). *The antecedents of self esteem.* San Francisco: Freeman.

Coren, S., Porac, C., & Ducan, P. (1981). *Lateral preference behaviors in preschool children and young adults.* Child Development, 52, 443-450.

Cox, M. J., Owen, M. T., Lewis, J. M., & Henderson, V.(1989). *Marriage, adult adjustment, and early parenting.* Child Development, 60, 1015-1024.

Crain, W. C.(1985). 발달의 이론(서봉연 역). 서울 : 중앙적성출판사.

Cullina, B. E.(1992). *Invitation to read.* International Reading Association, Inc.

Cummings, E. M., Schermerhorn, A. C., Davies, P. T., Hoeke-Morey, M. C., & Cummings, J. S.(2006). *Interparental discord and child adjustment : Pro-spective investigations of emotional security as an explanatory mechanism.* Child Development, 77(1), 132-152.

Daalen-Kapteijins, M. M. van, & Elshout-Mohr, M.(1981). *The acquisition of word meanings as a cognitive learning process.* Journal of Verbal Learning and Verbal Behavior, 20, 386-399.

Daniels, D., & Plomin, R.(1985). *Origins of individual differences in human shyness.* Developmental Psychology,

21, 118-121.

Daniluk, J. C., & Herman, A.(1984). *Parenthood decision-making.* Family Relations, 33, 607-612.

Dempster, F. N.(1981). *Memory span: Sources of individual and development differences.* Psychological Bulletin, 89, 63-100.

Dunn, J., & Wooling, C.(1977). *Play in the home and its implications for learning.* In B. Tizard & D. Harey(Eds.), Biology for Play. London: Heinemann, 45-58.

Egeland, B., & Sroufe, L. A.(1981). *Attachment and maltreatment.* Child Development, 44-52.

Elder, G. H.(1979). *Historical change in life-patterns and personality.* In P. B. Baltes, & O. G. Brim(Eds.), Life-span Development and Behavior, vol. 2, N. Y.: Academic.

Elkind, E. H.(1950). *Childhood and Society.* Pengyin Books, Chap.7.

Elkind, M. J.(1973). *Why People Play.* Englewood Cliffs, N. J.: Prentice-Hall.

Erikson. E. H.(1959). *Identity and the life cycle.* Psycological issue, monograph I. 1-171. NY :International Universities Press.

Erikson, E. H.(1963). *Childhood and Society, 2d ed.* New York: Norton.

Erikson, E. H.(1964). *Insight and Responsibility.* New York: Norton.

Erikson, E. H.(1968). *Identity: Youth and Crisis.* New York: Norton.

Ervin, S.(1964). *Imitation and structural change in children's language.* In E. Lennebert(Ed.), New Directions in the Study of Language. Cambridge: The MIT Press.

Escalona, S.(1968). *The Roots of Individuality.* Chicago: Aldine.

Fagot, B. I.(1974). *Sex differences in toddler's behavior and parental reaction.* Developmental Psychology, 10, 554-558.

Fantz, R. L.(1961). *The origin of form perception.* Scientific American, 204, 459-463.

Fantz, R. L.(1965). *Visual perception from birth as shown by pattern selectivity.* Annals of the New York Academy of science, 118, 793-814.

Fantz, R. L., & Yeh, J.(1979). *Configuration selectives: Critical development of visual perception and attention.* Canadian Journal of Psychology, 33, 277-287.

Feldman, H.(1981). *A comparison of intentional parents and intentionally childless couples.* Journal of Marriage and the Family, 43, 593-600.

Field, D.(1981). *Can preschool children really learn to conserve?.* Child Development, 52, 326-334.

Filsinger, E. E., & Thoma, S. J.(1988). *Behavioral antecedents of relationship stability and adjustment: A five year longitudinal.* Journal of Marriage and the Family, 50, 785-795.

Flavell, J. H.(1970). *Developmental studies of mediated memory.* In H. W. Reese & L. P. Lyssett(Eds.), Advances in child development and behavior, New York: Academic Press.

Fonagy, P., Steele, H., & Steele, M.(1991). *Maternal representations of attachment during pregnancy predict the organization of infant-mother attachment at one year of age.* Child Development, 62, 891-905.

Fox, N. A., Kimmerly, N. L., & Schafer, W. D.(1991). *Arraignment to mother/attachment to father: A meta-analysis.* Child Development, 62, 210-225.

Fraiberg, S. H.(1959). *The magic years.* New York: Scribner' s.

Fraiberg, S.(1977). *Insights from the Blind.* New York: Basic Books.

Frank, C., & Theresa, C.(1989). 놀이와 아동(강문희 역). 서울 : 교육과학사.

Frank, S., Jacobson, S., Hole, C. B. M.. Justkowski, R., & Huyck, M.(1986). *Psychological predictors of parents' sense of confidence and control and self-versus child-focused gratifications.* Developmental Psychology, 22, 348-355.

Fraser, C. COSAN(1982). *Centre for behavioural studies.* University of New England, Armidale, N. S. W., Australia.

Freedman, D. G.(1974). *Human Infancy: An evolutionary perspective.* New York: John Wiley.

Freud, S.(1905). *Three Contributions to the Theory of Sex: The Basic Writings of Sigmund Freud(A. A. Brill trans).* New York: The Modern Library.

Frost, J. L, Sorthan, S. C., & Reifel, S.(2008). *Play and child development(3rd ed.).* Upper Saddle River, NJ : Merrill Prentice hall.

Frost, J. L., & Klein, B. L.(1979). *Children's Play and Playgrounds.* Boston: Allyn & Bacon.

Gage, M. G., & Christensen, D. H.(1991). *Parental role socialization and the transition parenthood.* Family Relations, 40, 332-337.

Gallahue, D. L., Werner, P. H., & Luedke, G. C.(1975). *A Conceptual Approach to Moving and Learning.* N. Y.:

Wiley.

Gardner, H.(1983). *Frames of mind: The Theory of multiple Intelligences.* New York: Basic Books.

Garvey, C.(1977). *Play.* Cambridge, M. A.: Harvard University Press.

Gelman, R. & Baillargeon, R.(1983). *A review of some Piagetian concepts.* In P. F. Mussen(Ed.), Handbook of Child Psychology(4th ed., Vol.3), New York: Wiley.

Gilbert, L. A., Hanson, G. R., & Davis, B.(1982). *Perceptions of parental role responsibilities: Differences between mothers and fathers.* Family Relations, 31, 261-269.

Ginburg, H. J., & Miller, S. M.(1982). *Sex differences in children's risk-taking behavior.* Child Development, 53, 426-428.

Ginott, H.(1961). *Group Psychotherapy with children.* New York: McGraw-Hill.

Ginott, H. G.(1969). *Between Parent & Child.* AVON Mcmilian Co, New York.

_______________. Between Parent & Teenager. AVON Mcmilian Co, New York.

_______________. Between Teacher & Child. AVON Mcmilian Co, New York.

Glenn, N. D., & McLanahan, S.(1982). *Children and marital happiness: A further specification of the relationship.* Journal of Marriage and the family, 44, 63-72.

Goldberg, S.(1972). *Infant care and growth in urban Zambia.* Human Development, 15, 77-89.

Goldberg, S. et al.(1974). *Recall of related and unrelated lists by 2year olds.* Journal of Experimental Child Psychology, 18.

Goodenough. S. H.,(1981). *The integration of verbal and motor behavior inn preschool children.* Child Development, 52, 280-289.

Goossens, F. A., & Van IJzendoorn, M.(1990). *Quality of infants' attachment to professional caregivers: Relation to infant-parent attachment and day-care characteristics.* Child Development, 61, 832-837.

Gordon, S., & Wollin, M. M.(1983). *Parenting: A guide for young people.* N. Y.: Oxford Book Company, Inc.

Gordon, T.(1975). *P. E. T.* peter, H. Wyden. New York.

Greenfield, P. M., & Smith, J. H.(1976). *The Structure of Communication in early Language Development.* N. Y.: Academic Press.

Grover, K. J., Russell, C. S., Schumn, W. R., & PAff-Bergen, L. A.(1985). *Mate selection processes and marital satisfaction.* Family Relations, 34, 383-386.

Guilford, J. P.(1967). *The nature of human intelligence.* New York: McGraw-Hill.

Haith, M. M.(1966). *The response of the human newborn to visual movement.* Journal of Experimental Child Psychology, 3, 235-243.

Hall, C.(1954). *A Primer of Freudian Psychology.* New York: Mentor Book(New American Library).

Halliday, M. A. K.(1973). *Exploration in the Function of Language.* London: Edward Arnold, 11-16.

Hamilton, M. L.(1977). *Father's Influence on Children.* Chicago: Nelson-Hall Inc.

Hamner, T. J. & Turner, P. H.(1990). *Parenting in contamporary society.* Needham Heights: Allyn & Bacon.

Hansford, B. C., & Hattie, J. A.(1982). *Relationship between self and achievement, performance measures.* Review of Educational Research, 52, 123-142.

Harris, I.(1959). *Normal Children and Mothers.* New York: Free Press.

Harris, J. R. & Liebert, R. M.(1984). *The child.* N. J: Prentice-Hall, Inc.

Harris, K. M.(1991). *Fathers, sons, and daughters: Differential paternal involvement in parenting.* Journal of Marriage and the Family, 53, 531-544.

Harris, P. L.(1983). *Infant cognition.* In P. H. Mussen(Ed.), Handbook of child Psychology(4th ed., Vol. w), New York: Wiley.

Haskins, R.(1985). *Public school aggression among children with varying day-care experience.* Child Development, 56, 689-703.

Hattie, J. A., & Hansford, B. C.(1982). *Self-measures and achievement: comparing a traditional review of literature with a meta-analysis.* Australian Journal of Education, 26, 71-75.

Hess, E. H.(1970). *The ethological approach to socialization.* In R. A. Hoppe, G, A, Milton, & E, C. Simmel(Eds.). Early Experience and the Processes of Socialization. New York: Academic Press.

Hetherington, E. M.(1972). *Effects of father-absence on personality development in adolescent daughters.* Developmental Psychology, 7, 313-326.

Holahan, C. K.(1983). *The relationship between information search in the childbearing decision and life satisfaction for parents and nonparents.* Family Relations, 32, 527-636.

Horowitz, F. D.(1980). *Intervention program.* In A. W. Brann

& J. J Volpe(Eds.) Neonatal neurological assessment and outcome. Report of the 77th Ross Conference on Pediatric Research. Columbus, Ohio: Ross Laboratories.

International Play Association : www.ipaworld.org 2009.5.20 검색

Isabella, R. A., & Belsky, J.(1991). *Interactional synchrony and the origins of infant-mother attachment: A replication study.* Child Development, 62, 373-384.

Izard, C. E., & Dougherty, L. M.(1982). *Two complementary systems for measuring facial expressions in infants and children.* In C. E. Izard(Ed.), Measuring Emotions in Infants and Children. New York: Cambridge University Press.

Jadlicka, D.(1984). *Indirect parental influence on mate choice: A test of the psychoanalytic theory.* Journal of Marriage and the Family, 46, 65-70.

James, W.(1884). *What is emotion?.* Mind, 19, 188-205.

James. W.(1890). *The Principle of Psychology.* New York: Holt.

Jensen, E (1998). *Introduction to brain -compatible learning.* Thousand OAK, CA : The Brain Store.

Jersild, A. T.(1952). *In search of self.* New York: Bureau of Publications, Teachers' College, Columbia University, 1952.

Jersild, A. T.(1955). *When teachers face themselves.* New York: Teachers College, Columbia University.

Johnson, J. E., Christie, J. F., & Yawkey, T. D.(1987). *Play and Early Childhood Development.* Illinois: Soctt, Foresman and Company.

Johnson, M. P., & Milardo, R. M.(1984). *Network inteference in pair relationship: A Social psychological recasting of Slater's theory of social regression.*

Johnson, R., & Medinnus, G.(1974). *Child Psychology: Behavior and development(3rd.).* N. Y.: Wiley.

Jourard, S. M., & Secord, P. F.(1953). *Body size body cathexis.* Journal of Consulting Psychology, 18, 184.

Kagan & Havemann(1985). 심리학개론(김유진·임성문·이본건 공역). 서울 : 형설출판사.

Kagan, J., & Hemker, B. A., Hen-tov, A. Levine, J., Lewis, H.(1966). *Infant's differential reactions to familiar and distorted faces.* Child Development, 37, 519-532.

Kagan, J., kcarsley, R. B., & Zelazo, P. R.(1975). *The effects of infant day care on psychological development.* Paper presented at the American Association for the Advancement of Science Meeting, Boston, February(ERIC document Reproduction Service No. ED 122946).

Kail, R., & Nippold, M. A.(1984). *Unconstrained retrieval from semantic memory.* Child Development, 55, 944-951.

Katz, L. K., & McClellan, D. E.(2001). 어린이들의 사회적 능력 배양: 교사의 역할(홍용희 역). 서울 : 양서원(원서 1997 출판).

Katz, M. M., & Konner, M. J.(1981). *The role of the father: An anthropological perspective.* In M. E. Lamb(Eds.), The Role of the Father in Child Development. New York: John Wiley & Sons, 155-186.

Kennel, J. H., Jerauld, R., Wolfe, H., Chesler, D., Kreger, M., McAlpine, W., Steffa, M., & Klaus, M. H.(1974). *Maternal behavior one year after early and extended post-partum contact.* Developmental Medicine and Child Neurology, 16, 172-179.

King, N. R.(1979). *Play: The Kindergartners' perspective.* Elementary School Journal, 80, 81-87.

King, N. R.(1982). *Work and play in the classroom.* Social Education, 46, 110-113.

Kinsboure, M., & Hiscock, M.(1983). *The normal and deviant development of functional lateralization of the brain.* In P. H. Mussen(Ed.), Handbook of Child Psychology (4th ed., Vol.w)New York: Wiley.

Kirk, S. A., & Gallagher, J.(1986). *Education of Cxceptional Chidren(3rd ed.).* Bosten: Houghton Mifflim.

Klatzky, R. L.(1980). *Human Memory: Structures and Processes.* San Francisco: W. H. Freeman.

Klaus, M. H., Jerauld, R., Kreger, N., McAlpine, W., Steffa, M., & Kennell, J. H.(1972). *Mother attachment-Importance of the first post-partum days.* New England Journal of Medicine, 286, 460-463.

Kohlberg, L.(1966). *A cognitive-developmental analysis of children's sex-role concepts and attitudes.* In E. Maccoby(Ed.), The development of sex differences. Stanford, Calif.: Stanford University Press, 82-173.

Kotelchuck, M.(1976). *The infant's relationship to the father: Experimental evidence.* IN M. E. Lamb(Eds.), The Role of the Father in child Development. N. Y.: John Wiley & Sons.

Lamana. M. & Riedmann. A.(1988). *Marrige and families: Making choices and facing change.* Belmont, CA: Wadsworth Publishing Co.

Laner, M. R.(1986). *Competition in courtship.* Family Relations, 35, 275-279.

Leboyer, F.(1975). Birth without violence. New York: Random House.

Lee. J. A(1993). 사랑의 유형. 로버트 스텐버그 외 지음, 고선주 외 편역, 사랑의 심리학, 서울 : 하우.

Lee. Y.(1983). *Impact of family structure on variation in mother-infant's attachment pattern.* Dissertation of Cornell University.

Leigh, G. K., Holman, T. B., & Burr, W. R.(1984). *An empirical test of sequence in Murstein's SVR theory of mate selection.* Family Relations, 33, 225-231.

Lenneberg. E.(1967). *Biological Foundations of Language.* N. Y.: John Wiley.

Lepsitt, L. P.(1959). *Learning processes of new born.* Merrill-Plamer Quarterly, 12, 45-71.

Leslie, L. A., Huston, T. L., & Johnson, M. P.(1986). *Parental reactions to dating relationships: Do they make a difference?.* Journal of Marriage and the Family, 48, 57-66.

Levant. R. F., Slattery, S. C., & Loiselle, J. E.(1987). *Fathers's involvement in house work and child care with school-aged daughters.* Family Relations, 36, 152-157.

Levine, R. A., Klein, W. H., & Owen, C. R.(1967). *Father-child relationships and changing life style in Ibadan, Nigeria.* In H. Minor(Ed.), The City in Modern Africa. N. Y.: Paeger.

Lewis, M. & Ban, P.(1971). *Stability of attachment behavior: A transformational analysis.* Paper presented at symposium entitled. Attachment: Studies in stability and change, at the Society for Research in Child Development Meeting, Minneapolis, April.

Lewis, M.(1980). *Developmental theories.* In I. L. Kutash, L. B. Schlesinger, et al.(Eds.) Handbook on stress and anxiety. San Francisco: Jossey-Bass.

Lewis, M., & Michalson, L.(1983). *Children's Emotions and Moods: Developmental theory and measurement.* N. Y.: Plenum Press.

Londerville, S., & Main, M.(1981). *Security of attachment, compliance, and maternal training methods in the second year of life.* Development Psychology, 17, 289-299.

Lowry, C. A. (2007). *Identification of an immune responsive mesolimbocortical serotonergic system : potential role in regulation of emotional behavior.* Neuroscience, 146(2), 756-772.

Maccoby, E. & Feldman, S.(1972). *Mother-attachment and stranger-reactions in the third year of life.* Monographs of the Society for Research in Child Development, 37, No. 1; Serial No. 146.

Maccoby, E. E., & Jacklin, C. N.(1974). *The Psychology of Sex Difference.* Stanford: Stanford University Press.

MacDermid, S. M., Huston, T. L., (1990). *Changes in marriage associated with the transition to parenthood: Individual differences as a function of sex-role attitudes and changes in the division of household labor.* Journal of Marriage and the Family, 52, 475-486.

Madsen, M. C.(1971). *Developmental and cross-cultural differences in the cooperative and competitive behavior of going children.* Journal of Personality and Social Psychology, 34, 942-950.

Maier, H.(1966). *Three Theories of Child Development.* N. Y.: A Harper International Edition.

Main, M.(1981). *Abusive and rejecting infants.* In N. Frude(Ed.), Psychological Approaches to Child Abuse. Totowa, N. J.: Roman & Littlefield.

Main, M., & Stadtman, J.(1981). *Infant response to rejection of physical contact by the mother.* American Academy of Child Psychiatry, 20, 292-307.

Main, M., Kaplan, N., & Cassidy, J.(1985). *Security in infancy, childhood, and adulthood: A move to the level of representation.* In I. Bretherton & E. Waters(Eds). *Growing Points of Attachment Theory and Research.* Monographs of the Society for Research in Child Development, Serial No. 209, Nos. 1-2.

Mandler, G.(1980). *The generation of emotion: A psychological theory.* In R. Plutchik & H. Kellerman(Eds.), Emotion: Theory, research, and experience. New York: Academic Press.

Mangelsdorf, S., Gunnar, M., Kestenbaum, R., Lang, S., & Andreas, D.(1990). *Infant proneness-to-distress temperament, maternal personality, and mother-infant attachment: Association and goodness of fit.* Child Development, 61, 820-831.

Matthews, A. M., & Matthew, R.(1986b). *Beyond the mechanics of infertility and perspectives on the social psychology of infertility and involuntary childlessness.* Family Relations, 35, 379-487.

Matthews, R., & Matthews, A. W.(1986a). *Infertility and involuntary childlessness: The transition to nonparenthood.* Journal of Marriage and the Family, 48, 641-649.

Mayseless, O.(1991). *Adult attachment patterns and courtship violence.* Family Relations, 40, 21-28.

McCarney, K., Scarr, S., Phillips. D., Grajek, S., & Schwarz, J. C.(1978). *Environmental differences among day care centers and their effects on children's development.* In E. Zigler, & E. Gordon(Eds.), Day Care: Scientific and social policy issues, Boston: Auburn House.

McCullough, M. E.(1981). *Parent and sibling definition of situation regarding transgenerational shift in care of a handicapped child(Doctoral dissertation, University of Minnersota, 1981).* Dissertation Abstracts International, 42, 161B(University Microfilm No. 8115012).

McCune, L.(1986). *Symbolic development in normal and atypical infants.* In G. Fein & M. Rivkin(Eds.), The Young Child at Play. Washington, D. C.: NAEYC, 45-61.

McDonald, R. P.(1980). *A simple comprehensive model for the analysis of covariance structures: Some remarks on applications.* British Journal of Mathematical and Statistical Psychology, 33, 161-183.

McKim, M. K.(1978). *Transition to what? new parents problems in the first year.* Family Relations, 36, 22-25.

McLoyd, V.(1990). *The declining fortunes of slack children: Psychological distress, parenting, and socioemotional development in the context of economic natdship.* Child Development, 61, 311-346.

Mead, G.(1934). *Mind, self, and society.* Chicago: University of Chicago Press.

Melville, K.(1983). *Marriage and Family Today(3rd. ed).* N. Y.: Random House.

Miller, B. C., & Brown, S. L.(1982). *Father-to-newborn attachment behavior in relation to prenatal classes and presence at delivery.* Family Relations, 31, 71-78.

Moore, K. L.(1982). *The developing human clinically oriented embryology(3rd ed.).* Philadelphia: W. B. Saunders, Co.

Morris, M., & Solomon, J. (1990). *Procedures for identifying infants as disorganized/disoriented during the Ainsworth Strange Situation.* In M.T. Greenverg, D. Cicchetti, & E. M. Cummings(Eds), Attachment in preschool rears : Theory, research, and intervention(pp.121-160). Chicago : University of Chicago Press.

Moss, H. A., & Robson, K. S.(1967). *Maternal influences in early social visual behavior.* American Journal of Orthopsychiatry, 37, 394-395.

Munroe, R.(1955). *Schools of Psychoanalytic Thoought.* N. Y.: Henry Holt and Co., Inc.

Murstein, B. I.(1967). *The relationship of mental health to marital choice and courtship progress.* Journal of Marriage and the Family, 29, 447-451.

Murstein, B. I., & G. D. Beck.(1972). *Person Perception, marriage adjustment, and social desirability.* Journal of Consulting and Clinical Psychology, 39, 396-403.

Mussen, P. H., & Rutherford, E.(1963). *Parent · child relations and parental personality in relation to young children's sex-role preference.* Child Development, 34, 589-607.

Myers-Walls, J. A.(1984). *Balancing multiple role responsibilities during the transition to parenthood.* Family Relations, 33, 267-271.

Nugent, J. K.(1991). *Cultural and psychological influences on the father's role in infant development.* Jouranl of Marriage and the Family, 53, 475-485.

Osofsky, J. D., & O'connell, E. J.(1972). *Parent-child interaction: Daughter's effects upon mother's and father's behavior.* Developmental Psychology, 7, 157-168.

Parsons, T.(1958). *Social structure and the development of personality: Frend's contribution to the integration of psychology and sociology.* Psychiatry, 21, 321-340.

Parten, M. B.(1990). 취학 전 아동의 사회적 참여. 놀이이론(이은해 · 지혜련 · 이숙재 편역), (pp. 59-88), 서울: 창지사.

Pastor, D.(1981). *The quality of mother-infant attachment and its relation-ship to toddlers initial sociability with peers.* Developmental Psychology, 17, 326-335.

Pedersen, F. A., & Robson, K. S.(1969). *Father participation in Infancy.* American Journal of Orthopsychiatry, 39, 446-472.

Pedersen, F. A., Anderson, B. J., & Cain, R. L.(1977). *An approach to understanding linkage between the parent-infant and spouse relationships.* Paper presented at the Society for Research in Child Development, New Orleans, March.

Pederson, D. R., Moran, G., Sitko, C., Campbell, K., & Ghesquire, K., & Action, H.(1990). *Maternal sensitivity and the security of infant-mother attachent: A Q-sort study.* Child Development, 61, 1974-1983.

Pennabecker, B. J., Emde, R. L., Johnson, W., Stenberg, C., & Davis, M.(1980). *Maternal perceptions of infant emotional at the International of Infant Studies.* New Haven, Conn., April.

Petty, W. T., & Jensen, J. M.(1980). *Developing Children's Language.* Boston: Allyn & Bacon.

Phyfe-Perkins, C.(1981). *Effects of Teacher Behavior on Preschool Children: A review of research.* Washington, D.

C.: National Institute of Education.

Piaget, J.(1953). *Logic and Psychology.* Manchester, England: Manchester University Press.

Piaget, J.(1962). *Play, Dreams, and Imitation in Childhood.* New York: Norton.

Piaget, J.(1963). *The Origins of Intelligence in Children.* 2d ed. New York: Norton.

Piaget, J., & Inhelder, B.(1969). *The Psychology of the Child.* New York: Basic Books.

Plutchik, R.(1980). *Emotion: A psychoevolutionary synthesis.* New York: Harper & Row.

Plutchik, R., Kellerman, H.(1983). *Emotion: Theory, research, and experience.* N. Y.: Academic Press, Inc.

Pressley, M.(1982). *Elaboration and memory development.* Child Development, 53, 296-309.

Pribram, K. H.(1980). *The biology of emotions and other feelings.* In R. Plutchik & H. Kellerman(Eds.), Emotion: Theory, research, and experience. N. Y.: Academic Press, Inc.

Pueschel, S. M., & Murphy, A.(1976). *Assessment of counseling practices at the birth Down's syndrome.* American Journal of Mental Deficiency, 77, 492-497.

Radin, N.(1976). *The role of the father in cognitive, academic, and intellectual development.* In M. E, Lamb(Ed.). The Role of the Father in Child Development. N. Y.: Wiley.

Reading, J., & Amatea, E. S.(1986). *Role deviance or role diversification: Reassessing the psychosocial factors affecting the parenthood choice of career-oriented woman.* Journal of Marriage and the Family, 48, 255-260.

Reiss, I. L.(1980). *Family Systems in America(3rd ed).* N. Y.: Holt, Rinehart & Winston.

Ricks, S. S.(1985). *Father-infant interactions: A review of empirical research.* Family Relations, 34, 505-511.

Ringler, N. M., kennell, J. H., Jarvella, R., Navojosky, B., & Klaus, M. H.(1975). *Mother-to-child speech at two years: Effects of early postnatal contacts.* Behavioral pediatrics, 86, 141-144.

Rogers, C. R.(1964). *On becoming a person.* Boston: Houghton Mifflin..

Rogers, C. R.(1970). *Encounter groups.* New York: Harper and Row.

Rogers, D.(1990). 아버지의 역할. 아동발달의 이해(조복희·신화용 공편역), (pp. 267-286), 서울 : 교육과학사.

Rosenberg, M.(1965). *Society and the adolescent self-image.* Princeton, N. J.: Princeton University Press.

Saarni, C.(1980). *Observing children's use of display rules: Age and sex differences.* Paper presented at the meetings of the American Psychological Association. Montreal, Setember.

Saarni, C.(1981). *Social and affective functions of nonverbal behavior: Developmental concerns.* In R. Feldman(Ed.), Development of Nonverbal Behavior, New York: Springer Verlag.

Salkind, N. J.(1992). 인간발달의 이론(정옥분 역). 서울 : 교육과학사.

Sameroff, A. J.(1975). *Early influences on development: Fact or fancy?.* Merrill-Palmer Quarterly, 21, 267-294.

Schaffer, H. R., & Emerson, P. E.(1964). *The development of social attachments in infansy.* Monographs of the Society for Research in Child Development, 29, Serial No. 94.

Schoedler, J.(1973). *Physical Skills for Young Children.* N. Y.: Macmillan.

Schooler, C.(1972). *Birth order effects: Not here, not now!.* Psychological Bulletin, 78, 161-175.

Sears, P. S.(1951). *Doll-play aggression in normal young children: Influence of sex, age, sibling status, father's abstence.* Psychological Monographs, 65, No. 6.

Sears, R. R., Pintler, M. H., & Sears, P. S.(1946). *The effect of father seperation on preschool children's doll-play aggression.* Child Development, 17, 219-243.

Shaffer, D. R.(1979). *Social and personality development.* Monterey, Clif: Brooks/Cole.

Shapiro, J. P., Friedberg, R. D., & Badenstein, K.(2006). C*hild and Adolesent.* Therapy : Science and Art. New Jersey : John Wiley & Sons.

Shaver. P., Hazan. C., & Bradshaw. D. (1988). *Love as attachment : The intagration of three behavioral systems.* In R. Sternberg & M. Barnes(Eds). The psychology of love. New Haven. CT: Yale University Press.

Sheehy, G.(1979). *Introducing the postponing generation.* Esquire, 92(4), 2533.

Shore, R.(1997). *Rethinking the brain : New insights into early development.* New york : Families and Work Institute.

Sigel, M.(1987). *Are sons and daughters treated more differently by fathers than mothers?.* Developmental Review, 7(3), 183-209.

Skinner, B. F.(1938). *The behaviour of organisms.* New York:Appleton-Century-Crofts.

Skinner, B. F.(1971). *Beyond freedom and dignity.* New York: Knopf.

Small, S. A.(1988). *Parental self-esteem and its relationship to childrearing practices, parent-adolescent interaction, and adolescent behavior.* Journal of Marriage and the Family, 50, 1063-1072.

Song, I. S.(1982). *The dimensionality and relationships between home environment, self-concept and academic achievement.* Unpublished Ph, D. Thesis, University of New England.

Spitz, R. A.(1946). *Hospitalism: A follow-up report on the investigation described in Vol. 1.* In O. Fenichel, et al.,(Eds.), The Psychoanalytic Study of the Child. N. Y.: International Universities Press.

Sroufe, L. A.(1979). *Socioemotional development.* In J. D. Osofsky(Ed.), Handbook of Infant Development. N. Y.: Wiley.

Sroufe, L. A.(1988). *A developmental perspective on day care.* Early Childhood Research Quarterly, 3(3), 283-292.

Stechler, G. & Halton, A.(1982). *Prenatal influences on human development.*

Steffensmeier, R. H., & Steffensmeier, D. J.(1975). *An empirical test of a causal model of the transition to parenthood.* Paper presented at the Southern Sociological Society Meetings. Washington, D. C. April.

Stemp, P. S., Turner, R. J., & Noh, S.(1986). *Psychological distress in the postpartum period: The significance of social support.* Journal of Marriage and the Family, 48, 271-277.

Stephen, T. D. C.(1987). *Taking communication seriously: A reply to Murstein.* Journal of Marriage and the Family, 49. 937-938.

Stephen, T. D.(1985). *Fixed-sequence and circular-causal models of relationship development: Divergent view on the role of communication in intimacy.* Journal of Marriage and the Family, 47(4), 955-963.

Straits, B. C.(1985). *Factors influencing college woman's responses to fertility decision -making vignettes.* Journal of Marriage and the Family, 47, 585-596.

Sutton-Smith, B.(1967). *The role of play in cognitive development.* Young Children, 22, 361-370.

Sylva, K., Roy, C., & Painter, M.(1980). *Child Watching at Playgroup & Nursery School.* Ypsilanti, MI: High Scope Press.

Thompson, R. A.(1988). *The effects of infant day care through the prison of attachment theory: A critical appraial.* Early Childhood Research Quarterly, 3(3), 273-282.

Tomkins, S. S.(1981). *The quest for primary motives: Biography and autobiography of an idea.* Journal of Personality and Social Psychology, 41, 306-329.

Trute, B.(1990). *Child and parent predictors of family adjustment in house holds containing young developmentally disabled children.* Family Relations, 39, 292-297.

Uttal, W. R.(1981). *A Taxonomy of Visual Processes.* Hillsdale, N. J.: Erlbaum.

Vaughn, B. E., & Waters, E.(1990). *Attachment behavior at home and in the laboratory: Q-sort observations and strange situation classifications of one-year-olds.* Child Development, 61, 1965-1973.

Ventura, J. N.(1987). *The stresses of parenthood reexamined.* Family Relations, 36, 26-29.

Vygotsky, L. S.(1976). *Play and its role in the mental development of the child.* In J. S. Bruner, A. Jolly, & K. Sylva(Eds.), Play: It's role in development and evolution(pp. 537-554). N. Y.: Basic Books.

Waldron, H., & Routh, D. K.(1981). *The effect of the first child on the marital relationship.* Journal of Marriage and the Family, 43, 785-788.

Wallace, P. M., & Gotlib, I. H.(1990). *Marital adjustment during the transiriage to patenthood: Stability and predicators of change.* Journal of Marriage and the Family, 52, 21-29.

Waniwright, W. H.(1966). *Fatherhood as a precipitant of mental illness.* American Journal of Psychiatry, 123(July), 40-44.

Washburn, R. W.(1929). *A study of the smiling and laughing of infants in the first year of life.* Genetic Psychology Monographs, 6, 396-537.

Weisbroth, S. P.(1970). *Moral judgement, sex, and parental indetification in adults.* Developmental Psychology, 2, 396-402.

Wertheimer, M.(1961). *Psycho-motor coordination of auditory-visual space at birth.* Science, 134, 1692.

White, L. K., & Kim, H.(1987). *The family -building process: Childbearing choices by parity.* Journal of Marriage and the Family, 49, 271-279.

White, R. W., & Watt, N. F.(1973). *The Abnormal Personality(4th ed.).* N. Y .: Ronald press.

Wilkie, C. F., & Ames, E. W.(1986). *The relationship of infant crying to parental stress in the transition to parenthood.* Journal of Marriage and the Family, 48, 545-550.

Wolff, P. H.(1963). *Observations on the early development of smiling.* In B. M. Foss(Ed.), Developments of Infant Behavior(Vol. 2). New York: Wiley.

Wolff, P. H.(1966). *The causes, controls and organization, of behavior in the neonate.* Psychology Issues, 5(1), N. Y.: International Universities Press.

Wolff, P. H.(1969). *The natural history of crying and other vocalizations in early infancy.* In B. M. Foss(Eds.). Determinants of Infant Behavior, Vol. 4. London: Methuen.

Wolfle, L. m.(1981). *Causal Models with unmeasures variables: An introduction to LISREL.* Paper presented at the annual meeting of the American Educational Research Association, Los Angeles.

Wylie, R.(1979). *The Self-concept: Theory and Research on Selected Topics(2nd ed., Vol. 21).* Lincoln: University of Nebraska Press.

Yussen, S. R.(ed).(1985). *The growth of reflection in children.* Orlando: Academic PRESS.

Yussen, S. R., Gagne, E., Garguilo, R., & Kunen, S.(1974). *The distinction between perceiving and menorizing in elementary school children.* Child Development, 45.

저자소개

이경희

숙명여자대학교 및 동 대학원 졸업

(학사 : 식품영양학, 석사·박사 : 아동발달 심리)

Opera Nazionale Montessori (Diploma)

킹 압둘 아지즈여자대학 교환교수

오슬로대학 객원교수

로마심리학대학 객원교수

한국가족복지학회 회장 역임

한국아동학회 편집위원장

현재 강원대학교 사범대학 가정교육과 교수

저서 가족복지(공저), 1993

아동발달과 육아(공저), 1994

위기의 아동과 가족을 돕는 방법(공역), 1996

개정판
아동발달과 부모교육

2010년 8월 31일 초판 발행
2012년 9월 21일 2쇄 발행

지은이 이 경 희
펴낸이 류 제 동
펴낸곳 (주)교 문 사

책임진행 양계성
본문편집 에바다에딧
표지디자인 반미현
제작 김선형
마케팅 정용섭 · 이진석 · 송기윤

출력 현대미디어
인쇄 동화인쇄
제본 대영제본

우편번호 413-756
주소 경기도 파주시 교하읍 문발리 출판문화정보산업단지 536-2
전화 031-955-6111(代)
팩스 031-955-0955
등록 1960. 10. 28. 제406-2006-000035호

홈페이지 www.kyomunsa.co.kr
E-mail webmaster@kyomunsa.co.kr
ISBN 978-89-363-1079-0 (93590)

값 18,000원
* 잘못된 책은 바꿔 드립니다.